万川
reflections

一步万里阔

穷忙纽约

[美] 凯瑟琳·纽曼 / 著　黄婷 / 译
Katherine S. Newman

No Shame in My Game:
The Working Poor in the Inner City

中国工人出版社

谨致哥伦比亚大学的挚友和同事：

Elaine Combs-Schilling
Donald Hood
Wayne Wickelgren
Helen Benedict
Caroline Bynum
Nancy Epstein
Kathleen McDermott
Stephen O'Connor
Herbert Gans
Norma Graham
Roger Lancaster

以及优秀的学生们：

Catherine Ellis
Eric Clemons
James Edell
Nandini Sundar
Bill Peace
Catherine Wanner
Chauncy Lennon
Travis Jackson
Bill Hawkeswood
Sarah Mahler
Doug Slater
Ana Ramos-Zayas
John Jackson
Kathryn Dudley
Jean Scandlyn
Rose Williams

目 录

序

当我坐在出租车的后排座位上，穿行于纽约的大街小巷时，常常会迸发出一些金点子。出租车司机总是为我带来灵感。创作本书的想法萌生于某个星期一的早上，当时我正坐在一辆黄色的出租车上，向窗外凝望。此刻，车子正迂回穿行在哈莱姆中区。我从位于哈莱姆西边的家里出发，正要前往拉瓜迪亚机场，赶去参加一场会议。和往常一样，这次我又迟了。没人敢妄想在工作日上午 8 点畅通无阻地通过曼哈顿 125 街，这次也不例外。出租车耗费了近 40 分钟，才龟速驶过 25 个街区，好在我仍然睡眼蒙眬，对此并不在意。

出租车缓慢地行驶着，我正好得空考虑一下后续的安排。我应邀去西北大学参加一场“关注失业居民”的主题会议，并要为此写一篇有关城市贫困问题的论文。我盯着窗外经过的一条条大街，心里构思着论文的内容。这里是贫民区，就像同事所说的那样，是内城区*里充斥着失业居民和绝望的地方。

由于交通堵塞，出租车在哈莱姆的主干道上缓慢地挪动，艰难地通过一个又一个公共汽车站。候车亭下站着一排排衣着整齐、等候乘车的上班族。他们领着孩子，准备送到附近的幼儿园或学校去。黑人

* 内城区，一般指大城市中心附近的区域，常存在社会和经济问题。——译者注

男性穿着修理工的工作服，女性穿着套装——手上捧着唐恩都乐咖啡杯，一边读着《纽约邮报》，一边不停地摆弄孩子的背包——脚在地上轻轻地点着，等待着堵在路上的公交车驶来。等不及公交车的上班族纷纷从地铁口蜂拥而入。步行上班的人则绕过候车亭，沿着人行道往前走，途中还要留神别被伸着手的乞丐拦住去路。小贩们在人行道边沿摆开摊位，售卖服装和录像带。对于此起彼伏的叫卖声，上班族一概充耳不闻。这就是星期一早上的哈莱姆，放眼望去，足有数千人赶着去上班。

出租车司机最终放弃走主干道，拐进了一条平行的街道，希望这里能好走一些。125 街的商铺让位给了被烧毁、炸毁的褐色楼房，这些楼房曾是哈莱姆引以为傲的地方，现在却一片狼藉，墙上满是涂鸦，地上随处可见破药瓶，楼梯和门廊已经破损，窗户上装着铁栏杆。每个街区里至少有一栋楼被完全封了起来，上面贴着大幅的驱逐通知或健康危害公告。126 街看上去也是环境恶劣、破烂不堪的贫民区，只是许多房子的二楼窗户上都挂着手写标语，表明这里是五旬节派教会的所在地。我曾在某个星期天从这里偶然经过，看到小女孩们穿着漆皮鞋和漂亮的粉红色外套去做礼拜。当遇到倒在人行道上的醉汉，还有排水沟里散落的碎玻璃碴时，她们就小心翼翼地踮着脚通过。临街的教堂里有一群活跃的信徒。五旬节派信徒坚持在夏夜里组织传教士搭帐篷传教，他们深入城镇，传播福音。数百名民众聚集在停车场里支开的帐篷下面，聆听远道而来的牧师娓娓道来，一如祖父辈当年在南部城镇聆听传教的情形，哈莱姆的许多老住户都来自这些小镇。[1]

星期一的早上，我想起了那个星期天在哈莱姆的偏僻街道上漫步的情景。这里与那些关于“城市底层群体”的著述所描述的失业贫民区大相径庭，在此处渴望工作的人比比皆是。维护社区稳定的社会机构——包括教堂、商店、学校——都能被坐在汽车里百无聊赖地瞧向窗外的乘客看到。没错，贫民区的特征在这里随处可见：墙上随意的涂鸦、街上乱丢的垃圾。没人会把125街和公园大道混为一谈，但令人难以理解的是，哈莱姆中区在大家心目中竟然一文不值，连我的同事也都这么说。

是什么造成了这样的差异呢？难道只是因为哈莱姆贫民区的历史背景不一样，而且目前发展得更好一些，所以就不同于芝加哥城南，或者东圣路易斯？当然，这只是部分原因，我想还有一部分原因要归于社会科学家。关注失业问题的同事们认为，摧毁贫民区里一个个家庭的罪魁祸首是制造业岗位从许多城市的中心区消失。在那个星期一的早上，我在哈莱姆看到，尽管这里也和其他贫民区一样，存在就业岗位剧减、犯罪、城市服务落后、人口减少、用工单位削减等问题，但仍然有穷忙族（working poor）留守着、顽强地坚持着。

社会科学家呼吁把城市贫困问题尽快列入国家议事日程，我觉得他们着重关注的是处于劳动力市场以外、得不到福利救济的群体。而对于在哈莱姆等地努力工作、按时上班的这些人，我们又有多少了解呢？我认为并不多。

对无业贫民的特别关注导致大家对内城区经济制度的理解出现了差异。其结果是，决策者及大多数美国人都以为，不会再有人留在哈莱姆这种地方了。在哈莱姆中区，65%的家庭里至少有一名成员在工作。[2] 翻阅一下近20年来关于贫困问题的著作，涉及穷忙族的信息少之又少。他们一年到头辛勤地劳作，要么始终生活在贫困线以下，要么勉强维持生计。我们总以为，福利依赖和失业现象能够真实地反映出美国的贫困问题，所以保守派政客在20世纪90年代提出的政策议程很快就得到了实施。如果说内城区沦为一片狼藉的原因是没人愿意工作，那么我们就应该尽量减少福利救济，让居民得不到政府补贴。

这个想法与哈莱姆中区等地的就业者又有什么关系呢？[3] 难道我们不该多了解他们一下吗？也许我们只有依靠他们，才能完善福利制度，落实脱贫政策。当这个想法浮现在我脑海里的时候，我乘坐的出租车已经驶出了曼哈顿，快要到达三区大桥了。等我抵达拉瓜迪亚机场的时候，这本书已经在我脑海里初具雏形了。

由于当时我正忙于另一项研究，所以直到近4年后，我在西北大学那场会议上提出的想法才真正立项。当我着手书中的田野调查时，内城区的穷忙族问题正亟待解决。他们一直面临着风险，恐被西方社会所称羡的繁荣经济所抛弃。通货膨胀似乎已如恐龙灭绝一般荡然无存。20世纪90年代，股市几乎每周都能再创新高。[4] 失业率不到5%，为30多年来的最低值。不同年龄、不同种族的美国民众纷纷回归劳动力市场。[5] 有学历、有技术的人迎来了就业的春天。近20年间，他们获得了成功，比起其他的就业群体——虽然也会遭遇裁员——他们享受着高薪、高就业率、高稳定性。[6]

虽然经济在发展，但薪水高、待遇好的就业岗位屈指可数。1994年至1997年，制造业等高薪行业提供了1.9万个就业岗位，零售业提供了40多万个岗位，但大多收入菲薄。[7] 在向服务经济[8] 转变的过程中，就业大军中有文化、有技能的“有钱人”与高中辍学生之间出现了巨大的鸿沟。因此，即便就业人数在不断增加，处于职业金字塔中层的群体却收入微薄，处于底层的群体更是看不到未来。[9] 在当前的就业市场上，高中学历以下的年轻就业者失业的概率比大学毕业生高4倍。[10]他们的薪水持续减少。[11]高中毕业生的境况稍好一些——但同样失去了很多机会。[12]

对贫民来说，这些发展趋势不论是对儿童还是对成人都不利。1974年，有1020万美国儿童生活在贫困线以下；截至1994年，这一数字已超过1500万。贫困儿童的比例从15.4%升至近22%。[13]业内最受推崇的非营利组织——安妮·E.凯西基金会的数据显示，全国6岁以下的儿童中，有1/4属于贫困人口，美国因此成为发达国家中问题最严重的国家之一。[14]超过500万贫困儿童的父母有一方或双方常年工作，这一数字自1989年以来几乎翻了一番。

是什么造成了如此残酷的局面呢？为什么在一个繁荣发展的国家里，还有这么多人努力工作却一贫如洗呢？劳动力市场更青睐受过良好教育的群体，而对教学质量差的学校的毕业生（或辍学生）不管不顾。不久前，受教育程度低的求职者还能在汽车制造厂或炼钢厂谋求一份高薪的工作聊以慰藉，而现在，这样的情况早已一去不复返。虽然制造业仍保有一席之地，但对体力劳动者提出了更高的要求，要求他们会收集质量控制数据，能够组织团队自主研究问题，以创新性的方法解决问题，并对装配线架构进行革新。[15]厂商通常会通过笔试来招聘能够胜任高新技术工作的员工，这样一来，普通高中的辍学生、市中心贫民区的高中毕业生就竞争不过高学历的求职者了。而且，许多社区里已经找不到制造业岗位了。

种族隔离政策、贫困人口日益集中的问题为受教育程度低的群体带来了更多的问题。1970年至1990年，在贫困问题严重的社区，贫困人口的数量几乎翻了一番——而总体贫困情况几乎没什么变化。[16]这些社区的居民多半为黑人和拉美裔。贫困人口集中的现象常常会导致学校实力薄弱、辍学率高的问题，用工单位就更不愿意到贫民区招聘人才了。罗斯·佩罗曾提到自己对北美自由贸易协定的担忧，他所说的“巨大的吮吸声”在几十年前是响亮而清晰的，把贫民区里的好岗位都吸走了。城市里的贫民——包括住在纽约的非洲裔、波多黎各裔、多米尼加裔，以及住在洛杉矶或埃尔帕索的墨西哥裔——首当其冲，因低薪工作的需求剧减而受到影响。

结果，数百万穷忙族始终处于职业金字塔的最底层。他们做着无足轻重的工作，挣着微薄的薪水，看不到晋升的希望。虽然常年工作的全职穷忙族的数量保持着稳定增长，但是大部分人都是兼职。他们买不起个人健康保险，收入又超出了医疗补助的申领条件。育儿也是个头疼的问题，如果没有亲戚帮忙照看，他们只能把孩子送到条件较差的机构里去。无论如何，他们都要工作。

可能由于穷忙族总是忙于生计，所以没怎么受到过社会的关注。他们不会对国家良知产生任何影响，也不会像福利救助对象那样挑起政治不满；没有工会为他们代言，也基本没有公众人物（可能杰西·杰克逊和休·普莱斯除外）肯花时间把他们的问题搬上舞台；他们疲惫不堪，无力走上街头为自己争取权益。对大多数美国人而言，穷忙族算不上社会问题。

可是，忽视这个群体是要担风险的：他们的子女一生都要面临很多问题。安妮·E. 凯西基金会的报告显示，穷忙族的子女：

很少接种疫苗；很少去学校好好学习；很有可能学习成绩差、辍学；进入青少年时期后，更容易犯罪、怀孕；高中毕业后，更难考上大学；最后，像其他贫困儿童一样，成年后也挣不到钱。

穷忙族一直面临着成为另一种贫民的风险：少发一次薪水，就只能依靠福利救济；孩子生病，就会被开除；拖欠房租，就会被赶出家门。他们只想多工作、多挣钱，以便有足够的能力抵御这些风险，可实际上却日益穷困潦倒。

为了了解内城区穷忙族的生活，找到对他们给予更多关注、提供政策支持的理由，我进行了为期两年的研究，对居住在哈莱姆中西部的年轻（以及不那么年轻的）黑人和拉美裔找工作的经历进行了解。他们到哪儿去找工作？敲门后，雇主是怎么和他们打招呼的？当他们沦落到应聘"汉堡制作工"这种受尽嘲笑和挖苦的工作时，要付出怎样的社会代价？他们是如何把这份耻辱一脚踢飞的？其他员工如何帮助他们面对接下来有可能遭受排挤的境遇？有谁坚持了下来，又有谁放弃了，失去了对职场的信心呢？

我想弄明白，给这些"零技能"工作起的各种绰号是否是恰当的。获得一份"麦工"（低薪且无前途的工作），是提高了"人力资本"，还是在浪费时间呢？挣着最低工资的就业者能从工作中学到什么，才能让下一份工作有所改善呢？学到的本领能让他们获得晋升，还是永远都无法让家庭脱离贫困线呢？

本书的写作动力源于对家庭的关注——了解低收入的就业者是如何在家里、在穷亲戚中立足的。如果对这些穷忙族知之甚少，我们就无法理解"家庭价值观"对于内城区居民的意义。公众的普遍看法是，贫民区里的家庭已不复存在——就是这样。可是我在哈莱姆中区看到的职业道德不可能凭空而来，肯定是在家中耳濡目染的结果。贫民区的居民往往受到母亲的影响，母亲们依靠福利救济生活，希望子女能过得更好。我无意赋予这些奋斗者神圣的形象，而是想了解，当一份低薪工作对维持生计具有至关重要的作用时，他们的家庭生活是如何进行的。

在世俗观念和特殊环境的共同作用下，美国内城区的穷忙族过着无比艰难的生活。但我们有理由相信，只要对不断扩大的穷忙族群体给予关注，扶贫政策就会取得最理想的效果。他们最大的财富在于，他们和富人一样恪守职业道德。他们根本无须重塑价值观。其他人不愿意做的工作，他们会认真地做，因为他们尊重工作。他们大多过得不好，经济困难，享受不到福利，却始终坚持工作。[17] 各种开销——养育孩子、交通、衣服——让他们不得不工作。工作也能为他们带来收获。他们和中产阶级一样，能从工作中感受到真正的美国文化。可是他们很穷，要面对和无业贫民一样的问题：破烂的房子、糟糕的食物、匮乏的医疗、差劲的学校、长期得不到的保障。

为了找到扭转局面的方法，为了从工作中有所受益，我们对穷忙族的生活、经历进行了深入的研究。仅凭一些数字和表格，我们无法真正地理解他们遇到的问题、取得的进步。为了研究穷忙族之间的细微差异，我作为人类学家，与这些穷忙族以及他们的子女、父母、雇主、朋友、教师、牧师等人进行了交流，深受启发。

超过 300 名纽约人——住在哈莱姆的非洲裔、来自华盛顿高地的多米尼加裔和波多黎各裔、公司老板和经理——都对我的问题予以了耐心的解答，同意我和我的研究团队进行调研、采访，不厌其烦地任由我们跟到工作场所，采访他们的家人、教师和牧师。在项目进行期间，他们经历了怀孕生子、结婚成家、黯然离婚、工作晋升、毕业以及失望伤心。我真诚地感谢这些善良的人，也保证不会泄露他们及其朋友、家人的真实姓名。我还对其中部分经历进行了改动，以进一步对他们的身份进行模糊处理。我希望这本书能得到他们的认可，准确地反映他们的生活。本项目的完成离不开他们的帮助，我对此感激不尽。

如此复杂的项目离不开各方的大力支持。哥伦比亚大学的许多博士研究生都倾力相助，他们的名字已被列入献辞页，但我还是要特别介绍一下他们及他们的贡献。Eric Clemons、Catherine Ellis、Travis Jackson 和 Ana Ramos-Zayas 都是我的核心团队成员，负责对穷忙族“受访者”的家人和同事进行采访、研究，并开展了大量的田野调查工作。这些出色的学生——包括非洲裔、波多黎各裔、白人——肤色各异、阶层不同，为了了解一个与哥伦比亚大学校区近在咫尺却与自己有着天壤之别的、因贫穷而缺少生存机遇的群体，他们一起共事。我对这 4 名学生的感激之情不胜言表。

如果没有哈莱姆快餐店老板和经理的大力配合，我的项目也不会成功。他们牺牲了宝贵的工作时间，与我交流，分享他们对内城区就业者的看法。我答应对他们及他们的公司予以匿名，所以在这里就不提了。他们知道我说的是谁，在此一并感谢。内城区的少数族裔企业家做出的贡献远比我讲述的多。简单来说，哈莱姆的企业老板都是无名英雄。他们完全可以搬到更好的地方安度生活，却选择留下来，因为他们一心要为居民解决就业问题（当然也要盈利）。我们需要更多的企业家相助，共同解决贫民区的就业问题。

在项目进行期间，密歇根大学和芝加哥大学的同事曾提出建议，认为研究课题过于狭窄，只着眼于一些“璞玉”——勤奋工作的群体，很难说他们是否具有代表性。这个建议是对的，所以我们增加了一项完整的研究——主要针对哈莱姆的求职群体，但其中大部分人都求职失败了。哥伦比亚大学的3位博士研究生 John Jackson、Anthony Browne 和 Neal Savishinsky，以及纽约市立大学研究生中心的 Laura Ortiz 兼任项目调查员和善于倾听的采访员，他们跑遍了整个纽约市，去寻找快餐店的应聘者，确保样本具有代表性。

有时候，办公室里收到的海量数据令我应接不暇。如果没有 Chauncy Lennon 和 Doug Slater 的协助，就无法对所有结果进行整理、排序、分析。Chauncy 差不多参与了整个分析过程，他熬夜工作，确保研究结果按时提交给卫生与公众服务部，用于1996年福利改革法案听证会。Doug 对文案进行了细致的检查，承担了大量的背景研究工作，在注释里可以看到。我也要向他们二人表示感谢。

我的许多同事终身专注于贫困问题的研究，从研究生到退休，矢志不渝。我没有选择这条路。我一直对大规模的经济发展趋势对地方及个人产生的影响怀有兴趣，但我的大部分作品是围绕美国中产阶级的困境而作。我涉足贫困问题的时间不长，得益于国内优秀学者的不吝赐教，才对贫困群体有所了解，开始思考人类学家该如何以经济学家和社会学家常用的写作方式，来反映这个问题。涉足这个领域为我带来的最大收获在于，有机会向诸位同事学习，并以此书回报他们的信任。

除了献辞页提到的几位哥伦比亚大学的朋友，我还要特别感谢密歇根大学的 Sheldon Danziger 和 Mary Corcoran，西北大学的 Greg Duncan，哈佛大学的同事 William Julius Wilson、Christopher Jencks、David Ellwood、Mary Jo Bane、Jane Mansbridge、Julie Boatright

Wilson 和 Pamela Metz，麻省理工学院的 Frank Levy 和 Paul Osterman，马萨诸塞大学的 Barry Bluestone，密歇根州立大学的 Harry Holzer，宾夕法尼亚大学的 Frank Furstenberg 和 Kathy Edin，哥伦比亚大学的 Jeanne Brooks-Gunn、Larry Aber 和 Tom Bailey，纽约大学的 Diane Hughes 和 Richard Sennett，普林斯顿大学的 Marta Tienda 和 Michele Lamont，芝加哥大学的 Rick Shweder、Lindsay Chase-Landsdale，以及伯克利的同事 Arlene Skolnick、Jerry Skolnick、Philip Selznick、Doris Fine、Hank Rubin、Lillian Rubin、Jim Stockinger、Bob Fitzgerald 和 Judy Small。

在罗素·塞奇基金会工作的一年里，我最意外的收获就是有机会与 Robert Merton 共事。他具有渊博的社会科学知识，许多基本概念都是他最先提出的。他派出色的助理 Camille Yezzi 来协助我，至今令我感激不尽。我在加拉蒙德公司的代理人 Lisa Adams、克诺夫出版社的优秀编辑 Ash Green 对本书进行了全面润色。罗素·塞奇基金会负责制订出版计划的 David Haproff 也不吝精力，予以大力支持。

我还要感谢加利福尼亚大学伯克利分校教育学院教授 Carol Stack，本书的研究项目始于针对哈莱姆和加利福尼亚州奥克兰做的比较研究，而 Carol 恰是奥克兰的研究负责人。我们俩密切合作了多年，奔走于纽约和伯克利之间，一起为得到满意的数据而欣喜。她著有关于奥克兰低薪就业者的著作，对于我们了解城市贫民的情况很有帮助。

如此重大的项目，绝非仅靠人力就能完成，资金支持也是至关重要的。如果没有资金，任何研究团队，包括我这次有幸遇到的研究团队，都将无法组建。然而，我们并不只是为了得到基金会的资助，我们的关系也并非如此局限、功利。为了向给予这个项目大力支持的基金会负责人表示感谢，我用自己的学识作为回报，远非金钱可以衡量。罗素·塞奇基金会主席 Eric Wanner 一直是基金会里举足轻重的合伙人。我刚开始关注穷忙族问题的时候，他第一个鼓励我深入下去。从那时起，他就成为我的首席评论员、代言人、支持者。和许多研究劳动力市场问题的社会科学家一样，我对他也感激不尽。

Eric 并不是我唯一的支持者。洛克菲勒基金会的 Julia Lopcz 和 Aida Rodriguez 始终坚信，了解穷忙族问题是一件有意义的事。他们帮我分担了许多事情，我才得以全力以赴地完成本书。威廉姆·T. 格兰特基金会的 Betty Hamburg 和 Lonnie Sherrod 也对这项工作的重要意义坚信不疑。福特基金会和斯宾塞基金会对本项目倾囊相助。肯尼迪政府学院教师研究基金会在最后时刻提供了小额资助，确保本书按时交付给出版商。我还要感谢我的同事 Fred Schauer 院长、Joseph Nye 院长对本书的关注。Malcolm Wiener 对肯尼迪政府学院承担的社会政策研究项目给予了大力支持。作为麦克阿瑟基金会两家研究网络公司的一员，我有幸与全国各地的同事进行交流。这两家网络公司的董事 Bert Brim 和 Nancy Adler 让我们的想法得以落地实施，并在其他方面也慷慨相助。

我的其他作品都献给了家人，唯独这本书要献给我在哥伦比亚大学人类学系工作 15 年期间曾经并肩奋斗的同事和学生们。我人生中的每一步都离不开我的丈夫 Paul Attewell，他是纽约市立大学研究生院的社会学教授。他对我的帮助从项目概念阶段一直持续到落笔。Steven（15 岁）和 David（9 岁）一直在身旁为我加油，尽量不埋怨我（可我还是能听见）。

第1章

工作人生

贾马尔的人生

从外面看上去，贾马尔居住的地方就是一栋普通、老旧的楼房。楼顶板七零八落地散在地基周围，水泥台阶也开裂破损。即便如此，仍能想见，如稍加粉刷，再彻底打扫一下，这里的条件应该不算太差。一家人——就像贾马尔的家庭一样——可以在这样的家里舒服地住着。

然而，穿过大门之后，一切家的迹象都不见了。这栋出租公寓在至少10年以前就被分隔成了若干间独立的房间，住户们都拥挤地住在里面，大多数房间甚至连卧室都算不上。卫生间位于黑暗的走廊尽头，将就能用。6户人家在仅有的一间厨房里轮流做饭，常常为公用电冰箱里存放的食物而争吵不休。

水管毫无征兆地断了——搅得每个人都无法安宁。在大多数房间里，破损开裂的窗户靠胶带粘连着，勉强能抵御冬夜里吹个不停的刺骨寒风。贾马尔认为自己每月支付300美元的高额租金，理应享受到更多的温暖。可房东并不买账，只留下一台电暖器在角落里无力地嗡嗡响着。要想度过漫漫冬夜，他们还得穿着厚厚的衣服蜷缩在被子里才行。

贾马尔和他的女友凯茜在这里同居。房间里有一张床、一台电视机（总是被调到西部枪战片或功夫片频道上）以及几个搁板，上面放着食品罐头和意大利面。墙上贴着海报，都是他们喜欢的明星——迈克尔·杰克逊和图派克·夏库尔——正好遮住脱落的墙纸。一片狼藉的墙面让人提不起一点劲儿去修整。从房间下一个大台阶就是地下室，他们俩曾在那儿住过；房间里只有一扇窗，开得很高，都快挨着天花板了，基本起不到透气的作用。

房间的角落里摆着一台电磁炉，方便凯茜在“自己的地盘”里享受做饭的自由，要是公寓管理员发现，就会大发雷霆。公寓里曾因租户忘关电磁炉而着过几次火，因此禁用电磁炉已经有一段时日了。可贾马尔和凯茜还是渴望保留一点点隐私，幻想自己住在真正的家里，想做饭就做饭，不用受一墙之隔的邻居没完没了的打扰。

凯茜尽力把衣服收纳整齐，可贾马尔却不愿意弄；跟在他屁股后面收拾东西让凯茜不胜其烦，于是吵架成为家常便饭。他们意识到，把房间彻底清扫干净是一件相当重要的事，因为和他们共处一室的不速之客是一群老鼠。尤其当隆冬时节到来，外面没什么油水可捞时，老鼠就纷纷从墙缝和墙洞钻进他们家的地板里。凯茜提到过，在鞋子里发现老鼠绝对是最令人作呕的事。

出租公寓里很少能保持清静。小孩子们，包括隔壁两岁大的阿玛拉，找不到地方玩，就到处游逛，到邻居家串门，等妈妈从做饭家务中腾出空、找上门来才回家。房客们吵架已成为家常便饭，喊叫声冲出走廊、穿墙而去。邻居之间发生纠纷在所难免，因为大家都缺乏隐私或心理转圜的余地，很难在怒火中烧的关头让自己冷静下来。

贾马尔感觉四周的墙壁压迫着自己，也压迫着他与凯茜之间的关系，因为房间里实在太挤了。他们俩勉强能同时转身，不被撞上。贾马尔想在家里干点自己的事情，比如看看喜欢的电视节目，还得小心不要招惹凯茜发火。他甚至想过在房间里放个屏风，但又否定了这个想法，因为那样做只会让空间更加狭窄。他无法在这个破地方保持冷静，心里的怒火随时会爆发。

贾马尔需要好好地休息一下。这个22岁的青年在巴恩汉堡快餐连锁店（Burger Barn）* 打工，有时候还能得到彻夜加班的机会。1993年冬天，我与贾马尔结识，那时他的境况还不错，有8小时的轮班可以上。按照最低工资标准——每小时4.25美元——他正常工作一天能挣到34美元。如果能保持这样，他还勉强可以维持生计。可问题是，即便他常常去求老板，也只能得到5小时的轮班，到点就得下班。“大家都想多上班，”老板对他说，“我只能给你这么多了。”贾马尔只好乘公共汽车下班回家，汽车从布朗克斯区穿过，路上要花费一个小时。他倒是乐于早点下班休息，但要为这个月的房租而发愁，欠下的钱就更别提了。

从某种意义上讲，贾马尔是愿意早点下班的。为了按时上班，他必须每天早上4：30就起床，赶在5：00前坐上公共汽车。在黑暗、寒冷的冬天起床上班实在太痛苦了。贾马尔穿着薄薄的工作服，套着卡其绿粗呢外套，疲惫不堪，全身都冻僵了，可还得挣扎着去工作。

---

* 一家美国快餐连锁店的化名。

他经常迟到，但都不太晚，还不至于惹怒老板。说实话，那个牙买加女老板自己也经常迟到。无数个日子里，贾马尔多么希望立即回家缩进被窝里，把工作都抛到脑后。天晓得在多少邻居眼里他就是个疯子，每天这么辛苦，不惜长途跋涉，工作几个小时就为了挣 25 美元。何苦呢！

贾马尔知道他们的想法。“我讨厌这该死的工作，”他抱怨道，“可它毕竟是一份工作。巴恩汉堡店里的人都是些蠢货，总摆出一副高高在上的样子。没有过硬的工作经验，真是太难了。”他答应去找一份工作：“我也当一当有本事的高人。”这三四年积累的经验让他对未来有所期待，但梦想的实现仍遥不可及。贾马尔跑遍了曼哈顿区、皇后区和布朗克斯区的大街小巷，能找到的工作还是和快餐店的最低薪资岗位一个水平。

即便是这种工作机会，都是靠他在工作中认识的几个年轻“搭档”帮忙找来的。要是没有他们的帮忙，贾马尔的处境会比现在更糟，他会立刻一贫如洗。他明白这一点，所以主动与人交往。“你不知道会在什么时候需要他人的帮助。”他说。在人员流动率高的行业里，不断有员工被削减工时，直至被解雇，所以必须全神贯注，保持信息渠道畅通。

对于贾马尔这样的年轻人来说，“搭档”是非常必要的，因为老板们根本不会迎接他进门面试。他的长相令人望而生畏，尤其是在陌生人的眼里。我第一次见到他是在我任教的哥伦比亚大学校园里，相距很远我就注意到了他。一群白人学生在漂亮的砖路上给他让开一条路。他身高 6 英尺，体重 220 磅，看上去就像一名职业足球后卫。他穿着灰色连帽运动衫，帽檐都盖到了眉毛上。他微沉着脸，难免令周围的人感到不安。这也是大部分老板看到他走进面试房间后的第一印象：一个有个性的黑人青年。他们留意不到的是他那张娃娃脸、炯炯有神的褐色眼睛，以及对女友的宠爱。

认识他两年来，我对贾马尔的印象是头脑聪明，对周围的人有着超越年龄的敏锐洞察力，但是十分消沉。他 22 岁，和我的许多活泼、乐观的本科学生同龄，他很清楚自己的未来会是什么样子：无休止地做着没有前途的工作，和凯茜一直住在老鼠猖獗的廉租公寓里。他的聪明才智和大学生不相上下，但永远不会有机会上学。他必须在每天早上 5 点坐上城际巴士，从早到晚不停地清洗炸薯条桶，还要被“谁都比不上”的老板臭骂。他可以明确而坚定地评论社会，在我给他的日记本里写下自己一年来的心里话。我深感造化弄人，让他的才华无以施展。如果人生可以改写，他完全可以和我的任何一位学生调换身份。

贾马尔依然心怀感恩。他有一个爱他的女人，尽管她经常为琐事和他吵架，但她对他关怀备至，盼着他下班回家后一起吃爆米花，一起看从音像店买来的电影。为了和他在一起，凯茜从 16 岁就离开了位于佛罗里达的家。她的母亲是白人，一点儿也不支持女儿嫁给一个黑人。于是，凯茜和家里断了联系，偶尔给弟弟打一通伤心的电话，弟弟还是用公用电话接的。每每说到自己抛下弟弟离开的时候，凯茜总会低下头，盯着自己亮闪闪的红色长指甲。而一说起母亲，她就严肃起来，因为母亲不仅不同意她和贾马尔在一起，而且从父亲去世起就独吞了每月发放的政府保障金。凯茜觉得这笔钱应该归自己，可是住在塔拉哈西的母亲不同意。

要是有这笔钱就太好了，当初发现怀孕的时候，凯茜就能过得宽裕一些了。大概在我遇到他们俩半年以前，他们的女儿出生了。除了贾马尔在巴恩汉堡店兼职打工赚到的钱，他们没有其他的收入来源。凯茜之前也在店里工作过一段时间，在女儿出生后就不干了。他们当时住在布鲁克林的一栋公寓的单间里，婴儿床只能硬塞进去。他们在狭小、幽闭的空间里，整日面对成堆的尿不湿和婴儿的啼哭声。女儿塔米越来越好玩，也越来越不听话。贾马尔和凯茜都没有育儿经验，不知道该怎么做，才能让她不哭。终于有一天，贾马尔一怒之下打了女儿，却始终不肯承认。他坚称是自己不小心碰到婴儿床，才导致女儿掉出来的。社会服务机构的工作人员并不相信他的话，他们带走了塔米，还起诉贾马尔虐待儿童、凯茜疏于照管。

我刚开始采访这对情侣的时候，看得出来他们非常难过、惶恐不安。他们下定决心去要回孩子。他们每周都到市级福利部门开办的家庭中心看望女儿，并接受临时母亲的严密监督。他们还要参加育儿培训班，学习如何照顾女儿——包括换尿布、握奶瓶、忍受新生儿不停的啼哭。塔米已经半岁了，一看到她，他们俩的心情就如雨过天晴一般。贾马尔惊呼："她都长这么大了！"而凯茜就想抱着女儿，给她玩具玩，看她是否还认识自己这个亲妈。

贾马尔和凯茜的人生中最难过的时刻到来了，那是塔米的一岁生日当天。他们亲手写了邀请函给我，显然非常希望我去参加他们女儿的生日聚会。可生日那天我要上课，脱不开身，就让研究团队的成员特拉维斯·杰克逊替我参加，并为塔米和他们俩带去礼物。特拉维斯和他们相处的时间比我都多，现在都快成为他们家庭的一员了。特拉维斯如约前往位于布鲁克林的家庭中心。经法院批准，这里允许接受监督的父母看望子女。后来，特拉维斯向我讲述起那场聚会的情形：

我到了那儿，贾马尔正站在房间里等人。我问他是不是在等我，他说不是，在等孩子。他走过去，和前台的一个女人说了几句，然后带我来到准备举办聚会的房间……凯茜和贾马尔对房间进行了装饰，墙上挂着一个横幅，写着“生日快乐”，另外还摆着一些五颜六色的装饰品。桌上摆满了礼物，还有一个蛋糕、几瓶汽水和冰激凌。看得出来，他们做了精心的布置。可我是当时唯一到场的客人。贾马尔说他们还邀请了其他人，但我是唯一到来的。然后，凯茜出去等孩子和临时妈妈。

几分钟后，凯茜回来了，告诉我们塔米来不了了，据说她病了，可能得了感冒，临时妈妈觉得带出去不好，而且天气又这么冷……凯茜失望极了，忍不住哭起来，贾马尔尽力安慰她，说不超过一周孩子的病就会好。凯茜说她明白，可就是想和孩子在一起庆祝她的第一个生日。

贾马尔好不容易才说服凯茜，当下最要紧的事就是要回孩子的监护权。“真是难为她了，”贾马尔说，“孩子不能在家住。她以为我不在意，其实我很在意，只是不愿意表现出来而已。”可最大的问题是，他们还达不到法院规定的条件，不能接回塔米。法院要求贾马尔必须用在巴恩汉堡店打工的收入租一间含独立儿童房的公寓套房，而且禁止凯茜工作，因为她违反了法规，对孩子疏于照看。他们去找过房子，符合条件的最便宜的房子位于布鲁克斯南部的中心地段，那里以街道脏乱而闻名全国，每月租金要 600 美元，而且只有一间卧室。房东还要求支付押金，而他们根本无力支付。即使是在旺季，贾马尔每月最多也只能挣 680 美元——而且要全职才行，根本不能指望。

在这种困境下，年轻人往往会向父母伸手求助，可是对他们两人来说，这根本不现实。凯茜的母亲准备起诉贾马尔绑架未成年人，可实际上凯茜是自愿和他到纽约的。贾马尔记得，在晦暗的童年时代曾见过自己的父亲，后来很多年都没再见过，也不知道他在哪儿。他笃定父亲已经去世了，这是住在皇后区的一个同父异母的姐姐告诉他的。他的母亲杰奎琳曾在位于塔拉哈西的一个军事基地的邮局工作，后来在贾马尔十几岁的时候染上了毒瘾。

我 13 岁的时候，生活过得非常惬意，妈妈在邮局工作。你知道的，她本可以多做些有意义的事，我们也可以出去逛逛，可她却开始浑浑噩噩地生活，我们好像越来越疏远。我其实没有父亲。他是……谁知道他在哪儿。就是这样，（父亲们）总是不想被微不足道的人烦扰，母亲也一样。他们什么都不在乎。所以，我没有亲人。

杰奎琳的毒瘾日益严重，开始逼 15 岁的贾马尔给她钱。一开始，她只是希望贾马尔自力更生，她的钱都可以留给自己花。后来，她让贾马尔把在巴恩汉堡店打工挣来的钱或其他收入都给她：

她说："给我钱。"我就和她吵，好几次她都把我赶了出去。你知道的，她控制不住。我不知道该怎么见她。一周前见过一次；之前大概一个半月没见了。我不能待在她身边，每次见到她，她就问我要钱。我知道她有问题，但我忍不了，我也有自己的问题。我的生活也很难。

杰奎琳住在哈莱姆中区的一栋破败的楼房里，毒贩和瘾君子随处可见。旁边就是一所天主教高中，学生们身着校服，秩序井然。杰奎琳和贾马尔差不多高，一副我行我素的丑态，凹陷的面颊上显眼地涂着一道道胭脂，却仍然遮不住粗糙皱缩的皮肤。

站在杰奎琳居住的公寓楼的门廊处，游客可以近距离目睹毒品、枪支和妇女贩卖交易。附近的房子装着宽大的窗户，透出昏暗的灯光，谁都看得出有人在那里等待交易。门口有人负责望风，不让买主带包或者其他能装得下枪支的东西进入。这里是繁忙的毒品交易市场。

但这里也不乏人情味。贾马尔在这个地方颇受欢迎。许多人都认识他，尽管他已经搬走四五年了。购物回来的女人们从出租车里钻出来，双手提满了购物袋，热情地向贾马尔打招呼。两个 14 岁左右的女孩儿在街上溜达，还停下来和贾马尔聊天。其中一人向贾马尔询问塔米的情况，她的哥哥就是正在隔壁公寓门前进行交易的毒贩。

贾马尔不想待在母亲住的地方。他坐在门廊上，等着母亲和她的男朋友吵完架。他无法逃避母亲吸毒带来的严重后果，这个后果是显而易见的。她放着邮局的好工作不做，却沉迷于可卡因，整日神志恍惚，实在令他百思不得其解。还有她的男朋友，舍弃每小时能挣 10 美元的高薪正经工作，就只为了获得毒品带来的片刻满足吗？

贾马尔做不到泰然处之，因为母亲的毒瘾花掉了他太多钱。在本应上初中的年纪，他却被迫离开家独自打拼：

她失去了一份好工作，邮局的工作，都是毒品（可卡因）造成的。她去过戒毒所，后来又复吸了。她找到我，让我给她找份工作，可干了一个星期就不去了，又去吸毒了。她这是自作自受，怪不得别人。你知道的，她总是怪别人。“好，我谁也不求了。你永远也别管我。”

我告诉她：“我不会管你的。”我该怎么办？我自己都搞不清（毒品）是什么。你知道的，我想离它远点，所以我不能帮她。她必须去工作，就是朝九晚五那种！并没有多辛苦。她每小时可以挣到12、13或14美元。

我本可以开得起宝马、买得起公寓、去学校上学的，我女朋友（事实妻子）也本应去上学的。我本可以生活得无忧无虑……如果（我的母亲）当初去（工作）的话。我本可以获得全面发展，而不用这样到处跑、什么都得做。

贾马尔明白，是母亲的堕落导致自己生活动荡，逐渐沦为穷忙族。

以前，住在弗吉尼亚州的祖母不遗余力地帮衬着贾马尔。但因住得太远，他只有在离家出走的时候，才能去看望一下祖母——从13岁起，他就经常离家出走了。后来，祖母认为贾马尔会令家族蒙羞，反对把他纳入家谱。贾马尔知道祖母已经把他的名字划掉了。

贾马尔不希望同母异父的5岁弟弟也遭此命运，他是母亲和前任男朋友生的儿子。这个小男孩个子挺高，和贾马尔长得很像。他很崇拜贾马尔，盼着他偶尔来看看自己。每当哥哥走上楼来，他就眉开眼笑。当小小年纪的贾马尔对稳定的生活有所认识的时候——母亲当时还在工作——他的弟弟还生活在更为艰苦、折磨人的环境里。作为吸毒者的儿子，他还是一个年幼、脆弱的孩子。他更担心的是什么时候还会挨打，而不是明天早上能不能去上学。贾马尔尽力让弟弟振作起来，可他还是逃不过和贾马尔一样的命运，怨愤之情与日俱增。

除了上学、放学、听着母亲整晚吸食可卡因，我必须在空余时间找点别的事干。所以我找了份工作。一旦工作起来，以前和现在的很多东西就发生了改变。

13 岁刚开始工作的时候，贾马尔下定决心要找到一条出路，不受母亲自甘堕落的影响。他从那时起一直工作到现在。

贾马尔所处的环境容易令他误入歧途，把他在巴恩汉堡店挣的钱挥霍一空。他也住在贫民区里，有许多年轻人在这里贩卖毒品，还有人贩卖枪支。只有个别人和贾马尔一样做着乏味的工作。其他人不明白他为什么会为了“几个子儿”而一直折磨自己。

贾马尔的“搭档们”很喜欢他，拉他入伙。他没答应，他知道这是触犯法律的。可他的意志力也有薄弱的时候。前一年夏天，他开始喝酒，偶尔还吸食可卡因，后来完全靠自己戒掉了。这段经历让他惧怕，怕一切都可能失控，所以他慌了，急于逃离纽约，回到塔拉哈西去过正常的生活。

贾马尔继续做着没人看好的事情：工作谋生，日复一日。只要巴恩汉堡店的老板允许，让他工作多长时间都可以。他穿着工作服，干着洒扫收拾的活儿。作为店里地位最低、最卑微的人，他还要忍受别人肆意的谩骂（自己臆想的、真实发生的都有）。空余时间，他就去寻找更好的工作。几年前，他和祖母住在一起，在弗吉尼亚州的一家汽车厂干临时工，工资比以前任何一份薪水都多一倍。可他后来被解雇了，再也挣不到那么多钱了。他不放过任何汽车厂的招聘机会，可始终碰不上好运气。于是他干了几份快餐店的工作——据我所知，有3份——勉强维持生计。

不难想象，一个年轻人——22岁的黑人，母亲还嗜毒成瘾——在这种境况下会彻底放弃。但贾马尔有所不同，他奋斗不止，坚持到底。他认真地担负起责任，出门在外还记挂着凯茜的安全，努力提高生活质量。他盼着女儿早点回到身边，催促社会服务机构帮忙找一间合适的房子，达到法官对他们这个新组建的家庭提出的要求。他很爱凯茜，他们出于热烈的爱而彼此吸引。他们患难与共，永远不会分开，也不会放弃对未来的希望。

人无完人，贾马尔是第一个承认自己有很多问题的人。他想，如果当初好好学习，现在就能有所作为了。只有普通高中同等学力的年轻人是很难在社会上立足的。好工作基本上是可望而不可得的。他明白，每个人都不可能无视社区里的负面问题。他为自己乱发脾气而自责，也为暂时失去女儿、让女友陷于痛苦而悔愧。一次次“搞砸”，完全怨不得别人。

最值得注意的一点是，贾马尔对工作全情投入，始终坚持自力更生。正是秉持这样的职业道德，他才能坚持乘坐公共汽车去尝试每一个工作机会。他并不是一个乐观的人，也不对未来抱有信心，但他始终坚信，蠢人才会选择歧途，他可不当蠢人。

卡门的人生

地铁1号线在曼哈顿上西区迂回穿行，经过一个个社区，那里一度住满了从西欧来的犹太移民。哥伦比亚大学和城市学院的学生们到站下车，返回校园。再往前走很长一段路，就到了喧嚣的墨西哥裔社区。作为一个新兴的移民聚居地，这里的居民都说西班牙语。

地铁站就在卡门家附近，正对着因伍德的迪克曼大街，这里汇集了上千家酒庄、食品店，以及提供服装定制、缝纫服务的各式小店。多米尼加裔开的面包店随处可见，诱人的香味从店里飘出来，吸引了不少顾客。许多商店因店面狭小，店主就把一部分商品——包括化妆品、洗衣皂、水果、蔬菜等加勒比海地区常见的商品——摆到了人行道上。每一家商店里都有一个小伙子坐在高高的梯子或椅子上看管着商品，以防被偷走。妈妈们带着孩子来购物，孩子拽着妈妈的衣袖，索要一块糖或一个塑料玩具。在美好的日子里，似乎圣多明各的居民都涌入华盛顿高地了。

一拐进迪克曼纵横交错的住宅街，就渐渐看不见商店了，只剩下一两家小酒庄。"吉卜赛"出租车*占据着最佳的停车位，因为司机们就是这里的居民。商贩们一大早就沿街摆出摊位，抢在地铁站附近的店面开门之前招徕顾客。锅炉和管道维修工也在一大早走出住满了人的公寓大楼，和商贩们打着招呼。居民们相互之间都认识，许多人都是老朋友了，在多米尼加的时候就相识。

卡门住的公寓楼并不是曼哈顿最具特色的摩天大楼，而是一栋6层小楼，共有60个房间，和蜿蜒大道旁的大部分楼房一样。这些房屋基本不公开出租，全靠老乡之间口口相传；在纽约等生活成本较高的城市里，房子是相当宝贵的资源。住房短缺与繁荣富裕并不相关。公寓楼里什么也不提供，物业服务少得可怜，居民对冷漠的房东非常

---

* 在美国，违规营运的出租车被称为"吉卜赛"出租车，因其通常在城镇间穿梭寻找客源，与吉卜赛人四处游荡的特点较为相似而得名。——译者注

不满。走廊里破旧的地毯、昏暗的灯泡都说明房东毫无同情心。来访者在楼下按门铃，却始终无人应答，对讲机也经常坏掉。住在房租高、空间挤的城市里，移民家庭只能有什么就用什么，而且日用品基本都是从亲戚那里拿来的。

这就是卡门及其大家族里的多数成员在“温斯顿之家”公寓居住的现状。这个名字是为了纪念20世纪二三十年代最早一批犹太移民渴望融入美国社会的心情。卡门的祖母——不仅是父亲的母亲，还是这个多米尼加大家族里当之无愧的族长——是家族里第一个步入纽约的人。祖母嫁给了一名波多黎各裔，祖父自出生起就享有美国居住权。祖父给祖母办理了移民登记手续，送给她一样最珍贵的礼物：绿卡。祖父早已去世多年，他的绿卡却让卡门家族的三代人都过着漂泊的日子，家人不断地在圣多明各与因伍德之间穿梭往来。卡门的祖母曾在一家制衣厂做熨衣工，挣来的微薄收入还要给8个孩子——包括卡门的父亲——一个一个地寄过去。

祖母家的房门上有一块牌子，上面（用西班牙语）写着“提供儿童看护服务，经验丰富”。客厅里看上去似乎有上百名儿童，其实是因为他们不停地跑来跑去，令人目不暇接。所有孩子都不支付看护费，他们全是卡门的七大姑八大姨的子女，也就是她的表兄弟姐妹、堂兄弟姐妹。等祖母在因伍德安顿下来后，这些长辈就都跟着移民过来了。由于要外出工作或者去医院看病，再加上祖母的房子既漂亮又有有线电视，所以他们都把孩子交给了祖母。好看的电视节目，包括西班牙语肥皂剧在内，都通过电缆传输过来，为房子里消磨时间的人带来娱乐、产生噪声。

七大姑八大姨、祖父母、继亲、好友……所有靠沾亲带故的关系移民过来的人都住在祖母家附近的公寓里，楼与楼之间由防火安全门相连。若打开门，各家就彻底地连通起来了。卡门的父亲乔治在很多年前就和她的母亲离了婚，追随她的祖母来到纽约，属于第一批离开圣多明各的“叔父辈”。卡门从童年起就再没和父亲住在一起，一直和母亲住在国内。虽然离婚让他们的父女关系有所疏远，但乔治仍找人去接两个女儿——卡门和妹妹蕾娜——并尽其所能安排她们和母亲先住在这栋公寓里，等他有了自己的房子再搬过去。

卡门 14 岁来到这里，几乎得不到片刻安宁。“七大姑八大姨们”在她周围照看孩子，身边的人来往穿梭个不停。8 个大人、12 个小孩住在 3 间公寓里，中间由防火安全门相连。其他亲戚也住在这里。卡门 28 岁的姑姑和她的丈夫（偶尔）、3 岁的孩子住在隔壁。卡门的叔叔住在 4 楼，他是一名建筑工人，工作情况由行业决定。另一个姑姑住在 2 楼。还有一个姑姑和 3 个孩子住在 3 楼。第四个姑姑是家政服务员，和两个女儿住在隔壁的公寓楼里。

1994 年秋天，我第一次见到卡门。当时她和她的父亲、继母住在一个单间公寓里。为了付房租，她的父亲打了两份工。

爸爸要上夜班。哎，白天晚上都要上班，因为他打了两份工。我们住在一个单间公寓里，里面有一个房间，还有厨房、卫生间，我们 5 口人住。租金是 700 美元。爸爸从下午 6 点开始上班，一直上到凌晨 3 点左右。他 5 点到家，上床睡觉，然后起来去做另一份工作。他的老婆白天上班，下午 4 点左右下班。

卡门在这里从未彻底地放松过。她和妹妹蕾娜都不喜欢继母，继母也不喜欢她们。拥挤的房间让关系疏远的双方不得不亲密相处。蕾娜忍无可忍，采取了逃避困境的常用办法：结婚。

结婚后，蕾娜似乎陷入了另一个困境。她和新婚丈夫，以及丈夫的家人住在一起，和蕾娜的亲戚家相距不过几栋楼。蕾娜和丈夫、孩子，以及丈夫的父亲、母亲、妹妹，还有妹妹的 3 个孩子住在一套三居室的地下室公寓里，里面有一个小厨房和一间迷你客厅。每家人住一间，房间里塞着婴儿床、床垫，几面墙上都挂着衣服，犄角旮旯里满是玩具。房间还算干净整洁，但和理想中的家比起来还差得远。实际上，整个公寓楼都很糟糕。最近几次维修管道时，客厅的水泥地面被凿了几个大洞，一直通到地底下。万不得已之下，大家只能求助于法律援助机构，强令房东处理地上的裂口。

蕾娜选择结婚、搬走，部分原因是不想再走卡门的老路，不想高中毕业后就去工作。她更希望在婚后作为继读生，继续待在布朗克斯社区学院里。多米尼加移民要想获得美国学位，一般都是这么做的。而卡门坚持要实现获得大学文凭的目标。我第一次见到她的时候，她已经成为布朗克斯社区学院的非全日制学生了。但她与蕾娜不同，在巴恩汉堡店还干着一份全职工作。

从到达美国的第一天起，卡门就下定决心不靠祖母的照顾，尽快挣到钱，给住在圣多明各的母亲寄过去。但她才 16 岁，英语也不好，怎么找工作呢？她首先想到的是社区里的商店，但一无所获。她需要帮助。

我还在上高中，急着找工作。我总给奶奶打电话：“奶奶，有人给我介绍了一份工作，我想去看看。”奶奶会说：“好，别太晚回家。路上别一个人走。”从没有人陪我回过家，因为在学校里我谁也不认识。

有一次，我去辅导员办公室。辅导员听到我对妹妹说，我哪儿都去了，6点半才到家，可还是没找到（工作）。好几天都是这样。辅导员问：“你想找工作？”我回答：“是的，我很想工作。”她又说：“嗯，听我说，我给你几封信。你到（街角的）巴恩汉堡店，让人把信交给贝尼托先生。”

原来他们是朋友。我拿着信去了，没见到贝尼托，另一个经理接过信看了看，然后对我说：“好，我明天交给贝尼托。我看了信，我刚好负责招聘。明天带上护照和居住证来上班吧。”

卡门喜出望外，她飞奔回家，取了证件，15分钟后又返回了汉堡店。第二天，她上门感谢辅导员。辅导员握着她的手，提醒道：“上帝与我们同在。”

我见到卡门的时候，她已在巴恩汉堡店干了3年了。她的日程表排得太可怕了。早上8点去上学，工作服就塞到背包里。下午3：30放学，她到卫生间里换上工作服，然后马不停蹄地赶往巴恩汉堡店。4：00到店里，她要上整班，大概凌晨2：00才下班。尽管筋疲力尽，但她还是尽力兼顾工作和学习，花费大约1小时做作业，期间还会趴在书上眯一会儿。她总担心被老师发现，害怕因作业没完成而挨罚。其实卡门是个学习效率高、头脑聪明的学生，能够靠自己的才智补上落下的学业。

卡门一直很重视学习。她的母亲在多米尼加担任教师，外祖母也是教师。她们赋予了她博采众长、尊重教育的特质，使她树立起成为一名专业白领的目标。她到美国来，就是为了实现自己的目标。她相信，在美国接受教育一定比在圣多明各更有前途。可是，在实现梦想的唯一道路上，她承受了巨大的压力。她必须在认真学习与挣钱帮助外祖母和母亲之间寻求平衡。卡门的母亲虽说是教师，可是薪水都不够养家。在圣多明各，他们比一般的单亲家庭付出得更多，对生活的要求却不高。卡门的汇款——从巴恩汉堡店挣来的最低工资里挤出来的——造就了不一样的她，让她不再成为祖母、父亲的一个负担。但做到这一点并不容易。

我的作业开始退步。我要好好做。我一直都是好好做的。可是太累了，我想做……可还是没做完（作业）。我心里想着："必须完成（作业）。"可还是会睡着。我实在太累了。

卡门和祖母讨论过这件事，但也找不到好办法，因为不论是学习还是工作，对她来说都是同等重要的。

我告诉奶奶："哎，奶奶，我不想退学，可我快受不了了。"奶奶说："好啦，你知道自己要什么。从中选一个吧。"我以为她的意思是放弃工作，就说："不，不放弃工作。我还想工作。"奶奶又说："啊，那就退学吧。"我却说："不，也不行。"奶奶就说："那你打算怎么办？"我回答："挺过去。"你瞧，人总是要有所付出的。我就想，如果别人能做到，我为什么不行？

卡门的几个叔叔也大声地发表意见，说卡门是在自欺欺人——她要么会劳累过度，要么退学，要么哪一个都做不成。他们越劝，卡门的想法反而越坚定。

我从没有不及格过。我总能得到大家期望的成绩。在家里，奶奶会说："我希望得多少分、多少分。"我就必须考这些分……我认真学习，然后再睡半小时。第二天起床后，上厕所也带着书看。我把书放在毛巾架上，洗澡也不忘看书。乘地铁的时候，我开始打瞌睡，但会突然清醒，告诉自己："不能睡，要学习……"

卡门在面对前路选择时出现的犹豫不定或困惑不解，在一定程度上源于她对工作心存矛盾。她已经成为普通员工，负责做汉堡、炸薯条、洗烤架。作为一名熟练工，她要学习如何拆卸奶昔机，再组装好。她坚持学习如何修理店里的每一种机器设备，这也是汉堡店鼓励员工掌握的技能，其实一部分原因是节省请修理工的费用。渐渐地，卡门获得了晋升，开始学习操作收银机。因为她性格讨喜、衣着整洁、品貌兼优，经理开始让卡门负责生日聚会业务。

卡门非常喜欢这项工作。她深受孩子们的欢迎。多年来照顾弟妹、侄子、侄女的经历让她极有亲和力，能够以幽默的方式把调皮的孩子们吸引过来，一起做游戏。她还发现，自己也很擅长和成人打交道，能够洞察顾客的需求。每当生日聚会打扰到其他顾客时，她都能妥善地安抚顾客的情绪。大家对她的工作予以认可，再加上和孩子们相处快乐，卡门非常享受其中，而这种感觉一般在地位卑微的员工身上是很难找到的。

卡门在巴恩汉堡店的收获不止如此。经理一直支持卡门学习，并尽量安排她在放学之后再工作。从高中一直到升入布朗克斯社区学院，老板始终根据卡门的学业来调整她的上班时间，从没要求她在上课期间来工作。对此，卡门感激不尽。

当然，这也意味着卡门很晚才能干完活儿。在她居住的社区里，晚上回家是非常危险的。深夜单独回家的年轻女性往往成为犯罪目标，“老虎们”——多米尼加语里对街头混混的称呼——让卡门意识到自己身处危险之中。一天晚上，卡门深感脆弱无助，虽然躲过一劫，却被吓得不轻。她惊恐不安，一度抗拒单独出行。她仔细安排出行日程，确保蕾娜随时陪着自己。经过几个月的应激焦虑期，以及花费不菲的几个疗程的治疗之后，卡门又恢复了正常的生活。为了保住工作，她让男朋友萨尔瓦多陪着自己。

我走在深夜的街头，看到混混们就在那儿。我害怕极了。每次下班回家，我都不敢从那儿走。有时候半夜要出门，我就打电话叫男朋友过来。他上夜班，也要晚上出门。我给他打电话说：“嘿，萨尔瓦多，来接我吧，我不想自己走。”他说：“好，在地铁站等我。”我就说：“不行，不行，不行，过来（到巴恩汉堡店）接我。到了敲门，我让保安给你开门。”没办法，我就是害怕。

能找到这份工作，卡门心存感激。可到我认识她半年的时候，她逐渐心生厌倦。她已经在巴恩汉堡店工作 3 年半了。店里新来了一位时薪经理戴安娜，卡门不太喜欢她，她也不喜欢卡门。她们看上了同一个男人——萨尔瓦多，也是店里的员工——最后卡门赢得了他的心。戴安娜不甘心，就以工作权威来欺负卡门，惹她生气。这些不相干的事情让卡门对工作的态度发生了变化，看到的多是负面的东西。

我每小时只能挣 4.5 美元，根本不够，想想我们受到了多少剥削。这种工作单位就知道指手画脚，把员工不当人。在人家工作的时候，都来指手画脚，像主人对待宠物一样给人难堪。就是因为这一点，许多员工都想再奋斗一下，给自己、给子女更好的生活。

“孩子”在很大程度上导致卡门毫无征兆地离开了巴恩汉堡店。1994 年冬天，她嫁给了萨尔瓦多，并遵循传统，在婚后很快就怀孕了。他们在卡门家的公寓楼里另租了一间房住，之前的住户是一位阿姨，已经回多米尼加了。卡门就和丈夫过上了小夫妻的日子。卡门现在要考虑的就不止工作、学习了，还要等待孩子出生，和丈夫一起构想未来。理想中，她应该在旅行社工作或者成为服装设计师，而不是汉堡制作工。萨尔瓦多完全反对卡门工作。虽然他也在巴恩汉堡店干了一年多，却不希望卡门继续留在店里。

于是，卡门发起最后一击，“故意”与戴安娜吵了一架，借此离职，回家当家庭主妇了。这再次印证了一个道理，就是说起来容易、做起来难。一方面，萨尔瓦多的收入根本不够他们两个人的开销。他目前在一家 24 小时营业的药店里做理货员，这份工作是一个刚在这里入职的新朋友介绍的。萨尔瓦多曾向这位朋友提到过离开巴恩汉堡店的打算，朋友就把他介绍给了药店经理。萨尔瓦多比原来干净、平和了一点。下班回家后，他的衣服上不再有炸薯条的油渍了。但他挣不来更多的钱，卡门身无分文了。

在萨尔瓦多看来，钱是个难题。22 岁的他现在是这个家的主人，卡门的“工作”是做饭、打扫房间、等待孩子出生。在多米尼加共和国，人们都是这样过日子的，萨尔瓦多觉得这样挺好。可不幸的是，他的收入不够维持生计。付完房租后，他就没有钱给卡门了。为了糊口，萨尔瓦多经常到附近的母亲家去蹭饭。他告诉卡门：“各自去想办法。”意思是实在不行，卡门也得去祖母家蹭饭，以便节省些开销。他们也没钱付水电费，爱迪生联合电气公司不停地催促，把有线电视服务也停了。他们一贫如洗，结婚时买家具借的钱也没还。他们仅靠做理货员的工资根本无法度日。

卡门勉强接受了萨尔瓦多的传统观念，她开心地等待孩子出生。可是，现实与期望相去甚远。短短几个月的半工半读生活令她痛苦不堪。结婚前，卡门很清楚自己想要什么，最好的朋友卡拉也给她提供了巨大的精神支持。

我和卡拉都喜欢工作。我们的理想和目标都一样。我们想成为优秀的人，然后再结婚。我想出人头地，也希望男朋友在我们结婚后也很出色……（卡拉的）男朋友还要上学——哦，是丈夫。可他已经出去工作了。我的男朋友（萨尔瓦多）也是。我们俩相信他们还会回到学校的。他们都不愿意……她给我打电话说：“哦，卡门，马丁不想去上学了，他想工作。”我告诉他，萨尔瓦多也是一样……他们简直疯了。

工作之余，我想先拿到文凭，然后再生孩子。一定要先拿到文凭。所以我打算读完大学再生孩子。兼顾家庭、孩子、学业，实在是太难了。

卡门在 9 月接受采访时表达的雄心壮志，一直到次年 2 月前都没能实现。

她没有料到独立生活会这么难，要面对的艰辛会这么多。卡门无法再给远在多米尼加的母亲寄钱了，她经常担心妈妈每周收不到钱该怎么过活。萨尔瓦多只给她一点钱去还欠下的水电费，以免物业服务被中断。实际上，卡门都不清楚萨尔瓦多到底挣了多少钱。更惨的是，她看不起病，这个问题非常严重。卡门的体重不增反降，这种情况持续了一段时间了——对孕妇来说可不妙。食欲也与日俱减。除了高脂肪食品，她什么都不想吃。到孕期第三个月，她的体重只剩 90 磅了，而且还在继续下降。她知道自己需要去看病，可是没有钱。

萨尔瓦多认识到了问题的严重性，卡门能看出来他很担心。他每天晚上都在家里走来走去，手上使劲地按着计算器，盘算每周 184 美元的工资该怎么支付房租和其他开销。房租是每月 530 美元，其余都要用来交水电费。显然，不做出改变是不行了。萨尔瓦多决定再打一份工。他应聘了一家运输公司，位于第 14 大街，即曼哈顿中心一条宽阔的商业街，那里还分布着一些“西班牙”服装店。卡门对这份工作并不满意，因为一旦打两份工，丈夫就得从早上 8 点一直干到凌晨 1 点。

萨尔瓦多没能获得那份工作，但他的绝望促使卡门去做了一件她一直回避的事：申请福利救济。为了符合医疗补助的申请条件，她需要去看病。她必须给家里多挣些钱。她有几个姑姑在来到美国后没多久就被丈夫抛弃了，仅凭自己在工厂打工的收入，无力养育 3 个孩子，所以都得靠政府救济。她们主动给卡门支招。

福利救济的办理过程令人沮丧，时间冗长，官僚作风严重。姑姑们告诉她的所有门道都是对的，她别无选择。工夫终于没有白费。几周后，卡门获得了孕期定期保健服务。此时，萨尔瓦多还在忙于应聘第二份工作，即给流浪者发放食物。雇主是一个设在教堂里的组织。由于市政府大幅削减预算，该组织开展了更多的慈善活动。这份工作——属于“黑工”，所以不影响卡门领取救济——让这对新婚夫妇经常见不到面，但有了政府救济和两份工作，他们家的负债开始缩减，但是生活依然不富裕。萨尔瓦多经常催卡门去祖母家蹭饭。他们终于看不到贴在电费账单上的可怕的“最后通知”了。

进入孕期第五个月，卡门因病毒感染而发烧了。她不停地呕吐，吃不下任何东西，非常担心孩子的安危。幸亏有医疗补助，卡门才得以就医。医生熟练地把胎儿监护仪固定在她的腹部，卡门从未这样惧怕过，也从未在看病的时候感觉如释重负。在纽约期间，她几乎没有接受过任何医疗保健——前年她得了疝气，没钱治疗，只能忍着疼痛——她以为自己的生命会因此终结。最后，医生用抗生素治好了她，他们认为这场病对孩子不会有影响。

卡门出院回家，卧床休养。萨尔瓦多减少了工作时间，尽量多照顾她。他们的经济状况依然不好，要是没有大家族的持续帮助，一切都将无以为继。他们与贾马尔和凯茜是不一样的，贾马尔和凯茜始终要独自面对问题，而他们有强大的人脉来提供帮助。在家人的帮助下，他们勉强经受住了经济结构底层的坎坎坷坷。然而，困难是源源不断的，找不到更好的工作，得不到更好的教育——看得出来，卡门对一年前才树立的白领目标开始丧失信心了。

凯莎的人生

如果遇上好天气，泰伦·汉密尔顿每周都会到巴恩汉堡店去一两次，手上拿着零钱，肚子咕咕叫。他是店里的常客，总是独来独往。每当没钱买薯条的时候，他就到汉堡店来讨要。泰伦走路有点躲躲闪闪，运动衫的帽子拉低到了额头上——似乎会吓到其他的顾客。在他看来，从高架铁轨下面穿过街道的时候，必须让别人对他有所惧怕，这样就可以远离那些企图从他的口袋里偷钱的闹事分子了。更主要的原因是，戴着帽子可以躲避巴恩汉堡店的店员凯莎·史密斯的目光。每当泰伦进来讨要快餐食品的时候，差不多总是她站在柜台前。

凯莎和泰伦从小住在同一个贫民区里，距离他们最近总见面的巴恩汉堡店并不远。小时候他们曾在一起玩耍，后来断了联系。当凯莎再次见到泰伦的时候，他已经是个街头混混了，凯莎完全没有想起来是他。等到泰伦第一次到汉堡店点餐的时候，凯莎才认出他来。他的沧桑通过面貌和衣衫褴褛的状态显露无遗。凯莎对他的变化深感吃惊。“他在餐厅外面乞讨，就在我前面。”她惊讶地说，“简直无法相信。他看都不看我——他不会的。”他们最后还是认出了彼此。

这样的偶遇在凯莎的人生中屡见不鲜。她经常在社区门廊下被瘾君子绊住，而公寓楼的电梯里才是最危险的地方。她经常看见几名年轻男子在街角徘徊，手上拿着手机，等待操控交易的上级毒贩发出指令。这些人她都认识，从小就认识。他们中的许多人都认识她的哥哥——一个有钱的、高级别的毒贩，专做跨州毒品交易，已经是行业大佬了。

这种偶遇能够时刻提醒凯莎，在遇到乞讨者的时候，应放松一些。如果她在14岁的时候没有找到汉堡店的这份工作，早就一无所有了，只能依靠福利救济生活。可如今，她拥有一份稳定的工作。我见到她的时候，她已经干了5年了。她总是告诫自己，只要自己还有工作，泰伦的遭遇就不会降临到自己身上，不论是现在还是将来。她有时候觉得整个世界都在向她逼近。她怕自己不再安分守己，不是因为受到了诱惑——她不会的——而是看到了社区里太多人的失败、堕落。有时她不禁会恐慌，担心自己也会落得如此境地。

在巴恩汉堡店应聘的时候，凯莎在年龄上撒了谎，因为她知道，如果如实说，她肯定不会被录用。当时她还在上高二，成绩一般，来工作主要是为了赚钱买衣服，因为母亲不给她买（就算她理解凯莎在这个年龄的想法，也没钱给她买）。

妈妈限制我花钱买衣服。别人有的东西，我也想要，可妈妈嫌太贵，所以我必须找份工作，自己买……我的家庭就是那种："啊，凯莎越来越独立了，真为她骄傲。开始自己解决问题了。"我听了很高兴，就不问妈妈要钱了。

挣钱仍是凯莎的重要动力。她已经21岁了，该轮到她帮助母亲了。她从不指望、也从未得到过任何资助。与原先的物质需求相比，工作在她生活中更加重要、影响更大，成为她安身立命的支柱。汉堡店就是她的社交中心，她几乎一直待在店里，好友和恋人都是在这里结识的。巴恩汉堡店就是她所钟情的家。

在汉堡店前老板和几个经理的教导下，凯莎得以养活自己，并以出色的成绩从高中毕业。她从来都算不上好学生，还总是违反纪律，属于老师口中的“高危”学生，很可能会辍学、消失不见。凯莎不否认这种看法，她知道自己对学业并不用心。而且，社区里有许多朋友都辍学、怀孕，赖在福利救济名单上——使尽各种守旧的手段，推崇不负责任的“依赖文化”。有人认为，凯莎和他们过得不一样，简直创造了奇迹。其实，她在高中期间还怀孕过两次。

凯莎之所以能过上不同于朋友的生活，归因于巴恩汉堡店的工作，这里是低薪汉堡制作工的大本营。大部分美国人都认为，这种地方不会为一个来自哈莱姆贫困区的女孩提供鼓励、榜样或拯救。凯莎每天放学后都要工作，逐渐养成了守纪律、守秩序的习惯，而在工作谋生之前，她是完全做不到的。工作习惯对她的学习产生了影响，督促她按时完成学业。她一直坚持写日记，记录生活中的重要事情，尽管日记中语法错误、拼写错误频出。她很有毅力，目标明确，从内城区的一众小孩中脱颖而出，为别人丝毫不感兴趣的东西——高中文凭而不懈奋斗。

凯莎的母亲达娜长期依靠福利救济生活，她鼓励凯莎兼职打工，并建议凯莎去做流产手术，完成高中学业。达娜 15 岁就生了第一个孩子，到我们做田野调查时生了最后一个孩子——长达 26 年之久。她的亲身经历让她确信，如果凯莎 16 岁就怀孕生子，必将酿成大错。达娜建议凯莎继续工作，挣钱贴补家里的开销，而一旦凯莎辍学在家养孩子，就什么也没有了。

凯莎是个意志坚定的年轻女孩。她不会轻易地听从别人的安排，除非他人的意见和自己的想法是一致的。如果她 16 岁的时候真想要那个孩子，达娜的劝告就是徒劳的。可她并不想要孩子。她想留在巴恩汉堡店，和朋友们在一起，参与工作中的社交活动。她半工半读地坚持了两年，仍打算继续下去。她之所以决定终止怀孕，是因为她渴望拥有人生中的重要经历：工作，这也是她有别于其他女性的地方。她目睹了别人在人生的岔路口选择了另一条路，导致现在背负着养育孩子的负担。所以，她与她们不同，没有沦为一大早聚集在巴恩汉堡店周围、等着领热咖啡或甜面包圈的年轻大军中的一员。她有工作、有去处、有收入，还有她很在意的身份：一名职业女性。

凯莎 21 岁了，保住这份工作对她来说愈加重要了。目前，她确实有一个孩子要照看——小安东尼，她的心肝宝贝，是个“私生子”，是她 18 岁热恋的结晶。孩子的父亲胡安也在巴恩汉堡店打工，他们的恋情连续半年都是店里热议的话题。店里的非洲裔员工与波多黎各裔常常不和，可凯莎和胡安却能逾越种族障碍，在下班后交往。他们都在哈莱姆西部的贫民区长大，都和母亲、兄弟姐妹同住，都有一个大家族——胡安的许多亲戚还住在波多黎各。双方的家庭都支持他们的婚事，这令这对情侣非常开心。

然而，婚姻生活，或者说稳定的恋爱关系，对于他们两个人的意义却有所不同。胡安深受拉丁文化的影响，认为女人，特别是已婚妇女，就该待在家里，男人则可以在外面尽情潇洒。他希望凯莎能收心，谨慎地对待社交活动。她不能外出，不能参加聚会，不能通宵熬夜，应该成为波多黎各人认可的乖乖女。面对管控欲如此强的胡安，凯莎无可奈何。

我不顾一切地和孩子的爸爸订了婚。可是我觉得他越来越无趣，总想让我待在家里，哪儿也不能去。他不喜欢我的朋友，谁都不喜欢。他会说：“要是和那个人出去，我就离开你。”当时我已经怀孕了。女人一旦怀了孩子，就会为男人付出一切，害怕被抛弃，害怕独自承担一切。

她一度答应了胡安的要求，可最后他们的关系还是破裂了。凯莎不愿意过与世隔绝的生活，于是被抛弃了，只留下“私生子”陪着她。在这种境况下，许多女人都会求助于福利救济。毕竟，仅靠每小时 4.25 美元的工资，她无论如何也养不起孩子。可是她太喜欢这份工作了，丝毫不想放弃，不想回家当全职妈妈。她从母亲身上看到，即便再爱孩子，也不能当个足不出户的保姆，否则会得幽闭恐惧症。

对凯莎及（不希望她离职的）老板来说，幸好她的家族里有人出谋划策，有能力施以援手，她才得以继续工作。达娜领着救济金，同时还全职照看着自己和邻居的孩子，顺便照看凯莎的孩子也无妨。于是，安东尼从出生起就由外祖母照看，凯莎每天都要上班，达娜也要上班——向抚养未成年子女的家庭免费提供帮助。

几乎是一夜之间，凯莎从母亲膝下的孩子变为成年人，不仅要负担自己的开销，还要为家里挣钱。大家一致认为这样是公平的，因为达娜也为凯莎提供了重要的育儿服务。凯莎再舍不得巴恩汉堡店的收入，也该按时拿出来 1/10 给家里。在凯莎看来，一切都还算顺利，孩子有人帮忙照看，无力承担的房租也不用她支付，因为母亲因收入低能领取住房补贴，正好用来付房租。大家的生活都很艰难。凯莎和孩子住一间房，上交 1/10 的收入对她来说还是有点影响的，但只要她和达娜能在同一个屋檐下和平相处，一切都还过得去。

矛盾还是不可避免。凯莎把儿子交给母亲照看的时间越久，儿子就越离不开外祖母。

妈妈说，两个大人住不到一起，她很想让我搬出去住，我也有这个想法。可问题是，她在照顾我的儿子，我教他一些东西的时候，他就去看外婆，好像在说："外婆讲过。"她用养育我们的方式来抚养我的儿子，可我想（按自己的方式）去做。有些方式可能和她差不多，可我更希望不一样。

有时候，矛盾还会激化，凯莎怒不可遏，气冲冲地走出去，真想离开这个家。"现在，"凯莎告诉我，"我觉得应该等准备妥当之后再搬出去。"周末最让人心烦，她解释道："因为我和妈妈吵得有点多。"她开始幻想该如何控制局面，带孩子搬出去。

我应该（从巴恩汉堡店）拿一个（硬纸板）箱子，把日用品都装进去，然后故作轻松。等搬家的时候，一切都已就绪……我只想有个自己的窝，就够了。

凯莎迫切地想拥有自己的空间，拥有属于成年人的生活驿站。她已为巴恩汉堡店效力 5 年了，薪水涨到了每小时 5 美元，却依然无法实现这个愿望。"说起来容易做起来难。"她叹着气说。

导致一个 21 岁的女人与母亲分家的矛盾，普遍存在于中产阶级家庭之中。受国家经济压力的影响，许多接受过良好教育的年轻人重新回到父母的羽翼下。这些"半独立成人"，或者说"啃老族"群体，日益扩大，[1] 他们发现自己难以回到"儿童"状态。这些中产阶级年轻人仍抱有希望，认为目前的困境只是暂时的。凯莎却不相信自己的境况会有好转。

达娜也常常这么想。她时常觉得自己被困住了。她不是最好的保姆，电视机才是。只要孩子们安全、衣食无忧，对穷人来说就是最大的成就了。

凯莎始终明白，安东尼不是她一个人的责任。从某种角度来说，他是单亲家庭的孩子，可他得到了来自父母两方的关心。胡安虽然与凯莎的关系破裂了，但始终关心着自己的儿子。他和女性亲属——主要是他的母亲——基本上每个周末都接孩子过去。胡安会带安东尼理发，就算凯莎要求等冬天过去再理，他也不听。他斥责凯莎和他不赞成的男人在一起，理由是对儿子的影响不好。他手头宽裕的时候，就给儿子买尿不湿，给他穿上姐姐帮忙挑选的节日服装。达娜流产的时候，他（应凯莎的请求）赶去医院帮忙照顾，就像孝顺的女婿一样。对儿子来说，胡安既是细心的父亲，又是重要的伙伴，虽然相距很远，但他仍竭尽所能地爱护儿子。

胡安照顾儿子的能力源于两个方面，一是他一直在巴恩汉堡店工作，收入足够负担家里的开销，节余的钱还可以给儿子买东西；二是胡安的母亲愿意帮他照顾孩子，她是个慈祥的祖母，鼓励胡安融入孩子的生活，这一点是非常重要的。

凯莎和胡安不太可能复婚，给儿子一个完整的家。以他们微薄的收入，这是不可能实现的。即使在分手前，他们也没有钱独立生活。但他们都是负责任的父母，努力工作谋生。两个家庭赚的钱都不多，但他们都能帮母亲分担开销，得以勉强度日。要是没有工作，他们也只能成为冗长的福利制度报告里增加的一个数字而已。

仅有工作是远远不够的。双方的母亲、姐姐、姑姑们给的“实物”也是不可或缺的帮助，仅靠微薄的工资，没人能过得下去。希拉里·克林顿也许认为，养育一个小孩需要“劳师动众”。在哈莱姆中区，要想获得工作和政府补助，人脉是不可或缺的。凯莎明白，没有人脉资源的女性会处于何种境地。塔妮莎是凯莎在巴恩汉堡店的同事，也是一名单身母亲，但没人能帮她，她几乎一贫如洗：只要汉堡店允许，她就尽量多工作。她和女儿住在流浪者收容所，一个男人曾许诺和她相守一生一世，最后却分文不留地离开了已经怀有身孕的她。凯莎并不同情塔妮莎，因为塔妮莎总是借钱，却从来不还。

塔妮莎现在每周只能挣100美元，因为她没办法来上班，也付不起账。她没钱了，希望别人能可怜可怜自己。可是我不同情她，因为她早该懂事了。大家同情她只是因为她带着孩子，还怀着身孕。

凯莎的话也许太严苛，但一想到自己的下场可能和她一样，她就恐惧不已。

从某个角度来说，凯莎算是成功的。她有工作，能养活孩子，不依靠福利救济。但从另一个角度来说，她的家庭是非常脆弱的。“福利机构”是她对所有与自己有关的公共机构的统称，这些机构让她无缘享受医疗补助。为了买避孕药，她不得不拼命地挣钱。她很清楚，如果不想给自己增加麻烦，就必须避孕。她还患有糖尿病，需要接受胰岛素治疗，可是没钱看病。她知道自己必须控制糖的摄入，但是偶尔还是忍不住吃糖，结果导致胃部不适、发烧。她只能求助于哈莱姆医院的急诊室，等待7小时后，在胳膊上注射一针胰岛素。每次看病都收费，这令她无力支付。“我生不起病，”她解释道，“我没有医疗保险，真的会把钱包掏空的。”

凯莎多次前往急诊室，不是给自己看病，就是给安东尼治疗间发性耳朵感染。没有什么比孩子高烧惊厥更能让一个母亲下定决心去申请医疗补助了。有了补助，她至少敢去看病了，不用再待在急诊室里一直等下去。

我为儿子办理了医疗补助。他们说，我（在巴恩汉堡店）挣得太多了。我说："一周才150美元……放屁。"我猜只有一分钱也挣不到的人才能得到医疗补助吧。太抠门了……要想造导弹，还得先弄来100亿美元才行!

长远来看，"福利机构"也会给其他方面带来严重的影响。胡安的母亲也是抚养未成年子女家庭援助的受助者，被强令工作，而且最好是公益岗位。而一旦工作，她就不能每个周末都照看孙子了。这会严重打乱凯莎的工作安排，她无法劝说不堪重负的达娜在周末继续当保姆。胡安也想工作，如果他们找不到亲属来帮忙，不知道生活会乱成什么样。

凯莎最担心的其实是"福利机构"比达娜更没有指望。她的母亲一个接一个地生孩子，已经很多年没有福利救济了。最小的孩子和外孙差不多大。近些年，她还多次流产。"福利机构"希望她工作，一旦如此，凯莎就将遭遇重大的生活危机。如果母亲像凯莎一样，为了同样低的薪水，选择去工作，那凯莎该把安东尼托付给谁照看呢？这一点并不是吓唬人，凯莎领教过"福利机构"的手段。在她工作的第一年，"福利机构"还一无所知。后来"他们"弄清了状况，就提高了达娜的房租，要求她把超额部分的津贴退还给政府。

面对进退两难的处境，凯莎常常会想，如果现任男朋友凯文能和她结婚，生活也许能有所改善。凯文在一家药店工作，沿巴恩汉堡店的大街往前走就到了。他是店长，属于白领，“年纪较大”，比凯莎大9岁左右，和前任同居女友生了一个儿子。他的儿子一般在周末过来，凯莎对他呵护备至。凯文一路打拼奋斗，20岁出头的时候，他偶然遇到这家药店的老板，获得了一个千载难逢的机会：药店实习生，学习操作收银机。这些年来，总有几个街头混混到店里骚扰顾客，而安排一个年轻人站在前台，就足以应付打架纠纷了，这绝对是明智之举。凯文明白，自己得到了千载难逢的机会。10年后，他晋升为总经理，他的家人都不清楚这是什么职位和身份。他的年收入为3万美元，这使他终于过上了安逸的生活。

凯莎并不清楚凯文的收入，她经常住在他的家里——房外的景色比她住的贫民区美丽多了。凯文居住的地方也有许多瘾君子，但至少他有自己的家，还能打着领带上班。只有在凯文这里，凯莎才感觉自己是个成年人，而不是达娜的女儿。她在这里躲避母亲施加的压力，把母亲让她多贴补家里的要求抛到脑后，还不会感到低落——这种情绪与日俱增——寄人篱下的日子一眼望不到头。所以，她自然会憧憬成为凯文的妻子，给小安东尼一个真正的家，和他们住在一起，就像所有成年人一样。

但是，凯文并不赞同她的设想。他有过同居史，还有儿子。对于再和一个女人成家，他仍然心存顾虑。如果凯莎能晋升到巴恩汉堡店的管理层，可能顾虑就打消了。他和店里的同事一样，鼓励凯莎努力进步。但凯莎似乎不想承担更大的责任，只想做好现在的工作。凯文不确定该不该结婚，更不太会和一个只想当汉堡制作工的女人结婚。

凯文几乎每天中午都到巴恩汉堡店就餐，由此认识了凯莎。我初次见到凯莎的时候，他们已相恋了大约3个月。在我和我的研究团队采访凯莎的六七个月期间，她时刻记挂着凯文，日记里也总写到他。她时刻想着他，为他们的关系患得患失，甚至把未来小孩的名字都起好了。日子一天天地过去，凯莎开始意识到——心如刀绞——凯文不会成为她的救星。凯莎义愤难平，只怪自己被他玩弄于股掌之间，自轻自贱。

她没猜错。到了春末，就在“福利机构”不停地催促达娜去找工作的时候，凯文不再给她打电话，断绝了关系。凯莎沮丧不已，她不仅丧失了对生活的热爱，还失去了一个有经济实力的男人。他有能力给予她美好的未来，帮助她摆脱千篇一律的生活，不用再当一个收入微薄的单身母亲。

凯莎承认，要是没有一帮朋友在她备感绝望的时候安慰她、逗她开心，她会发疯的。这些朋友——尤其是两个同父异母的姐妹拉托娅和娜塔莎——都是在巴恩汉堡店关系好起来的。在凯莎工作的第四年，她们也加入了汉堡店。大家一起面对伴侣相处的问题、养育小孩的问题，以及干活多、收入低的困难。她们组成了亲密的姐妹团，得到了柜台后面的其他女同事（和男同事）的追随。下班后，她们一起去喝酒；休息日，她们一起看电影，一起到市中心的夜总会放声大笑，向台上昂首阔步的年轻猛男抛媚眼；假期里，她们常常在彼此的陪伴中度过，而艰难的时刻——钱花光了，或者老板看得严了——就更容易面对了，因为她们可以相互帮助。

朋友对于凯莎来说是非常重要的。即使在休息日，她也经常去汉堡店。只有工作才能带给她更多的快乐，令她更加热爱生活。即使在和凯文恋爱期间，也是如此。凯文已逐渐被凯莎忘却，工作已成为她生活中一件按部就班的、持续不断的、令人愉悦的事情。

待在店里已成为我生活的一部分。巴恩汉堡店就像家一样。我离不开这里，因为舍不得。我每天都到店里。（经理）就说："没别的事可干了吗？"只有工作。所以，我就一直待在店里。休息日也去，如果有需要，我也会帮着炸薯条或者烤面包。

不是因为工作本身有多好。凯莎明白，巴恩汉堡店不会为她带来光明的前途。就算一直待下去，她也不会获得世俗眼光中的成功。带着孩子，她总感到压力，觉得自己不能只满足于快餐店的工作。她希望儿子快乐，自己小时候没有得到的一切，都希望儿子能拥有。甚至在下了夜班筋疲力尽地回到家后，她也对自己说："我能熬夜。一看到儿子，我就想再多付出一些。"不断付出，找一份职位更高、能让她脱离低收入群体的工作，需要进行全面且不同以往的规划。

我今天看了看招聘广告，可以再找一份工作。我需要找工作，可以学到更多……如果今年不行，我大概会回学校去。我做得不够好，其实可以更好的。然后，我还有儿子。我必须挣钱，确实要花在本科、研究生的学习上。学位越高，费用越多。所以我的目标就是尽全力做好自己，而现在的工作做不到。

就在不久前，凯莎还不需要通过读大学获得更好的前途。一想到自己的长辈，包括外祖母和姨妈（达娜的母亲和姐妹），她就能直观地了解更好的生活是什么样的。凯莎不太适应几代同堂的、靠福利救济过活的传统家庭模式。她的母亲很小就开始工作，15 年来都靠“吃救济”生活。她的外祖母在邮局有一份稳定的工作，现在 55 岁左右了，开始考虑退休，她可以领取联邦退休金，晚年还有社会保障支票。

邮局的工作带给了外祖母安逸的生活，比凯莎知道的还要好。得益于这份工作，外祖母埃维才能克服困难，离开哈莱姆，举家搬到位于长岛的黑人聚集区——威丹奇。她买了一栋带花园的小房子。这栋房子一直属于这个家族，目前归凯莎的姨妈贝丝所有，她的工作也不错，在惩戒部任职。埃维和丈夫哈里实在是太有钱了，哈里曾在曼哈顿的一家汽车修理厂当停车员，现在已经退休了。埃维认为，只要这栋房子还属于她，不够走运的子女们就会一直依赖她。所以她把房子卖给了女儿，可这并没能让孩子们彻底独立：一个女儿因为工作不顺，带着丈夫和几个孩子搬到了埃维的（面积更小的）新家里。埃维身上的负担似乎是无穷无尽的，她有时觉得，自己的好运——稳定的工作、舒适的房子——有利也有弊。

住在长岛的家族亲戚令凯莎意识到，自己在哈莱姆的生活是多么贫乏。她太清楚优裕的生活是什么样子了，她无数次去过亲戚家。搬到长岛和大家一起住是她最向往的事情。那里的街道更加宁静，毒品犯罪不太严重，还能呼吸到大海的气息。她还知道埃维是如何奋斗成功的：埃维谋得了一份为政府效力的好工作，同辈的许多亲戚都和她一样。

凯莎不傻，所以也努力奋斗，向这个目标迈进。她参加了无数次的公务员考试，申请了许多岗位，包括邮局、大纽约交通运输管理局等。可问题是，这些部门并不缺人。埃维像凯莎这么大的时候，即

20 世纪 60 年代初，这类工作岗位在大量扩招，而且政府对公共部门严加监管，更关注少数族裔的聘用问题。到了 20 世纪 90 年代，公共部门持续裁员，数量之大创历史新高。纽约多次发生预算危机，每次都会导致像埃维所做的那种好工作不断地减少。来自哈莱姆的年轻女性得到好工作的机会基本为零。

但是，凯莎不会因此而放弃。巴恩汉堡店的许多同事都有类似的家族奋斗史，存在于柜台背后的集体文化促使这些汉堡制作工去参加每一场公务员考试，每个人都不想只拿最低的工资。

目前，凯莎坚持在巴恩汉堡店工作，她还有朋友帮助她渡过难关。夏天，她主动申请上夜班，这样白天还能兼职，在她所住的贫民区扫地。这个工作机会是达娜联系的，她是房客组织里的积极分子，与贫民区的负责人关系紧密。两份工作虽然令凯莎疲惫不堪，但充实了她的钱包。这两份工作现在不会也永远不会让凯莎搬离母亲的家。21 岁的凯莎不敢去想，随着年龄越来越大，到 30 岁的时候自己会是什么状态，会不会和达娜、安东尼一起待在家里。

贾马尔、卡门和凯莎都不属于美国社会最底层的群体，也不是国家福利救济对象，即后来的公共救助对象，他们根本没被纳入国家的关注范围。他们三人一直在努力工作，按时纳税，并将继续（偶尔中断）如此。他们依然很穷，无法靠一己之力维持生计。如果没有亲戚们随时提供支持，他们根本无以为继。亲戚们之所以能够帮忙，只是因为他们的生活条件更糟，可以获得社会福利制度带来的住房补贴、食品券、医疗服务等。

我认识他们三人的时候，正在做一个研究项目，研究对象是

300 个纽约人。其中 200 人受雇于哈莱姆的 4 家知名的大型快餐店，其余 100 人也应聘了其中 2 家企业，但均告失败。这 300 人均接受了我的跨种族研究团队开展的调查，其中 150 人通过采访的形式详细地讲述了自己的经历，时长 3—4 小时。

采访一经完成，研究团队立即穿上快餐店工作服，在店里工作了 4 个月。他们学习炸薯条，掌握熟练制作汉堡包和奶昔的窍门，因餐厅的“直达”车道混乱无序、难以疏导而沮丧，也为调剂单调的工作而相互打趣。我单独对这几家餐厅的老板和经理进行了采访，了解到小企业的兴衰历程，明白他们最初选择到哈莱姆开店的初衷，并理解他们既是为了盈利，也是出于满腔的热忱，才会到经营成本——包括经济上、心理上——远高于郊区的地方开店。

12 名员工——男女都有，黑色、棕色皮肤都有，青少年、成人都有——允许我们走进他们的生活，开展为期近一年的调研。我们对这 12 名快餐店员工进行了近距离的跟访，和他们长时间地待在厨房里，参与他们的假期活动，下班后一起去俱乐部、一起看电影，陪他们给孩子辅导作业，一起在哈莱姆和华盛顿高地的街头观察毒品交易，陪他们去高中和大专的课堂上听课，一起盛装前往教堂做礼拜。我们还采访了他们的朋友。当他们离开巴恩汉堡店后，我们还随他们前往新的工作单位走访。他们每个人都在这一年里写日记，便于我们更加透彻地了解他们的想法。

大量翔实的数据从四面八方汇总而来，为我们介绍以美国黑人为主的快餐业低收入就业群体打下了坚实的基础。我将在下一章探讨他们在为数众多的穷忙族群体中的代表性。我认为，我们在探讨贫困问题的时候，应给予这个群体更多的公众关注。第 3 章将带大家走进他们的生活，了解他们是如何在工作稀缺的社区里找到工作的。第 4 章将研究低收入工作带来的文化挑战和道德困境，研究他们是如何打破职业污名的，以及贫民区的居民是如何通过工作逐渐远离街头文化、融入主流文化的。第 5 章着重讨论像卡门这样的年轻人该如何平衡学业与工作之间的冲突，并详细探讨他们能从“零技能”工作中获得哪些有潜力的技能。

大多数美国人初入职场的收入都不高，但没有人不想拥有光明的前途。中产阶级家庭的孩子一般处于劳动力市场的底层，随着年龄的增长，工作岗位也逐渐提升。内城区的劳工是什么样的情况呢？谁已不再领最低工资，而谁又依然如故呢？第 6 章将为您重点讲述这方面的内容。

在进行劳工研究的时候，如果不考虑到他们的家庭和居住环境，那么研究就是不全面的。第 7 章探讨了穷忙族的家庭价值观，以及针对这个群体所开展的措辞谨慎的社会讨论。我们经常听到，贫困群体的具体表现为：毒品交易和社区暴力。而关于他们如何照顾老人和孩子，如何与经常帮助自己渡过危难、保住工作的邻居和同事建立友谊，也将在本章予以阐述。我们还将详细地分析福利与工作之间的紧密联系、低收入与政府补贴之间密不可分的关系，以及福利改革即将为内城区艰难度日的低收入群体带来的危机。

在哈莱姆等贫民区里，求职者比工作岗位多，而其他地区的失业率却很低。应聘成功者与无业求职者之间有什么区别呢？第 8 章将对求职失败群体的特点和文化进行分析。最后，我想以一个问题作为结束：我们该如何做，才能改善穷忙族的境况，才能让更多的人养得起家、找到更好的工作，并享受到劳动力市场——大部分主流机构——应提供给他们的待遇？

第 2 章

隐形贫民

曾几何时，我们开始意识到，经济大萧条的结束未能解决普遍存在的贫困问题，贫困群体的代表们开始将关注的目光投向肯塔基州的低洼地带。在那里，阿巴拉契亚山区的儿童坐在木质门廊上，腹部鼓胀，表情木然。采煤业不再繁荣，矿工像难民一样被时代抛弃，全家过着穷困潦倒的生活。我们这才得知这些劳动者遇到了难处。全国上下都感到惊讶，如此绝望的处境竟然存在于中心地区——优秀的（白种）人群中——于是，为了解救人民于水火，贫困反击战打响了。

在此期间，许多作家都注意到贫困问题已经被种族化了。虽然大多数贫民都是白人，也有工作——自 20 世纪 30 年代以来一直如此——但人们对贫民的普遍印象截然相反：肤色黝黑，不愿意去劳动力市场找工作。正如赫伯特·甘斯在其精彩的著作《贫困攻坚战》[1] 中所说，“不值得被救助的群体，即社会蔑视的对象，已被种族化了，这种趋势由来已久。”英国在 19 世纪中期颁布的《济贫法》对不思上进的群体和穷忙族做了明确的区分，前者归于爱尔兰人身上，视其为不受欢迎的种族。[2] 在美国，跟随着接连不断的移民潮，意大利人、斯拉夫人、东欧犹太人在 20 世纪初期纷纷涌入东海岸的公寓楼里，加入不受待见、不值得被救助的贫民行列之中。

在20世纪的大迁徙中，非洲裔美国人从南方的乡村迁至北方的工业城市，从而彻底改变了城市贫困问题的种族动态。媒体对城市的贫困问题更为关注，所以公众对此也了解得较多，而乡村的贫困问题也许更严重，却鲜为人知。[3] 为了获得与战争相关的工作机会，同时因为农业机械化导致南方地区对劳动力的需求剧减，大量的黑人涌入了芝加哥、密尔沃基、阿克伦、纽约、匹兹堡等城市，可等待他们的却是来自白人的强烈敌意和公开的遏制政策。[4] 他们被隔离在特定的社区里，那里很快就人满为患。尼古拉斯·莱曼在关于芝加哥移民影响的著作[5] 中明确指出，民主党制定官方政策的目的就是从空间上遏制庞大的非洲裔群体，确保他们远离白人工薪阶层。高层公共住房由此诞生，可以让贫民住在高处，阻止他们涌入白人社区，在白人社区人们会不择手段地排斥黑人。暗淡、单调的公寓楼多得数不清，分布在芝加哥南区的丹·瑞安高速路两侧，成为隔离政策的具体表现。

北方移民曾经赖以生存的工作岗位开始缩减，极端隔离政策的后果是显而易见的：和卡布里尼·格林公共住房一样的区域均遭到破坏，秩序混乱。在一些居住区里，居民只能依靠黑市经济和福利救济生存。把薪水低的非洲裔与“不值得被救助的贫民”画等号的做法早已根深蒂固。在一个受种族问题困扰的国家里，这种做法不足为奇。

这么做还会误导公众，因为美国最大的贫民群体并不靠福利救济生活。他们有工作，但收入微薄，再努力工作也负担不起像样的房子、可口的饭菜、足够的医疗保健或儿童看护服务。[6] 穷忙族身处的恶劣条件——不合格的住房、摇摇欲坠的校舍、享受不到的医疗服务——与无业贫民几无不同。[7] 他们面对的困难显然更大，因为无业人群还能得到政府救助，他们却没有保障性住房、[8]医疗服务[9]和食品券。[10]

穷忙族的定义

多年来，围绕如何界定贫民群体的争议持续不断，这不仅是因为学者们热衷于争论，而且因为美元随贫民定义的变化而波动。辩论技巧与我们无关，[11]但贯穿其中的一些规则是与我们息息相关的，因为它们决定了我们所说的“穷忙族”到底是谁。

1996年，大约740万美国人有工作或想找工作，他们的家庭年收入低于政府规定的贫困线，其中58%有全职工作。[12]与20世纪80年代相比，穷忙族的数量在20世纪90年代有所增加，因为当时受经济的影响，高薪工作（尤其是对受教育水平要求不高的岗位）大量减少，低薪工作（特别是服务业零售端，其他行业也同样）有所增加。

表2.1　1990年—1996年穷忙族数量百分比

	1990	1991	1992	1994	1995	1996
占就业者总数的%	5.5	6.1	6.3	6.2	5.9	5.8
占工薪家庭*的%	6.4	7.0	7.3	7.2	7.0	7.0

来源：Table A, “Poverty Status of Persons, Primary Families, and Unrelated Individuals in the Labor Force of More than Half of the Year, Selected Years, 1987-92,” in Earl Mellor, “A Profile of the Working Poor,” Report 869 (Bureau of Labor Statistics,March 1994), p.1; Table A,“Poverty Status of Persons, Primary Families and Unrelated Individuals in the Labor Force for 27 Weeks or More 1994-96, “Report 918(Bureau of Labor Statistics, December 1997), p.1。

*至少一位成员有工作的家庭。

大家可能认为穷忙族就是挣最低工资的就业者。这样想并不妥，因为许多挣最低工资的就业者都很年轻，家庭属于中产阶级。他们虽然收入低，但居住条件并不差。而且，这一点也缺乏普遍性：仅有36%的最低工资就业者是青少年；42%是年满25岁的成年人。[13]一些学者不把这部分群体纳入考虑范围，因为其中许多人是女性兼职就业者（就此推断她们工作只是为了挣“外快”，而不是为了谋生）。[14]全国低薪就业者中有65%都是女性，但如果筛选全职的、常年工作的低薪就业者，性别分布情况就会大相径庭：有60%都是男性。[15]

最近，美国国会提高了最低工资标准，多年来第一次切实提高了低薪就业者的生活水平。[16]在此之前，最低工资额多年持续下降，要想扭转这个局面，我们仍任重而道远。截至20世纪90年代中期，大约1700万就业者的收入与1979年最低工资的实际值持平或不及。[17]

不论如何定义穷忙族，我们都无法否认，他们的子女承受着更多的问题。除了家庭收入低，穷忙族还要想办法解决上班期间如何看护孩子的问题。涉及多少孩子呢？[18]1995年，美国有4%的儿童属于贫困家庭，家里至少有一名常年工作的全职就业者。700万儿童（占儿童总数的10%）属于贫困家庭，能够得到实物援助（比如食品券），却没有福利救济。不出所料，穷忙族子女的数量增加了，因为界定穷忙族的标准放宽了。[19]

提到低收入劳动大军，大家往往会想到汉堡制作工。服务业从业者的确属于穷忙族，但其实各行各业都不乏低薪就业人员，他们的家庭生活水平还处于贫困线以下。1996年，家政服务员（保洁员、保姆、厨师）的贫困率为21.8%，而牙医助理、酒吧招待员、理发师、女服务员的贫困率为13.2%，技工、装配工、体力工的贫困率为8%。[20]

年龄、家庭状况、教育与种族

基于上述对穷忙族的各种定义，我们可能会好奇，从社会学的角度该如何看待他们：他们在社会学范畴属于什么群体呢？简单地说，年轻人、单身父母、受教育程度低的群体、少数族裔更容易成为贫民。

年轻人进入日益苛刻的劳动力市场，却发现竞争不过早几年工作的人。[21] 近20年间，年轻就业者的贫困率几乎翻了一番。[22] 家庭状况也会对穷忙族产生重大的影响。夫妻双方都有工作的家庭陷于贫困的可能性最小，这点当然不足为奇。而职场单身母亲才是最容易成为贫民的群体——其家庭贫困率几乎是至少夫妻一方有工作的家庭的4倍。靠单身母亲养家的家庭贫困率比靠男人养家的家庭高1倍，反映出女性在劳动力市场上的弱势地位。但单身男性面临的困境也不容忽视：10%的未婚男性就业者也属于贫民。[23] 显然，如果挣不到第二份收入——不论男女——低薪就业者的生活水平很有可能降到贫困线以下。

众所周知，经济发展更青睐受教育程度高的群体，他们的收入在不断地增加。而高中辍学群体却出现工资剧减，就业率骤降，贫困程度随之加重。16%的高中辍学人群属于贫民，而不到2%的大学毕业生属于贫民。[24]这与过去相比相去甚远。[25]1974年，高中文凭以下的全职就业者中，有20%属于低薪人群。而到了1990年，这一比例攀升至36%，短短十几年就出现了剧增。持有高中文凭的全职就业者的情况略好一些，但贫困率也几乎翻了一番。

种族问题令情况更加复杂。[26]耳熟能详的美国种族分歧史显示，白人群体中穷忙族的比例（按照劳工统计局的数据，为5.4%）远低于非洲裔（13.3%）和拉美裔（14.6%）。[27]究其原因，并不仅仅是少数族裔的受教育程度普遍较低：劳动力市场上的非洲裔比同等学力的白人更易陷于贫困。比如，在全国的白人高中毕业生中，有大约6%属于贫民，而黑人高中毕业生的贫困率为15%。[28]

年龄、种族、性别结合到一起，情况就更加复杂了。在劳动力市场中，黑人年轻女性的贫困率最高，随着年龄段升高，种族差异始终存在：55—64岁的黑人女性沦为贫民的概率几乎是同年龄段的白人女性的3倍。[29]负责养家的黑人和拉美裔女性就业者沦为穷忙族的概率大约是白人女性的2倍。而对于有小孩的少数族裔女性群体，这一数字更是升至了3倍。[30]

学者们在不考虑其他因素的前提下——包括经历和文凭——得出的结论是，歧视是造成少数族裔就业者收入低下的罪魁祸首。[31]但这并不是唯一的原因。即使学历相同（比如，高中毕业文凭），考试成绩也未必一样，这也许反映出，隔离区里的许多高中的教学水平很一般。[32]

表 2.2　低薪就业人员*数量百分比（按性别和种族分类）

种族 / 性别	低薪就业人员百分比
白人男性	13%
黑人男性	22%
拉美裔男性	28%
白人女性	24%
黑人女性	29%
拉美裔女性	37%

来源：U.S. Bureau of the Census, "Workers with Low Earnings 1964-1990," Current Population Reports, Series P-60, No.12（U.S. Government Printing Office,1992）。

*如果就业者的年收入低于四口之家的贫困线标准，就属于低薪就业人员。1990 年，低收入的标准是年收入不足 12195 美元。

为什么国家的经济发展总体上似乎不错，穷忙族的数量却增加了呢？经济学家指出，有许多因素叠加导致富人与穷人在劳动力市场上的差距日益扩大。制造业岗位的减少是一个重要的因素：汽车厂、炼钢厂以及蓝领工人的减少导致薪水高且技术含量低的工作机会越来越少。如今，制造业里的好工作的技术含量更高，令文凭较低的求职者望而却步。工会的作用日益减退也带来了负面的影响。全国只有不足 17% 的就业人员签订了集体谈判协议，其余就业者在涨薪方面仍处于弱势地位，即使失业率降低，也无法扭转局面。

在大多数高贫困率的社区里，劳动力市场已经达到饱和，导致加薪更难实现。由于求职群体的数量庞大，有工作的人就不敢提出更多的要求。这种局面是一直存在的，在全国劳动力市场总体趋紧的形势下尤为如此，这说明穷忙族在实行隔离、贫民集中的情况下是很难获得加薪的。在哈莱姆中区，能够实现加薪的唯一渠道就是依法提高最低工资标准。贫民区已经出现劳动力过剩的问题，要是不采取立法措施，薪资水平仍将原地踏步。

关于国际竞争发挥的作用，争论持续不断、内容庞杂。一些分析家认为，我们已经进入全球化的时代，更大的竞争来自海外的低薪劳动力，因此，美国企业要想战胜菲律宾或中国的企业，就必须降低薪资。[33] 其他分析家则认为，虽然全球贸易实现了增长，但是美国经济仍以国内贸易为主。[34] 在北美自由贸易协定纳入议事日程后，双方的争论更加激烈。前期结果说明，美国有大量的工作岗位被墨西哥夺走，长期的影响更是难以预测。除国际贸易以外，美国企业承担着更大的股东压力，为了提高利润，必须收缩核心劳动力。随之而来的是裁员、外包以及“暂时性工作”的增多。城市贫民基本被排除在外；中产阶级白领最有可能成为牺牲品。我在哈莱姆不止一次见到快餐店员工应聘花旗银行门卫岗被拒绝，因为这个岗位已经被外包出去了。

计算机应该为大部分的坏消息买单。越来越多的企业开始关注新技术，更需要懂技术的员工。一旦这个需求扩大，技术水平低的就业者就不再有机会，工资也会随之降低。显然，“偏重技能的技术变革”会导致低薪工作出现，而经济学家争论的焦点是这个因素所起的作用到底有多大。无疑，上述所有因素均能造成穷忙族群体的扩大。

查尔斯·默里、拉里·米德等作家针对贫困问题提出，应着重关注那些获得了抚养未成年子女家庭援助的无业贫民。福利改革的呼声在1996年达到鼎盛，其结果是，公众把贫民与贫困的概念进一步画了等号。上述数据表明，这只是问题的次要方面，更重要的方面是，生活无以为继却还要养育子女的数百万就业人口在不断地扩大。

哈莱姆的穷忙族

哈莱姆中区是纽约市最穷的地区。1990年，近30%的家庭依靠公共援助生活，贫困率高达40%。[35] 哈莱姆的墙上到处都是涂鸦，窗户经常被砸碎，公共住房——闹事分子的热衷地——拔地而起，令不再辉煌、已经封闭的褐色别墅黯然失色，别墅的门廊都已破损，摇摇欲坠。一条热闹的商业街，即125街（马丁·路德·金大道），从中贯穿而过。这条街有着悠久而辉煌的历史，是哈莱姆文艺复兴运动的熔炉。位于125街上的阿波罗剧院一直是哈莱姆的文化中心，现为州政府办公大楼，以本地一位知名人士亚当·克莱顿·鲍威尔命名。

哈莱姆的居民基本都在125街购物，因为大部分的药店、服装店、家具市场、快餐店都位于这里。要想去高档商店购物，就要乘地铁或公共汽车到别的社区去。购物成为这里的日常活动，居民们每天在美国最知名的非洲裔社区里穿梭往来。

这条主街也是许多哈莱姆居民求职的首选地点。所以，我选择在这里寻找穷忙族家庭，作为本书的中心人物。我在4家快餐店里找到了他们。这些快餐店的顾客多为居住在哈莱姆中区及附近的非洲裔和拉美裔，来自多米尼加和波多黎各的移民都集中在这里。我选择快餐店进行研究并非突发奇想，而是因为汉堡制作工是最具代表性的低薪工作。**超过1/15的美国人都在快餐业工作**。少数族裔的年轻人也是其中的重要一员：大约 1/8 都就职于快餐业。公众对“麦工”的印象是完全符合实际的，因为快餐业是数千名内城区居民进入劳动力市场的必经之路。他们希望职业生涯由此起步，脱离低薪阶层，获得足以养家的高薪工作。

针对特定职业群体的研究表明，快餐业就业者并不能代表所有的低薪就业者。我们应有效地研究杂货店或超市里的收银员，或者低价服装店店员等群体。那么问题是，我们该如何从哈莱姆快餐业就业者的身上归纳出所有穷忙族的特点呢？这其实是换一种方式在问，从社会学的角度看，谁才是本书中所写的就业者呢？

种族 / 民族

几乎所有住在哈莱姆中区的居民都是非洲裔。[36] 但我们在哈莱姆的快餐店里遇到的就业者更加多样化：刚过半数的就业者是黑人，近 1/4 的庞大群体都是移民，要么是在多米尼加出生、自孩童时期就移居到纽约的，要么是第一代多米尼加裔美国人。[37] 他们是迅速扩大的新纽约人中的一员：1980 年至 1990 年，全市的多米尼加裔数量超过了 30 万，增长了 165%——人数仅次于多米尼加国国内。[38]

多米尼加移民的子女喜欢和朋友、亲戚及同族人住在同一个社区里，大部分孩子刚出生时只会说西班牙语，后来通过学校学习，才逐渐学会说英语，适应了美国人的生活方式，和不同文化的群体打交道。他们对移民同胞的认同感——通过频繁的交往、长期待在“故乡”而得到加强——非常强烈，以至于许多在纽约出生的人仍认为自己是多米尼加人。

表 2.3　哈莱姆中区巴恩汉堡店的员工年龄与种族

	种族类别				
年龄段	非洲裔	多米尼加裔	其他拉美裔	其他	总计
15—18	25	19	10	1	55
	45.5%	34.5%	18.2%	1.8%	
19—22	25	17	10	8	60
	41.7%	28.3%	16.7%	13.3%	
23—32	39	3	7	2	51
	76.5%	5.9%	13.7%	3.9%	
33—50	9	4	2	3	18
	50.0%	22.2%	11.1%	16.7%	
总计	98	43	29	14	184
	53.3%	23.4%	15.8%	7.6%	

我们在餐厅里遇到的店员中，有 16% 是来自加勒比海其他地区的拉美裔，主要来自波多黎各。近几十年间，波多黎各人源源不断地来到美国找工作，又因为根深蒂固的家庭关系而返回本国。移民返迁，或者说循环式移民现象，在这里非常普遍，于是诞生了一种混合文化：新波多黎各裔。波多黎各裔是纽约最大的拉美裔群体；全市有一半拉美裔的原籍都是波多黎各。实际上，波多黎各裔是最大的少数族裔，人数近 100 万，并且还在快速增长。

20 世纪 40 年代，老一辈波多黎各裔被纽约市里大量的工厂和服务业工作所吸引。[39] 但家乡是许多老一代就业者的归宿，他们工资高，收入足够应付漫长的返乡之旅，所以打算退休后用在美国挣来的钱返回本国。后来几代人面临的却是许多工厂的倒闭，[40] 他们不得不在新波多黎各裔居住区的支柱行业，即酒庄和服装店里干着低薪工作，或者投身于蓬勃发展的服务行业。[41] 其中极度贫困的群体只能依靠福利救济——但多米尼加裔除外，他们不算是美国公民，不能自动享有工作权或社会福利待遇。

波多黎各裔和多米尼加裔代表了纽约市两大拉美裔移民群体。[42] 他们也是城市里最穷的居民：拉美裔的家庭收入中位数为白人的 2/3 或以下，贫困率比白人高 1.5 倍。新波多黎各裔和多米尼加裔是哈莱姆低薪经济的重要参与者，属于全市最穷的拉美裔群体，[43] 远不及数量更少、发展更好的阿根廷裔、巴拿马裔和秘鲁裔。

这个情况并不令人惊讶，就人力资本与就业成功之间的关系而言，波多黎各裔和多米尼加裔显然在文凭比拼中处于劣势。[44] 多米尼加裔尤为如此，高中毕业生的比例还不到 40%。他们在英语能力方面远远落后于波多黎各裔，这也说明他们的移民时间相对较短。

在这两个拉美裔群体中，已婚家庭的贫困率都很高，女性养家的比例比白人高得多。波多黎各和多米尼加群体的失业率比白人高 1.5 倍。但波多黎各裔的境况要好于多米尼加裔，跻身白人阶层的概率更大；[45] 多米尼加黑人在职场会遇到种族隔阂，和土生土长的非洲裔的遭遇是一样的，从而拉低了整个多米尼加群体的就业和收入水平。

凭借美国国籍和良好的英语水平，波多黎各裔在就业、医疗、公共住房、社会保障以及许多仅为美国公民提供的福利方面都更有优势。因此，尽管这两个拉美裔群体在许多方面（年龄、生育、家庭结构）都很相似，但波多黎各裔的收入往往更高。住在纽约的多米尼加裔以及我的研究对象，通过增加家里的就业人口，来弥补这方面的不足。这两个群体沦为穷忙族的风险很高，在这方面，他们和哈莱姆土生土长的非洲裔很相像，都要面对种族歧视问题、劳动力市场的不景气以及令纽约的贫民找不到好工作的薄弱的教育制度，因此他们的选择面是非常狭窄的。

年　龄

快餐业工作往往被视为年轻人初入职场的敲门砖，既可以作为兼职挣些零花钱，也可以作为奋斗一生的全职工作。在全国大多数郊区及富裕的城市里，年轻人都是就业大军的主力。但哈莱姆中区并非如此：表 2.3 表明，尽管有大量的高中年龄段的孩子在餐馆里打工，但大部分就业者都属于更高的年龄段。在我们的受访者中，70% 超过 19 岁，37.5% 达到 23 岁及以上，属于成年群体。这与全国快餐业就业数据形成了鲜明的对比。全国有近 3/4 的快餐业就业者为 20 岁及以下，其中超过 1/4 处于高中年龄段。[46] 这一差异无疑说明，在哈莱姆中区等经济不景气的地方，机会是相对短缺的。年龄越大，获得高薪的机会就越少，只能“退而求其次”，选择初级工作。

我们能看到，当地非洲裔的年龄数据与全国平均年龄就业者数据之间的差距在逐渐扩大。[47] 表 2.3 表明，将近半数的在职非洲裔属于 23 岁及以上年龄段，这再次说明，他们的就业机会受到了更多的限制。反之，多米尼加裔更符合汉堡制作工之类的岗位形象：将近一半都属于最低年龄段群体，仅有 16% 与大部分快餐业黑人就业者同龄。

教 育

快餐业工作在人们心目中是具有吸引力的，年轻人为此而离开学校，终止了从长远来看能为他们带来成功的“人力资本”投资。在下一章里，我将对相反的情况予以论述——半工半读有助于提高对教育的重视度。值得注意的是，快餐业的就业者给人的普遍印象是高中辍学生，与此相反——内城区的就业者非常重视教育，而且受教育程度超出我们的想象。[48] 大约 70% 的年轻就业者（15—18 岁）正在传统高中就读，10% 选择在非传统高中学习，8% 即将上大学，还有不到 10% 是移民，他们在拉丁美洲的时候就已完成学业，目前没有接受任何教育。

随着年龄段的升高，接受教育的人数有所减少，但减少的程度低于我的预期。比如，在 19—22 岁年龄段里，超过半数（56%）拥有高中文凭或同等学力，大约 1/4 从高中辍学，还有 18% 接受过高中以上教育。[49] 这些数据与全国青年研究的结果是一致的。[50]

在各年龄段群体中，许多人直到成年都在坚持学习。所以，我们需要考虑到他们的长期目标，即这些低薪就业者的愿望是什么，才能有所启发。也许是因为经历了低薪就业的残酷现实，而且树立了改善生活的长远目标，巴恩汉堡店的员工对自己未来的学习抱有很高的期望。[51] 超过半数的年轻就业者希望上大学。[52] 非洲裔树立的教育目标比拉美裔高，兼职者（许多人半工半读）的期望比全职者的高。[53]

我们很难预测这些目标能否实现，但快餐业就业者的学习模式数据显示，结果并不乐观。年龄越大，他们参加学习的可能性就越小。

而正在上学的人中，大部分学的是职业、技术或准专业课程，并不是他们渴望就读的4年大学里一般会讲授的文科课程。高等教育可能会让年龄较大、肩负成年人责任的就业者感到遥不可及。

快餐业就业者比中产阶级大学生的年龄普遍略大。即使上不了大学，他们依然对高等教育心怀向往。上述数据能够反映出我们几个月来对哈莱姆低薪就业者的采访结论：他们始终对教育抱有信心，相信教育是实现职业提升的重要条件。这一点与内城区的少数族裔给人的普遍印象（通常为高中辍学生，不懂得教育的价值）相去甚远。

性　别

众所周知，低薪工作常常与女性挂钩。从全国来看，女性从事的工作集中在收入分配链的底层。[54] 在美国，快餐业工作属于典型的低薪工作，主要由女性从事：1984年，该行业2/3的就业者都是女性。[55] 哈莱姆却是个例外，餐馆里近半数员工都是男性。这说明，在哈莱姆这样的社区里，男性找到好工作的路途更为艰难，最后不得不“退回”女性就业者占多数的行业里。

家庭 / 家庭结构

哈莱姆快餐业就业者的“社会学身份”可以从很多层面来阐释，其中一些我们已经提到了——种族、性别、年龄，都属于最常见的人口统计术语。如要了解他们到底是谁，还需要再补充一个术语：家庭结构。我们以为，在美国郊区，快餐业工作主要由年轻人从事，他们往往和父母一起住，以这份工作为跳板，以期获得更好的待遇。我们知道，哈莱姆的餐馆就业者的年龄更大一些。那么这些低薪就业者来自什么样的家庭，或者具体地说，他们的家是什么样呢？

哈莱姆有近 1/3 的就业者属于单亲家庭（主要和母亲住在一起）。[56] 仅有 13% 属于核心家庭（和父母一起住）。在我们的研究对象中，超过半数的就业者已超过 18 岁，但仍和父亲或亲戚住在一起。他们挣不到足够的钱去独立生活，只能待在家里，因为家里的钱物都可以共用，贫困问题可以共同解决。

哈莱姆有超过 1/3 的就业者已为人父母，靠最低工资养家糊口。他们很少有 6 岁以下的孩子，很可能是因为如此微薄的收入实在雇不起保姆。有小孩的父母年龄都较大（25—34 岁），都有全职工作；1/3 要独自养家，属于单身父母。[57]

有关城市底层群体的著述都把福利救济对象与就业群体区分对待，认为这两个群体的文化是大不相同的。我们知道，抚养未成年子女家庭援助计划导致了负面的社会化形态，尤其体现在对就业群体不熟悉（或者缺乏了解）的方面。通过采访真实的家庭，我们发现，在劳工统计局看来毫无关联的两个群体，其实生活在同一个屋檐下，他们既有工作，也领着福利救济，从来如此。

1995 年，哈莱姆中区有 29% 的家庭领取了福利救济，但其中许多家庭的成员是有工作的。大约 1/4 的餐馆从业者的家庭成员得到了抚养未成年子女家庭援助，但他们的工资仍是家庭的生活支柱。[58] 巴恩汉堡店里有 2/5 的员工是家里唯一的就业者，他们没有把钱花在设计款运动鞋和金项链上，在哈莱姆，这些年轻就业者的收入是贫困家庭的重要支柱。

与其把福利救济对象与就业群体分成两个不同的群体，不如把他们视为一枚硬币的两面，共同组成社会结构最底层的经济制度。[59]凯莎的家庭就是一个例子。她的母亲需要凯莎把工资交给家里，凯莎则需要使用政府发放给母亲的各项补贴（住房、医疗等）。只有把两方面结合起来，她们家才能勉强维持生计。当然，许多餐馆就业者的家庭根本得不到政府救济。他们自己有工资，家人也有工作。不完整的家庭结构为我们了解他们父母的职业现状增加了难度：27%的父亲已去世，14%的母亲已去世。[60]在我们的研究对象中，40岁以上的人微乎其微，这说明父母早逝的情况是存在的，让年轻人的生活难上加难。[61]离婚和未婚妈妈的出现让子女与父亲之间的关系非常疏远，许多孩子只知道父亲在世，却不知道他们的生活情况。

我们对餐馆就业者的父母的就业情况已经有所了解。超过半数人的母亲有工作。医疗服务机构[62]——医院、家庭护理机构、养老院——目前提供的就业岗位是最多的。[63]在20世纪90年代初期，美国出现经济衰退，在此期间，医疗保健行业是纽约市为数不多的、保持发展的行业之一，[64]为内城区的穷忙族提供了大量的工作岗位。

我们对这些快餐业就业者父亲的了解也许不如对他们母亲的了解准确，原因很简单，子女与父亲之间的关系很脆弱。据子女反映，46%的父亲有工作。我们对其中许多人的职业一无所知，因为他们的子女也不清楚。在已经了解到的信息里，有娴熟的技工和运输工人，其余职业包括门卫、工厂工人和零售业店员。许多人已经退休，10%曾经工作过，但目前无业。

如果一个月不发薪水，哈莱姆的穷忙族就将走投无路了。医疗保险改革的失败以及大城市持续出现财政不稳定的问题，导致新政策环境出现。即便没出现，穷忙族的日子也不会好过。为了弄清楚为什么要关注低薪就业者，我们先要了解这些问题对他们产生的影响。

在生活水平低于贫困线的美国人中，近半数享受不到任何的医疗保险。[65] 克林顿政府对未参保儿童给予了一定的关注，[66] 但他们的父母（靠收入养家）仍未获得医疗保障。他们的薪水达到每小时6—7 美元，既超出了医疗补助的申领条件，又买不起私人保险。[67] 一旦医疗费用日积月累，破产就将是他们唯一的结果。[68]

对符合医疗补助条件的人来说，情况也不乐观。医疗补助旨在降低联邦政府和州政府的重大预算。1996 年，纽约市的医疗预算削减了 20 亿—23 亿美元。许多穷忙族不符合医疗补助申领资格，还要受到预算削减的影响，因此根本得不到医疗保健服务。贫民区里难以见到医生和诊所，医院因医疗补助改革的影响也即将关闭。与此同时，贫民的医疗保健需求却不断增长。贫民区居民的慢性哮喘发病率在以惊人的速度增加；[69] 非洲裔的糖尿病发病率非常高。[70] 放眼美国国内，内城区贫民的医疗状况都不容乐观。[71]

这个问题实属国家之耻。贫民的医疗问题也为就业不稳定埋下了伏笔，因为父母们为了治疗慢性哮喘，疲于应对一次次的住院治疗和门诊看病，所以无法工作。许多母亲的名字都出现在福利救济人员名单上，因为仅靠低薪工作，她们根本无法承担这一切。回想一下卡门的经历：她第一次也是唯一一次接受福利救济是因为她没有医疗补助，无力解决孕期问题。长途跋涉带孩子看病，对任何人来说都是一件麻烦事。对穷忙族来说，如果老板不允许请假看病，那就意味着要丢掉工作，因为工作和家庭之间发生了冲突。[72]

孩子并不是贫民家庭里唯一要养活的人，老年人带来的问题更大，因为仅靠子女的工资收入，他们是住不起养老院的。当然，许多中产阶级家庭也存在这个问题，但他们往往能获得援助，包括养老金、保险及（主要面向）女性的免于工作待遇，即只要丈夫或孩子挣的钱足以养家，女性就可以不工作，在家照顾老人。对哈莱姆的贫民来说，这些都是难以企及的。打季节性零工（哈莱姆的许多老年居民在年轻的时候就在南方打季节性零工）的群体要么工资很低，要么就是黑工（比如，大部分家政服务员多年来都是如此），可能只能领到最低额的社会保障金。等到步入晚年，他们只能靠子女和孙辈来照顾，而这些晚辈本身也是低薪就业者。

联邦政府和州政府发放的家庭保健金被普遍视为一种经济有效的老年护理措施（尤其和花费不菲的养老院比起来），却遭到了大幅削减。纽约市 1996 年的预算就缩减了 25% 的居家护理预算，金额约为 57.7 亿美元，预计会导致近 2 万名居家护理病人转向养老院。[73] 护理机构已经出现供不应求的局面，所以并不愿意接纳因贫困、特别是因政府的报销比例降低而无力支付护理费的群体。排队等候入住养老院的名单将越来越长，[74] 与此同时，许多穷忙族还要面临一边打工、一边照顾老人的困境。

医疗业是近年来仍保持增长的少数行业之一。居家护理预算的削减和医院停业导致医疗领域的工作岗位剧减。在纽约市区，大约有 1/8 的工作岗位来自医疗业。州政府和市政府批准执行的预算削减政策预计将为纽约市造成 6.1 万个岗位的消失。[75] 医生、护士等专业人才受到波及，而受影响最大的群体是从事倒尿盆、换床单等最低工资岗位的底层就业者。纽约社会研究新学院健康政策学教授霍华德·柏林指出：

医疗业仍能提供大量的工作岗位，具有重要的经济地位……但是，作为一个集中了大量经济底层群体的行业——就业者普遍工资低、技能水平差，一天24小时都在医院里工作——已经不再辉煌了。随着住院时间缩短、门诊治疗增多，对这些就业者的需求也将减少。[76]

哥伦比亚长老会医院和哈莱姆医院都位于本书中所写的就业者的住处附近，为周边数英里范围内的居民提供了数量最多的就业岗位，并催生了第三产业（餐馆、杂货店以及能够满足就业者午休期间的各种需求的店铺）的发展。一旦这些大型机构大量裁员，首先受到冲击的就是这些就业者，其次就是在这行做生意的家庭。大家可能会认为，居家护理的岗位将因此增多，但其实这些岗位多由管理式医疗保健集团统筹，并不会提供给医院里的底层就业者。管理式医疗保健机构的管理模式不像医院，不会对员工进行过多的监督，所以更青睐受教育程度高的群体。市政府的预算削减政策一旦全面实施，就会产生深远的影响，因为巴恩汉堡店员工家里的户主都在这个行业里工作。[77]

低薪劳动力市场中的问题存在已久，再加上1996年的福利改革，穷忙族背负的压力越来越重。改革的真正效果有待观察。[78]但是，即使不是绝顶聪明之人——或者经济学家——也能明白，把几千名技能水平低、欠缺工作经验的女性推到人员过剩的求职市场里，对谁都不会有好处。在哈莱姆中区等社区，几千名居民面临着抚养未成年子女家庭援助即将到期的问题，因此求职竞争将更加激烈，这一点在本书其他章节里也讲到了。经济表现再强劲，也不可能让所有女性都找到工作。而且，许多人根本达不到应聘要求，甚至连最基本的读写、计算都不会。要想找到工作，要么住在不太贫困的社区，要么搬到工作岗位多的地方去。[79]

在所有因素——进入职场的准备不足、交通不便——的共同影响下，一个新的贫民群体应运而生，他们得不到政府的任何援助，对就业也不抱任何希望。他们已经为求职拼尽了全力，所以问题的矛头都应指向劳动力市场。这里既有工作了多年的哈莱姆穷忙族，也有大量的求职失败者。

面对国家废止公共援助的困境，穷忙族始终坚持自食其力，那么对于他们来说，这又意味着什么呢？政府不提高最低薪资水平，[80]有幸获得工作的群体就得经受降薪的压力：有数百人排队等着工作，老板根本不会涨工资的。[81]虽然全国的失业率已达到历史最低，内城区的赤贫率却不容乐观，内城区居民的失业率远高于全国的平均水平。非洲裔，尤其是男性（以及青少年）的失业率为5%—7%，高于白人和拉美裔。在他们集中居住的地区——比如哈莱姆中区，官方发布的失业率为18%。不需要进行福利改革，就已经出现劳动力过剩的问题了。政策的调整导致大批新劳力涌入人满为患的职场，与已经工作的群体争夺工作机会。[82]

仅此一点就会导致内城区穷忙族的生活每况愈下。穷忙族要想保住工作，就离不开各项社会服务的支撑，可是在新压力的影响下，这些服务也遭到了缩减。儿童保育补贴严重不足的问题就是一个例证。[83] 处于收入分配链底层的工薪家庭在育儿方面的开销超过了月收入的20%。不得已之下，他们只好降低育儿服务的要求。“开端计划”的实施极大地扭转了这一局面，但覆盖面只有一小部分儿童，而且每次的服务时长只有半天，无法满足全职家长的需求，因为他们不可能在上班期间赶回家照看孩子。

儿童保育中心、市立日托中心能够提供便宜、可靠、水平较高的托管服务，为贫民家庭解了燃眉之急，家长才得以继续工作。[84] 除此之外，贫民家庭只能选择“家庭保育”或存在隐患的无证保姆。[85] 目前，获得抚养未成年子女家庭援助的母亲面临着强制工作的压力。纽约等城市是如何应对民众在儿童保育方面的需求的呢？出于财政考虑，政府要求福利救济受助者去工作，[86] 并为他们优先提供了人人艳羡的儿童保育名额。[87] 如此一来，对城市经济发展没做出多少贡献的穷忙族就受到了忽视，也有可能转而加入福利救济的大军中去。

如果不能切实提高国家的儿童保育能力，穷忙族就可能首先受到福利改革的冲击。目前，保育能力不仅未见明显提高，而且情况恰恰相反：穷忙族与抚养未成年子女家庭援助的受助群体在争夺为数不多的公共补助名额，因为这是大多数贫民唯一负担得起的日托服务了。

福利改革也让黑市保姆难以生存。许多女性和凯莎的母亲达娜一样，一边领着补助金，一边打黑工，给穷忙族家庭照看孩子。可是现在，她们必须“光明正大”地工作，所以只能被当作廉价的服务者，从集中了就业者、福利受助者和儿童的家庭和社区里被赶出去。[88]

对处于职业金字塔底层的大多数就业青年来说，实现向上流动的最佳途径就是接受更高的教育。老板更青睐受教育程度高的员工——甚至同属低薪行业的快餐业和家庭护理业，如今也要求员工持有高中文凭，而过去根本不做要求。贫民就业者非常清楚文凭的重要性。第5章将向大家讲述，少数族裔年轻人最初从事低薪工作的一个主要动力就是为自己挣学费。高等教育的优势人尽皆知，接受高等教育的难度却逐年增加。

纽约市立大学129年来一直免收学费，为少数族裔和移民群体接受教育、获得好工作提供了重要的敲门砖。[89] 1976年，纽约金融危机爆发，免收学费的政策由此终止，改为收取少量学费。纽约的贫困学生已经无力支付不断上涨的高等教育费用。[90] 近年来，学费问题已成为政治皮球，州长试图通过削减纽约市立大学的预算来降低政府赤字，结果导致该大学的财政出现严重短缺，只能靠提高学费来弥补。该校大部分学生的家庭年收入不超过2万美元，却要在学费上花掉2500美元。[91] 具有讽刺意味的是，学费的增加导致许多贫困学生走出校园，这一现象与几项最新的研究结果不谋而合。这些研究表明，该校自1970年实施颇具争议的“免试入学”政策以来，学生的就业和薪资均出现了巨大的增幅。[92] 在随后25年里，这些学生——要是没有这项政策，很可能永远也上不了大学——通过努力进入了职场，不论是对家庭还是对城市税收来说，都是好事。

对此，熟悉《退伍军人权利法案》的人都不会感到意外，因为在55年前，该法案在全国范围内也产生了类似的影响。它旨在降低因大量的军人退伍而带来的影响，结果导致第一代大学生的数量出现前所未有的剧增。他们对国家繁荣做出了重大贡献，个人获得的发展就更不用说了。可是对于同龄的穷忙族来说，这类社会援助已成为负担不起的奢侈品（甚至更糟，相关政策的出台导致不合理的补贴或素质不高的大学毕业生的出现）。因此，几年前一度打开的机会之梯现在正逐渐被合起。

当然，向上流动是所有低薪就业者的重要目标。但是对数百万初入职场的就业者来说，这个梦想是很难实现的。生存比发展更重要，所以食品券就发挥了至关重要的作用。1994年，大约230万领到食品券的家庭里至少有一名成员有工作。对这些家庭来说，微薄的薪水撑不到月底，他们甚至面临失业的危险，幸亏有食品券让他们有饭吃，不再忍饥挨饿。[93] 可是，1996年的福利改革法案提出减少食品券的发放，从而切断了贫民的保障来源。尽管后来又取消了一些削减措施，但是现行法律仍然规定，年龄在18—50岁的、身体健全的人如在连续3年内累计90天达不到每周工作20小时且没有抚养未成年子女，则取消其食品券。按照抚养未成年子女家庭援助的规定，受助者不允许找工作，但是可以参与福利工作。然而，许多领取食品券的贫民从未获得过这项援助，也没有得到合适的福利工作。食品券的削减力度过大，导致至少40个州都出现了因工作岗位不足而提出放弃发放联邦政府食品券的情况。

联邦政策的调整旨在限制入境，尤其是限制技能水平低的外国就业者入境，导致广大移民如今处于水深火热之中。[94] 按照1996年的福利法及其后续立法，许多合法移民从1997年开始就领不到联邦政府的食品券了。[95] 虽然《平衡预算法案》让许多在1996年被剥夺补充保障收入的合法移民重新获得了这项收入，[96] 但其后的大部分移民都不会获得。补充保障收入和食品券是老年移民的两大救济来源。围绕国家的税收成本、边境州落实移民政策等问题一直存在着激烈的争论，这些移民政策更看重移民家庭的团聚，而不是移民具备的技能。

显然，在1965年的立法变更后，移民主要流向了贫困国家，主要为贫民，墨西哥人成为立法变更后最大的受益者。有些州（主要是加利福尼亚、佛罗里达、纽约和得克萨斯）因此承担了很高的成本，尤其是在教育和医疗方面。同时，这些州也从中获得了巨大的收益，因为移民会带动商品和服务消费，而且更重要的是，纳税。

然而，移民的怒气——合法的、不合法的都有——导致民众向救济金立法发起攻势，因为救济金是移民家庭的一项重要的收入，穷忙族也包括在内，他们要靠救济金来缓解入不敷出的困境。位于曼哈顿上西区的华盛顿高地是拉美移民的聚居地。住在这里的多米尼加家庭为了应付高昂的生活成本，只能让家庭成员都去工作。老年人负责在家照看孩子，这样体格健全的成年人就可以毫无后顾之忧地去工作了。没人能向祖父母支付孩子看护费。从某种意义上说，这笔费用是由州政府来承担的，政府发放补充保障收入和食品券，为家庭注入额外的“收入”，家庭才得以共渡难关。所以，食品券对维持家庭平衡具有至关重要的作用。

合法移民和其他人一样纳税，却被削减，甚至取消食品补助和补充保障收入。[97] 显然，这项政策只会削弱美国的吸引力，[98] 或者说，只会导致低薪劳动力成本越来越低。高收入群体享受着移民提供的、收费低廉的儿童保育服务、餐馆服务、医院护理服务以及大量的劳动密集型服务，这些移民为经济发展（以及生产率）做出了巨大的贡献，可应得的福利却被大幅削减。

美国经济的持续发展在无形中对低薪劳动力市场造成了破坏。纽约等城市持续出现财政不稳定的问题，导致公共就业、关键服务出现缩减。联邦政府全面实施开支紧缩，从住房补贴到医疗补助，无一幸免。这些情况交织在一起，使得穷忙族的问题比过去更加严重。这可是个坏消息。当然也有好消息，就是穷忙族不惧困难，继续在职场里寻求出路。虽然收入少得可怜，但他们依然全情投入，说明他们始终恪守职业道德，成功融入了美国的主流文化，把工作置于集体主义道德观的核心。下一章将讲述文化不会在贫民区止步。

第3章

内城区就业

在长岛或韦斯特切斯特郡的郊区驱车兜一圈，你一定能看到贴在快餐店窗户上的亮橙色“招工”告示。有空闲时间的青少年可以到大部分店铺应聘，也许申请表还没填完，就可以入职了。实际上，在竞争激烈的行业里存在着（初级岗位）用工短缺的问题，因此，在比较富庶的地方，郊区和城镇企业只好牺牲一些利润来提高工资，吸引员工入职。由于年轻人不愿意来，他们只能把目光投向退休人员。

在哈莱姆中区，“卖方市场”就如同天方夜谭一般。工作岗位，不论好坏，一概供不应求。内城区的青少年被禁止工作，求职市场里挤满了迫切需要工作的成年人。巴恩汉堡店的经理们很少贴出招工告示，其中一些经理甚至在从业生涯中从未发布过招聘启事。面对络绎不绝的应聘者，经理们完全可以精挑细选。我的研究显示，就哈莱姆中区的快餐店来说，应聘人数与可提供的岗位数量之比为 14 ∶ 1。每一个获得最低工资岗位的幸运儿身后，都有 13 个一无所获、落寞离去的背影。应聘者一般会同时应聘好几份工作，所以劳动力供求之间的实际差距应该没有那么大。在我们采访的求职失败者中，近 3/4 的人在应聘巴恩汉堡店未果后的一年里始终没有工作，这说明他们在后来的应聘中也均告失败。

据全州范围预计，纽约市的求职人数（失业者加上福利救济的受助者）与可提供的岗位之间相差了近 100 万。[1] 这一数据着实令人震惊——许多短期内失业的人也被计算在内，所以这个数字可能有所夸大，但足以引起我们对就业问题的重视，尤其要关注内城区里技能水平低的就业者。[2]

庞大的求职大军为那些闯过第一关、获得工作的幸运儿带去了降薪的结局。哈莱姆中区的汉堡制作工岗位的薪资一般不会高于最低工资标准。凯莎·史密斯等老员工对工作忠心耿耿，却得不到相应的经济回报。她工作已满 5 年，每小时仅能挣 5 美元，比同期的最低工资标准仅高出 60 美分。卡门和贾马尔的境况同样如此，不是因为他们不受重视，恰恰相反，他们很受重视。原因在于，经济学入门课的学生们耳熟能详的供求关系曲线在贫民区里呈现出来的结果，比长岛、麦迪逊、威斯康星州等工资超过每小时 7 美元的地区更为显著。

纵然求职机会渺茫，仍有大量的内城区居民跃跃欲试。在洛杉矶中南部发生罗德尼·金动乱事件之后，迪士尼乐园启动公开招聘，大约有 6000 名衣着整洁的年轻人——主要是黑人和拉美裔——排队应聘。1992 年 1 月，一家喜来登酒店在芝加哥开业，3000 名应聘者专门腾出大半天时间，冒着大雪聚集在芝加哥河北岸，等候面试。1997 年 3 月，位于曼哈顿的罗斯福酒店发布了 700 个工作岗位，4000 名渴望工作的应聘者聚集在大楼周围，排队等候面试。

大家为什么要应聘巴恩汉堡店这样的低薪工作呢？面对已经饱和的劳动力市场，他们是如何求职的呢？面对初级岗位空缺，应聘成功者与失败者之间有什么不同之处呢？等你对哈莱姆等贫民社区的就业市场有了详细的了解之后，就能找到这些问题的答案了。

为什么工作？

要知道，我失业、没工作的时候，经常打架。嗯，也不算真打，就是争执吧……（现在，我的朋友）问我："怎么都见不到你了？"大概是没办法吧。我没时间。可是，呃，我一点也不想在住的地方逛，因为这里实在太糟了。要知道，一堆人莫名其妙地在那儿打架，然后跑掉，就是这样。

杰西卡从 17 岁起就在哈莱姆中区的一家快餐店打工。这是她在私营企业里从事的第一份工作。此前的几个暑假里，她都在青少年项目中提供服务。高中三、四年级期间，她每天在家和学校之间往返，单程要花费 45 分钟。结束一天的在校学习后，她还要换上工作服，去上 8 小时的下午班或晚班。这样的状态令她疲惫不堪，于是她在四年级读完后休息了一段时间，直到高中毕业才重新工作。现在，她已经 21 岁了，在快餐店工作了大约 3 年，已经算是老员工了。

杰西卡当初参加工作出于几个原因，主要的原因是不想再依靠母亲，想自己挣钱花。还有一个重要的原因是，她希望摆脱街头暴力，摆脱同龄人无路可走的境地。在杰西卡居住的社区里，许多年轻人没能活过 20 岁。她的弟弟因被人认错而胸部中枪，她的母亲则侥幸逃过一劫。

应该是大概12点或1点。妈妈在她的房间，我在我的房间……我睡在上铺。突然听到枪声，我马上跳下床。枪声停下之后，我跑到妈妈的房间。她躺在地上……“没事吧？没事吧？”她说：“没事，没事。”第二天早上醒来，妈妈房间的窗户上像是有一个弹孔。窗户和她的床一样高。昨晚幸亏她跳下床，趴到了地上，子弹完全能从窗户射进来。

类似的事件每天都在杰茜卡居住的社区里上演。与公众的认知相反，这些事件并非社区里的常态，居民们并不会对此“见怪不怪”，不当回事。社区里有几个讨厌的毒贩，居民们深受其害，对他们的行为深恶痛绝。贩毒是当地经济中唯一繁荣兴盛的产业了。

街头暴力、飞车枪击等恐怖事件是杰茜卡等穷忙族面对的难题。但杰茜卡明白，受这类事件影响的往往是游手好闲的年轻街头混混。为了摆脱这样的命运，她主动选择了工作。

威廉是杰茜卡在巴恩汉堡店的同事，他工作的初衷和杰茜卡一样。他是一个矮壮结实的非洲裔美国人，少年时期因长得“胖墩墩的”，在社区里常被人取笑、欺负。坚韧的性格令他吃了很多苦头，东西被抢走，还被人呼来喝去。大家以折磨这个“胖仔”为乐。威廉的自尊心因此而受到重创。

到了青年时期，威廉希望找点事干，远离在南布朗克斯公共住房居住期间遇到的冲突。许多同龄人开始吸毒，但威廉说：“幸好我从没沉迷在那上面。”他曾在青少年暑期项目工作过一段时间，然后找到了“兴趣所在”：到巴恩汉堡店打工。工作让他远离街道，获得安全。

对斯蒂芬妮来说，她的问题不仅来自街道，还来自家庭。当她十几岁的时候，她的母亲开始在公寓里提供寄宿。寄宿者是一个年轻小伙和他的女友，他们经常和母亲发生矛盾。家里时常充满火药味，偶尔还会打架，刀光剑影不断。这种情况越严重，斯蒂芬妮就越把重心放在工作上。她关注的是怎样才能挣到钱，逃离如此狼狈的家庭生活。她自己有工资，能够自力更生，所以坚决要求母亲赶走这两个讨厌的家伙。

月底，我告诉妈妈，如果（那个男人）不走，我就再也不回家了。你不用担心我。我有工作，能养活自己。我叫堂妹（和我一起工作），我们俩可以租一间房……从那之后，妈妈就不胡来了。她说，他月底就搬走。希望（到时候）他按时离开。

斯蒂芬妮很清楚社区里那些从事违法勾当的人的下场。和她从小一起长大的邻居以及几个好朋友的男朋友都遭遇过暴力，和警察发生过冲突。这种事情在社区里十分常见，令人担忧。

我朋友的男朋友（加里）遭到了枪击。加里和他的朋友……过去常在街角混。那里是他们的据点。有一帮人来到他跟前，对他开枪，就打在腿上。他们对他说："不准在我的地盘兜售。"所幸，子弹只是擦破了他的腿，可那是一枚空心弹，在他腿上爆炸了，炸掉了一大块膝盖。

这些事件产生的积极影响是，斯蒂芬妮下定决心要过上完全不同的生活。她很清楚沾染毒品交易的后果。她宁可做一份低薪的正经工作，也不愿意和从事非法勾当的人混在一起。抱着这样的想法，她在面对许多困难（不仅是一团糟的家庭生活）的时候，就更有信心了。[3]

除了住在租金低廉的社区，穷忙族别无选择。许多朋友和邻居都有薪水微薄的正经工作，同时也会接触到在贫民区进行交易的罪犯。整天面对那些误入歧途的群体，他们当然想寻找一处安全的避风港，比如巴恩汉堡店。

在许多“推动力”的作用下，哈莱姆的年轻人不得不寻找工作。当然，其中也不乏积极的因素。杰茜卡、威廉和斯蒂芬妮从十几岁起就为实现自力更生、解决家庭生计问题而忧虑。从这方面来说，他们是我跟访过的 200 名巴恩汉堡店员工中的典型代表，其中大多数人都是在 13—15 岁期间开始工作的，一般从初级岗位开始，多为杂货店的打包员，或者在酒窖里打黑工，工作期间还要接受一名成年人的监督，而这个人往往是店主的朋友或亲戚。

凡是通过亲身经历或者阅读书籍对 20 世纪 30 年代的经济大萧条有所了解的人，对 13 岁就工作的情况都不会感到惊讶。那时，工薪家庭生活困苦，家里的年轻人只能出去工作。与此形成鲜明对比的是，如今的中产阶级普遍期望子女好好学习、专心踢好足球联赛，工作则放到以后再说。[4]

大多数穷忙族家庭对 20 世纪 30 年代的艰苦岁月再熟悉不过了。贫穷的父母再节衣缩食也养不起孩子。生活富足的同龄人想要的是一张 CD 或一件夹克衫，而他们的需求远低于此——中产阶级常常给予孩子奢侈品（包括买汽车等贵重物品），而内城区的孩子对此想都不敢想。对穷忙族家庭来说，交通费、衣物、书籍等必需的开销都难以负担，更别说其他的了。

在中产阶级父母看来，让孩子去负担基本开销（更别提奢侈品了）是父母的失职，而贫民父母则认为这种“要求”再正常不过了。不论是在美国出生的人还是新移民，这些贫民父母很小就开始工作，他们认为，“好”孩子不该在空闲时间——暑假、放学后及节假日——游手好闲，而应为家里创收。

在巴恩汉堡店打工的收入不足以维持贫民家庭在吃饭、住房等方面的主要开销。从这个意义上说，初级岗位并不能让他们真正实现自力更生，但可以让凯莎、卡门这样的孩子接触青少年文化。许多作家没有把青少年就业者纳入考虑之中，认为他们工作（并且不重视学校教育）的唯一（微不足道的）动力就是购买“金项链和名牌运动鞋”，满足幼稚的欲望。[5] 杰茜卡和威廉的确希望能够衣着光鲜、形象出众，但他们会把大部分的收入都用于基本开销。杰茜卡读高中的时候，就自己负担书费、交通费、午餐费及基本的服装费了。现在她已经毕业，承担的开销就更多了。她的母亲负责解决住房，杰茜卡负责其余的一切，还要一直给家里贴补开销，抚养其他的未成年子女。

仅靠最低工资的工作是不可能实现真正的经济独立的，也不够各项生活开销，包括每个月的房租、吃饭等基本的生活需求。杰茜卡的收入仅够维持自己在家里的花销，她每周给家里贴补一些钱，用于主要开销。年轻的就业者，尤其是为人父母的就业者，一般会把一部分收入交给户主，贴补房租。如此一来，年轻的穷忙族就以共同出资的方式——而不是各自为政——来养家糊口。要是没有他们的贴补，他们的家庭根本无以为继，尤其是母亲还接受着公共援助的家庭。[6]

对未被纳入州政府福利救济范围的广大移民和在美国出生的少数族裔来说，这个模式尤为有效。对得不到福利救济的穷忙族家庭来说，生存与否完全依赖于家里的就业者上交的收入。[7]年长的孩子首先要承担压力，不论工资高低，什么工作都做，只为帮助父母维持生计。安娜·冈萨雷斯就是个例子。她已满21岁，从15岁起就开始工作。她来自厄瓜多尔，跟随父母来到美国。父母多年前就已经移民，目前在新泽西的一家工厂里打工。安娜在国内上完学，找了一份文书的工作。18岁那年，她移民到美国，和纽约的两个弟弟和一个12岁的妹妹一起生活。安娜渴望读大学，她和一个16岁的弟弟在哈莱姆的一家快餐店从事全职工作。妹妹在家照看5岁的弟弟，给他做饭。安娜每逢不上班，或者不用去第二外语学习班学英语的时候，就在家照顾弟弟。

冈萨雷斯家是典型的移民家庭，代表了哈莱姆和华盛顿高地的低薪群体，和市里其他地区的众多波多黎各家庭颇为相似。[8]父母要工作，青少年也要工作，只有家里最小的孩子才能接受学校教育。的确，通常都是家里最小的孩子代表全家去学英语。五六岁的孩子就能担任翻译，帮助父母与房东、教师以及非西班牙语区的英语社会进行沟通。[9]

穷忙族家庭的社会结构取决于有工作的成员对家里的付出，包括挣钱养家、照顾孩子、从事家务劳动等。[10]外语水平低的父母（常常为非法居民）基本都离不开子女的付出。他们的工作收入无法实现“以孩子为中心”，无法让孩子在18岁之前只顾学业和业余活动。反之，穷忙族父母必须依靠子女，顶多让最小的孩子多接受教育，获得好工作，最终实现向上流动。

年龄较大的就业者，尤其是养育孩子的女性就业者，选择低薪工作还出于其他的原因。他们和大多数父母一样，要背负经济重担：衣、食、住以及养育孩子的一切开销。对巴恩汉堡店的单身母亲就业者来说，获得高薪岗位的机会非常渺茫，她们拒绝福利救助的想法却很坚定。[11] 对于十几岁就生了孩子并辍学打工的母亲来说，尤为如此。

拉托娅是凯莎·史密斯在巴恩汉堡店认识的好朋友，16岁就生了第一个孩子，17岁结婚后又生了第二个孩子。但她的婚姻岌岌可危，丈夫因虐待罪而锒铛入狱。拉托娅意识到自己的状况不堪一击，所以下定决心再也不依赖他人。她和手艺高超的木匠贾森同居，并生了一个孩子。贾森生活富足，比拉托娅的收入高多了。拉托娅自己生了3个孩子，再加上贾森和前妻所生的女儿，一共有4个孩子要照顾，所以，她有时候很想辞掉工作。即使有贾森的协助，她既要照顾4个孩子，又要从事全职工作，实在是太难了。每天晚上，她都几乎没有力气爬上床，一想到还要上夜班，就觉得撑不下去了。

第一段婚姻带给拉托娅的教训就是，不值得为任何男人去牺牲自我。

这是我的第一份真正的工作……要知道，我很认真地去做……它对我很重要，能带给我——怎么说呢？就是慰藉。许多已婚女人，就像我嫁给我丈夫，一旦他离开我，所有的担子就得由我来背。假如（贾森）离开我，我完全承担得起，因为还有工作。（贾森）能帮到我——我们对半负担开销。如果他走了，我也不会说："天哪，完了，我没钱。"不会这样的，我存了一点钱，算是小金库。呃，这很重要。我不会心血来潮地辞掉工作的。

对拉托娅及众多的职场母亲来说，工作能为她们带来保障，而不需要依赖随时可能弃她们而去的男人。[12]

想方设法找工作

蒂法尼打算找工作的时候，还只是个10岁的孩子。她和母亲住在布鲁克林的贝德福-斯都维森，生活贫困。“情况很糟，”她回忆道，“补助发不下来。我们没有吃的……我就（在当地一家商店里）打包，挣点零钱。一天干下来，就有钱买吃的了。”小蒂法尼挣钱并不是为了买金项链，而是为了撑住摇摇欲坠的家。

打包工并不是正经、合法的工作，实际上是有危险的。

我们都听收银员的。店主决定我们的去留，他们可以把我们赶出去。这里就是一个大规模的、厉害的（暴力的）机构……打包工之间拉帮结派。有个打包头儿，逼打包工给他钱。有一次，我被打了一顿，就因为只有我是女的。我不想给钱，他就欺负我。我很害怕。过了一段时间才回去的。

尽管如此，蒂法尼仍认为自己的工作是有意义的、重要的。顾客给她小费，她会认为是自己应得的，而且从没见过这么多钱。可实际上，干一整天顶多挣50美分。

在她13岁的时候，母亲把她送到了纽约市的一家寄养中心。从某种意义上来说，这里的生活更加稳定，她不用再为吃不饱饭而担忧。但是，寄养中心管理严格，生活简朴，规矩很多。每当暑假来临，蒂法尼都想逃离这个军事化管理场所——违规就会被剥夺待遇，个人物品会被搜查，周末只允许打一通电话——去找点有意义的事情做。她还想挣钱，因为寄养中心吝于提供“额外奖励”，比如偶尔看一场电影。

具有讽刺意味的是，蒂法尼因身处寄养中心，可以直接参与市政府为少数族裔青少年提供的就业项目，即大多数内城区孩子都耳熟能详的“青少年暑期项目”。在社会工作者的大力帮助下，蒂法尼找到了一份文书助理的工作，为家庭暴力的受害者提供帮助。13 岁的蒂法尼负责接听电话，并记录下每一位女性遭受殴打、寻求庇护的诉求。这份工作让她对白领工作心生向往：整洁的工作环境、舒适的空调（她有一些朋友在公园管理局工作，需要在烈日炎炎的夏季进行户外工作，常常汗流浃背），还有受到重视的感觉，其中还夹杂着一丝体面及帮助他人的成就感。她希望将来也能在社会服务机构里工作。

通过在青少年暑期项目工作，蒂法尼逐渐认识到了政府薪金中包含的责任。和社会保障金一样，政府薪金每两周支付一次，固定为周五，寄给全市的数千名儿童。在蒂法尼居住的社区里，没有人不清楚支票的寄送时间。

真的会害怕。几百人都收到了支票。有许多人想偷别人的钱。他们会跟踪到支票兑现点，然后把钱偷走。排队取支票的时候，最好叫上朋友陪着自己。够聪明的话，不要立即兑换现金。先回家。待一会儿再去社区里的兑换点。可是，你知道的，年轻人就是这样，急着立刻拿到钱，然后去买东西。所以马上兑现，就被偷了。

抛开这些问题，蒂法尼从工作中明白，等自己再大一些，还可以申请其他岗位。她了解到，工作就意味着承担责任，这些责任必须由自己承担，而不是别人。而且，即使工作没意思，也必须要完成。还有，必须守时，在规定的时间内完成工作是必须做到的。“我必须恪尽职守！”蒂法尼做的这类公共服务工作往往是内城区的孩子进入全职职场的敲门砖。[13]他们从杂货店里挣小费的打包工转变为工作稳定的就业者，通过亲身经历，懂得了每天按时到岗、承担工作职责、融入组织的意义所在。

蒂法尼参加的暑期项目等工作，为的是让内城区的孩子在假期里做一些有益的事情，防止他们在“向贫困宣战”期间的漫长暑假里惹是生非、触犯法律。其实还隐含着一个更重要的目的：看看哪些贫困儿童需要稳定的（带薪的）工作。青少年暑期项目工作往往是内城区的孩子能找到的第一份稳定的、正规的工作，他们可以不再去做自己找来的、临时的、不稳定的、非法的工作。

拉里的第一份工作是在一家药店门前的人行道上发传单。这份工作在冬天可不受青睐：拉里必须站在刺骨的雪泥地里，等待零星的顾客从身边经过，然后强行把传单塞过去，顾客则不情愿地接到手里。这样的情形只维持了两个星期，因为老板觉得生意没见起色。于是，拉里听从一位年长的朋友的建议，向青少年暑期项目提出了工作申请，最后获得了纽约市公园委员会提供的一个岗位，要求他成为多面手。“我基本上什么都做，”他说，“修理长椅、清扫公园、帮助老年人，呃，什么都做。粉刷、植树、拖地、扫地，都做。他们需要什么，我就做什么。”[14]

在纽约市公园与娱乐管理局工作期间，拉里学到了基础的木匠手艺，以及所有职场新人必须学会的一课：如何与人合作、按时上班、听从指令、积极主动。最重要的是，凭借这份工作履历，他可以在暑假结束后找一份新工作了。

公园局的工作让我得到了这份（巴恩汉堡店的）工作。你知道的，他们觉得我有经验，就给我打电话，觉得我不错。我工作卖力，还有耐心。要知道，这都是他们看重的地方。

巴恩汉堡店的许多员工的第一份工作都属于公共服务领域。凭借这份工作经历，他们可以向下一任雇主证明自己的工作经验和干劲。仅此一项，就超过了许多毫无资历的求职者。

他们也能从工作中洞悉老板的喜好，了解他们青睐什么样的员工。许多有关全国城市贫民的著作都指出，这种本领在严重贫困的社区里已经看不到了：据说，年轻人对工作一无所知，也不知道站在柜台里面的经理会如何“看待”来自哈莱姆或南布朗克斯的求职者。[15] 他们会把机会提供给一个渴望工作的求职者，还是一个戴着墨镜、穿着时髦、一脸精明、看上去就不省心的小孩呢？

这个问题得到了哈莱姆及纽约市其他地区的高中的关注，于是，学校在课堂上向学生介绍就业市场的严峻形势，灌输各种信息：着装要得体、谈吐要得体、要礼貌待人、要适度遵从。同辈文化的各种想法统统都留在家里。在后面的章节中，我们将探讨这些信息所起的作用。不论是求职成功者还是失败者，我们能从中发现一个普遍现象，即职场对求职者的文化层次是有要求的，主导权就掌握在老板的手里。老板是竞争激烈的求职市场里的决策者，所以求职者必须符合他们的要求。

曾在青少年项目工作过的哈莱姆的年轻人对此深有感触。拉里在公园管理局的工作经历就为他带来了管理岗的工作机会。

如果你在面试的时候说街头俚语，就得不到工作机会。我觉得，你要是想要这份工作，在与店主或老板交谈的时候一定要得体。

要想吃透这些经验，并不是容易的事，尤其是处于一个崇尚男子汉独立意识、反对言听计从的年轻人圈子中。对哈莱姆等社区的日常生活缺乏了解的学者可能会认为，代表“对立文化”的说唱音乐唱片和录像就是真实的情况。年轻人被宣扬独立文化的音乐和电影所吸引，但这并不意味着他们在日常生活中也运用这些“经验”。即使是以福利救济为主要生计的贫民家庭的孩子，也知道在求职时应该“遵守规则”。威廉的母亲就是福利救济的受助者，他说，必须学会服从组织的需要，组织对个性毫无兴趣。

进入美国企业，就得讲人家的语言，不能再保持个性。一旦加入进去，就能得到自己想要的……但是，要想加入进去，首先要融入其中。如何着装、如何说话、如何表现自己。

如果不在意自己的形象能否让老板“眼前一亮”，就不会获得工作。有权决定求职者去留的人的要求才是最重要的。而这个人在着装、发型、措辞等方面的品位与一般的年轻求职者并不一样。这些都是威廉早已获悉的求职潜规则。

在做青少年暑期项目的时候，威廉并不需要严格遵守这些规则，因为他不用和大量的求职者竞争上岗。但他的确对老板的要求、期望及看重的方面有不少耳闻。当威廉最终进入求职市场的时候，就做好充分的准备了。令他困惑的是，竟然有人对这样的挑选程序一无所知，对于表现出对立或不合作的“态度”所带来的后果也完全不懂。

在巴恩汉堡店工作后，威廉认识到这种“文化认知”的重要性，因为他看到了太多失败的例子。他知道，自己的老板在脑海里已经勾勒出了理想员工的一整套形象，并有助于提升生意。

（我的老板）想找的是……她看重性格。她会观察员工如何表现自己，对待事情，呃，对待生活、自己及他人的看法，因为这很重要，尤其在一个面对公众的场合。你必须和别人合得来，不管是真心还是假意。

巴恩汉堡店的经营状况取决于衔接紧密的时间安排和合作力。哈莱姆有众多的同业竞争者，而威廉打工的餐馆之所以获得顾客的青睐，一部分要归功于员工能为顾客带来愉快的体验。威廉明白，老板的要求决定着求职者的命运。

海伦娜是多米尼加移民的后代，在上西区的移民聚居区长大。她已经在巴恩汉堡店工作了 7 年，即将上高中。不懂规矩的求职者令她大跌眼镜。

有些人的举动很蠢。在求职面试的时候，不知道展示自己的责任心或工作兴趣。既然求职，就应该，呃，像个正常人。即使只是来拿一份申请表，人家也能从中了解你的为人。不要戴鼻环。很恶心。也不要戴大耳环。既然工作期间不能戴，那为什么求职的时候要戴上呢？要穿戴整洁，不要愁容满面。

海伦娜知道，雇主能通过一个人的举止、着装和语言，了解其内在的品质是否符合要求，或者更确切地说，是否有他们不想要的品质。海伦娜和威廉都很清楚，求职者给老板留下印象的机会只有一次，所以必须全力以赴。海伦娜见过不少同龄人求职失败，原因是——令人费解——他们似乎不知道或不在乎留下一个好印象，也不懂“展示”或表现出求职的意愿。海伦娜一点也不同情那些“落选者”，因为她认为这些规则都属于常识。

当然，求职者仅向老板展示自己是不够的，仅凭着装得体也是不够的。一旦孩子们超过了青少年暑期项目的年龄限制，他们就应该进行求职规划，分析哪类老板更有可能录用自己。我们在巴恩汉堡店见到的大部分员工都很少去曼哈顿东区的昂贵时装店或市中心的银行求职，他们主要着眼于可能性更大的地方：廉价服装店、杂货店、百货店（比如曾经的伍尔沃思超市）、药店、化妆品或运动服装店，以及提供店铺保安的私人保安公司。

本地家族企业或低成本连锁店的初级岗位似乎是“上门求职者”或者说众多求职者的首选目标。渴望就业的哈莱姆居民会到住处附近的商店或社区以外的、熟知的商业区去求职。要放下自尊、面对多次被拒的结果，这确实是需要一些勇气的，在白人社区里求职尤为如此。在我们认识的求职者中，几乎没人去麦迪逊大街上的高级时装区，大多数人会去上西区的时装街和市中心，那里主要分布着梅西百货等百货商店，他们会选择不太昂贵的店铺，申请诸如收银员、服务员、助理、接待员等岗位。

为了缓解压力，许多人会扎堆求职。凯莎的朋友拉托娅就是和妹妹娜塔莎一起跑遍全城去找工作的。多米尼加和波多黎各年轻人组成一个个小团体——几个好朋友一起——也效仿她们，到移民聚居区里工作。这样做其实并不明智。老板可能会担心，雇佣一群互相认识的年轻人是否是妥当之举。而经理担心的是，一大帮人很难专心培训，也难以遵守店里的规矩。所以，求职的年轻人应觉察到老板的担忧之处，避免一起去应聘，而应一个接一个地进店，装作互不认识。

当然，在朋友的陪伴下去求职会更好过一些，可以缓解遭受拒绝的痛苦，还能够在老板打电话通知入职的时候相互告知。哈莱姆的许多居民都没有电话，也没有邮箱可以用（由于毒贩经常利用邮箱来犯罪，所以房东往往把邮箱拆掉了）。这样一来，老板就联系不到求职者，这时，“求职帮”里条件优越的同伴就能帮上忙了。

组团求职或者大家应聘同一家单位的主要原因在于，求职者希望能够和大家一起工作。和朋友共事并在工作中结交新朋友，是大多数低薪就业者的主要目的。初级岗位的工作很单调，报酬也低，而且工作内容程式化，一旦熟练掌握，就会觉得枯燥、一成不变——日复一日，乏味无聊，还不如汽车制造厂里的流水线工作。可大家仍坚持做下去，除为了挣钱以外，还为了社交，工作之余享受和朋友们愉快相处的时光。

雷纳尔多18岁，是拉美裔，已经在巴恩汉堡店工作了约1年，即将高中毕业。这是他的第一份正式工作，之前他在社区里打过零工，目前还在逐步适应店里的严格管理。工作之余还能收获快乐，是他坚持留下的原因。

巴恩汉堡店的工作很忙。不能由自己来安排时间，而是，你快去，现在就干，直到不忙才算完。你得不停地工作——就像上了发条似的。在巴恩汉堡店工作也有好的一面。有饭！能吃饱。就是这样。有时候会很有意思，大家可以玩闹。要是有两个朋友在这儿，我会很开心的。我们过去常常玩闹、找乐子，因为工作太无聊了。不找乐子的话，就算了吧。工作可以慢慢干，劳逸结合一下，比不停地工作要好，不然感觉自己就是个机器人。

在朋友的陪伴下，雷纳尔多坚持留了下来。要是“只许工作、不许放松”，他根本不会坚持这么久的。此外，朋友也能在他需要的时候——偶尔上班迟到或把食物烤煳的时候——“罩着”他。每个人都会有不时之需，要是朋友落难，他也一样会伸手相助的。

不在于会什么，而在于认识谁

走遍全城的大街小巷，不放过每一家看起来大同小异的店铺，这样做的确能找到工作机会——但岗位数量达不到大多数求职者的期望。位于哈莱姆的巴恩汉堡店收到了好几柜子的应聘申请表，都是主动上门应聘的。应聘的人太多，即使有岗位空缺，也只能对其中一小部分人进行面试。我们发现，老板为了降低招聘成本、减少麻烦，会让现有的员工推荐熟人来工作。[16]

也就是说，求职者最大的财富其实是已经工作的朋友或熟人，由他们把自己推荐给老板。[17]本书第1章讲到的卡门就是因为高中辅导员恰好是巴恩汉堡店的经理的朋友，才给她介绍了工作。而卡门的丈夫萨尔瓦多也是通过在巴恩汉堡店认识的人介绍，才到药店工作的。当他打算离开巴恩汉堡店重新找工作的时候，知道自己该给谁打电话，人情关系就派上了用场。

父母和祖父母努力结识店铺经理，等孩子长大后，就能为孩子充当介绍人，进入私营企业里工作。塔玛拉就是这样一个幸运儿。她是一名非洲裔青年，从小在条件恶劣的公共住房里长大，祖母和母亲都有不错的工作。

> 家人都是靠奶奶找到工作的。她能提供一切……“奶奶，我们想工作。”我们说。她就到那儿去，她认识那个人，也了解这份工作。我觉得她是因为工作才认识那么多人的。她已经在那儿工作了大概17年还是19年了，在西蒙斯日托中心。她好像认识全世界的人。

靠着祖母，塔玛拉从11岁起就开始工作。祖母认识社区里一个卖报纸的老人，在她的帮助下，塔玛拉获得了第一份工作，成为老人的助理（在他无法起身招呼顾客的时候搭把手）。“我过去常坐在那儿，人们走过来，拿上报纸，然后付钱给我。”塔玛拉回忆道，“鲁迪老了，腿脚不便了，我就成为他的好帮手。他的身体状况越来越差，需要有人帮他干重活。他一直是我们家的好朋友。”

塔玛拉逐渐长大，需要稳定的收入，就找了一份青少年暑期项目的工作，表现一直不错。但仅凭这份工作履历还不足以让14岁的她获得一份正式的工作。幸运的是，她的母亲认识当地一家巴恩汉堡店的经理，于是顺利地安排塔玛拉入了职，目前已经干了 5 年了。当初录用她的经理已经跳槽到另一家快餐店了。塔玛拉明白，如果自己想换工作，还可以去找他。

如果家里有亲戚已经工作多年，就能提供很大的帮助。拉托娅的妹妹从她们一起打工的巴恩汉堡店离开后，开始做家庭护理员。她妹妹的男朋友在鱼市工作。斯科特叔叔在一家大型医院做服务员。她 2 岁女儿的父亲贾森在一家成立了工会的建筑公司工作，待遇不错，这份工作是他姐姐的男朋友在几年前介绍给他的。

大家可能以为拉托娅及其兄弟姐妹的生活还不错，但其实他们的父母都是打工者，他们从小就过着收入不稳定的生活。拉托娅的父亲曾是一名卡车司机，后来因酗酒而失业。拉托娅从小到大见到父亲的次数并不多。最近，他因为年纪大了，身体不好，需要家人的经济支持和关心，所以才经常回家。出于血缘和家庭关系，家人接纳了他。但大多数情况下都是拉托娅的继母莉兹在独自拉扯两个女儿。她是一位勤劳的女性，一辈子都在曼哈顿东区的富人家里做家政服务员。十几岁的时候，她来到哈莱姆，很快就开始工作，一直到现在。

家族能为拉托娅带来的好处就是，可以扩大人脉，获得更多的就业机会。除贾森的工作以外，其他工作都无法让家庭的生活水平高于贫困线。虽然拉托娅现在已经是巴恩汉堡店的一线经理，以后还会升迁，但大部分工作都看不到向上流动的希望。她每月都依靠食品券度日，还要担心医疗补助停发后该如何支付医疗费。从各方面来看，她都属于贫民。只因为认识了许多有工作的人，她才在充满竞争的求职市场上具备了一些优势。她能获知招聘信息，应聘的时候有人能为她做担保，而且在老板说了算的职场里为她牵线搭桥。

拉托娅从人情关系中学到了不少求职技巧，了解了老板的喜好，当然也认识到了初级岗位的不足之处：薪水低、人员流动率高、晋升难度大。对于高中辍学、求职难度大的单身母亲来说，非常需要这种以家庭为主的社交人脉。

一旦求职成功，这个人就会成为朋友圈里的重要资源。为了在职场生存下来，每个人都需要"人脉"，这已经不是秘密了。求职成功的人还能在哈莱姆中区获得一份殊荣：人人争相与其结识。拉托娅和娜塔莎在巴恩汉堡店入职后不久，就把妹妹斯蒂芬妮和堂弟克里斯托也介绍到了店里工作。在此之前，克里斯托曾帮助娜塔莎进入当地一家伍尔沃思超市打工。管理者可以挑选应聘者，所以人脉就非常重要了。斯蒂芬妮和克里斯托入职后的表现不错，证明拉托娅和娜塔莎具备优秀的判断力，对公司来说也是一笔财富。但是对家庭来说，拉托娅和娜塔莎则具有完全不同的价值：即使每小时只能挣 5 美元，她们也成为亲戚们可以依靠的人脉关系。

所有在职者和求职者都明白，人脉关系能够决定求职成功与否。内城区的年轻人，甚至是在"福利救济家庭"长大的年轻人，都懂得人脉的重要价值，懂得结识新朋友、扩大交际圈的重要性。他们学会利用亲人、教师和朋友来扩大人脉，并努力结交每一位可能有用的人。

如果家里有长辈在工作，并能为子女介绍就业机会，那么子女就拥有了现成的人脉关系，在求职时就具有了明显的优势。如威廉所说，他就是得益于"密切的关系"，[18] 得到了家人的帮助。

家人都是靠妈妈找到工作的。妈妈在一家公司坚持干了 19 年。她就是这样的人。不管喜不喜欢这份工作，她都一直坚持着。她会四处打听。大部分工作都是通过熟人介绍的。如今最要紧的，不在于你会什么，而在于认识谁。

如威廉所说，即便缺乏老板要求的工作技能，只要具备有用的人脉，就能推开求职的大门。一旦突破了求职障碍，就可以在工作中不断地积累技能了。

有些时候，你可能（对工作要求）一概不知。但只要认识人，就能拉你一把，安排个工作，给个职位，就算入职了。然后就能拿到工资，而不用走（正规考试的）程序。

威廉还明白，受教育程度越高，人脉层次就越高，发挥的作用就越大。所以，上大学不仅是为了接受正规的学习，也有这方面的因素。

你可以在大学里积累人脉。等这些人毕业后发迹了，而你却时运不济、惨遭开除或者需要什么帮助，这时就可以给他们打电话："对，还记得我吗？""哦，对，记得。最近怎么样？"你肯定知道接下来该怎么说："呃，听我说，目前有点难处。""不用说了，我懂。等我电话吧。"两天后，咚咚咚！我已和他们坐在一起聊天了。所以，你看，人脉有多么多么重要。

一般来说，求职并没有这么简单，威廉也不能在两天内解决就业问题。但他能认识到人脉资源的重要性，明白朋友和家人能够在他需要的时候"拉他一把"。

有许多亲戚和朋友在职，这样的人是非常幸运的。此外，接受福利救济的女性也具有重要的价值，因为她们认识的人非常多，尤其是公共住房里的居民。项目管理员和顾问、附近的日托中心的教师——都认识公共住房里的全职妈妈。这种人脉也是重要的资源，尤其在贫民区里，那里的公共机构岗位和私营企业一样重要、一样多。凯莎·史密斯的母亲达娜就在她们居住的公共住房里给凯莎找了一份暑期勤杂工的工作，除巴恩汉堡店的稳定工作以外，凯莎每年暑假都会去做勤杂工。达娜即使20多年来都没有一份正式的工作，却依然维持着这份重要的关系。

鉴于人脉的重要价值，每个人都应谨慎、妥善地运用它。像拉里这样的员工非常清楚，自己必须充分了解求职者之后再向老板推荐。万一举荐不力，就会危及自己的口碑，下一次再推荐朋友的时候就得不到老板的信任了。

我尽力去帮朋友们，机会来了，我让他们去应聘，可他们就是不去。太懒了……我不能这样，让自己受连累。

拉里在推荐亲戚的时候会以挑剔的眼光来判断。他明白，哪怕再爱他们，也不代表他们就是最合适的推荐人选。他认为妹妹很懒，不想工作。母亲也没工作，自拉里记事起就没工作过了。他们根本不是勤劳苦干的人。

大家庭里只有姑姑和我有稳定的工作。我们明白要保住工作。她20多岁开始工作。我觉得她不喜欢这份工作，就是工作而已，她知道怎样能做下去。我自己呢，想工作下去，能干多久就干多久。我的（表亲）有工作，然后又发现了一个新岗位，于是就辞职了，可到了那儿却没干成。他们做事情前缺乏思考。

拉里在推荐表亲们到巴恩汉堡店工作的时候感到很紧张，因为他不想为这些“只图享乐”的员工负责，他们只会让老板失望。[19]

米歇尔年纪较长，出生于北卡罗来纳州，十几岁就迁居到了纽约。她一直在长岛做家政服务员，薪水微薄，勉强度日。她现在已经在巴恩汉堡店工作了大约13年了，担任主管，负责看管比她小20多岁的年轻员工。这些年来，许多邻居和熟人都托米歇尔帮忙找工作。对明显应聘无望、缺乏责任感、干不长久的人，她会予以回绝，而其余大部分人，她都答应帮忙。后来还是被一个她寄予信任的表亲给连累了。

有个表亲让我给她找工作……结果干了两个月就被开除了。她不诚实，偷钱。总经理开除了她，这事只有我、她和总经理知道。我（对经理）说：“很抱歉。您该怎么处理就怎么处理。我要养家，不能失去这份工作。如果必须（开除她），您就只管做。”

这个教训告诉米歇尔，自己必须格外谨慎，给别人做担保有很大的风险，哪怕是她认为有能力的人。现在，她都让别人自己去应聘。

不管是谁让我帮忙找工作，我都会说：“听我说，我能帮到你的就是让你来填申请表。如果人家要你，那很好。别出错。因为我就在这儿工作。到了这儿，不要像白痴一样。让你做什么，你就做。”

对米歇尔来说，以这样的态度待人是有风险的，因为亲戚希望得到她的帮助。[20] 她违反了贫困家庭里不成文的一条规矩，就是有能力帮忙的时候，就应该竭尽全力，比如向经理推荐员工人选。米歇尔只能部分接受这种互助方式，如果亲戚和朋友缺钱，她会给钱；如果他们生活拮据，她会帮忙找安身之所。但是她不会以自己在巴恩汉堡店好不容易积攒起来的声誉为代价，这是她迄今为止干得最长久、最稳定的工作了。如果因此而得罪了朋友，那也无可奈何。实际情况也的确是这样。米歇尔承认，她只有两三个朋友。交友广泛就意味着要应承自己做不到的事情，所以她宁愿选择独来独往。

在美国社会中，人脉关系蕴含着丰富的民间智慧。任何阶层的人都明白，能否获得“助力”决定着一个人的人生际遇。上好学校、找房子都离不开人脉关系。在我们的社会体制中，处处都离不开这些背景因素。职场里更看重才能，人力资本才是最重要的：即一个人带入职场的技能、知识和文凭。我们相信，这些品质才是经理招聘员工时要考量的因素，对技术能力和专业知识水平要求较高的高薪岗位尤为如此。

而对于低薪岗位，这些品质就没有那么重要了。[21] 岗位的技术含量很低，员工只需要做到按时到岗、仪表整洁、与人协作就足够了。老板当然能通过应聘申请表、推荐信或者亲自面试来判断应聘者是否具备这些品质，但误判率（高薪和低薪岗位都有）也是很高的。所以，老板会采纳人脉关系提供的信息——听取他们信任的员工的建议——以降低误判的风险，减少招聘麻烦。面对文件柜里的一厚摞应聘申请表，老板只要问一下拉里这样的员工有没有认识的人胜任工作，一切就简单多了。

社交关系对于求职信息的获取发挥着重要的作用，对此，研究

"匹配过程"，即把老板和员工联系起来的职场技巧的社会学家早有认识。马克·格兰诺维特在《找工作》一书中以系统性的方式首先提出，"职场"就是一个社会体系，对有些人有利，而对有些人不利。他希望通过这本书，重塑人们对就业体系的认知，即单纯从经济、商人的眼光来看待就业市场，重视人力资本，关注社会环境的作用及人脉对于求职成功与否（从符合要求的一众应聘者中胜出）的重要作用。基于这部影响深远的著作，社会学家们一致认为，人际关系在匹配过程中发挥着举足轻重的筛选作用，在技术人才和管理人才的招聘过程中尤为如此。在哈莱姆，这种情况有过之而无不及，因为老板们面对大量的求职者，为了提高效率，也会通过社交关系来招聘。

从内城区居民的角度来说，即使国家经济蓬勃发展，失业率达到30年来的最低点，找工作也非易事。纽约市的就业市场与其他地区不同，并未出现劳动力供不应求的现象。1998年，全国的失业率不到5%，而纽约的失业率达9%，还不包括那些放弃找工作、离开就业市场的"心灰意冷的就业者"。哈莱姆中区公布的失业率是全市平均值的2倍多。这里的居民一般都到贫民区以外的地方找工作，即便如此，贫民区的就业市场也早已饱和，不容乐观。

尽管存在这些问题，哈莱姆的求职者仍不放过任何一个招聘机会，通过人脉递交申请，并积极参加公务员考试，希望得到一份称心如意的工作。许多人空手而去，但也有几千人成功加入了中产阶级的职场行列。

第 4 章

起码还在工作

20 世纪 90 年代初，麦当劳公司发起了一轮电视广告宣传，讲的是一个名叫加尔文的黑人青年身着麦当劳的“金拱门”工作服，坐在布鲁克林一处门廊上。几个朋友从人行道上经过，拿他当“麦工”的事情打趣。加尔文以幽默的方式化解了玩笑。然后，其中一个黑人青年鬼鬼祟祟地靠近他，小声问他能否帮忙找一份工作，还表示愿意付钱。虽说刚才嘲弄了加尔文，但他心里觉得穿上这身工作服还是很不错的——至少有份工作就不错了。

本书采访的每一位快餐店就业者都对加尔文系列广告烂熟于心：加尔文在工作、加尔文在街上、加尔文在上班途中帮助老奶奶过马路、加尔文晋升为经理。大家都明白麦当劳公司想通过广告向年轻人传达什么：虽然快餐业工作是不体面的，但这个问题是可以解决的，只要坚持做下去，好朋友都会羡慕你的——在表面上对你嗤之以鼻之后。

美国人始终信奉的道德准则是，工作造就人才。大家心里清楚，什么工作是受人尊敬的，什么是受到鄙视的。工作的等级取决于工资、文凭及在职者的素质——这种阶层分化制（有时很残酷）能让有些人的社会地位得到提升，也能令有些人汗颜。美国热衷于按职业划分等级，其他国家评价个人价值的方式则各不相同。在别的国家，出身于一个“好家庭”对社会地位起着重要的作用。而在美国，只有工作才是最重要的标准。

我们一贯把道德与就业画等号，所以顺理成章，就业群体与失业群体就被一道清晰的文化分水岭分隔开来。[1]只有跨越这道鸿沟，我们才能对白领与蓝领、CEO 与秘书进行准确的区分。我们把一大堆道德品质——自律、个人责任感、成熟度——赋予那些能够找到并保住工作的人，而对没有工作的人嗤之以鼻，认为他们是懒散的、不负责任的人。

我们的文化是无情的。有些人可以逾越就业的障碍而有些人不能，造成这种局面的种种原因都遭到了无视。可能我们还记得，失业率仍然居高不下，某些行业已经裁掉了几百万名员工，种族隔阂、针对青少年的消极态度让一部分人更难找到工作。可是最终，这些真相在美国文化里都被一笔勾销，社会被简单地一分为二：尊贵与卑微、上班族与懒汉。

如今，就业者不愿意纳税去养活那些不能自食其力的人，其实还有更深层的文化原因。在国家建立之初，工作就成为加入社会的必要条件。有工作的成年人是名副其实的公民——社会里最受重视的全面参与者。而其他的人生维度——社区、家庭、宗教、志愿组织——都不能使一个人成为同等意义上的公民。

这一观念反映在了各种社会政策上。实际上，一切福利（尤其是医疗，但也包括失业保险、人寿保险、儿童保育税抵免等）都是以就业为基础的。而西欧的情况就不同了：医疗补助直接通过税收体系发放，只要属于政治意义上的“公民”，不论工作与否，都能享受福利。在美国，无业群体是没有资格享受福利的。我们在不同程度上“关照着”被社会排斥的群体，污蔑他们，剥夺他们的福利——福利救济和医疗补助就是有力的例子。我们永远不会把社会认可、接纳的美国人与没有资格的美国人混为一谈，并且通过等级划分，加以强化。

就业群体位于文化鸿沟的一侧，工作带给他们的远不止工资。进入社会，他们作为主流美国人的身份就得以建立、塑造、加强。在职场里，个人是集体的一分子，美国文化的核心就是：职场。其他领域存在太多的分歧——种族、地理、家庭组织、性别角色等——很难达成一致。的确，只有在战时，美国人才能以国家为中心，这也是自我概念的一大特点。反之，在法国，大家不论工作与否，都是法国人。在我们这样一个更加多元、分歧很多的社会里，工作成为实现社会融合的最有效的途径。

只有在工作中，我们才最有可能与不同背景的人交往，才能在高压下收起个性、服从组织的要求，才能放下个人目标、去完成组织目标。所有就业者都有同样的经历，甚至在隔离制度对员工的融合造成限制的情况下。某些职业对员工服从度的要求更高，而且，强制员工遵从的组织目标常常是难以实现、遥不可及的，或者是与个人意愿相悖的。

对某些人来说，他们注定永远也无法获得工作。身份的转变离不开组织、公司、主管、同事以及漫长的求职过程。对贫民区的年轻人和成年人来说，他们要面对困难重重的就业市场，难以说服老板雇用自己，得到的报酬也比较少，所以需要经历相当大的转变——从财务的角度来看——才能成功。但是，他们也能从这个重要的过程中获得发展，哪怕是比他们更优越的阶层，也同样如此。

少数族裔被一股强大的力量排斥在美国社会以外。从几百万内城区儿童接受的劣质教育、充斥着歧视的就业制度，到隔离少数族裔的住房市场，无不说明，“大家站在同一起跑线上”的说法是不成立的。正因为如此，年轻人最看重身份认同，希望冲破就业道路上的重重阻碍，加入主流就业者的行列。就业可能是进入美国社会核心的屈指可数的渠道了，而且不论是在精神上还是在物质上，都会让就业者受益匪浅。

低薪工作的社会成本

我们尊重有收入的就业者，看不起无业者，但即使同为就业者，也是不平等的。尤其是快餐业工作，出了名的不受待见，遭受着诋毁。“麦工”已成为无价值的工作的代名词。个中缘由值得研究。本书中的少数族裔就业者若想保留自尊，就必须摆脱各种污名。一旦加入巴恩汉堡店，在组织文化的影响下，员工的自尊就要受到工作条件和经历的挑战。[2]

罗宾·莱达提出，[3]快餐业工作体现了技能要求低的服务业岗位的流水线特点：高度程序化，而且在旁观者看来，完全没有自主权——按部就班，基本采用军事化管理。这些流水线式的工作的象征资本是负数。与此相反，一言九鼎的企业家广受大众文化的追捧，从《商业周刊》到嘻哈一族，无不对之推崇。

巴恩汉堡店对员工的要求是，哪怕有损自尊，也要无条件地服务顾客。顾客可以提任何不合理的要求，可以态度无礼，甚至辱骂员工，而此时，员工应该做的是默默地数数，努力克制心中的怒火。微笑服务能让管理者满意，因为只有让顾客高兴，企业才能挣钱，但对青少年来说是丢脸的事。他们必须忍受公众的恶意，这也说明社会对他们的价值不以为然。他们很快就认识到，要想保住这份最低工资的工作，就必须忍受恶语相向，克制住出门和顾客打一架的冲动。

贫民区的居民都知道，这些店员必须忍受顾客的肆意谩骂，所以，有时候他们会故意挑衅，激怒员工回骂。挑战员工的底线成为青少年的一大消遣，因为这可能是他们唯一可以让同龄人当众出丑的机会，而且对方不敢反击。

出于种族方面的原因，店员不仅受到成年人，尤其是成年白人的辱骂，还要遭受同为少数族裔的人的侮辱，导致个人名誉系于一线，自尊心受损，还影响其他人对自己的印象。出于这个原因，哈莱姆的快餐业就业者遭受骚扰的问题持续不断地发生。他们的同龄人把在其他地方受到的气都发泄到了收银员的身上。

罗伯塔已在巴恩汉堡店干了5年，一步一步奋斗到了管理层。她是一个能干的非洲裔美国人，以通过奋斗得来这一切为荣。她接待的大部分顾客都很友好，许多人还是店里的常客。但她也遇到过许多无礼的顾客。

可以描述一下在你上班期间来到店里的人吗？

顾客吗？有酒鬼、乞丐。都是为生活所迫的人。没工作的人也骂我。什么样的人都有。有时候很烦。如果有人在满是人的大堂（前面）大声嚷嚷："泼妇，难怪你（在巴恩汉堡店）工作。"我就会（对自己）说："我比你和你妈挣得多。"有时候他们都不知道我干什么，依然那样说，就让我很难过。尤其是在哈莱姆，他们就是这样做，还起各种外号，什么都有。

娜塔莎比罗伯塔小，处理这种情况的经验不多，但也得应对，尤其是那些和她同龄、自以为身份优越的顾客。娜塔莎努力克制自己的脾气，但有时候还是忍不住，无法按公司的要求去做。

与公众打交道太难了。有的人很友好，比如老年人。他们很善良。而同龄的年轻人总是自以为是，觉得自己没在（巴恩汉堡店）打工，就比别人强，工作也比别人好。

你如何对付态度粗暴、无礼的顾客？

遇到粗暴、无礼的顾客，公司要求我们到后面去，不理他们。可他们那么咄咄逼人，太让人生气，我就忍不住回击几句……有一次，一个顾客拿枪威胁我。他把一根吸管扔到后面，然后让我像狗一样去捡。我说："不去。"他就骂我。我也骂了他。他就说："好，下次我拿枪朝你屁股打，看你还能说什么。"哦，你在逗我吗？

伊安娜加入巴恩汉堡店的时候，刚刚16岁，这是她的第一份工作，她也遇到了许多和娜塔莎一样的问题。态度无礼的顾客因为没钱吃午饭就找她撒气。伊安娜明白，任何餐馆都会遇到这种问题，她认为这个问题在哈莱姆比较突出，因为贫民区居民的不满情绪更多，愿望更难实现，所以，快餐店的收银员就成了他们的首选目标。

我最不喜欢（巴恩汉堡店）的地方就是顾客，呃。有些人实在令人无法忍受……我不想对哈莱姆抱有成见……但我只在哈莱姆工作过，别的地方也不了解。有的人愤愤不平……大多数顾客都是黑人。许多人生了一堆孩子。这是贫民区。可能，呃，他们对生活或其他事情很失望，所以……我也不明白。他们就是那样，哎！不论做什么，他们都不满意。我不该对顾客说什么，但我就是这样的人。我有嘴，我可不受谁的气，管他是谁，我可不委屈自己。

虽然这么说，但伊安娜心里很清楚，与顾客抗衡就是拿工作来冒险。她还是得想办法妥善处理这种问题，不敢惹怒管理者。

大部分时间我都不和顾客说话，就是看看他们，把他们当傻子。妈妈经常跟我说，只要不和任何人说话，就不会有麻烦。你把他们当傻子看，他们能怎么样？如果对他们翻白眼，我是说，真没事……（比起）骂他们。大多数情况下，我都尽量走开。

伊安娜发现，哈莱姆充斥着一股怨气，所以顾客总是对服务员充满敌意。这个问题足以引起重视，应该制定相关的公司制度，规定员工面对侮辱该如何处理，经理该如何提供帮助，以及如何避重就轻，既能解决矛盾，又不影响生意。管理层认为年轻女孩比男孩受到辱骂的可能性更小，更容易平息顾客的怒气，所以安排女孩做收银员，以期降低发生冲突的可能。

巴恩汉堡店只能尽力处理店内的问题，对职场以外的问题就爱莫能助了。快餐店员工经常在社区里被从小一起长大的邻居嘲笑。他们必须学会保护自己，不受这些非议的影响。非议的内容就是他们从事这种卑微的工作，非议者就是他们再熟悉不过的人。如斯蒂芬妮所说，她也处于就业者和游手好闲的人之间的分水岭上：

我和他们一起出去玩，从小就认识。我们一起长大。看到我进门，他们就会笑着说："加尔文来了，加尔文妹妹来了。"我只能笑笑，继续往前走。我会想："你们疯了。没关系，我有工作，而你们只会在街角待着。"或者："这是我的工作，合法的。"类似这样。在加尔文广告里，加尔文对朋友的嘲笑并未理会，后来升了职，然后朋友的态度就变了。

蒂法尼才十几岁，也在哈莱姆中区的巴恩汉堡店打工。她说自己知道这些无业小孩为什么总和自己过不去。他们不希望她"成功"，如果没人能"出人头地"，那就不用为失败而懊恼了。但如果有人往上爬，有机会摆脱失败的境地，那么从理论上来说，就意味着所有人都要这么做。嘲笑行为的本质是希望维持一成不变，把那些有可能成功的人拽回到自己的行列中。

在任何环境里，主要是黑人社区里，你会发现，自己始终是其中的一员，要想出人头地，就会遭到其他人的嘲讽，类似"螃蟹效应"……把一堆螃蟹放到大桶里，一只螃蟹想往外爬，你猜其他螃蟹会怎么做？依我看，大家应该把它拉出去、推出去或者帮它爬出去。可实际上其他螃蟹会把它拽回桶里。社区的情况也是如此。

把所有人都拽下来，就能够避免别人的出色给自己带来的隐隐的绝望感。

身处当前的文化中，忍受嘲笑对任何人来说都是一件痛苦的事，内城区的少数族裔年轻人尤为如此。在成为巴恩汉堡店的收银员时，他们已经经历了四五年的种族纷争和跨等级分歧。他们从同龄人身上明白，要想保留自尊，就不能容忍“诋毁”而不予反击。可要想在职场里生存下去，他们又得忍辱负重。

这就是为什么在美国的大众文化中，这种工作被赋予污名：因为这些工作全然违背了国家倡导的自主、独立精神，损害了个体在尊严受到威胁的时候，以其人之道还治其人之身的“权利”。在贫民区，这个问题尤为严重，因为——具有讽刺意味的是——只有在贫民区，独立的主流价值观才能得以体现和完善。电影角色、说唱明星及当地人的偶像总是高高在上、我行我素，不像普通人那样恪守条条框框。不可否认，其中也有白人，这类偶像在黑人社区里很有影响力，究其原因，不是出于一种脱节的亚文化，而是因为他们体现了美国中产阶级和工薪阶层的一种显著的、强烈的执念。

值得注意的是，哪怕一份工作有损名誉，依然有无数的少数族裔青少年、年轻人，甚至中年人排着队去求职。他们之所以选择这样做，不是因为他们持有一套截然不同的价值观，足以承受社会对快餐业工作的蔑视，而是因为他们在内城区里找不到更好的工作了。总的来说，他们曾试图去找更好的工作，但都失败了，最后只能敲开巴恩汉堡店的大门。

快餐业工作的污名除了出于服从性，还有其他的因素。钱和流动性也起着重要的作用。快餐业工作始终属于最低工资岗位。[4] 薪水基本不涨，甚至基层管理者的待遇也是如此。在贫民区，工作岗位非常紧缺，求职群体却相对庞大，迫于降薪的压力，这些岗位只能维持在最低的工资水平。[5]

（根据对工资状况的了解）公众认为，提升地位或责任感的可能性是微乎其微的。即使快餐业里有霍雷肖·阿尔杰之类的人物，也无法靠神话故事来美化。所以，公众认为，快餐业就业者不可能晋升为总经理或餐馆老板等更受尊敬的职位，“麦工”一词的含义得到进一步强化，就业者将一辈子做汉堡。

这句话只说对了一半。实际上，快餐业的内部晋升渠道是很畅通的。店面管理者几乎都是从初级员工中选拔出来的。细致的培训计划也为员工晋升创造了条件，帮助员工获得通用技能，抓住机会做老板。以麦当劳为例，半数的董事都是从员工干起来的。国内其他财富500强企业就更不必说了。

然而，大多数人从未接近过管理岗。一般初级员工的在职时间普遍很短，业内平均任职时间还不到半年。这说明许多员工仅工作几周就离开了。在这种模式下，餐馆运营方面存在技术含量低、员工流动性高的问题，为快餐业工作招来了骂名。在劳动力不稳定的情况下，为了维持行业的发展，餐馆就必须对工作进行分解，保证每一个环节都能在短期内学会，至少达到初级水平。由此导致了恶性循环，技术含量低的工作伴随着低工资，员工流失率居高不下。虽说员工是有可能排除万难，当上店面经理，过上受人尊敬的生活的，但大多数员工只能停留在初级岗位上，直到离职也得不到晋升。这种情况是大量存在的——每个城镇都有——美国人自然认为，这种工作得不到任何发展，也看不到未来，但凡有点“警觉”的人，死也不愿意待在收银台后面。我将在第 6 章讲到，流动性不一定会受到限制，但这一点并未广为人知，所以负面印象才会一直存在。

工作的污名还来自快餐业员工的卑微地位：少数族裔、青少年、说着一口蹩脚英语的移民、受教育程度低的群体，以及（劳动力短缺的富人区里的）老年人。工作地位能够反映在职人员的社会属性，快餐业工作会受到观念的影响，也就是说，如果有更好的选择，没人会选择做“麦工”。下面几章将阐述，这种初级工作不应受到污蔑：快餐业工作体现不出员工的技能、自主权、责任感，无法为公众所知。要证明一个人的身份是卑微的，最简便的方法就是说他 / 她在肯德基或汉堡王干着挣“小钱”的工作。我们通过在职员工的年龄、肤色或教育文凭，就“知道”确有其事：通过反复强调，再精明的公关活动也摆脱不掉这种污名。

除了污蔑就业者的问题，随之还出现了地位贬低现象，贫民区的年轻人对此最有感触。以利亚 · 安德森等人指出，内城区的少数族裔青年更重视独立、自主和自尊——尤其是年轻人。每年，以自尊心受到伤害为由而爆发的骚乱不胜枚举。因此，强调服从性的工作会迫使员工违背青少年文化内涵的核心，即“男子汉式的”行为准则。找一份快餐业工作会带来很大的社会风险，对此，员工和求职者从求职之初就非常清楚。

我们很难得知，工作的污名对哈莱姆中区等地的年轻人会产生多大的影响，导致他们不敢去应聘快餐业岗位。但我们清楚的是，其他工作也是一样。为了生计，几千名青少年及年长的求职者只能无视这种污名或学会接受它。要想在哈莱姆中区求职，每个人都要面对这个挑战。

蒂法尼10岁时，因母亲无法养家，就开始打黑工，做杂货店打包员，“补助没发下来，没有东西吃”。14岁时，她参加了青少年暑期项目，2年后，她需要一份非暑假期间也能干的“正规的”工作，于是开始找工作——到处去找。作为一名黑人青少年，她很快就发现，自己能得到的机会并不多。最后，她在位于布朗克斯区的巴恩汉堡店找到了工作，离家只有2个街区的距离，距离高中也很近，完全可以放学后去工作。

我在第一家巴恩汉堡店打工，是因为其他地方都不要我，算是万不得已的选择。我并不想去（巴恩汉堡店），就是做汉堡，别人会笑话我的。我不想在学校里被嘲笑。结果，你瞧，经历各种失败之后，应聘马丁涂料还有其他工作都失败了，（巴恩汉堡店）向我敞开了怀抱。我就开始在那儿工作了。

蒂法尼高中毕业后，不想回到布朗克斯，就搬到了哈莱姆。她对过去那份工作的污名仍心存芥蒂，所以想碰碰运气，离开快餐业，做更有“白领”范儿的服务类工作。她到各个商店去求职，那里看不到汉堡的油脂，也没有炸薯条的热油，售货员也不用系围裙、戴发网。她竭尽全力，却一无所获。

我去过勒纳斯和普利茅斯（服装店），其他店也去过，但什么结果也没有。而（巴恩汉堡店）还在等我，因为我当时已经有2年经验了。

新开的巴恩汉堡店就位于哈莱姆的中心，距离她的出租屋不远，经过一个临街教堂。这家店因为是“黑人开的”而受到格外的关注，从蒂法尼“决定在这里工作的文化原因”方面来说，这一点具有重要的意义。她很高兴能找到工作，但又担心由于高中文凭只能干初级岗位，前途并不乐观。

威廉加入巴恩汉堡店的过程和蒂法尼差不多。他在高中期间参加了青少年暑期项目，结束后就开始找工作，希望能负担学费和车费。劳工部给他推荐了巴恩汉堡店，可他一开始并不想去。

去（巴恩汉堡店）工作有点神秘的感觉。你准备出门（朋友们会说）：“哟，去哪儿呀？”你会说：“准备出去，就别管我去哪儿了。”朋友们过来（到餐馆），看见你在那儿工作，你心想：“完了，整个（安置）楼的人都会知道我在（巴恩汉堡店）工作了。”我不会引以为傲、到处宣扬的……如果你是员工，表现也不糟……可什么也得不到，没有福利，什么也没有。（以前）就是这样，现在还是老样子。

威廉使尽浑身解数，向认识他的孩子们隐瞒工作的事。他把工作服藏到袋子里，然后放到餐馆的后面，绝对不会被人发现。他编造了一份假工作来骗朋友，解释钱是从哪儿赚来的。他还要绕道去巴恩汉堡店上班，碰到有朋友进店，他就藏到巨大的冰柜后面。他唯一的希望就是大方地公开自己在巴恩汉堡店上班的真相。

在这方面，他和我们遇到的其他青少年和年轻人很相像。他们对工作的污名、对影响社会地位的因素都非常敏感。做了低薪的工作后，他们还要忍受可怕的侮辱。可他们依然选择承担风险，并依靠其他“说法”来证明自己的选择是对的。

摆脱污名

像巴恩汉堡店一样的企业要面对的一大挑战就是，把不喜欢这里的人变为自己的员工，并且让他们至少表现出来对本职工作的喜欢。顾客是有选择权的，可以选择离开餐馆。如果在巴恩汉堡店点一份炸薯条，还要忍受服务员的无礼或漠视，他们下次完全可以到街对面的餐馆去。显然，公司出于利益考虑，会努力扭转这种局面。从行业的角度来看，如果这些工作的名声得以扭转，那就是最理想的状态了。麦当劳就是出于这种考虑，才推出了加尔文系列广告。但由于前述的种种原因，这种理想状态不太可能实现，因为导致污名出现的各种条件——薪水低、人员流失率高、服从观——都不可能改变。在这个行业里，除了提供一些现成的机会，大部分需求都被置若罔闻，员工在公众心目中的形象无法改变，收银台上的矛盾也得不到缓解。

表象的背后是包括经理、员工及同龄人在内的餐馆全体成员为维护工作名誉而做的努力。他们呼吁美国的价值观赋予他们更多的体面。高薪就业者具备的基本美德，巴恩汉堡店的员工也有，他们和无数的就业者是一样的。“我们和他们一样。”他们声称，以此把自己与无业群体区分开来。他们认识不少没有工作的人，包括自己的家人。每天都有乞丐到餐馆求施舍；油嘴滑舌的人走进巴恩汉堡店企图免费就餐；还有同龄人从事毒品交易。总的来说，这些低薪就业者并不像许多自由派作家那样对这些“失败者”持同情、宽容的态度。为了微薄的收入，他们必须努力工作，所以凯莎、贾马尔等人并不理解为什么有人可以不劳而获。他们认为，贫民都应该和他们一样：找份工作，干什么都可以。

伊安娜就是一个例子。因为干着“卑微的工作”，她必须接受地位降低的现实，并把自己保护起来。在针对“福利救济的受助者”的批判之中，她才能找到自尊：

我毫不羞愧，因为我有工作。大多数人都没有工作，而我从小就决定要干点什么，我很自豪。我一看，自己没有福利救济，所以要做点事情。

我不是要批评福利制度，但我知道领福利救济的人是完全可以去工作的。他们也没错，只是不想去……他们完全可以不靠（福利救济），但就想这样，因为有空子可钻。我觉得这样不对，我交的税给懒惰、不上进的人用。可以想见，一个女人有3个孩子，又被丈夫抛弃，因为是家庭主妇就不去工作。好吧，过一阵子福利机构就会送她去的。要么当护士助理，要么当家庭护理员，或者干类似的工作！

就算领福利救济，也应该……看不见街道脏了吗？为什么不去打扫一下街道和公园呢？我的意思是说，城市里有这么多事需要干。他们完全可以去做，然后给他们付钱，而不是坐在家里，无所事事。

帕特里夏是一个5岁孩子的母亲，快40岁了，已经在巴恩汉堡店干了5年了。她的丈夫抛弃了她，后来她从田纳西搬到了纽约，这里的工作机会比南方乡下要多。她过了很久才渡过困境；而在此期间，她深感绝望，只能申请福利救济来维持生计。最后，她决定不再做一名冷漠无情的社会工作者，加入了巴恩汉堡店。在这种情况下，我们以为帕特里夏会对抚养未成年子女家庭援助的受助者持宽容的态度，毕竟她也是其中的一员。然而事实并非如此。她好不容易才获得一份工作，所以无法理解为什么有人不劳而获。

城市里有这么多机会；总是在招聘。可能它不合你的意，挣的钱也没你想的多。但总要找份工作的。我在巴恩汉堡店辛苦工作一星期，满身疲惫地回到家，还要照顾孩子，处理所有家务，每星期只能挣 25 美元，可我依然很开心，我能做到，你也可以。我为什么要（给街上的懒汉）施舍？我的钱已经交过税了。没门儿。

还有，拉里的经历提醒我们，干任何工作都比不工作强。找拉里麻烦的小孩只能从他那里碰一鼻子灰，因为拉里非常清楚，他拥有的一样东西是他们没有的：一份带薪工作。

我不在乎别人怎么想。要知道，我一点儿也不在乎。我有工作。这是我的工作。我有饭吃、有衣穿。我会穿着巴恩汉堡店的工作服，挺直腰杆走路。呃，就是很自豪。

丹妮尔有点缺乏自信，她不想在外面穿着工作服，不想让别人知道自己的工作。但她和拉里持同样的观点，认为工作是最重要的。愿意找工作并有能力干下去，这比具体做什么更加重要。

不管做什么工作，都能得到尊重。我没说自己的工作很丢人，但我也不会穿着工作服在街上走……那些家伙知道你在那儿工作，就会说："嗨，巴恩汉堡。"我不想撒谎说我不觉得丢脸。但我的确为工作而自豪。要知道，我女儿的父亲……过去的工作就是把猪抓起来，进行清洗。可大家都很敬重他。我也尊重他，不管干的是什么，至少他在工作。在此之前他有一份更好的工作，可是被解雇了，而这份工作是当时唯一能找到的。所以他去干了，我很佩服他。所有工作的人都值得尊重。他们的钱是老老实实地挣来的。他们不需要去干违法的事。

以上观念都是基于穷忙族和工薪阶层一致认同的一个观点：工作就等于尊严，没人应该不劳而获。当然，持这种观点的人大多在工作期间一站就是八九个小时，工资却仅达到最低标准。实际上，他们辛勤工作换来的不过是一份自尊，因为他们在值得帮助的（即“有工作的”）贫民与不值得帮助的（即“不工作的”）贫民之间，属于正义的一方。

反对地位歧视的理由不止一条。在巴恩汉堡店工作的年轻人如果遭到熟人嘲笑，可以用经济独立来予以反驳。布莱恩在牙买加出生，在哈莱姆的贫民区长大。他知道同龄人都对他的工作嗤之以鼻。“他们会开玩笑，”他说，“‘啊，你在做汉堡啊，能挣4.25美元啊。’他们就在街上一阵窃笑。”布莱恩工作后不久，攒了一大笔钱，周围的人都得知了这件事。

我让（经理）萨姆替我存钱。然后我就用自己挣的钱买了最好的衣服和运动鞋。后来还买了两条项链。（朋友们）就说：“在哪儿卖毒品啊？”我就说：“就是在你们笑话我的地方，做汉堡。我就是在那儿挣到的钱。那么，你们从哪儿挣钱呢？”他们无话可说。

媒体对毒品交易给予了许多关注，这说明毒品交易对缺钱的孩子来说是具有吸引力的。但是，我们在哈莱姆见到的年轻人都对毒枭心存畏惧，希望离毒品交易越远越好。他们见到太多人因毒品而丧命、判刑，或者落下永久的残疾。凯莎解释道：

大家都看不起我，认为我的工作一文不值，地位低下。好像贩卖毒品都比在快餐店工作强。但我会说："不对。"我从不走那条路，不碰毒品，只是坚持做自己的事。结果他们被关起来了，我觉得卖汉堡和炸薯条是不会被关起来的。

要是不愿意打黑工，哪有钱买衣服、出去玩，做那些中产阶级家庭的孩子征得父母勉强同意后去做的事情呢？哈莱姆的家庭无一能做到，所以年轻人只能自己赚钱，过上自己想要的生活，这就是他们找工作的原动力。像布莱恩这样的年轻人可以参与当地的社交活动，通过工作来满足顾客的需要。生活过得比朋友们好，会令他们非常开心。

也许令人欣慰的是，这些勤奋的低薪就业者从一开始就与无业的同龄人不一样。他们处于劳动力市场的底层，要承受各种非难。令人欣慰的是，我们能够把值得钦佩的贫民（明白工作的基本价值、主动屏蔽污名的群体）与其他人（承受不住同辈压力、更愿意领取救济金的群体）区分开来。这属于简单化的做法了。巴恩汉堡店里任何年龄、肤色的员工都被当作笑柄，成为嘲笑的对象。有一些人，比如贾马尔，嘴上说自己不在乎别人的看法，但经过进一步了解，他们也承认自己其实是经过了漫长的调整期，努力克制自尊心，才建立起自信的。公众的非难是会伤到他们的。

那么，他们是如何下定决心，坚持去干一份背负污名的工作的呢？面对社会的不认同，贫民区的居民是如何予以反驳、重获尊严的呢？他们可以在一定程度上呼吁，从普遍认可的美国价值观上对工薪阶层给予尊重，这种价值观一般是“产生于”文化之中的。[6] 如果总有人——包括顾客、朋友和媒体——不断地提醒你属于社会底层，那就无法建立积极的认同，这时就需要一样更强大的东西：强化职业道德、克服消极认同的职场文化。经理和老员工在这个过程中发挥着重要的作用，能够在餐馆里打造一片安全地带，向挨骂难过的新员工提供劝慰。

金伯利是一名 20 岁的非洲裔美国人，16 岁就加入了巴恩汉堡店，遭受了“朋友们”对她的低薪工作的诋毁。幸运的是，她在工作中结识了一位好朋友，并得到了她的劝慰：

我说，这就是工作。你能挣钱。对吧？别在乎别人怎么说，知道吗？他们要是不喜欢，只能说真可惜。就让他们待在角落里，爱干吗就干吗。你还有工作，还要挣钱，对吧？别跟他们一般见识。

金伯利的朋友兼顾问是巴恩汉堡店的老员工。她长期忍受同龄人的欺侮，呼吁把工薪阶层的地位提高到无业群体之上，以示反抗。朋友和经理对金伯利的劝慰起到了很大的作用，让她知道自己是值得被尊重的。

小孩儿会到这里来。他们没有多少钱。我就说：“没有钱就不能拿走（点的餐）。”一天晚上，其中一个小孩过来骂我。他（说）：“难怪你在（巴恩汉堡店）工作。你就找不到好工作……”我非常难过，忍不住哭起来。（经理）就说：“金，别为他生气。要我说，你还有工作。要知道，这毕竟是一份工作。”

在哈莱姆中区工作的移民尤其要反抗人身攻击，因为社区里的非洲裔因工作岗位紧缺而心生怨愤，把移民当成他们发泄怒气的对象。安娜是厄瓜多尔人，在巴恩汉堡店做门迎，经历了许多困难。刚加入餐馆的时候，她才 19 岁，娇小可爱，活泼亮丽，任何餐馆的经理都希望向顾客展示这样的形象，所以她被聘用了。但是一些充满敌意的黑人顾客仍以老眼光看待她：勉强说几句英语、争取得到工作的移民。要不是会说两种语言的拉美经理出手相助，她根本不可能振作起来，继续工作。

没安排我去做汉堡或炸薯条（这些工作都不用和顾客交流）。经理知道我不会说英语，还安排我去收银。我到美国才一个星期！感觉一点都不好。黑人骂我，说我不该做这份工作。感谢上帝，3 个星期后，我遇到了一位经理，波多黎各裔。他就是我的救星。他告诉我：“安娜，没那么糟。”虽然他会西班牙语，但还是和我说英语。他说：“别哭。擦干眼泪。一切都会好的。你没问题。”尤其是顾客骂我不会说英语的时候，他就鼓励我，就当店里没别人。多亏他给了我勇气，从那以后，情况就慢慢好起来了。

经理告诉安娜，凡是对她的工作进行刁难的人，都不要理会。她曾在厄瓜多尔做职员，属于白领，但她并不开心，觉得社会地位下降了——现在依然不开心。她很庆幸能够挣到钱，家里都盼着她贴补家用。可是每当顾客辱骂她，含沙射影地说不会英语的人根本不值得被关注时，她就向经理求助。同为拉美裔的老板让她挺直腰杆去面对，毕竟她有工作，而那些人基本都没工作。

依靠这份精神支柱，巴恩汉堡店的员工为了获得受人尊敬的身份而不懈地努力：他们经常提出，他们的岗位不能展示出自己的品德，所以才导致大部分人认为他们是没有价值的。蒂法尼后来认识到，工作的意义比自己最初以为的要更重要：

> 我到了店里才发现，并不像人们想的那样。不只是做汉堡，而是真正在做生意。我真正了解到大企业是如何经营的。我的意思是，成为其中的一员，基层员工，收银员。了解餐馆是如何运营的，包括制作食物、员工、服务。就是这类事情。我才真正开始了解，也懂得了很多。

美国人认为，价值观是根植于个体身上的，通过家人进行传播，间或通过媒体形象或榜样人物得到强化。我们不愿去关注机构和组织在价值观的形成和维持方面所起的重要作用。但显而易见的是，职场本身也是导致员工出现“反驳文化”的重要因素。要是没有这个避风港，巴恩汉堡店的员工在遭受诋毁后很难保持尊严。而有了企业的支持，他们就能挺直腰杆，不把自己排除在社会之外，而是强调所有工薪阶层的共性。

就业者被社会排斥，会引发强烈的社会孤立感，其中一个原因就在于此。我们可以按照30年来的各种生活保障规划去做，我们可以给别人钱，但我们给不了他们尊重，因为它只能通过融入文化环境以及积极的自我认同来获得。

罗斯福在经济大萧条期间就明白了这一点，因此为民众提供了几千个公共机构岗位，包括建设国家公园、火车站、贯穿全国的公路，以及在从旧金山到纽约之间的公共墙面上绘制壁画。社会学家通过研究20世纪30年代的失业群体发现，公共事业振兴署的就业者比领取失业救济金的人过得更舒心、身体更健康，尽管两者的收入差不多。[7]公共事业振兴署的就业者虽然贫穷，却保有尊严；而领取救济金的人备受诟病，找不到存在的意义，对于接受的援助也找不到文化方面的支撑。

上述情况如今仍有发生。进入职场是一段重要的、改变人生的经历，促使人们逾越亚文化、种族、性别、等级等障碍。工作永远都不会消除各方面的差异，在某些存在分歧的情况下，甚至还会强化差别意识——通过无形的障碍、歧视性晋升制度，诸如此类。即使有些地方存在错误的区别对待，人们也能找到强大的认同感来予以对抗：同一个组织里及全国各地的就业者具有的共性。从这个意义上说，工作绝不仅是谋生的手段。

获得主流社会的认同只是许多内城区的年轻就业者身上发生的一个重要的变化。他们还面临时间突然不够用的问题。过去，他们可以和朋友们一起出去玩、在家休息、做作业或无所事事。可是突然间，时间不够用了。现在，他们必须分清主次，明确重要的事项，牺牲休息时间去谋生。这也是长大成人的必经之路，对早已告别漫长的暑假、懒散的周末、放学后参加体育运动的人来说，这些也许再平常不过了，但是对于初入职场的年轻人来说，他们从未遇到过这么严格的时间限制。

对于年长的就业者，尤其是已经成家的群体来说，时间尤为紧张。他们没有时间和不工作的朋友、家人出去玩。结束一天的工作后，他们还要打起精神照顾孩子，挤出时间来休息（但时间总是不够）。

24 岁的拉托娅是巴恩汉堡店的一线经理，也是凯莎的好朋友，工作了 3 年才晋升到现在的职位。她有 3 个孩子，妹妹和堂弟也在巴恩汉堡店工作。以前不工作的时候，他们可是派对的常客。现在，那些日子、派对早已一去不复返了。工作太辛苦了。

男朋友认为我在开玩笑。他说："（巴恩汉堡店）——怎么会累？他们什么也不干。你就是做汉堡而已！"我会说："很辛苦。真的辛苦。"他知道的，有一段时间，我下班回到家，只想脱下鞋，泡在浴盆里。后来都睡着了，还是他叫醒我："上床睡吧！"

所以我再也没出去玩了。我的意思是，要是在以前，我会说："聚不聚？我有空。要不要去俱乐部？我准备去。"而现在是他们问："聚不聚？"我 8 点睡觉，（朋友们）知道我要工作，就会说："不用向拉托娅提聚会的事。她不会去的。她是个打工妹。"

对巴恩汉堡店的员工来说，这种情况已经司空见惯了。他们无法和生活悠闲的朋友们在一起。他们太累了，根本撑不到凌晨 2 点。很快，全社区的人都知道了他们的情况，他们已经离开了曾经的社交圈。工作之余，他们不是去上学，就是照顾家庭，或者好好地睡一觉。

时间不够还能带来一个隐形的好处。就业者与无业的朋友和邻居越疏远，职场对他们的影响——观念、习俗、人脉、期望——就越大。他们参加组织活动的时间越来越多，并得到了真正的收获，即找到工作的目标。当然，正常的年轻人都不想成为只会学习、工作的机器人。他们必须学会在工作中寻找乐趣、闲聊，或者忙里偷闲翻看服装杂志、和经理打趣、拿无礼的顾客开玩笑、和友善的顾客聊聊天。结束一天的工作后，他们还可以参加社交活动，因为工作的内在价值尚不足以抵消牺牲掉的休闲时光。可是，时间都用来工作了，哪里还有时间参加社交活动呢？

努力保住一份背负污名的工作，并把大量的时间都用来工作，在双重压力之下，就业者的朋友圈越来越窄，邻居或学校里不太熟的人都退出了他们的朋友圈，取而代之的是和他们一样的就业者，尤其是同事。没人喜欢别人一直嘲笑、取笑自己的工作，时间久了，自然会远离那些惹自己不快的人。由于工作时间长，这些人就会融入组织文化之中，或者至少和同事们朝夕相处。大家的工作节奏是一样的，每天干的事情也一样，自然而然就形成了一个新的朋友圈。再过一段时间，大家下班后也会一起去放松。不论是去俱乐部、看电影，还是到朋友家聚餐，他们都愿意和巴恩汉堡店的同事一起。和同事相处的时间越久，他们就越能从工作中找到归属感。而他们的邻居、公共住房里的朋友、没有工作的熟人就逐渐被排到同事的后面了。

这也是凯莎·史密斯的真实经历。她工作的时间越长，和公共住房里的老朋友相处的时间就越少。一开始，朋友们还经常来找她，问她什么时候能和大家一起玩。她努力留出时间陪他们，可最终还是放弃了：不是学习就是工作，她根本没有时间和朋友玩。但凯莎是个外向、爱玩的人，每次出门都叫上巴恩汉堡店的拉托娅和娜塔莎。她们一起逛街、看电影，发薪日一起购物，偶尔还会让孩子们聚在一起玩一下午。除了巴恩汉堡店的同事，凯莎再没有其他朋友了。所以，即使是休息日，她也主动到店里待着：不然还能找谁呢？

罗莎是一名多米尼加裔学生，在位于曼哈顿上西区的一个拉美裔社区餐馆打工。她和母亲及几个兄弟姐妹一起住；而父亲和其他家人还在圣多明各，过几年才移民过来。她的第一份工作是在市中心的巴恩汉堡店打工，只干了9个月，当时她还在读高中三年级。放学后，她要乘公交车到商业区上班，从下午4：00一直干到晚上10：30，精疲力竭。在这种状态下，她还要做作业，实在是太难了，可罗莎继续坚持着，直到累得受不了才辞掉了工作。可是挣钱的压力依然存在，于是她在布朗克斯的一家儿童用品店打工，后来又在距离住处不远的多米尼加社区超市里打工。

当这份工作也干不下去的时候，罗莎凭借自己积累的工作经验，在社区里新开的一家巴恩汉堡店找到了工作，再也不用乘公交车上下班了，而且大部分同事都是多米尼加裔。罗莎觉得汉堡店是结交新朋友的绝佳场所，因此和以前一起玩的朋友逐渐疏远了起来。

我很喜欢在巴恩汉堡店工作，因为同事和我是同族……要知道，我们经常一起出去逛，出去玩……就是有一种团结精神。只要出去，大家都是一起，包括经理、助理经理，都有。

你是否觉得，自从在巴恩汉堡店工作后，朋友圈就发生了变化？

我有三类朋友。在圣多明各有一帮朋友，到这儿上高中期间有同窗，还有，在巴恩汉堡店工作后，总和同事们在一起。有了他们，我对其他朋友就有些忽视，他们还吃醋呢。

他们对你说什么了吗？

是的，他们说："哦，你一工作就把我们都忘了。"

蒂法尼不喜欢她的工作，因为太枯燥乏味了。工作对她来说主要就是为了挣钱。更准确地说，因为工作并不轻松，她就想办法和朋友们打趣。久而久之，相互间的戏谑就变成了超越工作关系的友谊。

每当我们厌烦了"哦，我们必须挣钱"这种生硬冷酷的生意经时，我们就顺其自然，享受当下。这样一来，工作也变得有意思了，同时还能挣钱。一定要自己找乐子。大部分员工经常在一起聚——我们相处得非常好。人总要有自己的小圈子。我们下班后也一起玩。我和店里几个女孩一起去购物。大家总待在一起，要么看电影，要么逛俱乐部。

安东尼娅是从圣多明各来到纽约的。对她来说，结识同事以外的朋友简直就是意外之喜。她是一个不会说英语的新移民，从多米尼加移民过来的朋友基本都没住在她的社区里。她几乎谁也不认识，只能整天照顾孩子。她的妹妹和弟弟后来都在巴恩汉堡店找到了工作，也帮她找了一份工作。她在店里认识了许多多米尼加朋友。

我在巴恩汉堡店已经工作了一年多了。这里最棒的一点就是，几乎所有的朋友——不，就是所有的朋友——都是我的同事。除了同事，我没有任何朋友。我认识的人都在这儿了。

随着工作时间变久，认识的人逐渐变为同事，职场文化对生活产生了举足轻重的影响。工作节奏、内容、持续的责任和要求，都逐渐成为一种习惯。别人会依赖你，组织会对你提出要求，按时上班是非常重要的事。不规律的、松散的社区文化和街道文化与他们渐行渐远。工薪阶层逐渐远离无序的环境，融入未来可期的、要求更高的、从长远来看收获更大的打工生活。不论是快餐店的长期工，还是保险公司的理赔员、护士助理，都是如此。当然，其他职业的技术含量更高，更有前途，也更赚钱。但这三种职业有一个共同点，就是工作稳定，可以安排好生活的方方面面——包括休闲、家庭及独处时间。

职场文化的影响力拉大了工薪阶层与无业熟人之间的鸿沟。他们与那些在日程安排、遇到的问题、对社会的看法等方面都和自己格格不入的人渐行渐远。的确，如前文所述，这种疏远会让某些背负污名的职业（比如餐饮业）的就业者与其他就业者之间产生共鸣，而不是与认识多年、没有工作的老友。从某种意义上说，大部分“无业”的人也在工作，他们要照顾小孩、照顾生活不能自理的老人，但是也有许多人干着毒品贩卖的非法勾当。巴恩汉堡店的就业者对工作的投入越多，就越远离社区里的消极人群，从各方面都远离那些走入歧途的朋友和熟人。

塔玛拉就是一个范例，说明年轻人在职场文化的深刻影响下，会逐渐远离生活中的害群之马。塔玛拉在哈莱姆的贫民社区里长大，周围是一排排用木板封闭的房子，人行道上到处都是碎玻璃碴。社区里的大部分居民都在找工作，但工作基本都不稳定。在塔玛拉居住的楼房里，有稳定工作的人会成为人人羡慕的对象。

楼里的所有人都没工作。找到工作很了不起的，你明白吧。（我刚开始在巴恩汉堡店上班的时候）大家都看我：“哦！她去工作了！”大家都喜欢坐在一起，聊别人的八卦。

塔玛拉有幸找到工作，主要是靠母亲的好朋友帮忙，她是巴恩汉堡店的经理。塔玛拉的大部分邻居并没有这样的关系，所以找到工作并不容易。

楼里的小孩很崇拜有钱、有车、衣着光鲜的富人。其中一些人当了毒贩，其他人则规规矩矩地挣钱。楼里的每一个人都想过上受人尊敬的生活。塔玛拉工作努力，有望成为工薪阶层的一员。

邻居马尔科姆有一份不错的工作。他开了一家游戏厅，整栋楼也是他的。他开着豪车，目前正在游戏厅旁边修建一家自助洗衣店。我过去常在那儿卖报纸。马尔科姆经常给大家钱。有时候小孩子走到那儿，没钱玩游戏，他就替他们投硬币，或者说：“去发芝士汉堡吧。”好的！大家都进去领自己的那份汉堡。他总是帮助大家。他会关照我们所有同龄的女孩，不让别人找我们的麻烦。

楼里还有一个人（哈里）贩卖毒品。他卖了很多毒品，但也会帮助大家。我的意思是，他会免费载着大家去大冒险乐园玩，等等。他也会到游戏厅里给大家投硬币。

马尔科姆和哈里互相不待见对方，其中一人以贩毒为生，但一直帮助别人，一点也不小气。马尔科姆守法经营，也总是付出、付出、付出……他们都想超过对方。他们两个人，大家都喜欢，而哈里付出得更多。

要是你很有钱，很多小孩都会崇拜你，希望得到（你的）关照。马尔科姆帮过我，所以我想跟着他。而哈里，我从没打算去找他，因为我知道，我……知道他做得不对。那是违法的，会被逮捕的。我那时就知道。我常看着他，心想，有那么多钱是什么感觉？而马尔科姆会说："他可能挣得比我多，可我的钱都是合法的。"

胡安是凯莎的前男友，也面临同样的人生选择。在巴恩汉堡店工作后，他想帮助那些误入歧途的朋友和熟人。他有两个好朋友都在狱中服刑，还有一个朋友在贩毒，估计也快判刑了。胡安想和他们保持朋友关系，却又尽量保持距离，互不打扰。

我的朋友在贩毒，就是这类事情，可他毕竟是我的朋友。那时候，我们一起去上学。他会说："该死，你还在巴恩汉堡店干着狗屁工作呢？我可以给你找一份正经的工作！"我觉得他是尊重我的——至少不会背地里骂我。但我尽量躲着他，你懂的。

毒贩并不是哈莱姆的就业者要应对的唯一问题。至少在福利改革实施之前，政府尚未强制要求接受抚养未成年子女家庭援助的女性去工作，所以，许多从事低薪工作的年轻母亲可以自主选择是去巴恩汉堡店这样的地方打工，还是接受公共援助。但实际上许多人是别无选择的：不论她们多么认同职业道德，迫于养育孩子的成本、交通费，再加上医疗补助停发，她们根本不能选择低薪工作。在福利改革实施后，按照抚养未成年子女家庭援助计划，她们能享受到的经济福利——医疗保险、食品券、住房补贴[8]——比工作收入还多。即便如此，许多女性依然选择工作，宁可降低生活水平，也要坚持主流的信念。[9]

帕特里夏对两种观点都认可。她从工作中明白，为尊严而付出是值得的。她是经过慎重的考虑才决定放弃福利救济的：

我告诉所有的经理："我来这儿是因为自己想工作。"我对他们说："工作不是爱好——我是最好的员工。"我真是这么想的。我离不开这份工作。但一年前，工作只是爱好而已。我的意思是，我当时完全可以继续接受公共援助，每个月的救助金比在巴恩汉堡店打工还多200美元。我是真的想工作才来的。

哈莱姆的年轻人总要面对选择，从各种各样的成年人生活方式中选择自己想走的路。对塔玛拉、帕特里夏等找到工作的幸运儿来说，工作是她们做出的"正确的选择"。有了工作，年轻人就能理直气壮地"背道而驰"，选择合法、体面但收入微薄的生存之道。他们加入最低工资就业者的行列里，处于一个金字塔的底层，在这种地位等级中，专业人才、白领，甚至盖普（Gap）服装店的销售员都比他们的地位高；同时还处于另一个金字塔的顶端，包括身边的毒贩、街头混混以及被福利机构蔑视、干涉的群体。就业者融入职场的程度越深，就越远离那些不正规的、受排斥的、遭到蔑视的群体，而趋近正规的、受认可的但背负污名的群体。

这些就业者处于这种奇特的“三明治式的”社会之中，富人和受教育程度高的就业者可以获得社会的尊重，而他们却只能得到同为就业者的尊重。他们羡慕那些地位优越的人，希望通过自己的奋斗、各种形式的学习以及在巴恩汉堡店获得晋升，终有一天也能飞黄腾达。然而，大部分人始终只能仰望前路，因为向上流动的路是走不通的。他们明白，地位高的人瞧不起他们，把他们视为失败者，视为一事无成的寄生虫。

伊安娜难以忍受这种态度。在巴恩汉堡店里，她希望获得一些尊重，却经常遭到忽视。

不是我自大，我只是没有充分发挥才智，显得太笨了。其实我很聪明的，他们不付给我更高的工资，去做更多的工作。他们不想这么做。我的意思是，我是个忠心耿耿的员工。要是需要我，我就留下。做什么都可以。我不全是为了钱；管理层不赏识我……要是显露出一点聪明，就是他们瞧不起你的地方，他们就无所适从了。

伊安娜不愿再待在社会底层，希望到市政机构里当一名职员，社会地位能提升到自己期望的高度。

威廉明白受人尊重的感觉，因为他曾是市区一家经纪公司的白领职员。他在复印室工作，负责为律师和会计师复印资料。他的收入不错，每天戴着领带上班，可以昂首挺胸地走在哈莱姆的大街上。后来，他跳槽到了一家规模很大的保险公司，做档案管理员，负责处理缩微胶片，向调查索赔部提供支持。这两份工作的收入都不错，而且很有前途。但是，威廉犯了不少错误，工作懒散，还和女同事调情，最终失去了这份体面的工作，也丧失了光明的前途。“我那时太年轻，没意识到自己拥有的一切。”他承认，“我不做规划，缺乏责任感。我从来没有认真地想一想，这份工作能给我带来什么。”

到巴恩汉堡店工作令威廉感到难堪，也让他懂得要改过自新。

在巴恩汉堡店工作就是：“哟，你要全部重学一遍啦。”你要懂得一美元的价值，懂得什么是责任。学会珍惜当下，不要只看表面。

威廉跌到了就业群体的底层，一点儿也高兴不起来。即便没人当面刁难他，他也明白，作为汉堡制作工，自己是毫无价值的。他觉得自己太蠢了，落得社会地位下降的下场。

在就业群体的底层苦苦挣扎并不是值得欣慰的事，但是巴恩汉堡店的员工能从无业群体身上找到一丝优越感。毒贩、福利救济的受助者、骗子、罪犯以及被遗忘的人——在穷忙族看来，这些人都属于贫民区社会组织的底层群体。在这家公司里，所有的就业者，不论岗位多么卑微，都能挺直腰杆工作。他们知道，美国文化是“支持”他们为提升地位而努力奋斗的。

有一些就业者态度积极，充满热忱，希望为半途而废的邻居树立榜样。他们不会弃之不顾，而是施以积极的影响，告诉其他人可以选择更为社会所认可的方式去生活。弗兰克今年 18 岁，是一名多米尼加裔打工者。他在交友方面非常谨慎，不和“没有前途”的人做朋友。可是他知道，周围有许多年轻人似乎注定要过游手好闲的生活。他不可能和这些人断绝来往，就索性给他们做个榜样，让他们了解更有价值的生活方式。

今天，一个朋友对我说："对了，我知道你没考好。"他们都知道我应该考得很好。我说："对，分数马马虎虎。"其实有一科不及格。他会说："哦？"好像难以置信。他们会说："哇，你没考好。"还会问我原因。我一般会给他们看（成绩单）。我想成为榜样，让他们知道我很努力，我会帮他们。我会说："看看我的成绩单……你的呢？为什么没及格？"但我不会说："哟，你应该这样做，应该那样做。"我不想像父母一样去说教。

我和朋友的情况一样。小时候，他学习很好，还能得到奖学金。可现在不行了。我就说："怎么回事？三门课都不及格。你退步了。没好好学习。"他说："不是，题太难了。"我就说："要好好学习，知道吗？拼尽全力，离开这儿。"现在他做到了。他要去上暑期班了。

拉里也是这样帮助朋友的。他一边工作，一边上高中，一点也不轻松。"一些朋友觉得，我获得普通高中同等学力就行了，"拉里承认，"他们觉得我应该选一条轻松的路。"但拉里并不这么想。"我想坚持下去，"他坚定地说，"我要竭尽全力。"他的确起到了榜样的作用，朋友们都开始效仿他。

他们就在我身边，所以会看我怎么做。他们让我提建议，让我帮着做决定。他们等我先去做，然后跟着做。

拉里一边上班、一边完成学业的坚定信念令朋友们备受感染，在社区里广受认可，这是许多年轻人可望而不可即的。他们能看到他的决心，都非常佩服他。

由于从事快餐业工作，许多内城区的居民遭受蔑视，不被社会接纳，但坚持做下去却能让他们重获尊重，因为朋友、邻居、家人都明白，坚持做任何事情都离不开坚强的品格——工作、学习、人际关系，几乎事事如此。坚持不懈以及敢于同地方舆论对抗的态度，反映出一种可贵的个人信念。肖恩持续数月忍受着朋友的嘲笑，他们都20岁出头，朋友们不愿意和他一样，“屈尊”到巴恩汉堡店这样的地方工作。后来，他们看到肖恩并未迫于压力而放弃工作，逐渐改变了对他的看法，认为他是一个坚持己见的男子汉。

我发现大家对我的态度变好了，认可了我曾经做的、正在做的，还有将要做的事情。所以，这份工作对我来说很有意义……朋友们都说不错。只要有事情做，坚持工作，就可以勇敢地走出去。

许多年轻的就业者也给我们讲述了类似的经历。他们的朋友几乎都不好意思地承认了，面对这么多的指责的确需要很大的勇气，长期坚持工作是非常重要的。许多人在几个月前还对某项工作嗤之以鼻，现在却求人帮忙去找这份工作。

主流目标的作用是显而易见的。美国人重视个性，不随波逐流，崇拜鹤立鸡群的英雄，可同时又提倡墨守成规，提倡群体归属，这就出现了模棱两可的地方。当人们单枪匹马驳斥群体的基本道德观时，还有引以为傲的文化潜台词可以依靠。从事不体面的工作的年轻人要经受循规蹈矩的压力，遭到嘲笑和排斥。如果这时候有其他地方可以依靠，比如被同为天涯沦落人的群体接纳，他们就会脱离问题群体，投向友善的群体。但是，从长远来看，如果他们不回归原来的群体，就不能被同龄人完全接纳，而且要努力争取一个全新的社会地位：成为为了获得尊重而工作、与主张服从的压力相抗衡的特立独行者。

模棱两可的社会地位并不是服务业的低薪就业者想要的结果。争取主流地位、获得高薪工作无疑有助于消除顾客、邻居、同龄人和社会强加到他们身上的污名。低薪员工把自己的诉求与受人尊敬的地位联系起来，以示反抗。但反抗的程度是有限的，他们很快就会撞到南墙，然后彻底明白，那些上班时衣着光鲜、下班后仍然保持着装整洁、墙上挂着毕业证、薪金支票上的金额比巴恩汉堡店的任何员工都多好几位数的白领员工，永远都不会把他们视为同类。罗恩是一个思维敏锐的年轻黑人，也在巴恩汉堡店打工，他是这样说的：

你得接受事实，成不了有钱人的。虽然有工作，可还是穷困潦倒。你没有做到生活无忧，地位依然卑微……只有聪明才智才能改变这一切。（巴恩汉堡店）并不适合所有人……你劳累过度，工资太低，却在为别人挣钱，所以……应该给自己洗个脑："哎，好吧，我要替他挣钱，每小时挣5美元，多开心啊。"

没人能独自走出这个充满矛盾的文化迷宫。低薪就业者只有在同样处于"模棱两可"境地的其他就业者的陪伴下，才能走出去。他们从"身处其中"的经理和老员工身上，学会与社会蔑视进行文化抗衡。在反驳文化中浸得越深，他们就越能融入以职业道德、同事的陪伴以及有助于提升职场安全感的、以友谊为中心的社交环境中。最终，尽管他们的身份变得复杂：既获称赞，又遭嘲笑，但成为职场的一员还是让他们从社区里的孩子转变为了就业者。

亲密关系

一些人在与同事密切交往的过程中发展出了恋情。这毫不意外，因为除了学校，职场（或者朋友的朋友）是认识新朋友的主要场合。两年间，我们在哈莱姆的各家巴恩汉堡店进行采访，见证了许多恋情、婚姻的发生（以及，很遗憾地说，结束）。

恋人关系不足为奇，但反映出来一点：有一些因素对年轻人的工作机会起着至关重要的作用。由于时间有限，就业者的朋友圈仅限于同事。对高薪就业者来说，伴侣的选择范围也随之缩小了。这一点对于家庭的形成模式、婚生和非婚生未成年子女的养育，都具有重要的意义。

凯莎·史密斯和前男友胡安就是范例。尽管他们的关系没能维持下去，但他们都有不错的工作收入，有能力帮各自的母亲养家，也能对他们两个人的孩子担负起父母的责任。胡安和母亲一起生活，不遗余力地帮母亲养家。

现在，我住在母亲家……我刚开始工作的时候，（家人）就说："胡安能挣钱了，能帮着养家了。"母亲开始问我要钱。"我需要40美元。"（她说）。她不管我的开销有多少，总觉得我能赚很多钱。所以，我每周都给她一些钱。每周50美元。她要付账单，可是自己没钱，所以就问我要。

凯莎也面临同样的问题。

胡安按时支付儿子的抚养费，工作期间也一直惦记着儿子，并对凯莎如何养育儿子起着很大的——常常是主导性的——作用。最重要的是，孩子使得他在巴恩汉堡店的工作被赋予了全新的意义。他在名誉上受到的损害不大，但家长的责任更重了。

我有大约一年（用挣来的钱）买运动鞋，但是现在（在巴恩汉堡店）留下来是出于责任。我有儿子，需要给他买东西。现在，我必须待在店里，拿到应得的东西。所以要留下。有好几次我都想离开，不想走进店里……但是想一想更重要的，我有儿子，我和他都要生存，就必须留下，等生活好转了再说。

这道出了一个父亲的心声，虽然他没和儿子、儿子的母亲在一起生活。

是什么让胡安这样的年轻父亲萌生出了对儿子的责任感呢？他很早就与凯莎分手了，所以不可能出于对前女友的感情。胡安拥有一份稳定的工作，是贫民区里的许多年轻人没有的。这份工作不算好，却很稳定，能让胡安“做正确的事”。他儿子的母亲也有一份正式工作。

这个例子具有丰富的借鉴意义，为关注贫困、非婚生子、社会底层儿童的养育等问题的人带来希望。第一条借鉴就是，有工作的年轻人更愿意从关系稳定的同事中寻找伴侣。比起无业的父母，在工作环境中发展起来的情侣更有能力为孩子带来稳定的生活。处于职业金字塔底层的就业者挣到的工资很低，大多数情侣都租不起房子，也无法像高收入家庭那样走进婚姻，但是，他们完全可以把大部分收入都用在孩子身上。

第二条借鉴就是，凯莎和胡安有且只有一个非婚生子，并没有更多的孩子。[10]生安东尼的时候，凯莎 20 岁，有 5 年的工作经验，而胡安 21 岁，也是一个挣着低工资的老员工。他们认识的许多人已经有两三个孩子了，只能靠福利救济生活。相比之下，他们两个人只有一个孩子，都不靠福利救济，也不再属于青少年。[11]

不利的方面是，虽然凯莎和胡安都是成年就业者，但是他们两个人的收入加起来——每小时 9 美元——如果自己租房住，根本过不上体面的生活。要不是母亲达娜有抚养未成年子女家庭援助，并愿意帮他们照顾孩子，[12]他们就得有一人辞职在家。福利改革的实施可能会打乱这种家庭分工，但是在我们采访期间，他们家始终保持着这种状态。许多低薪移民的家庭也都是这种模式：老人领取补充保障收入，负责在家照顾小孩，也算是为家里“付出”了。[13]

当然，还有一种完全不同的模式：如果夫妻两个人的工资再高一些，或者能领取育儿津贴，那么像凯莎、胡安这样的年轻人就不用依赖家人了。但实际情况并非如此，在结构性因素的冲击下（当然也有个人性格特点的因素），他们分居了，共同承担育儿责任，用州政府提供的育儿援助来共同负担育儿开销。[14]

总之，这个例子表明，工作对于内城区的年轻人来说，起着至关重要的作用。工作让两个年轻人走到一起，共同承担养育孩子的责任，努力挣钱来履行父母的职责，并过上充实的生活，而不是不停地怀孕生子。凯莎不打算在结婚前再生孩子，胡安为了儿子已经够忙了，也不想再承担其他的责任。

责任感是美国生育观的基础。如果非婚生子是不可避免的，我们至少应该鼓励，甚至强制父母承担育儿的责任。然而，在大多数情况下，我们只是从道德的角度对婚外性行为进行劝诫，或者对非婚生子的家长取消州政府育儿援助，以示惩罚。我们很少听说工作对降低青少年怀孕率还有重要的作用。年轻的就业者不太会在自己没做好充分准备、没有能力抚养孩子的情况下要孩子，而更愿意树立一些价值观：家庭观念、责任、谨慎，这也正是政治家和失望的纳税人希望他们做到的。

他们的表现不会令人完全满意，可能仍然以非正常家庭的形式（只要工资低，又没有福利，这种情况无疑是不可避免的）来贯彻这些价值观。但是，比起领福利救济的群体，或者在工作岗位缺失的社区里一直找不到工作的人，有工作的人更能趋近这些“好”行为，从而成为负责任的父母。

工作的重要性

在美国，拥有一份有意义的、受人尊敬的事业是最受重视的事，我们的文化更认可就业群体，鄙视无业群体。独立、自给自足是社会最为看重的品德。我们之所以重视就业者，除了因为他们有收入维持生活，对政府、社区或慈善机构的依赖较少，还有其他的原因，就是他们具有相同的看法、经历和期望。职业道德比挣钱更重要——关乎自律，关乎以职场为中心的社交活动。

尽管我们一直谈论“家庭价值观”，我们却很清楚，家庭在当代社会中的地位已经排到了工作的后面，包括汉堡制作工岗位。我们应该以职场和工作要求为主，这个观点在1996年的福利改革法案中得到了最有力的体现。过去，人们希望女性留在家里养育孩子，出去工作的女性往往会遭受非议。但是20世纪90年代末出台的公共政策明确规定，即使家里有小孩，女性也应该工作。大多数生过孩子的女性——甚至包括孩子不足一岁的——都在工作。领取福利救济的群体也不会被“放过”。政策规定，他们有能力、也应该“和其他人一样”去工作。这说明，在短短几十年间，关于可敬的女性、母亲的生活方式，我们的观念已发生了天翻地覆的变化。[15]它也表明，工作被视为成年人的生活重心。

以工作为中心的观念日益增强，反映出美国在20世纪晚期出现经济发展不平衡的问题，也是应对工资滞涨、裁员、国际竞争的现实举措：我们必须加倍努力地工作。这也是几十年来美国世俗化转型的必经之路，逐渐从以家庭为中心的农业经济模式转变为走出家庭、以工作为中心的生活方式。工作与家庭的联系越远，就越具有社会性，能够促进融合，成为社会地位、归属感和友情的来源。[16]像凯莎这样的女性不再满足于在家照顾孩子而不结交任何成年朋友。她们希望生活以大人为中心，希望和同龄人交流。过去，她们只在社区里交友，而现在更多地在职场中交友。她们的主要社会关系来自职场，因此，工作也意味着融入同事之中。职场日益成为她们结交朋友、寻找伴侣、分享观点的主要场所。

因此，工作绝不仅仅是为了挣钱。当工作本身缺乏满意度的时候尤为如此。在热油锅里炸薯条的员工不会认为自己干的是惊天动地的大事。他们明白，自己的工作并未受到重视，这一点从薪水和顾客的语气中就能看出来。但他们拥有两样无业人群缺乏的东西，就是工作的尊严和参与社交的机会，从而过着有意义的人生。职场赋予他们生活的内容和意义、幽默和快乐、失意时的支持和理解，以及超越快餐店功利性以外的保障。

第5章

低薪群体的教育与技能

打开《生活》杂志1993年7月刊，首页是一张鲜亮的照片。照片里，一名圣安东尼奥的少女趴在书本上酣睡着，她叫韦罗妮卡·维格。上了一天学后，她又在当地一家超市上了6.5小时的班，负责收银，所以疲惫不堪地睡着了。《生活》杂志对她这种为了工作、不顾学业的做法感到失望，她的母亲也抱怨她的学习成绩出现了退步，由此引发了全国的关注。像韦罗妮卡这样的年轻人放弃学业和大好的未来，去打短期工，导致自己困倦不堪，没有精力学习，考试成绩也不理想，这种情况令公众忧心忡忡。

研究就业对学习的影响的社会学家和心理学家对此深感忧虑。通过在全国的高中生中开展调查，他们得出结论：每周工作时间超过15—20小时的青少年的考试成绩更低，更容易和同龄人打架，与家长和教师的相处更容易出现问题，而且更重要的是，更容易把精力投入工作中，而不是学业（以及长远的收益）上。[1]面对激烈的竞争，一些年轻人选择打短期工，这样他们也许能买到想要的名牌运动鞋和金项链，但是从长远来看，他们将永远只能做低薪就业者了。劳动力市场越来越青睐受教育程度高的群体，厌弃技能水平低的群体，所以，没有文凭将成为他们人生中无法抚平的“创伤”。[2]关于劳动力市场的多项研究都表明，[3]更高的受教育程度能让就业者受益更多，因此不可否认，学校教育对职业发展具有重大的意义。[4]

全国性的研究往往看不到不同成长背景的年轻人之间存在着巨大的鸿沟。在即将升入大学的中产阶级学生眼里，到温迪快餐店打工是有损身份、影响前途的事。哈莱姆中区的学生则处于完全不同的境地，面临的选择也更为严峻。[5]对数百万内城区的年轻人而言，工作能够决定他们继续在校学习还是无奈辍学（无疑是最悲惨的结局）。贫民家庭面对住、食等基本需求已经入不敷出，如果有了打工的收入，贫民孩子就能付得起学费，但书费、交通费、服装费等费用依然无力承担。

不仅如此，工作能帮助贫民区的年轻人合理地规划生活，对学习产生积极的影响。罗恩是一名黑人高中生，他认为工作不仅能解决开销问题，还有助于规划每天的作息：

> 上学就需要交通费。工作能解决这个问题，有时候一大早就催人奋进。我要先上班，然后再去上学，所以充满干劲。大脑已经开始运转了。全身都调动起来了。

就业者必须遵守工作纪律——按时上班、用心工作、积极主动，这有助于提升年轻人（尤其是在纽约破旧、拥挤的高中就读的学生）的专注力，从而帮助其完成高中学业。[6]此外，在某个领域——职场——的成功有助于提升自信，使其相信自己在其他领域——课堂上——也一样能够表现出色。塔玛拉说，自己在某一方面表现优异，还会希望在其他方面也不逊色：

工作能激励我去上学，而学习又让我……变好。工作方面，我觉得自己表现得不错，所以我希望在学习上也同样出色，就是希望两样都能做好。

为了鼓励那些最有可能辍学的学生好好学习，我们应该在他们居住的社区里提供足够的兼职岗位，让他们受到职场氛围的感染，从而带动其他方面的提升，改变懒散的状态。

认识教育的价值

贫民区的年轻人对待教育的态度令许多针对美国城市底层群体问题著书立说的学者失望不已。学者们认为贫民区的年轻人深陷绝望之中，对未来不抱任何希望。据称，贫民们孤苦伶仃，看不到成功的可能，对学习与工作、教育文凭与就业前景之间的关系深感不解。[7] 鲜有人能坚持学习并找到好工作。于是相关的著作都指出，贫困的年轻人离开学校，就意味着放弃了摆脱贫困的一切机会。

巴恩汉堡店的就业者就令关注底层群体的学者忧虑不已。他们住在极端贫困的社区里；25% 的家庭依靠福利救济生存；大部分人要么从小就在单亲家庭里长大，要么自己也成了单身父母；父母的受教育水平很低；[8] 他们只在形同仓库的贫民区学校里上过学。[9] 如果说他们终止学业一定是出于某种原因的话，那么以上就是了。[10]

然而，与上述消极的观点相反，位于哈莱姆中区的巴恩汉堡店的员工仍然坚持学业。如第 2 章所述，其中半数就业者都持有高中毕业文凭，而且这部分群体中还有半数处于半工半读的状态，以期获得更高的文凭。另一半没完成高中学业的群体几乎都还在学校里学习，努力攻读高中毕业文凭或者普通高中同等学力证书。由此可见，穷忙族是能够认识到教育的重要性的。

丹妮尔靠着最低工资的工作，抚养着 5 个孩子。几年前，她的丈夫弃家而去，对孩子不管不顾。丹妮尔一度靠领取抚养未成年子女家庭援助生活，但她并不想一辈子这样生活下去。于是，她在巴恩汉堡店找了一份工作，并说服表亲（其中几人也在巴恩汉堡店打工）帮忙照顾孩子。丹妮尔艰难度日，难以维持生计。仅靠工资，她无力支付房租，所以还需要公共援助。

公众一般认为，这类群体不会对教育给予高度的重视。但丹妮尔明白，如果不能重返校园学习，她的生活将毫无起色，她将在巴恩汉堡店一直打工下去，除了给家里挣一点微薄的收入，再无其他。[11]

对我来说，最不可能做的事就是回去上学了。孩子们会过得更有意义。他们很幸福，但我希望他们得到更多的保障。我需要存款。他们需要一个像样的家。父亲没在他们身边。他们欠缺了太多的东西……教育非常重要……这是唯一的出路。不接受教育，就什么也没有。

丹妮尔一直希望当护士或者教师。无论哪种职业，她都需要继续学习才能胜任。但以她的现状（主要是有孩子要抚养），根本不可能实现梦想。但重要的是，她仍怀有梦想，她明白如何才能改变人生。

如果目标无法实现，她就竭尽全力地供孩子学习，让他们过上不同的生活。她的表姐兼同事拉托娅也赞同她的观点，认为有必要向孩子们灌输这个观念，不要（像他们的母亲一样）过早地离开校园。

我尽力向女儿灌输这种思想……希拉现在 8 岁，她会说：“哎呀，（我不想去）。”我就说：“希拉，你知道学习有多么重要吗？”我真想逼她听话。要知道，我的母亲曾经跟说我（这个观点）的时候，我说：“好，都行。”（我并没在意。）学习是非常、非常重要的。我希望几个孩子都能上大学。

帕特里夏和拉托娅一样，也渴望回学校学习，可是她付不起学费。她把自己的愿望都寄托在孩子身上，一定要让他们过得比自己好。为了培养孩子，她不惜花费几百美元给他们买教材。

我买了《百科全书》、字典、《迷上自然拼读》、语言图表、数学、阅读理解等教材。我们每天都玩上课的游戏。如果（学校）没有布置作业，他们就要完成（我布置的）作业，比如读完 5 篇故事，他们要找出不懂的词，然后进行解释。我想把他们培养成为大学生。他们必须获得奖学金，对吧？所以，他们必须拿到 A^+，才能获得奖学金，对吧？

为了培养孩子，帕特里夏做出了巨大的牺牲。她每周勉强能从巴恩汉堡店挣到 150 美元，她不敢辞职去上学，提升自己。但是她倾尽全力地给孩子们买教材，希望他们获得优异的成绩。在她提升自己的人力资本未果之后，培养孩子就成为家庭的新希望。

拉里在位于曼哈顿的马丁·路德·金高中就读，地处以歌剧、芭蕾艺术为特色的高雅文化区，距离林肯中心仅几步之遥。为了挣学费，他在哈莱姆的巴恩汉堡店从事兼职工作。对他来说，制作汉堡并非有意义的工作。他很喜欢自己的同事，把他们当作“第三、第四位家庭成员”，和他们分享喜怒哀乐。他对以后找到好工作的前景不抱任何不切实际的幻想。

好工作要求有文化、有耐心、有技能，必须具备读写能力。唯一的出路就是接受教育。只有这样，目标才能实现。如果想努力奋斗，嗯，就不要受别人的影响。如果没文化，就没人重视你。别人会认为你在虚度人生，何必在你身上浪费时间呢？

拉里希望在高中毕业后能继续上大学，然后当一名律师助理或者法院速记员，这个目标是他曾在一家小型的人身伤害律师事务所发传单的时候树立的。为了实现这个目标，他严格自律，把上学当成工作来完成，而工作是保证上学的手段。拉里非常清楚为什么要“拼命奋斗”：他想证明，自己能够靠一己之力“做出成绩”，以便未来获得老板的青睐。

但并非所有人都有如此高的追求。巴恩汉堡店的员工普遍像贾马尔一样，勉强获得普通高中同等学力。据他自己说，上大学基本是幻想。凯莎·史密斯也不算好学生，不喜欢上学，对于自己能够高中毕业经常感到不可思议。她明白高学历的好处，但是不会去攻读更高的学位。巴恩汉堡店的员工中也有人未能完成高中学业，虽然这部分人的比例在降低，但依然存在。这部分人往往是移民，他们必须从其他方面向老板证明自己的工作能力。巴恩汉堡店逐渐弃用美国本土出生的辍学生，更青睐以初级岗位作为跳板、通过学习去实现向上流动的员工。所以，如果不学习，连进入职场的工作都找不到，这也是巴恩汉堡店的就业者重视学习的一个原因。从社会学的角度来说，这部分群体并不属于我们的采样对象。

工作激发学习热情

工作会对学习产生积极的影响，其原因涉及许多方面。如前一章所述，半工半读会导致时间不够用，所以打工的学生会与无业的同龄人渐行渐远。大家也许想问，为什么年轻的就业者不愿放弃学业而选择挣钱和友情呢？有些人的确是这么做的。其实，职场文化的某些方面是有助于学业的。其中最重要的一点是，经理会监督年轻员工的学习情况。哈莱姆的快餐店老板非常具有公德心，他们对工作的理解比许多同行更宽泛。他们懂得，要想摆脱行业的负面形象（比如剥削年轻人），最有效的方法就是大方地支持员工学习。[12] 对此，年轻的员工都明白。弗兰克现在 18 岁，是巴恩汉堡店的兼职员工，他知道职场中存在行业形象的问题：

如果店里有学生在打工，那么必须让他们重视学业，而不是一直工作、工作、工作，对学业不管不顾。假如（经理）问："能加班吗？"他们其实是说："有问题吗？会不会影响学习？是否需要早点下班做作业？"要知道，经理对员工的学习情况非常关心。他们认为学习比工作更重要，当然也希望你工作。但如果工作会影响学习，他们不希望别人说："哎呀，是（巴恩汉堡店）不对，影响了你的学习。"他们希望听到员工说："哦，是（巴恩汉堡店）帮助我完成了学业。店里允许我学习，同时还能工作，有工资。"这才是经理想要的。

哈莱姆的少数族裔企业家常常抱有一种使命感。他们并非圣贤，和一般的企业家一样关心盈利，毕竟利润是做生意的关键动力。如果只是为了这个目的，他们完全可以选择到营商环境更好的地方去经营。可他们并没有这么做，而是在贫民区的中心落户，为心灰意冷的居民提供就业机会，以最符合主流观念的方式帮助他们：提供稳定的工作。他们对奋斗精神坚信不疑，并以身作则，自觉地肩负起帮助他人的责任（只要他们遵守传统的规矩）。因此，提供就业机会就成为这些企业家的重要使命，鼓励员工学习也是一样。

我认识的企业家都认真地履行公民义务（他们与巴恩汉堡公司总部签订的特许经营协议也对此做了规定）。他们经常到当地的学校走访，在黑人和拉美裔眼里是成功的企业家和榜样。学生们定期到餐馆里实地考察，了解企业的运营模式。企业家们希望公众知道，自己有责任去督促年轻的员工好好学习。

他们的公民意识是否出于公关的目的，这并不重要。重要的是，他们的做法的确起到了积极的作用。哈莱姆的餐馆老板会检查员工的成绩单，为他们买书，资助他们上辅导课，提高写作能力。如果员工的成绩出现退步，他们就以减少工作时长来吓唬员工。他们还会等员工放学后才发工资，避免员工忍不住逃课去消费。对于学期表现优异或者考上大学的员工，有些老板还会直接给他们发奖金。

塔瓦纳从14岁起就断断续续地在巴恩汉堡店打工。老板的监督激励她不断地取得学业进步。

要是没有工作，我根本不可能（在学习上）成功，工作就是我的动力。如果没有工作，我根本不可能上学，什么都做不到。（餐馆）真的给了我很大的帮助，要知道，拥有一样东西之后，就会想要另一样，就是……连锁反应。

你看，我刚开始（工作）的时候，一点儿也不想去上学。但是经理对我说："让我看看你的成绩单。你要是不听话，我们就不让你待在这儿了。"他就是这样说的。第一节课结束，我因为迟到，成绩不及格。经理问我："为什么没及格？"我告诉她，因为我迟到了。她就说："哦，我觉得应该减少你的（工作）时间了，你可能是睡眠不足。"

他们就是这样督促着我。要想保住工作，我就必须去（上课）。要知道，他们真的尽心尽力，他们说："我们不希望你永远都在这里打工，希望你不断进步。"

埃博妮在哈莱姆的另一家巴恩汉堡店打工，也得到了同样的帮助，或者说是监督。她的老板比家里的长辈都更关心她的学习。

他们说，如果我需要请假去复习备考，可以暂时不用工作，或者辞职也行，等重整旗鼓后再回来，他们可以重新安排岗位。他们并不是（不要我了），等毕业后我就可以回来，随时都可以。

巴恩汉堡店的经理们的监督起了非常大的作用。他们把管理与时间要求结合起来，让内城区的学生把更多的精力投入学业上，而不是和无业的同龄人（这部分群体的辍学率居全国最高）在一起混。由于学生们主要从事兼职工作，老板就根据他们的学业安排，灵活地调整上班时间，帮助学生在工作、学习两方面都能获得高效、积极的表现。

罗伯塔快30岁了，在学校里丝毫提不起学习兴趣。学校里环境恶劣，校园拥挤，教师们对她这样一个身材微胖、自由散漫、心不在焉的黑人姑娘从不予以特别的关注。她从16岁起就加入了巴恩汉堡店。随着课程内容越来越难，她越来越不想学习。但餐馆经理非常关心她的成绩，这为她带来了影响一生的改变。

经理非常支持我。如果哪门课考好了，他就给我奖励，给我钱。所以我会努力学习。我对商业研究非常感兴趣，4年都选了这门课。课堂上学到的管理知识基本原理，在我加入巴恩汉堡店之后就派上了用场。我（在工作中）做了许多管理方面的工作。现在终于毕业了！

一旦高中毕业，罗伯塔就会远远超过哈莱姆的许多居民，因为他们学历不高，就业前景不容乐观。如果没有职场的助力，罗伯塔很难取得目前的成绩。[13]

即使有快餐店经理的大力支持，员工要想达到学业和工作的完美平衡也非易事。他们取消了大部分的社交活动，缩短睡眠时间，却依然忙碌不堪，疲于应对，时间根本不够用。他们努力追求学业和工作的平衡，却换来了严重的后果。许多人疲劳过度，不是工作表现欠佳，就是学业成绩不理想。对威廉来说，两全其美是很难实现的：

有时候，我（在餐馆干到半夜）打烊后回到家，已经筋疲力尽了，却不能睡觉，还要学习2—3小时，但是我一点儿也学不进去。我知道马上要期中考试了，可我就是不想复习，结果可想而知。这种情况发生过几次，我必须严肃对待，加以改正。

我要在二者（学习与工作）之间达到某种平衡，而不能太苛求，有时候在其中一方面下的功夫会超过另一方面。但从长远来说，还是得二者兼顾，直到其中一方面已经完成。

塔瓦纳也经历过同样的拉锯战，她必须加倍努力，才能避免因忙于工作而影响学业。

我喜欢工作。我的意思是，上学其实也是工作，只是挣不到钱而已。你只能得到一纸文凭，上面写着“已完成高中课程”。而工作可以挣到钱，所以我喜欢工作。但是在巴恩汉堡店打工会对上学有一点儿影响，我的成绩有所下降。妈妈说：“如果再不提高成绩，你就必须辞职。”我马上就把成绩提上来了。如果不能取得平衡，那么工作的确会影响学习。有些人就是做不到，而我会尽量平均分配精力。

还有一些人，比如金伯利，能够在二者之间保持一定的平衡，但必须牺牲自己的娱乐时间。虽说巴恩汉堡店的老板在尽力帮她完成学业，但她发现，唯一有效的“解决方法”就是放弃年轻人喜欢的东西：

（老板）很关心我。他会说："金，我们可以给你放假。你可以（在休息期间）做作业。"我就说："我在这种环境里学不进去！"店里生意很繁忙。大家出出进进，大声叫嚷。（微波炉）计时器的声音、开关的声音此起彼伏。想早点做作业是根本不可能的，因为做不到，店里需要我。

因为时间不够，所以我只能放弃逛街之类的活动。我不得不离开田径队、啦啦队，不得不沉浸于课后辅导、各种考试、学业能力倾向测验（SATs），等等。对于我无法参加的考试，他们也会进行辅导。

当然，这种两难的境地也有积极的一面。"闲逛"会对贫民区的孩子带来负面的影响，所以减少无所事事的闲散时间反而是个好事。而田径赛跑、啦啦队等有益的活动，甚至更重要的大学入学考试辅导，则另当别论，因为错过这些活动会降低金伯利的人力资本，从而带来真正的损失。

显然，平衡学习和工作并非易事。过去几代贫民因为别无选择，只能一边学习、一边工作，艰难谋生。郊区的中产阶级孩子习以为常的东西——上学的自由、业余爱好，如果哈莱姆的年轻人也能拥有，那么生活就好过多了。但这可能只是美好的愿望而已。少数族裔贫民家庭的孩子要想完成学业，需要面对更加棘手的问题。对他们来说，工作也许并不是最理想的选择，却是当前境况下最好的出路。他们能从工作中提升规划能力和纪律性，还有人关心他们，他们的前途也会比无业的朋友，包括无奈辍学的群体，更光明。

工作带给他们的不仅仅是燃起高中毕业的希望。在巴恩汉堡店的工作经历让许多就业者认识到教育深造或者学历证书在技能要求高的行业里的重要性，这些会为他们带来高薪的工作。由于哈莱姆的就业市场不景气，大学生、即将上大学的高中四年级学生、参加贸易课程学习的高中毕业生不得不与不喜欢学习的年轻人一起共事。而在就业市场相对较好的地方，这些人绝不会甘愿到巴恩汉堡店打工，可能早就到市中心的律师事务所或者当地的汽车修理厂里当学徒，赚大钱去了。面对不景气的就业市场，这些大材小用的、受教育程度高的年轻人不得不接受最低工资的岗位，与学历较低的同龄人一起共事。揭示这一事实是很有意义的，可以让年轻人了解一条潜在的发展路径，他们也许——迟早有一天——会跳出巴恩汉堡店，找到更好的工作。总之，很少有其他地方能像职场一样，同时集中不爱学习的年轻人和不满足于高中文凭的人这两个不同的群体从事同样的工作。

而立之年，不破不立

从负面的角度来看，在巴恩汉堡店打工，至少当一名初级的汉堡制作工，是无法获得成功的。许多 20 岁出头的年轻女性逐渐明白，到 30 岁的时候决不能依然故我、一成不变。大多数巴恩汉堡店的就业者都认为，这些岗位只“适合孩子”以及 20 岁出头的年轻人去做。包括管理层在内，没人希望接近而立之年的员工还处于初级岗位，然而，在哈莱姆萧条的劳动力市场上，这部分人群的比例仍然在增加。围着滚烫的油锅站 8 个小时能让打工者切身懂得，只有努力拿到文凭，才能改变自己的未来。许多已过而立之年的员工仍在巴恩汉堡店干着低薪工作，说明这个问题是实际存在的。在我们的研究样本中，近半数就业者已超过 25 岁，尽管其中也有少数是管理者，但大部分人的工资仍维持在最低标准。

塔瓦纳16岁的时候，有幸得到了一份暑期工作，在市中心的一家律师事务所的图书馆工作。她负责接听电话、接收邮件、整理书架、学习电脑操作——属于文员工作。这是她第一次在位高权重的专业机构里任职，第一次接触到玻璃大楼里的工作群体，他们文化程度高，举止温文尔雅。这份工作点燃了塔瓦纳心中的希望之火，她想成为他们中的一员，但她也明白，要实现这个理想，必须在学校里刻苦学习好几年才行。在巴恩汉堡店打工不仅为她挣到了学费，而且让她明确了一点：自己以后不想过什么样的生活。

不学习，就无法实现自己的理想。我想成为一名公司律师，所以我必须学习。必须拿到所有的学位，必须通过所有的考试，才能成为律师。是的，如果没有学位，就达不到学业水平，就一无所有、一事无成，找不到工作。嗯，在巴恩汉堡店打工倒是可以的，但我的意思是，不可能找到一份好工作，挣不到钱。不能一辈子都在巴恩汉堡店打工的。我期望的工资是（每星期）600—700美元，1000美元更好。

塔瓦纳希望就读于约翰·杰伊学院或者霍华德大学，为成为一名公司律师而铺路。如果为此必须在巴恩汉堡店打工，她义无反顾。她不希望随着年纪增长，自己依然在制作汉堡。周围的许多同事就是这种命运：他们已经快30岁了，却依然挣着最低工资。她不希望自己的未来也是如此。她明白自己应该怎么做：完成学业。

对此，不论是哈莱姆的移民，还是在美国出生的人都很清楚。在这些移民的原生国家里，穷人能接受的教育是非常有限的，甚至没有。肖恩于20世纪90年代初期从牙买加来到纽约，之前一直和祖母在岛上生活，几乎没上过学。十几岁的时候，他开始做建筑小工，做拆墙、搬运水泥等力所能及的工作，帮助祖母抚养他的7个兄弟姐妹。肖恩的父母几年前来到纽约，后来攒够了钱才把肖恩接到身边（他已经具备挣钱的能力，父母接他到纽约是值得的）。一到纽约，他立即着手找工作。家里打算在5年之内把他的兄弟姐妹都接过来，所以需要他挣钱养家。

肖恩带着浓重的牙买加口音，讲美语的美国人完全听不懂他的话。他没有阅读能力，因此就业范围很窄。于是，他开始在哈莱姆的一家社区中心里学习，以克服读写障碍。他的亲身经历不仅说明他需要接受更多的教育，而且说明他在牙买加接受的教育是非常欠缺的。

在牙买加，我不用天天去上学，所以就不去学校。我总是逃课回家，经常这样。差不多上了15年学吧，我没有阅读能力。一到纽约，我就到詹姆斯·鲍德温中心上课，从ABC开始学起。我已经学了2年多了。课程是免费的。两位教师教一个班，一位是助教、一位是教师，每周上3次课。

要是肖恩在牙买加好好上学，也许在纽约早已具备竞争力了。但是，对一个要养活7个兄弟姐妹的小男孩来说，上学只能排在第二位。他明白美国的机会比牙买加更多，如果没离开牙买加，可能他现在依然不会阅读。他还明白，如果自己在纽约出生长大，无疑能拥有更加美好的前程。“我要改变现状，”他提到，“要是在这里（出生），我可能都上大学了。”他意识到，自己可以在纽约接受更多的教育，但同时也要承受生于一个穷国的贫民家庭所带来的代价。

布拉德也是牙买加人，到纽约的时候年纪比肖恩大。他现在24岁，出于同样的原因，很难找到比巴恩汉堡店的初级岗位更好的工作。他十几岁的时候在牙买加辍学，做过建筑工人，整天和钢筋水泥打交道。这类工作不要求具有高中文凭，但是收入微薄。后来，布拉德结了婚，成了家，养家的压力随之增大。万不得已之下，他暂别妻子，来到美国。他的母亲和8个兄弟姐妹也跟着他来到美国，靠自己的收入以及几个子女的工资度日。布拉德在母亲家的开销都由他自己承担，并每月给牙买加的家里寄两次钱。因为受教育程度低，所以他找不到更好的工作，前路一片渺茫。他明白，自己一辈子都必须自力更生，努力工作。显然，要是他的学历高一些，生活就不至于如此艰难了。

要是接受过良好的教育，就不用这么辛苦了。要是没有，就只能辛苦工作。接受过教育的人从事的是脑力劳动，而没有受过教育的人就必须挣钱谋生……没受过教育，连工作都不好找。我宁可去上学（也不愿意在巴恩汉堡店打工），因为我需要文凭。等我从学校毕了业，就不用为找工作而发愁了。

为了兼顾学习和工作，布拉德白天上课，晚上上班，但是这样的生活实在太难了，更何况他的成绩还远远落后于学校里的美国同学。他代表了许多到美国来的、身负重任的移民群体。初来乍到的年轻人以及未婚的移民通过上英语课、攻读普通高中同等学力、到读写培训中心学习等方式，提升自己的素质。对已经成家的成年人来说，这条路是可以走出去的，但过程无比艰难。他们往往在低薪岗位里徘徊，只求好运降临，获得发展。

助学金来自快餐业工作

低薪工作是年轻人维持大学和高中学业的重要收入来源。父母把家里的收入主要用于支付房租、购买食物，基本没有多余的钱给就读于社区大学的孩子去买书、支付交通费了。一切不必要的开销必须控制到最低，其中就包括学费。而在中产阶级父母看来，为孩子付学费是理所应当的。助学金是消息灵通、家境较好的大学生的主要经济来源，并不向高中学生发放（他们要负担实验费、实地考察费、地铁费、服装费等），也不够支付专科学校学生的全部生活开销。

因此，年轻人要为支付学费而背负沉重的压力。在巴恩汉堡店打工的学生就是出于这个原因：他们要自力更生。卡伦住在南布朗克斯，属于纽约市声名狼藉的破旧社区之一。她的母亲领着福利救济，和她一起住在公共住房里。卡伦从 14 岁起就开始工作了，先是为巴恩汉堡店一位经理的妻子做保姆，挣了一些钱，后来利用这层关系，在未到“法定年龄”的时候就得到了一份正式工作。

卡伦加入巴恩汉堡店之后，至少可以负担自己的生活开销、替母亲分忧解难了，偶尔还能负担家里的基本预算。我见到卡伦的时候，她已经在好几家巴恩汉堡店辗转干了 6 年，最后选择在哈莱姆西边的一家店落脚，距离住处有 30 分钟的车程。她现在刚进入大学，也获得了奖学金，每逢假期都会回到巴恩汉堡店打工，为下一学期的学费而打拼。

巴恩汉堡店的管理比较灵活。可以每周支付工资。我正在读大学，每逢为期一周半、两周的假期来临，我都会回家，这时候餐馆的灵活管理就派上用场了。我会请老板给我写一张个人支票，以备随时返校。他也会提前几天给我支付工资。

卡伦的母亲无力资助卡伦完成学业，但是卡伦依靠自己打工的收入、奖学金和贷款，正在逐渐脱离贫民区，走向完全不同的世界。

伊安娜已经在巴恩汉堡店工作了 2 年，在此期间一直在布鲁克林的一家专科学校里学习管理课程。如果能随心选择，她一定专心学习，不去工作。可是她做不到，她必须兼顾学业和工作，因为只有这样她才能上学。

我不想工作，我怕工作会影响（学业）。但是，我没有其他的收入。我的意思是，我会得到助学金。但我还要买衣服、买书、买生活用品。单交通费就是个大麻烦。我还要吃饭，嗯，午饭钱等。困难重重……但我还是会半工半读的。

伊安娜的人生别无选择，只能照顾自己，为成年生活打好基础。

在我小的时候，母亲去世了。我和父亲相依为命，但只是偶尔……他现在不抚养我了。我知道，只有上学才能保证未来，所以我才一边工作、一边上学的。

要是没有巴恩汉堡店的工作，伊安娜根本不可能去上学。

托马斯在多米尼加共和国出生，后来在波多黎各住过一段时间，十几岁的时候来到纽约。他的父母都受过良好的教育，在来美国前分别是农业工程专家和护理专业人员。为了移民，他们舍弃了自己的职业。一旦决定在纽约定居，他们就不能在各自的专业领域里继续工作了。托马斯 12 岁的时候，在一家波多黎各人开办的铸铁厂里打工。后来在上高中期间，他又在一家精工牌手表厂打工，负责把故障表装到盒子里。这两份工作在当地都算不错，但是为了更高的工资、更好的生活，他也来到了美国，和姑姑、姑父一起住在布朗克斯。一到纽约，托马斯就迫不及待地找工作。17 岁的他独自跑到曼哈顿市中心的商业区求职，最后在一家巴恩汉堡店找到了工作。由于英语水平非常有限，他从工作之初就备受困扰，虽然在店里干了 3 个月，却毫无长进。

幸运的是，他的亲戚住在多米尼加裔社区里，通过那里的熟人，他在位于上西区的一家多米尼加裔经营的巴恩汉堡店里找到了工作。语言水平在这里不算大问题，所以他很快就跻身一级管理层。19 岁的时候，他树立了攻读大学学位的目标，并用巴恩汉堡店的打工收入来支撑学业。

这份工作对我来说非常重要，因为它意味着我能够自食其力。目前来说，最重要的事就是上大学。巴恩汉堡店的工作真的只能排第二位，大学排第一位。我最希望一边学习，一边继续在巴恩汉堡店工作。我喜欢这份工作，因为它要求不高。所以，只要还有岗位，只要我也能工作……我就会一直干下去的。

托马斯的家人无力为他支付大学学费，但他作为助理经理，完全有能力自力更生。巴恩汉堡店只是他职业旅途中的一站，而非目的地，他只是在这里挣钱，支撑自己去实现真正的抱负。

上学并不是保险箱。许多市区的高中毕业率有所提高（就业机会减少是部分原因），但文凭的回报却在降低。[14]

显然，高中辍学的群体只能被职场遗忘。即便他们拥有一纸文凭，也顶多获得稍好一点的工作而已。巴恩汉堡店的员工都非常清楚，接受教育顶多起到预防作用。他们认识许多为了攻读学位而发奋学习的人，那些人仍困在劳动力市场中。伊安娜的表亲获得了经济学学士学位，却依然找不到工作。胡安也持有高中文凭，却发现只有高中文凭是根本不够的。

有时候，毕业文凭也没用。我有高中文凭，可还是找不到工作（除了巴恩汉堡店）。（公司）聘用员工看重的是经验，而不只是文凭。我认识一些工作不错的人。他们过来对我说："天啊，你在巴恩汉堡店打工。可你有毕业文凭，为什么还待在那儿呢？"我会说，并不是那样的……文凭只是一张纸而已。所以说穿了，关键就是既要有经验，又要有文凭。

遗憾的是，许多年轻的就业者受教育的程度越高，就越能认识到前途的局限性。在特权等级森严的社会里，哈莱姆的就业者一般处于社会的底层。他们羡慕地望着位于市中心的史岱文森高中，教学楼里灯光璀璨。该校耗资 3000 万美元建成，在校园里能看到自由女神像。作为一所入学门槛非常高的公立学校，这里汇集了全市的顶尖英才。

相比之下，哈莱姆的学校周围都安装着金属检测器；窗户全部用铁板封闭起来，透不进一丝光线；天花板严重腐烂；每当放学铃声响起，警车就驻守在校园外；所有的教室都拥挤不堪，总有四五名学生没有课桌可用。

等哈莱姆的学生们坚持到高中毕业，聪明人会认识到，脚下的路其实还很长，就业市场无比拥挤，史岱文森高中的毕业生足以把他们从竞争中踢出局。威廉等成年人明白，他们费尽心力去攻读的文凭很可能是一文不值的。

现在，只接受基础教育早就不够了。在70年代的时候，只要有高中文凭，就能找到很不错的工作。要是有学士学位，就更了不起了。再有硕士学历，那就堪称典范了。而如今，持有博士学位才刚刚够格，硕士学位只能说明你努力过了。情况就是这样。

威廉并不是说教育是没用的。他明白，高中辍学生是没有机会找到体面的工作的，但是高中毕业生也逃脱不了低薪工作的宿命。“就算持有高中文凭，”他点点头，一副洞悉一切的样子，“也一样会待在巴恩汉堡店的，只能这样，除非你有幸认识大人物。”

在职提升人力资本

学业水平的差异导致有的人可以从事体面的工作，而有的人只能获得低薪工作。其实，即便身处快餐业等行业的初级岗位上，也一样能获得学习机会，提升职业技能，从而实现职业流动。当然，这一点并不属于公众对“麦工”的普遍认知。的确，每当记者们需要列举枯燥的、一成不变的、“几乎无任何技能要求的”职业形象时，都会提及一个颇具标志性的工作，那就是快餐店的汉堡制作工。

作家们热衷于为“技能退化的”就业群体摇旗呐喊，这也是造成其岗位形象问题的一个原因。芭芭拉·贾森在其著作《电子血汗工厂》中对全国最大的快餐公司麦当劳进行了痛斥，[15]指责其把工作难度降低到了白痴都能胜任的程度。贾森对位于马萨诸塞州的一家麦当劳店的几名员工进行了采访，其结论是，他们的工作毫无技术含量可言。员工的主观判断完全被枯燥的工作程序所取代，员工只需要设置烤箱定时器和指示灯就行了。工作内容单调乏味，连傻瓜都不愿意干下去。其中一名受访者贾森·普拉特曾是麦当劳的员工，他就曾处于这种境地之中：

> 不需要思考，只要按照各种提示音操作，迅速地把肉翻过去就行了。听我说，在麦当劳工作不需要面子，也不需要带脑子，只要有胳膊有腿，能迅速地把东西翻个面就行了。整个流程就是这样。我无论如何也不会回去的。

贾森还讲述了麦当劳的炸薯条机的来历，它是第一台计算机化的烹饪设备。麦当劳的高层管理者希望在薯条制作过程中降低（对成品色泽、口感的）主观判断，确保薯条质量的统一，于是给煎锅里安装了计算机，制作全程均为自动控制。贾森认为，猴子都能学会操作这种设备，美国职场的未来岌岌可危，有可能成为不需要技能、完全由计算机控制的流水线，根本不需要人去思考，因为自私的管理者认为机器比愚笨的员工更便捷、更便宜。

不可否认，计算机已成为重要的生产工具，在快餐店等服务业也不例外。的确，快餐店里的许多烹饪环节都已进行了程序化处理。但是，如果你到巴恩汉堡店的后厨去看看，就会发现工作的内容远不止贾森笔下的描述，顾客的订单要在短短3分钟内在忙碌的后厨里变为一盘盘热气腾腾的餐食被呈上来，这个过程绝不简单。

我的一位研究生学生埃里克·克莱蒙斯大胆尝试了麦当劳的店员工作，以期通过亲身实践了解相关的工作要求。他的经历与贾森的讲述形成了鲜明的对比：[16]

似曾相识的感觉；今天的工作仍旧是一团乱。有几个人没在：安东尼没在，经理休息一天，哈里打卡下班了，费尔南多偷偷溜走了。我很快就发现，今天又不能接受培训了。于是……我开始帮坎迪斯做汉堡。胡安3天前担任过“超级员工”，现在由坎迪斯接任。订单络绎不绝，于是坎迪斯和我开始工作。只有我们俩要在所有的岗位轮岗（除了炸薯条）。米歇尔在前台也忙得不可开交，偶尔能到后面来帮帮我们。

仅仅干了2个小时，埃里克就累得瘫倒在地了。而正式员工一般要在这种强度下干满8个小时，万一接替的同事没来，便连休息的时间都没有。在这种情况下，员工要想把工作做好，唯一的办法就是对各项分解工作都了如指掌：如何制作5种汉堡、鱼、鸡肉三明治，以及菜单上各种各样的新品（早餐、玉米饼、沙拉等）。每一种产品的制作过程都是专门设置的，对温度、制作程序、存放条件等方面的要求各不相同。虽说这些工作可以由机器来做，但人的灵活性更强，能够同时处理所有的工作，这样就可以腾出一半的人手去维持秩序，避免出错，确保遵守烹饪方面的州法律。埃里克还发现，管理者每天会随机进行质量控制抽检，不合格的员工就会惹来麻烦。

经理发现我制作鱼肉三明治的方法不对，就批评了我的带教人，责怪他没有起到监督作用。我在三明治里少放了塔塔酱，多放了奶酪，加热机里的圆面包也放错了。于是，经理找到胡安和雷纳尔多，责怪他们没有及时发现我的错误。结果发现，有半片奶酪是用手掰碎的，没按照规定用刀切。胡安后来告诉我，虽然店里要求用刀切奶酪，但大家一般都是用手掰，因为没有刀，刮铲一般都拿去做汉堡用了。

掌握规章制度以及员工们规避规章制度的“应变措施”，是适应程序化工作的重要内容。新员工不仅要了解正规的流程，还要知道大多数员工为了应付工作而采取的非正规流程。

员工们总是处在一片忙乱的氛围里，偶尔才能休息片刻，所以必须灵活应对。在营业高峰期，订单信息从点单员一路传达到出餐员；所有人相互协作、快速操作；所有的计时器、蜂鸣器都要设置妥当，保证餐食同时完成；设备发生故障时，员工必须迅速应变，不能耽误出餐；六七道制作程序必须精心安排，确保一份订单的所有餐食同时做好；容错率要降到最低，顾客在踮着脚等待，不希望等待的时间超过一两分钟。威廉对位于纽约市中心零售区的一家巴恩汉堡店里忙碌工作的“烤肉工”做了如下描述：

店里开展促销活动……正价买一个汉堡，第二个仅售 25 美分。由于这家店位于市中心，所以生意兴隆。大家都忙得不可开交。一进到后厨，满眼都是汉堡。店里安排我一个人烤肉，专门做促销餐。我表现得非常出色。为了便于理解，这么说吧，就是……先把肉摆开，然后给圆面包加料，放上调味酱、生菜、洋葱、腌菜等各种汉堡食材。一切都要快。烤肉需要 2.5 分钟，（在这期间）必须把肉拿出来，放到烤架上，烤、翻转、加调料。还要到桌子跟前，把圆面包拿出来、分开、加料。一切必须在计时器响起之前全部完成。如果超时，就意味着工作量更多，还有 2—4 份肉要烤。一共 12 份。所有工作都要同时进行。

威廉筋疲力尽，但非常高兴，一切都很顺利，大家配合默契。他们战胜了一次挑战。

只要我们一起工作，就是一个团队。非常棒。事实也是如此。大家相互理解、相互支持，所以，在哪干、（要求）干什么，都不是问题。

餐馆必须对供求比例进行精准的调节：必须备够食材，以便可以随时将食材放到微波炉里或者油锅里加工，确保迅速地出单，但是也不能准备过量。汉堡的上架时间有严格的规定，误判就会导致浪费。由于这些企业的利润很薄，所以浪费会引起老板的不满：扔掉的食材就是老板口袋里减少的那部分利润。控制生产过剩的唯一途径就是准确地预测顾客的需求量，而这个信息必须由员工提供并核查。

优秀的员工都知道，用餐高峰期大约从上午 11：15 开始，一直持续到午餐高峰，即下午 2：00 结束。在此期间，必须多备肉饼和薯条，大家必须随时准备烤肉。下一个高峰期是晚餐期间，大约在下午 4：30 到来，周内会持续到晚上 8：00，而周六则持续到晚上 9：30 或 10：00。每逢周五下午放学，学生们在回家途中会到巴恩汉堡店里吃点零食，从而出现一个客流小高峰。在教区学校附近的社区里，周五的点餐需求集中为鱼肉三明治，这说明纽约市的天主教社区仍然坚持在周五守小斋、不食肉的传统。对资金有限的餐馆来说，了解当地的饮食风俗是非常必要的，这有助于清楚地掌握顾客的用餐需求，迅速出餐，并且避免库存过量。

在生意火爆的时间段里，汉堡往往来不及制作，此时员工之间就必须迅速地补位，承担额外的工作，比如多安排人手去烤肉或者去收银。如果员工之间能了解彼此的需求，主动帮忙，比如给圆面包加料、设置计时器等，就能起到很大的帮助。每个员工的性格各异，搭班不久的同事（同一时间段上班的员工）都需要做出一定的调整。只有这样，餐馆才能在高峰期得以平稳运营。稍有不慎，顾客就会生气、离开。因此，管理层和员工都要具备一项重要的职业道德，即从容地应对繁重的工作量。

伊莉斯已经在巴恩汉堡店的“得来速”窗口工作了将近 3 年。她具有出众的工作能力，我的一位优秀的博士生和她共事了一两周后，甘拜下风。她的工资仅比最低工资标准高出 25 美分，但工作内容繁多，包括通过对讲机接单，向备餐的同事传达一系列指令，接收并检查餐食，交付给窗口外的顾客，然后收银、找零，所有环节几乎一气呵成。她还要确保按顺序接单，把“巨无霸”汉堡准确地交付给蓝色

“福特野马”汽车里的男士，而不是排在他后面的“雪佛兰科迈罗”汽车里的女士，因为这位女士已经修改了3次订单。这份工作对记忆力和订单处理能力的要求很高。伊莉斯凭借超强的工作能力才能够轻松应对，这份工作的要求不亚于邮局或者盖普服装店里的任何高薪的岗位，而这些岗位她都应聘过，均告失败。

这倒不是说巴恩汉堡店的工作和脑外科手术一样复杂。可以肯定的是，后厨的各项工序都已进行了最大程度的简化。要保证各岗在有限的时间内默契协作、减少浪费，就离不开强大的工作能力。我们可以认为这种工作是卑微的、单调的、一成不变的、有失体面的，但也应认识到做好这份工作离不开从业者高效地处理信息的能力、相互协作的能力以及库存盘点能力。这些重要的能力并未展示出来，于是在公众的眼里就沦为了毫无技术含量的工作。

如果说协作是对员工的唯一要求，那么经验将有助于化解难题。工作中会出现许多不可预见的问题，这时候就需要运用一些技巧了。最大的问题来自顾客。如上一章所述，顾客经常因为员工漏了一包番茄酱或者炸薯条的温度不够高而不依不饶。在巴恩汉堡店干一下午收银工作足以让许多人出现心理问题。许多问题的处理都离不开耐心、忍让以及对长期目标（保住工作、给管理层留下坚韧刚毅的好印象）的坚持，这就是“人际交往能力”的具体体现。

在哈莱姆的大部分巴恩汉堡店里，员工来自不同的国家，讲着不同的语言，所以在应对顾客的无礼行为、协调各个烹饪环节的时候，面临的问题会更加复杂。从多米尼加共和国初到美国的员工只会说西班牙语，但他们必须弄明白讲牙买加英语的顾客的点餐需求。波多黎各裔，至少第二代移民，一般都会讲两种语言，但他们也需要努力辨认非洲裔顾客的英语方言。所有员工还要学会与刚从圭亚那、西非、洪都拉斯返航的顾客打交道。职场如熔炉一般沸腾着，不同背景的员工汇聚于此，从彼此的语言中学习一点皮毛——“职场西班牙语”或者街头英语。他们能用几种方言进行基本的对话，了解对方的文化传统，理解对方的行为、习惯、着装风格和性别规范，保持和平相处，而在餐馆以外的环境中，人们往往会因为这些差异而发生严重的冲突。

身处隔离措施严格、种族对抗情绪严重的社会里，餐馆里的员工却能和谐相处，这着实令人惊讶。友谊跨越了街道上无情的隔离界线，恋情在非洲裔与波多黎各裔之间萌生。而在职场外的社区里，他们却是众所周知的对立方。更引人注意的是，他们还要在日益疲软的劳动力市场上进行竞争。他们非常清楚，老板会出于种族、等级等喜好来挑选员工，所以他们在推荐朋友和家人的时候需要考虑到老板的种族偏见。他们会在后厨抱怨不能推荐朋友来工作，因为——他们认为——经理更青睐移民，而不喜欢国内出生的员工。[17] 在这种情况下，就业中的不公平待遇会滋生出不满情绪。即便如此，不同种族的员工依然能够逾越竞争和文化差异的障碍。

我们经常被灌输一个观点，即美国是一个多元文化社会，未来的职场将会有越来越多的少数族裔和外国人加入。许多公司花费数千美元聘请专业顾问进行“多元化专题培训”，以期做好员工的融合管理。巴恩汉堡店就是多元化的实验室，是穷忙族的重要熔炉。员工们隔离居住，平时基本碰不到面，却又在职场里并肩工作。如果说在一个多种族、多语言的环境中工作也是一种能力的体现，那么就像咨询顾问建议的，他们在内城区的低薪职场里获得的文化资本就有许多价值了。

当发生设备故障、管道不通、电线断裂的时候，餐馆老板不愿牺牲利润、支付高昂的费用请人来维修。总经理需要到巴恩汉堡公司总部开办的培训中心里学习设备拆卸和组装技术。据培训中心的教师称，这样做可以让经理们“彻底地”了解各种工作设备。所有老板都承认，这种培训主要是为了降低劳动力成本，当奶昔机发生故障的时候就无须聘请维修工了。在实际工作中，经理应向初级岗位员工，尤其是男性（也有女性），传授设备维修技术。当发生故障时，就由员工来解决。在哈莱姆的某一家餐馆里，员工还必须学习更换落地窗（因为窗户上有弹孔），得到的收入却远低于熟练玻璃工的工资。

当然，这是关乎钱的问题。巴恩汉堡店的收银机都进行了改造，以确保数学水平低的员工也能操作。收银机面板上的按键能够显示菜单上所有产品的名称，只需用一根手指按下相应的“键”，内置程序就会自动报出产品的单价、订单总价以及找零金额。收银员必须妥善保管好收银机抽屉里的钱，万一出了差错，就要负责任——用自己的工资垫付差额。如果再次出错，就会被开除。造成收款差额的原因有很多：多找零了，有人在收银员到后厨取芥末酱包时操作了收银机，顾客要求退货（收银机里未设置退货交易程序）。虽然大部分的计算过程都由计算机完成，但是收银工作仍需要一定的管理能力，才能确保工作有序完成。

工作并不是计算机程序，各项工作要求是真实存在的。当关键员工不在岗的时候，所有人都能认识到这一点，甚至认为工作“毫无技术含量”的经理也明白。了解业内诀窍的员工——如何在烹饪过程中偷懒省力、不按规定去做；如何在找零出错后“骗”收银机改为正确的金额；如何对排在“得来速”标线外的20辆车按顺序处理订单；如何教新员工学会真正的烹饪方法（与规定相反）；以及遇到顾客放声尖叫、影响餐馆秩序的情况该如何处理——能够保证各项复杂的环节有序进行，快餐店平稳运营。当“专家”脱岗的时候，一切都乱了。所有员工都手忙脚乱，直到几周后新员工“上线”，才能恢复常态。如果这些工作真如公众认为的那样毫无技术可言，那么这些状况就不可能出现了。实际上，这些工作的认知复杂度、个人责任感都高于我们的认知。

新员工的培训过程尤其能体现这一点。巴恩汉堡店和大部分同业竞争者一样，为读写能力欠缺的新员工准备了培训录像带，指导他们如何操作设备、装配原料、礼貌待客。公司要求经理用录像带对所有的新员工进行培训。但实际情况是，录像带找不到了，录像机也坏了，新员工在营业高峰期到岗，没人能腾出时间安排他们坐在电视机前接受培训。于是，他们只能以传统的方式学习——言传身教，即由经验丰富、工作能力强的员工为他们培训。

我的一位研究生安娜·拉莫斯-萨亚斯好不容易才了解到这些情况。她是波多黎各裔，设法在哈莱姆上区的一个多米尼加裔社区餐馆找到了工作，每天在午餐高峰期到店工作。大家都找不到培训录像带，就让她跟着身边的员工学。她总是出错，令大家惊叫不已，其实他们自己也在厨房里忙得团团转。安娜不知道给肉饼抹多少奶酪为宜。她尝试了不同的方法，结果都不行。周围的老员工都讲西班牙语，他们一开始并不想帮她，部分原因是大家误以为她是白人——他们以前从未在后厨里见过白人。后来一次偶然的机会（一排圆面包中的一个掉地上了，她用西班牙语小声地骂了一句），大家才发现她是拉美裔，知道她也是移民，这才接纳了她，并很快就把抹奶酪的方法教给了她。

从那以后，大家都毫无保留地教安娜，教她如何操作炸薯条机、如何制作奶昔，告诉她鱼肉三明治和鸡肉三明治的区别，以及如何预估每种产品的需求量，从而避免面包箱装不下，造成浪费。要是没有大家一点一滴的帮助，安娜会一直茫然无措下去。她的这段经历非常具有代表性，揭示出了工作中的隐含道理。而不明就里的人（以及许多员工自己）只会把这类工作视为无须思考、无须规划、无须技能的工作。

就业者能从快餐店的初级岗位中积累经验、丰富知识，当作职业提升的跳板。毕竟，许多白领工作的要求是相同的：记忆力、库存管理能力、与各种员工打交道的能力，以及临时顶替同事的多面手能力。大部分工作还要求员工具备人员管理能力，即“软技能”。[18]与顾客打交道的员工还需要具备平息顾客怒火的能力。一旦具备了这些工作经验，巴恩汉堡店的员工就应该充分利用自己的“人力资本”，提高收入，提升地位。

实现这个目标的可能性很小，这在某种程度上是因为老板以文凭或考试成绩作为聘用标准，而就业者都达不到。在公众的眼里，他们的工作是毫无价值的。快餐业工作被赋予技能退化的标签，而且内城区就业者的社会地位低下，导致公众看不到他们的技能水平。老板们都知道，巴恩汉堡店的老员工非常遵守纪律，他们按时上班，知道如何为公众做好服务。如果他们应聘的职位还需要更高的能力（库存管理能力、学习新技术的能力、沟通能力），那么巴恩汉堡店只能是不得已的选择了。在一家普通快餐店的后厨工作一个星期后，他们的想法可能就变了，但老板不是人类学家，无意听取关于初级岗位的新观点。他们只是根据普遍的认知来运营餐馆，既没有时间、也不愿意去发现员工的隐性技能。

如果快餐店的老员工能够展示出自己的人力资本，那么找到好工作的机会就会更大。但是，他们也受到工作的污名的牵连，只能在老板面前努力留下好印象。每当我们让他们介绍自己的工作技能时，他们总是一脸惊讶地看着我们说："傻瓜都能干。你没开玩笑吧？"他们自己都认为自己处于就业链的底层，认为工作的负效价或多或少是合理的。他们相信这一"事实"并努力维持尊严，却没有对工作的污名多做思考。因此，他们最不可能去打破陈规，跳槽到其他单位，谋求更好的职位。

我想说的是，老板和求职者的理解都是不对的。他们的工作能力必须要让公众了解，为他们在劳动力市场上获得提升而奠定基础。然而，即使我们能够在这方面创造奇迹，内城区的大部分低薪就业者也会因社交关系的限制，很难利用新名声去获得成功。

第 6 章

瓶颈与晋升

大学一年级的暑假，我住在加利福尼亚州中部海岸的一个旅游小镇，渴望谋求一份工作来维持生计，同时还能帮助父母抚养 3 个弟弟。父亲已经失业，母亲是出纳员，工资仅达到最低标准，所以我必须自力更生，尽力改善家里的生活。我初到莫罗湾时，无法依靠朋友或家人找工作，只能从招聘广告和社区里搜寻就业机会。我先在码头的鱼市找了一份工作，但并不理想，最后在圣西蒙附近的沿海公路边的一家汽车旅馆找到了一份全职工作，那里矗立着美国报业大王威廉·伦道夫·赫斯特在其巅峰时期建造的奢华城堡。在赫斯特城堡的带动下，当地的旅游业蓬勃发展，再加上加利福尼亚美丽的海岸风景，酒店业每逢暑期就达到营业高峰，由此催生了不少季节性的工作岗位。

这是我做过的最辛苦的工作。我每天要干 8 个小时，包括拆布草、抬床垫、弯着腰清洁浴缸和马桶、拖着沉重的吸尘器到每一楼层做清洁，还要忍受清洁部经理的指手画脚。她会对房间逐一进行检查，不放过服务员的任何一个小错误，并大加斥责。一天下来，我筋疲力尽，脚疼、背酸、目光呆滞。有一段时间，主管的行为简直令我怒火中烧，她似乎以使唤我们重复劳动为乐。微薄的工资仅够我自己的开销，我必须放弃一切额外的花费，才有钱给母亲，让她给弟弟买衣服。

我和旅馆里的其他服务员一起工作，她们已经在这个繁重的岗位上工作了多年，怀着不满情绪，默默忍受着监督、训斥以及微薄的工资，背地里一起骂老板。她们对工作并不满意，但是已经习惯了。她们只是把工作当作维持生计的手段，并不会全情投入。

对我而言，这份工作让我陷入了生活的绝境。我担心自己无法摆脱茫然无措的境地，无法重返校园，而只能套上挣钱养家的枷锁。日渐渺茫的前途、经理的严厉指责、微薄的银行存款，以及对意外的担心，比如生病或者付不起水电费，都一股脑儿地压在我的心头。我从中产阶级家庭里衣食无忧的女儿沦为了艰难度日的打工者。幸亏还有奖学金、助学贷款等可以依靠，我才得以挨过艰难的岁月。

和我共事的女服务员们就没有我这么幸运了，她们的丈夫都在罐头厂里工作，她们的子女在暑假期间会到加利福尼亚的农田里打工，而她们只能抬床垫、清洁马桶，在主管过来掐着表监督她们擦镜子的时候小声嘟囔几句。她们已陷入了生活的困境。

年轻人干一份卑微的工作并不算惨，最惨的是他们始终无法靠工作维持生计。对巴恩汉堡店的大量员工来说，继续工作下去的结局和现在没有两样。他们没有毕业文凭，只能仍然待在青少年时期的岗位上，用微薄的收入扛起成年人的责任。

他们并非未做努力。快餐店的员工，尤其是离开校园的成年人，花费了大量的时间去找更好的工作。如果凭努力和经验就能找到好工作，那么他们早就做到了。的确有人做到了，他们要么是通过了巴恩汉堡店的内部升迁，要么是有幸在其他行业找到了新的工作。但在我们采访的几年里，大多数人只是在低薪岗位之间平移。*要想理解他们为了自我提升而做的徒劳努力，我们就必须对他们离开巴恩汉堡店寻找好工作的经历进行仔细分析。

好工作

我的邻居能成功吗？对了，我有个朋友埃莉，她的丈夫在邮局工作。要知道，他都干了好多年了。我的生活是非常安逸的，要知道，我孩子的父亲是一名狱警。虽然他没在这（没和我们一起生活），但是他一直照顾我们。

罗伯塔是两个孩子的母亲，高中毕业后生的孩子。她曾在联合包裹服务公司做文员，属于初级岗位，希望晋升到管理岗位。但是因为缺乏白领工作经验和工作技能，她的希望成了泡影。于是，她离开了这家公司，加入了巴恩汉堡店，并很快得到了晋升，成为领薪经理。她的周薪将近400美元，年收入约为1.9万美元。

只要一切顺利，这份薪水足够罗伯塔维持生活了。她的父母均已退休，能够在她上班期间帮忙照顾小儿子，并接送大儿子上学、放

* 平心而论，我们只对这些打工者进行了18个月的跟访，时间不算长，不足以对他们的长期流动状态做出定论。我的观点是基于哈莱姆巴恩汉堡店员工的跳槽失败案例以及年龄分布情况（和以前的工作情况）而得出的。其中，超过半数的初级岗位员工已超过25岁。1997年，我们着手对120名受访者的信息进行收集，并将在未来5年内获知更多的长期职业生涯情况。

学，替她节省了一笔育儿支出。她住在父母家附近的公共住房里，房子是二居室的，所幸房租不算高。只要家人身体健康，罗伯塔就没有后顾之忧。生病会带来大问题，即使收入远高于贫困线的人也不例外。

我没有（岗位）医疗补贴。要是孩子得了水痘，就必须去医院看病，而且是自费。要知道，（巴恩汉堡店）给我的工资也没有多高。

罗伯塔还有其他方面的远期担忧。父母已经退休，而33岁的她都不知道自己能否获得退休待遇。她做过的工作都不提供养老金，收入也不够留出一部分做存款。

瞧瞧，我在巴恩汉堡店干了多久了。从我到这儿就没有补助，也没有养老金。我的意思是，等到老了……我现在33岁了，等到老了，靠什么生活呢？

罗伯塔的支票账户每到月底总是空空如也，所以她也不指望能存太多钱。即使福利等级未下降，社会保障金也依然少得可怜。罗伯塔的大部分工作都是低薪岗位，如果她再对65岁退休后的补助金多做要求，那么连低薪工作也难以找到。除非工作中发生重大的变化，否则她只能继续艰难度日，无力为孩子提供更好的生活。

在她看来，改变现状的办法就是找一份父亲退休前做的工作：在政府里任职。“在市政府工作才是我想要的，”她坚定地说，“这种工作有补助。一切都是妥当的：有养老金，该有的都有。”罗伯塔的好朋友埃莉点头附和："都有。在市政府或者联邦政府工作，就能得到应得的一切。"

詹姆斯是一个 16 岁的黑人男孩，在巴恩汉堡店工作了一个暑假，然后回高中继续上学了。他明白罗伯塔的想法。他的父亲在联合爱迪生公司就职，工作不错，却因旷工被辞退，因此全家享受不到医疗保险，父母老了也没有退休金，稳定的收入来源也断了。詹姆斯由此认识到公共事业岗位的重要性。他在巴恩汉堡店的工资与父亲曾经的收入相差悬殊。因此，他和罗伯塔一样，也树立了找一份"有工会的工作"的目标。

我们对巴恩汉堡店的员工的在职父母也进行了调研，其中大部分人都在纽约市的公立医院里工作。他们都加入了工会，尽管大多数人仍处于医院的底层岗位，却能从工会会员身份中受益。劳工合同能够规避劳动力市场上的低薪、无组织、不稳定，特别是劳动时间不确定（因此导致收入不稳定）等问题。纽约等城市的公共部门工会现在面临着新的挑战——裁员、迫于政府施压而接纳"工作福利"的受助者，以及降薪的压力，集体谈判至少能保证一部分好工作的待遇。所以，罗伯塔、詹姆斯等非特权阶层的就业者因为享受不到医疗保险、退休金、伤残保险、人寿保险等福利，无法为家庭提供有形的保护，这才会抱着一线希望，期待加入有工会组织的公共事业部门，成为政府工作人员。这个想法不足为奇。

为此，巴恩汉堡店的就业者努力付诸行动。他们积极参加每一场公务员考试，然后等待市政府和州政府发布招聘需求。从理论上说，如果考试分数不错，招聘单位就应按照名单从高到低依次录取。但实际情况是，大部分人经过漫长的等待后一无所获。

罗伯塔参加了许多次考试，却总是与成功擦肩而过。她不明白为什么自己的努力始终得不到回报。整个过程似乎有一种魔力，她永远也无法得知为什么有些人就可以从名单上消失，而有些人却要备受煎熬，等待了一年又一年。

我有8个考试编号，一直在等待。我知道有人只参加了一场考试，在三四年前就到市里任职了。而我参加了8场考试。什么时候才能打电话通知我呢？我不知道。社区里有一位老人对我说："知道吗，你就是太努力了。欲速则不达。"有的人在考试后一副若无其事的样子。嘭！（他们接到了电话。）有人就是那么走运。

受教育程度低的就业者需要鼓起勇气才敢参加考试，因为考试对读写能力和数学能力都有要求，而他们并不具备。从其他方面来说，等待自己的名字从公务员考试备选名单上消失属于一种被动的求职方式，不需要主动通过人脉获取就业信息，不用到一家家单位去应聘，也不会经历求职被拒的尴尬处境。

巴恩汉堡店的就业者会主动求职。他们会到多家公司应聘，尤其是位于社区内的或者地铁直达的公司。餐馆里的一些员工会相约一起去求职，试完一家再去另一家，主要的求职意向是盖普服装店、药店和杂货店。大家普遍认为这类工作比巴恩汉堡店的工作好，因为工作环境里没有油脂、热气，对员工的服从度要求也不高。"干净的"服务业初级岗位的工资并不一定比餐馆高，其吸引力主要在于售货员的社会地位比餐饮业员工高，更接近白领工作。

零售服务业工作的声誉体现了从业者的修养，这一点对内城区的就业者来说往往构成难以逾越的障碍。服务业老板希望聘用的是能够服务高端顾客的员工，而内城区的就业者并不适合。美国出生的非洲裔和非洲裔移民一样（只会一点英语），大多说着一口不标准的方言。此外，内城区居民的穿着和发型也与曼哈顿市中心格格不入。有些求职者能够认识到这一点并力求改变形象，但苦于没有钱，因此再了解老板的喜好也无能为力。以目前的收入，他们无法打扮自己，取悦精品店经理的审美。

其次，还涉及两个棘手的问题，即种族和等级。种族在就业者初入劳动力市场的时候就产生了影响，这一点将在第 8 章详细讲述。在哈莱姆中区，拉美裔的求职失败率低于非洲裔。而在贫民区以外，工作更受民众重视，所以求职的难度也会因种族和等级观念而增大。

非洲裔明白，由于肤色，老板对自己的居住地或者毕业的学校持有偏见，自己说着英语方言、佩戴着耳环，所以在求职中面对的困难更大、眼光更挑剔。求职的过程就是失败的教训，他们在巴恩汉堡店工作多年累积的业绩根本没有用。当老板们看到走进门的是一张黑色面孔时，就会作出负面的认定。对此，罗恩深有感触。

我应聘过很多工作。我有维修证。我发现大部分应聘者都是白人。所有维修工作都给了他们。工资从一开始就达到每小时 10—12 美元。（白人）只提携自己人，可他们什么都不会，却什么都能得到。我有技术，他们却聘用白人，而那些白人毫无一技之长，还要接受培训，而我已经培训过了。

达娜是一名 16 岁的黑人学生，也经历了相同的情况：

我走进市中心的盖普店，和朋友去领申请表。我们俩走进去，还有一个白人女孩也走进去。她要领申请表，他们就给了她一张，然后她拿上就走了。这时我们走过去，也要申请表，他们却说："没有了。"我们就说："她不是才领了一张？""我们现在没有了。"他们说。于是我们只能说："好吧……"

卡伦发展得很不错，一定程度上是靠着巴恩汉堡店的收入完成了高中学业，并上了大学，目前正在攻读学士学位。她的工作表现优异，所以原来的老板欢迎她在放假期间随时到店里做兼职。她认为，黑人必须格外谨慎，避免招致负面评价。

如果我在一家小公司打工，就会安排我多干活，而不是白人，啧啧，好吧，就是一个女孩，和我同龄，可人家是白人。她不止一次出错，都没人注意。但是换了我，就有一种被监视的感觉。我不能出错，必须格外留意自己的行为……可换作别人，因为是白人，哎，就是那个女孩，就完全不同了。

总的来说，我觉得当个黑人就得格外注意、表现出色才行。

在芝加哥开展的几项研究表明，老板对内城区的应聘者抱有一套根深蒂固的成见。[1]非洲裔被老板和经理的怀疑态度拒之门外。在他们眼里，非洲裔员工会招惹麻烦，而不是创造价值。在芝加哥的老板看来，非洲裔男性都爱寻衅滋事，女性想抚养孩子，却无能为力；而且，不论男女，非洲裔都是文盲。我在哈莱姆采访的老板却不太注重种族之分，因为他们自己就是非洲裔。但是他们对低等级的少数族裔也抱有成见。受教育程度低，以及工作动力、可靠性、着装风格等方面的差异使得一些人的求职之路更为艰难。第1章讲到的贾马尔身高6英尺，体重大约为220磅，能够觉察到老板们的不安情绪。

> 我是个身材高大的黑人，长相有点严肃，令人害怕。我应聘的时候，他们说我令人害怕，甚至像坏人。有时候我自己都这么觉得，所以……有时候很难摆脱这种印象。

贾马尔在贫民区长大，艰难的生活造就了他硬朗的外形，使他总摆出一副“别惹我”的姿态。这种“行为”由来已久、难以改正，即使他认识到这么做对自己不好，也改不掉了。在他硬朗的外表下是一颗善良的心，但是老板只看得到外在，他的形象让老板对黑人的成见再次得到印证：黑人非常危险，不能和大量的黑人在一起。

非洲裔并不是唯一面对就业障碍的少数族裔群体。多米尼加裔和波多黎各裔在争取向上流动的过程中也有同样的遭遇。在少数族裔聚居区里，老板们会从本族的亲朋好友中招聘。而在聚居区以外的劳动力市场上也存在着各种困难。在多米尼加裔和波多黎各裔居住区里开餐馆的经理愿意为同族人提供各个级别的岗位，包括管理岗（尤其在应聘者持有必要的学历证书的情况下）。但在这些城中村以外，英语水平就成为严重的求职障碍。即使是经验丰富、任劳任怨的就业者也难以摆脱低薪工作，无法获得高薪、高福利的好工作。

罗莎十几岁的时候从多米尼加来到美国。她的母亲身患残疾，和她的父亲分手后一直住在多米尼加。她把罗莎送到了美国的姑姑、姑父家，他们10年前就来到了纽约。罗莎在纽约的入学过程一波三折，英语学习之路也不平坦。

我刚到这个国家，他们让我留级。本该正常就读的年级都满员了。学校里也没有双语班。他们安排我上（英语）课，结果没及格。要知道，我根本不会英语，肯定不及格。后来他们又安排我留级，这次及格了。他们又把我送到布朗克斯的一家糟糕的学校，名声非常差，我不想去。但他们非要送，我只好在那里待了8个月。[2]

在罗莎的新学校里，种族间的紧张关系尤为严重，所以她必须离开那里。黑人学生和拉美裔学生相互斗得不可开交，有几次还波及了罗莎。最后，她忍无可忍，离开了学校。罗莎在不同的年级、学校之间不断地辗转，学习成绩远远落后于同龄人。到九年级结束的时候，她实在忍无可忍，央求母亲同意她退学，去修读普通高中同等学力课程。但母亲不同意，坚持让她读完高中，于是罗莎乖乖地转到了另一所学校继续上学，并在20岁的时候毕了业。这段在城市高中辗转就读的非常规的求学经历没能为她的英语水平带来任何起色。

具有讽刺意味的是，罗莎现在的英语能力都是在巴恩汉堡店的工作中提升的。在她16岁的时候，她的母亲需要她给多米尼加的家里寄钱，姑姑也旁敲侧击地表示，希望她挣些钱贴补家用。由于英语水平低，罗莎只能在曼哈顿上城的西班牙语社区里求职。位于华盛顿高地中心的多米尼加裔社区里的巴恩汉堡店——也是卡门工作的地方——看起来是个合适之选。虽然这家店的大部分员工都以西班牙语为母语，但罗莎还是从工作中学到了不少英语。她也第一个承认，自己的英语水平仍然有所欠缺，达不到高薪工作的要求。她的朋友也在努力学习英语，获得的进步比她大多了。

我会的英语不多。要学习写、读，知道怎么说。有些朋友在办公室里工作。他们的英语水平比我好，工作起来相对容易一些。英语是必须掌握的。一个朋友给我介绍了一份工作，是唯一能找到的（好工作）。但是我放弃了，因为我做不了，文案工作太多了，必须会写作才行。工资是每小时 5.5 美元呢！

罗莎的朋友在美国接受了多年的教育，时间比她长，因此求职的范围不必限于西班牙语社区内。“唯一错过（美好生活）的人就是我了。”罗莎平静地说。

一方面，非洲裔因种族和能力问题，只能徘徊在低薪就业市场上；另一方面，拉美裔因语言障碍，也处于同样的境地。这两个群体集中在快餐业打工，都无法实现向上流动。

认识教育的目标

如果说价值观是人们努力学习的唯一推动力，那么我们就无须为哈莱姆的穷忙族担忧了，因为他们已经充分认识到了学习的重要性，明白文凭能带来体面的工作、摆脱底层就业者的困境。我在巴恩汉堡店认识的几位打工者都处于焦虑不安的状态之中，因为他们不知道何时能挣到重返校园的学费。劳拉是一名多米尼加移民，在曼哈顿上西区有一份全职工作。她说：

回学校？是的，我一直都想回去。有时候觉得自己没机会了。哎，如果真的没机会了，我都不知道该怎么办。我明白，不上学就没有前途，换句话说，没有好前途。我有时会感到忧虑。但是现在我能确定，如果一切顺利，9月份就能回去上学了。

同在后厨工作的朋友们一致赞同劳拉的观点，认为没有学位就没有未来。但是，价值观只是一半的原因，另一半是社会结构。有的人可以找到理想的工作，实现既定目标，而有的人只能为以前做出的选择买单。

戴维是个幸运儿，可以靠工作收入去参加培训。他22岁，是海地人，在父母离婚后和父亲来到美国，而母亲还在国内。他的父亲是修理工，偶尔打零工，住不起理想的居住区，只能与爱好毒品、枪支的混混们为邻。戴维在高中毕业前一直和父亲一起住，一毕业就搬到了长岛的移民聚居区，投奔自己的姑姑和姑父去了。姑姑和姑父在岛上开了一家出租车公司，主要为海地人服务。他们愿意接纳他，也不收食宿费。这样一来，戴维不用花一分钱就找到了安身之所。

戴维的基本需求——有房住、有衣穿——得到了保证，就把巴恩汉堡店的工资攒起来，用于学习。他在一所中等职业学校报名参加了制冷和空调设备的安装与维修课程，费用不菲。戴维已经在巴恩汉堡店工作了近2年，每周上4天班，每天8小时，下班后还要乘1小时地铁到学校上2—3小时的课，内容包括课堂讲授和实操培训。为此他花了不少钱，学费共计约4000美元，这笔开销超出了他的父亲及所有亲戚的经济能力，只能靠他自己负担。好在亲戚替他承担了基本的生活开销，戴维的收入才能付得起学费。

戴维一拿到结业证书就去求职。他参加了职业学校举办的招聘会，不放过长岛每一家招聘安装技术员的单位。巴恩汉堡店的几个同事的哥哥在大都会运输署工作，戴维就给他们打电话，询问是否有相关岗位的招聘需求。经过近半年的努力，戴维终于找到了一份“好”工作，时薪为13美元，约为巴恩汉堡店的工资的3倍。他拥有了在职场上站得住脚的技术、稳定的收入以及看得见的未来，终于与最低工资挥手告别了。

安娜也渴望过上更好的生活，但是家里需要她挣钱贴补家用，无力负担她上学的费用。现在她20岁了，对自己的两难境地感到不安。她为原生家庭付出，就意味着牺牲个人的发展机会。她明白，巴恩汉堡店的工作不会为她带来任何改变，除非她晋升到管理层。要实现这一目标，就必须提升英语水平，而目前初为美国公民的她还达不到要求。她还明白，不接受更高的教育或者职业培训，她可能将永远困在低薪贫民区内。她难免会把怒气发泄到父母身上，但她也承认，父母已经为维持这个家竭尽全力了。

戴维具备的能力是安娜欠缺的，就是他能够用自己的收入“购买”长期受用的文凭。[3] 店里的许多朋友——包括安娜——都想效仿戴维的成功之路。如果缺少专长或大学学位，他们很可能一辈子都要待在低薪岗位上了。[4] 没人希望自己的前途一片黑暗，但又苦于别无选择。

拉托娅——和巴恩汉堡店的其他父母一样——也有推卸不掉的责任，也要把全部精力投入育儿，挣钱就更不用说了。她有3个孩子，还都不到10岁。如果生活条件允许，拉托娅也想上学。

我很想上学，但是要带孩子、上班，根本不可能。我没办法上学，每天工作到夜里11点，第二天还要起床上班。根本做不到。如果要上学，我每天就得先去上班，然后下班回家照顾孩子，最后再去学校。我做不到，但真的很想上学。我想找一份工作，嗯，只需要干几个小时，然后回家照顾孩子，等到休息日就可以去上学了。我正在找这样的工作。

很难想象拉托娅能找到理想的工作。

建立人脉

众所周知，人脉对实现向上流动具有重要的作用。如果社区里的成年居民大多干着低薪工作或者没有工作，那么谁能提携你、给你介绍好工作呢？人们普遍认为，贫民摆脱不了贫穷的部分原因在于，他们的社交圈里都是穷人。威廉·朱利叶斯·威尔逊对芝加哥极度贫困的社区进行过调研，结果发现这些社区贫民的亲朋好友呈现出很高的失业率。

巴恩汉堡店的就业者的人脉关系能在求职过程中发挥重要的作用。凭借这种人脉，他们无须付出太多的努力就能获得向上流动的机会。促进就业的人脉与促进向上流动的人脉虽然对贫民来说都具有非凡的意义，但二者还是有区别的。

哈莱姆的穷忙族游走在两个社交圈之间。一个是相同境遇的朋友圈，即和巴恩汉堡店的就业者从事同类工作的朋友；另一个是亲朋好友圈，即熟人和亲戚现在或曾经有一份好工作、甚至非常好的工作，他们不在贫民区居住，而是住在郊区或者少数族裔就业者的聚居区。这两种社交关系都不能有效地帮助巴恩汉堡店的就业者摆脱最低工资的境地，为了了解个中原因，我们需要分析这两个圈子是如何为穷忙族提供招聘信息和求职推荐人，从而提高应聘成功的概率的。

凯莎·史密斯有幸拥有这两个社交圈。她从 14 岁起就一直在一家餐馆打工，期间有许多员工入职、离职。其中一些人跳槽到了纽约其他区的巴恩汉堡店。凯莎与他们的联系并不紧密，只对其中几个人非常熟悉。需要帮忙的时候，她可以随时给他们打电话。凯莎的好朋友娜塔莎和拉托娅都是她的同事，通过她们，凯莎还认识了她们的家人。他们的工作也和凯莎一样。

贾马尔也有自己的熟人圈。其中一些人和贾马尔同住一栋楼，属于当地恶霸，以贩卖毒品、枪支为生；另一些人在皇后区的其他快餐公司和小杂货店以及布朗克斯区的康复医院里工作。他们在贾马尔求职的时候都能出力帮忙。当贾马尔与经理大吵一架、打算跳槽的时候，会给一个在其他地方工作的朋友打电话，拜托他推荐自己。由于初级岗位的流动性相对较大，再加上贾马尔具有一定的工作经验，至少是巴恩汉堡店需要的经验，所以往往能够“成功”。

拥有一帮从事低薪工作的朋友是大有好处的。对想要离职的人来说——要么是被解雇的，要么是经理安排的工作时长无法维持生计，要么是全家被房东赶走，必须搬到更远的社区去，这些横向的“伙伴”就是重要的资源。他们能帮助朋友跳槽，缩短失业时间。贾马尔不得不从佛罗里达搬到布鲁克林，再到曼哈顿，每到一处，他都能凭借自己在第一份工作中学到的技能以及建立的社交关系，在当地的巴恩汉堡店找到工作。

居住人口日益不稳定，[5]这个现象是大有裨益的。频繁的迁居会给人们的上下班出行带来难度，因此就业者需要在新的居住区里找工作。员工流动率高的工作，比如巴恩汉堡店的工作，会频繁地把员工推回求职市场。这时候，各地的“伙伴”就能为就业流动助力了。然而，横向人脉无法促进职位晋升。凯莎的朋友基本和她同龄，都是她在工作中和公共住房里结识的，他们的收入和职业声望与凯莎属于同一水平。他们无法帮助凯莎升职，因为他们了解并推荐的岗位和凯莎现有的岗位是一样的。贾马尔的朋友圈里各色人等都有，许多人已经彻底离开就业市场了，在职的人也只从事低薪工作，顶多能帮贾马尔找到和原来一样的工作。

保罗·奥斯特曼认为，20 世纪 70 年代的年轻人就业市场呈现出的特点是，年轻的就业者在初入职场的时候普遍对一众低薪工作感到慌乱，等到 20 岁出头的时候，逐渐在职场占有一席之地。[6]许多新近的研究都表明，一时的茫然无措对年轻的就业者来说并不算严重的问题。[7]据称，大家无须对此担心，因为这些年轻人终将回到学校，或者和成年人一样获得稳定的工作。实际上，慌乱对年轻人来说是好事，因为跳槽能为他们积累各种工作经验，能让他们看到无限的可能性，并在他们寻找正式的工作时带来优势。我们对贫民区的少数族裔就业者进行了细致的考察，结果表明，他们获得安定状态的机会更小，获得高薪工作的可能性更小。在哈莱姆等地，劳动力市场死气沉沉，晋升的空间微乎其微，即使是初级岗位，对年轻人和高中辍学生来说也是可望而不可即的。在哈莱姆的餐馆里，超过半数的打工者都已年满 25 岁，却仍然从事着低薪工作，虽然他们跳槽的频率比健康发展的郊区劳动力市场低，但依然很频繁。[8]

尽管如此，低薪职场上的横向跳槽总比失业强。不论是凯莎还是贾马尔，都不愿意和大街上认识的人或者公共住房里的无业人群互换身份。因此，我们不应忽视主动结交同类朋友的好处，他们有助于推动就业的过程。马克·格兰诺维特将这类人定义为“弱关系”，反映出就业与绝望之间的区别。

凯莎还积极维护纵向的社交关系。她认识的人目前的或曾经的工作都比她在巴恩汉堡店的职位高得多，所以可以通过他们得到“提携”。

下图展示了凯莎庞大的家谱。看一下凯莎的外祖母辈家庭成员的信息，你就会发现，在公共部门任职决定着这个家庭的生活状况。埃维曾是邮递员，女婿曾是一名军人，弟弟也曾是军人。在埃维的几个子女中，达娜（凯莎的母亲）接受福利救济的时间最长，其他几个人做的都是编发师等黑工。事业最成功的子女要属担任狱警的贝丝了。凯莎（以及巴恩汉堡店大多数打工者）肯定是受到她的影响，把进入市政府任职作为理想的职业。

这份家谱不仅说明了公共部门任职对于凯莎家族的重要意义，而且说明在凯莎的社会关系中不乏职位远高于自己的人。这些人可不是抽象的存在，凯莎定期去长岛看望外祖母和姨妈；许多表亲从小在郊区长大，学校条件较好，生活平静。从理论上说，这些亲戚是有效的社交关系，能够为凯莎提供帮助，脱离最低工资的圈层。

然而，纽约市的政府机构普遍在裁员，在公共部门任职的亲戚很难助凯莎一臂之力。埃维的职位不足以安排凯莎进入邮局工作，而且，邮局也在裁员。纽约北部的监狱不断增加，惩戒部不得不扩招，成为城市的一大难题，因此凯莎的姨妈贝丝才有幸保住自己的工作。

· 达娜的姐妹、母亲埃维现在都住在长岛的一个镇上，但她们从小是在达娜现在的住地长大的。达娜、卡拉、玛丽、内尔都是在弗吉尼亚州出生的。

· 埃维和哈里曾在长岛有个家，后来以 10 万美元的价格卖给了贝丝，他们则搬到了一栋公寓里。埃维嫌孩子们的事情太多，只留下小女儿特蕾泽在身边。内尔一家后来也搬回来住了。

· 哈里对埃维的大部分孩子都视如己出。

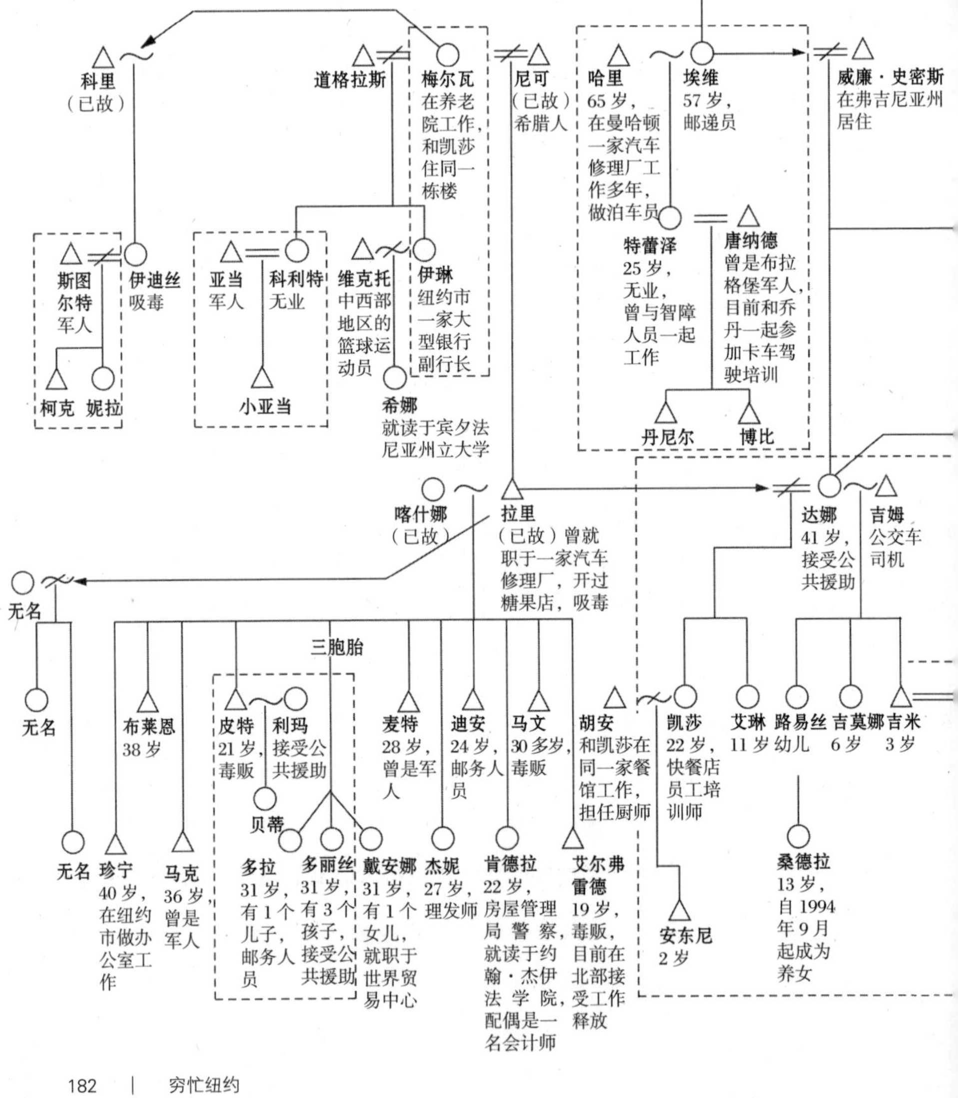

凯莎的家谱（1995年）

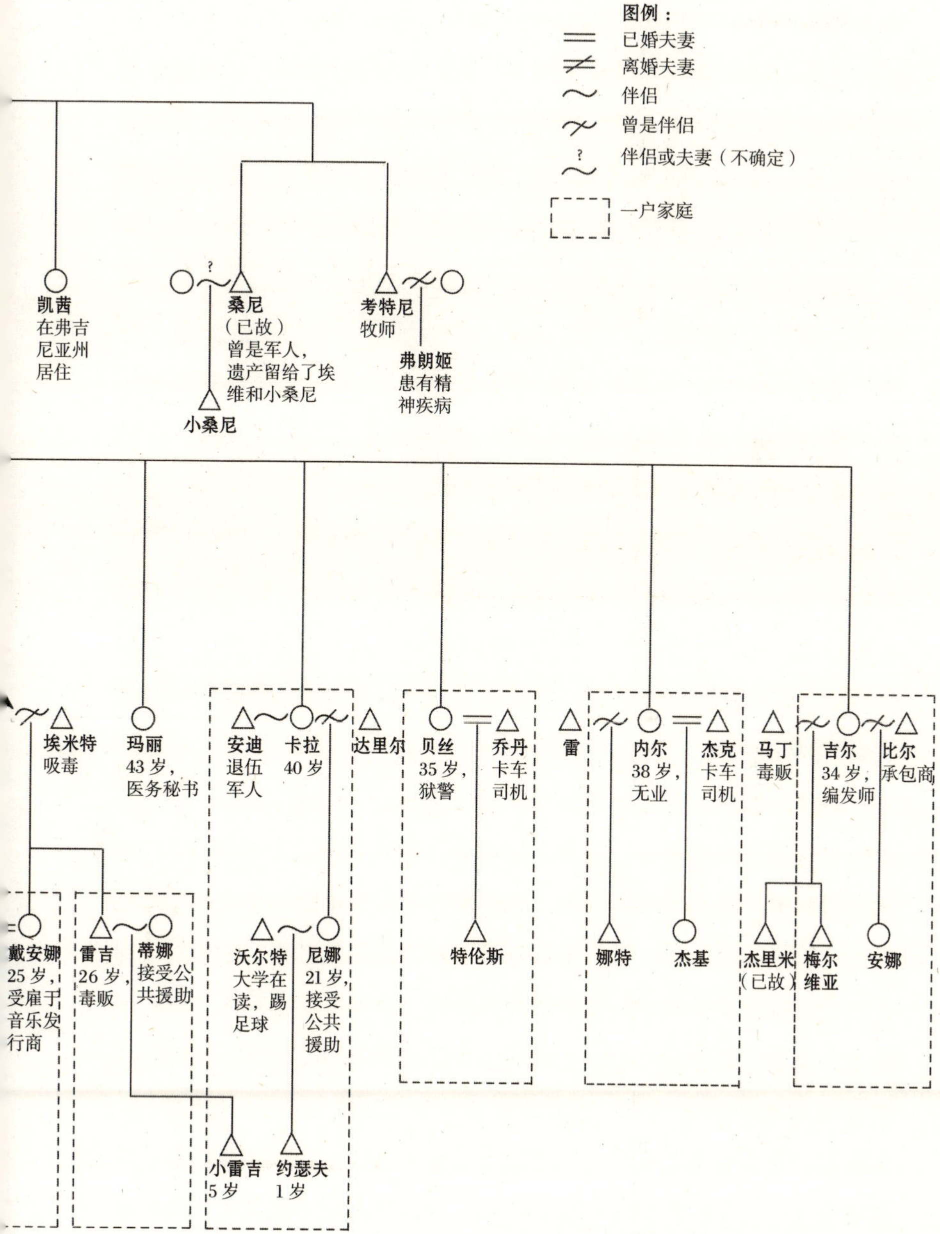

图例：
已婚夫妻
离婚夫妻
伴侣
曾是伴侣
伴侣或夫妻（不确定）
一户家庭
凯茜
在弗吉尼亚州居住
桑尼
（已故）
曾是军人，遗产留给了埃维和小桑尼
小桑尼
考特尼
牧师
弗朗姬
患有精神疾病
埃米特
吸毒
玛丽
43岁，医务秘书
安迪
退伍军人
卡拉
40岁
达里尔
贝丝
35岁，狱警
乔丹
卡车司机
雷
内尔
38岁，无业
杰克
卡车司机
马丁
毒贩
吉尔
34岁，编发师
比尔
承包商
戴安娜
25岁，受雇于音乐发行商
雷吉
26岁，毒贩
蒂娜
接受公共援助
沃尔特
大学在读，踢足球
尼娜
21岁，接受公共援助
特伦斯
娜特
杰基
杰里米
（已故）
梅尔维亚
安娜
小雷吉
5岁
约瑟夫
1岁

军队缩编也减少了年轻的黑人向上流动的机会。凯莎的几个表亲获得了向上流动的机会，包括两名邮务人员（迪安和多拉）、一名房屋管理局警察（肯德拉）。凯莎的妹夫（亚历克斯）在长岛铁路公司做汽车保洁员。但是，和凯莎同辈的大部分亲戚都生活落魄，哥哥是毒贩（但是很有钱），还有几个表亲也参与了毒品交易。[9]

凯莎的纵向社交关系未能帮助她实现向上流动，因为他们所在的行业已逐渐走向没落。但是，这些人能为凯莎等低薪就业者树立榜样，尽管榜样的力量是有限的。凯莎的外祖母无法安排她到邮局工作，她的姨妈也没能帮她进入惩戒部工作。他们只能以身作则，激励凯莎相信自己总有一天能和他们一样幸运。

调研员不太可能关注凯莎的家谱中包含的复杂性和多样性特点。我们必须对这些穷忙族的代际特点进行深入的分析，了解他们的社交关系，了解各类群体，包括在职的和无业的、正规工作和黑工。通过分析，我们才能对人际资源、对她认识的人以及这些人能提供的帮助有更细致的了解。

我们还能从社会学的角度进一步了解凯莎。基于她的直系家庭，我们也许会把凯莎视为一个女儿，她的母亲长期接受福利救济。[10]但从外祖父母辈或者表亲辈来看，她的角色又有所不同。长辈的向下流动造成了凯莎的现状，她的家族呈现出逐代退步的态势，就业机会逐代减少。凯莎的亲戚曾经任职于公共部门，收入足以在郊区实现安居乐业。而到了凯莎这一代，只有达到最低工资标准的工作可以做了。基于20年的战后经济复苏以及联邦政府为实现机会均等而做的努力，埃维那一代非洲裔实现了向上流动。而到了20世纪70年代中期，形势每况愈下，实际情况是众所周知的。通过凯莎家族的例子，我们能够了解历史对于许多黑人家庭的意义：失去机会的一代人想依靠成功的一代，代与代之间出现不平等，从而导致家庭关系日趋紧张。

当然，就业机会的减少只是原因之一，凯莎的同辈人里也不乏比她发展好的人，比如，有表亲是房屋管理警察。教育、技能也是非常重要的，能带来更多的机会，就业优势也比仅有高中文凭的凯莎大。我们在研究影响低薪就业者实现向上流动的因素时，不应低估技能的重要作用。如果他们持有更高的文凭，就能在劳动力市场上更具竞争力，获得满意的职位。

人脉是否愿意提供帮助，也是非常重要的一环。这种帮助并不是现成的。家庭成员的不同经历会导致关系裂痕的出现。已经摆脱贫民区的成员尤其看不起长期以福利救济为生、居住环境恶劣的子女或孙辈。由于母亲 25 年来一直接受抚养未成年子女家庭援助，凯莎经常能感觉到长辈对自己的轻视。凯莎也不以母亲为荣，她认为因母亲的过错而连累自己是不公平的，如果有钱的亲戚真心想帮自己，肯定会比现在更积极。

这一现象并不罕见。19 世纪末，德国犹太人在美国成功落脚。面对后来移民过来的东欧犹太贫民，德国犹太人感到脸上无光。其中一些中产阶级改革者成立了资金充裕、效果显著的社会服务机构，以帮助这些“俄国”穷亲戚，其实在很大程度上是为了避免他们的不堪暴露在主流社会挑剔的目光之下。[11] 虽然有充分的理由证明，移民一向对求职的同胞慷慨资助、招募、提携，但这个无私之举未必是经济发展使然。慷慨相助并不是普遍现象，达娜等内城区的非洲裔就因受助而遭受了严厉的谴责，导致问题愈加复杂。少数族裔的中产阶级和郊区的白人一样，对这种批判的观点持赞同的态度，甚至有过之而无不及，并希望与有害的“底层阶级”断绝联系。

他们故意对亲戚的求助视而不见。由于非洲裔在贫民群体中占多数，因此在美国，“出人头地”的非洲裔碰上穷亲戚的概率远高于其他民族或种族。成功者往往担心，一旦开了帮衬的先河，内城区的亲戚就会蜂拥而至，提出无数的要求。许多人的穷亲戚太多，他们提供的帮助就如杯水车薪，很快就无能为力，而且自己的生活也会受到波及。凯莎的家谱就说明了这个问题的严重性。外祖母埃维的子女已经成年，但因生活困苦，只能带着孩子投奔埃维。但是埃维家里收留的子女和孙辈太多，已经超出了她的能力范围，如果一味答应孩子们的要求，埃维将被彻底拖垮。最后，为了避免家人轮番回家和她一起住，埃维卖掉了房子，搬到了现在的小房子里。

随着这种紧张关系愈演愈烈，穷亲戚感到自己被亲人排斥，感到自己在富亲戚的眼里不过是“废物”。罗恩是非洲裔美国人，25 岁，非常了解这种感受。他的姐姐比他大 15 岁，是陆军少校，住在得克萨斯州。在一众兄弟姐妹中，她的事业是最成功的。罗恩受姐姐的影响，12—14 岁时在得克萨斯州的一家军校上学，这也是母亲的期望，母亲希望他远离从小长大的纽约市井环境。但罗恩不喜欢这种安排，便尽力说服母亲，返回了纽约。

通过在得克萨斯州的 2 年生活，罗恩清楚地认识到，对家里贡献最大、最受推崇的姐姐是如何看待不如自己的群体的。

姐姐总显摆自己是家里唯一的大学生，而我们屁都不是。她会说：“你就是狗屁不如。”嗯，就是这样。我很爱其他的兄弟姐妹，我不想遭受那种态度，她对家人充满厌恶。

一说到家人，她就说："我是最优秀的。"她非常自豪。要知道……我听了会哭的。她总说："你应该感激我做的一切。和我待在这儿（得克萨斯州）是你走运。"我就坐着，听姐姐把家人骂得猪狗不如。后来我就说："我必须回纽约去。"

纳丁没上过军校，但她能理解罗恩的处境，因为她的家里也存在阶级分化的问题，为此经常发生争吵。[12] 因为家庭极度贫困，纳丁从14岁起就在巴恩汉堡店打工。当她还是个小孩子的时候，父亲在一场车祸中去世，此前他一直没有工作。她的母亲22年来一直领着抚养未成年子女家庭援助，现已因病致残。一个哥哥因抑郁症住院治疗，只能靠纳丁和两个双胞胎姐姐（一个在肉类加工厂做屠宰员，另一个在曼哈顿下城的一家油漆店打工）养家。她的亲戚并非都是贫民。她的叔叔就是个成功的商人，但和纳丁家的关系并不好。

我们没完成学业，所以他瞧不起我们。他经常夸耀自己的孩子，羞辱我们。"他们会比你们优秀的。"我的一个姐姐有个女儿，另一个姐姐有个儿子，现在又怀孕了。叔叔就说："你们就是（什么都不会的）废物，只会生孩子，都毕不了业。"（叔叔）还说，下一个（生孩子的）就该到我了，但这不可能。我知道自己想要什么样的生活。

纳丁的两个姐姐都没有完成高中学业，但是她们后来都回去学习并获得了普通高中同等学力证书。她的哥哥因患有严重的精神疾病，无法继续学习。纳丁兄弟姐妹4人，其中3人都有全职工作，齐心协力地抚养家里的小孩子们。纳丁的祖父母还在从事全职工作，但工资微薄。总之，纳丁的家庭成员都能保住自己的工作，这一点就是值得尊重的。但她的叔叔固执己见，认为自己和自己的孩子都比纳丁家优秀。

从叔叔以及认识的其他成功者身上，纳丁认识到，“获得成功”的亲戚会开上新汽车，迫不及待地逃离住处，远离穷亲戚。“所有人都走了，”纳丁提到，“说明他们很优秀。因为优秀，才会离开。”纳丁并不责怪他们，如果有能力，自己也一样会搬离破败不堪的社区。

大家搬走的原因多半是因为街区。如果你在这里住一个月，你也想走，肯定想离开的。街道太糟了……几天前街上还躺着一具尸体，身上有八九个弹孔。我住的楼房有上百年历史了，环境恶劣，蟑螂肆虐。邻居嗓门很大，非常吵——骂孩子的声音、音乐的噪声，还有吵架声。

所以，有好工作、有钱的人都不想待在这里，纳丁对此一点儿也不感到奇怪。[13]

如果罗恩或者纳丁生活潦倒，在万不得已之下，是可以向富裕的亲戚求助的，他们也的确得到过几次帮助（如罗恩在得克萨斯州的经历）。然而，这些亲戚是否有能力或者愿意受累帮罗恩或者纳丁找一份好工作，这个问题尚无定论。纳丁没有读完高中，除了从事低薪工作，别无选择。在商业领域里，她的叔叔具有丰富的人脉，但她缺乏求职优势，所以即使叔叔知道招聘信息，也不会想到她。

生活富足的亲戚与生活不幸的亲戚之间存在着巨大的文化鸿沟，导致前者羞于与后者为伍。这一问题尤其令非洲裔贫民深感痛苦，他们视种族为纽带，也是不可避免的障碍，因此，自力更生、来自黑人同胞的帮助就成为实现向上流动的必要条件。受等级划分的影响，消除种族问题对劳动力市场造成的影响更是难上加难。如肖恩所说：

如果（黑人）能多花些时间互帮互助，（情况就会好很多）。可是一有点钱，我们就去奚落别人，说："哦，瞧瞧他吧，挣不到钱，也不想去（工作）。"……这就是最大的问题。一有钱，就想搬家，恨不得搬到 300 万英里以外。谁都不想管。只想和同一阶层的人同行。这一点是可以理解的，每个人都是独立的个体，但是不应忘记自己的出身之地。帮助别人，并让他们知道（自己）是可以自力更生的，你自己也能从中获得提升。

从来没去过贫民区的数百万家庭会因社交距离的存在而引起关系的紧张。蓝领出身的中产阶级往往把挣扎在工厂里、汽车修理店里的手足抛在身后。[14] 对城市贫民来说，这些差距带来的后果远远大于感情受伤以及被"高高在上的、高不可攀的"亲戚拒绝的难堪，会降低求职的关联度，从而影响年轻的就业者获得晋升，跳出巴恩汉堡店的圈子。

然而，纵向关系未能促成向上流动与完全缺乏人脉是两回事，应加以区分。大部分关于城市贫民的社会学著作都认为，中产阶级离开内城区之后，社交关系被完全破坏，导致贫民区居民交不到有工作的朋友和亲戚，工作体面的群体就更不用提了。然而，调查研究无法捕捉到社交关系的细节，尤其是凯莎与其外祖母、纳丁与其叔叔之间的这种标准的人脉关系。[15] 这种研究方法低估了贫民区居民与外界的关系的多样性，也无法对条件优越的亲戚或朋友采取何种态度来对待年轻的求职者进行细致的阐释，他们要么倾力相助，要么置若罔闻。

哈莱姆的低薪就业者编织了一张社交关系网，其中既有离开劳动力市场的群体，也有努力工作的群体。其中一部分人有稳定的工作，这令巴恩汉堡店的就业者羡慕不已。另一部分人的工作则和巴恩汉堡店的就业者属于同一水平。这两部分人脉关系都能发挥作用，但后者比前者更能“创造”新工作，因为前者所在的公共部门已出现了缩减，而且他们推荐的岗位对受教育水平的要求比较高，大部分低薪就业者都达不到。社交关系的确能够提高就业机会，但是在促进向上流动方面，其作用是有限的。

这对穷忙族来说可不是个小问题。他们只能从工作中获得尊严，但最低工资的待遇实在不值得夸耀。巴恩汉堡店的就业者到了 25 岁之后就会认识到自己很可能一直停留在现状，所以沮丧的情绪油然而生。蒂法尼从 13 岁起就开始工作了，她的母亲是福利救济的受助者。要是没有她的工作收入，她和母亲将生活在水深火热之中。但蒂法尼并不满足于在巴恩汉堡店打工。

我想努力摆脱（困境），但还是困在（巴恩汉堡店）里面了。我感觉很难受，因为……我才 19 岁，积累了 3 年的快餐店工作经验，我希望做儿童保育方面的工作。为此，我做的唯一努力就是坚持在高中学习了 2 年护理课程。我既有经验，又有证书，但教育证书不属于（儿童保育）上岗证。每当我应聘（儿童保育）工作的时候，对方都要求提供上岗证。他们说：“去考证吧。”但是要想考证还得上课，涉及一堆事，谈何容易。我被巴恩汉堡店的单调工作困住了，就想离开。

蒂法尼非常清楚，摆脱困境的唯一方法就是获得上岗证。但是，她要养活自己和母亲，既没时间也没钱去实现目标。她对困难谈得越多，就越感到苦恼。“我恐怕找不到其他工作了，”她哭着说，“巴恩汉堡店是唯一接纳我的公司，但是我讨厌这里。”蒂法尼不明白，为什么快餐店的工作会阻碍她进入日托领域。

我不知道老板们是否能接受巴恩汉堡店的员工。我上高中的时候，老师说：“不要因为在巴恩汉堡店工作而感到丢人，因为等你到了其他岗位，老板看到了你的表现就会说：‘她工作很努力。’”是的，真让人又爱又怕。那么为什么我现在不能换工作呢？老板知道我是巴恩汉堡店的员工，会说：“她就知道这些？”

蒂法尼对有些问题的担心是多余的。稳定的工作业绩在求职中的作用更大。但仅凭业绩不足以获得技术含量高的工作。蒂法尼要想获得证书，只能辞职上学或者获得足够的奖学金，满足生活所需，并支付学费。但她知道，这些做法都是不可行的。

贾马尔也倍感失意。他明白，获得好工作的机会是极其渺茫的，上学是他改变命运的唯一出路，但他上不起学。贾马尔有远大的理想，但是理想终将是泡影。

我憧憬未来，但不知道出路是什么。我幻想过自己的未来，希望当飞行员或者警察。但是因生活所迫，理想很难实现，每天都要忙于应付房租、工作。我没有能力去实现愿望，也失去了斗志，因此有深深的挫败感。未来仍只是个愿望，而不是可以实现的计划。

为了实现愿望，要知道，我必须依靠帮助。住房就是必不可少的一项。假如我可以一年不用付房租，有一份不错的工作，还能上学，那我敢说，到了明年，我就能做好充分的准备了。可惜这不可能，我没钱。太不靠谱了。

贾马尔多年来挣扎着谋生，靠一己之力养活自己和女友，遭受了巨大的压力。他都快被逼疯了。

近水楼台

有的人的确实现了地位提升。他们有幸可以用打工的收入支付学习或培训费用。戴维在巴恩汉堡店工作了 3 年，并在此期间获得了制冷和空调设备维修专业证书。卡伦把打工所得积攒起来，用于支付大学学费。他们的励志经历说明，向上流动是可以实现的，而且，对于年轻的就业者来说，他们基本没有其他的责任要承担，所以更有可能获得进步。

那么其他人是什么状态呢？有抱负的就业者希望获得内部晋升。幸好快餐业是比较提倡内部晋升的行业。在巴恩汉堡公司的管理层中，许多经理就是从炸薯条、设置微波炉的计时器等岗位一步一步升上去的。从厨师到一线经理、总经理直至区域、全国的管理层，整个管理链条上都有后厨出身的员工。巴恩汉堡公司曾拥有过辉煌的时期，发展迅速、所向披靡，需要大量的管理者，仅靠内部晋升是远远不够的。而如今，巴恩汉堡公司的国内市场份额逐渐减少，海外业务成为增长最快的版块，把汉堡和可乐传播到亚洲、东欧等地。基于稳定的市场发展，巴恩汉堡公司仍能在美国本土提供大量的管理岗位，为表现优异的内部员工（很少面向公众）提供晋升的机会。

多年前，洛杉矶爆发了华特暴动，随后巴恩汉堡公司意识到，应该把更多的少数族裔员工提拔为管理者，尤其是在非洲裔、拉美裔、亚裔聚居区里经营的餐馆。公司的领导层做出这个决定并非为了示好，只是为了保护公司不受贫民暴动的波及。20世纪60年代，华特暴动席卷了整个洛杉矶，巴恩汉堡公司的各家店铺均受到了巨大的冲击。1992年，罗德尼·金事件引发了大规模暴乱，黑人开办的巴恩汉堡店因贯彻“少数民族管理”的新政，实施少数族裔当老板的措施而有幸躲过一劫。

这项政策为少数族裔就业者带来了晋升的机会，巴恩汉堡公司要求各家店面的老板和高级经理必须向优秀的员工开放晋升通道。为此，公司专门制定了一整套课程，并配备教材和考试，经理候选人必须在主管的指导下完成课程学习。学习合格者还要到指定的区域酒店接受定期的区域培训，被各家店面“录取”的学员还要进一步接受培训。哈莱姆的学员一般都在长岛的高档酒店里接受区域培训。对许多人来说，这是他们第一次入住酒店。

学员们通过培训学习人际关系的要素、员工管理、钱款管理、设备维修、库存管理等知识，同时，还能培养组织归属感和自豪感，这堪称不小的成就，因为整个行业仍背负着“麦工”的污名。通过培训，员工们会明白，自己的身份已经今非昔比了，并为此感到自信。

培训期间，全纽约市的管理人才齐聚一堂，这无意间也为学员们带来了宝贵的人脉关系。虽然各店之间有个不成文的规矩，就是不能到其他店挖人才，但实际上大家一直都在这么做。各店从集中培训中能发现人才，挖走人才，坐享其成。通过集中培训，巴恩汉堡公司建立起内部的经理招聘市场，一些人通过人脉晋升到了新岗位（并带走了部分员工）。晋升的价值体现在能获得进入内部人力市场的资格以及奖金。

谁能够实现职业飞跃？选拔程序是什么？在一般的巴恩汉堡店里，最多有 40 名在编初级岗位员工和 10 名不同级别的管理者。由于员工的流动率较高，管理层每年经过筛选，会多录用一倍数量的员工，并从中挑选 4—6 人晋升为一线经理。他们可以留在当前的店面工作，也可以到同一老板经营的其他店面工作。那么选拔过程是如何进行的呢？

费尔南多是多米尼加裔，在巴恩汉堡店担任一线经理，对选拔经理很有想法。他的选人标准，简言之，就是加倍努力。

安排工作的时候，他们不说“但是”，也不会敷衍了事，而是说：“好的，由我负责吧。”这就是评判标准。如果在安排工作后，总是（说）：“哦，要不派这个人去吧？”总是找借口，肯定不能成为优秀的经理。

费尔南多心目中的理想人选要具有主观能动性，勇于承担责任，按时完成分内工作，不拖沓、不偷懒。他们能成为上级的左膀右臂，因为更高层的管理者要把控店面运营的全局，无法在管理中面面俱到。费尔南多明白，胜任的下属是能够替自己分担工作的。

如果下属能够得到（适当的）成长，不是说替上级分担一部分工作，而是善于发现上级做不到的事情。上级忘记的事情，他们能够主动完成。他们也会告诉上级……“何不试试这个方法？我觉得更好。”所以，上级能不断地从下属那里获得信息。

费尔南多希望下属做自己的眼睛和耳朵，能够按照总目标——让顾客满意——全力以赴地工作。

几年前，费尔南多就属于这样的下属，他的主管是一位非洲裔美国女性，身材微胖，受人尊敬。她对费尔南多进行了单独培训，打算提升他进入管理层。大家仅对她一人以姓氏尊称，叫她波特女士。她认为费尔南多在工作中积极主动，在一众敷衍了事、不愿多干活儿的员工中表现突出。费尔南多主动找活儿干，对主管安排的工作均认真完成，即使和主管的种族立场不同，也能表现出应有的尊重。

费尔南多是具有优势的，他具备管理者的家族基因。他的父母都在多米尼加乡下的贫民家庭出生，他的父亲上过学，后来任职于一家医学实验室，并奋斗到了管理层。后来，公司搬到了弗吉尼亚州，他的父亲实现了许多移民渴望的飞跃：在一个大型的拉美裔聚居区里开了一间酒窖。费尔南多的父母很早就离婚了，他的母亲一直住在哈莱姆东区，曾在一家服装厂做缝纫工，现在已经退休。他的母亲从未做过管理工作，但父亲一直在做管理工作。工作谋生不仅是费尔南多的主要目标，也是其他成年亲戚的共同目标。费尔南多的妻子曾经在巴恩汉堡店工作，现在辞职在家，抚养他们的第一个孩子，她打算不久后重返职场。在这种家庭背景下，费尔南多完全明白如何展示自己的潜力，这一点也就不足为奇了。

费尔南多认为，在职场出人头地并非易事。他初到巴恩汉堡店的时候，店里的员工大多是非洲裔，目前仍为数众多。他能察觉到黑人同事的敌意，他们担心费尔南多和他们竞争难得的晋升机会。作为在其他民族的地盘上工作的少数派，费尔南多不确定自己能否被接纳，觉得自己算不上干管理的料。

对拉美裔来说，机会是很少的。在（老板）开的8家店里，总共只有1位拉美裔经理、总经理，其他都是黑人，所以我们始终处于底层。不仅因为我们说的是西班牙语。要知道，我们属于少数，而他们是多数。

在实际工作中，种族问题给费尔南多带来的困扰比他想象的少。他打工的巴恩汉堡店所在的社区正在经历转型，越来越多的“西班牙”移民聚居到北方。巴恩汉堡店的老板明白不同种族的员工在一起共事能够传递善意，所以有意调整后厨员工和经理层的种族构成，从而吸引新的客户群。如费尔南多所说：

在（现任老板）接管这家店面以前，90%的员工、90%的经理都是黑人。而接管后，（拉美裔和黑人的）比例都变为了50%。西班牙顾客会光顾，因为他们知道店里有讲西班牙语的员工。所以……必须进行调整，因为在社区居民中，黑人、波多黎各裔和多米尼加裔的比例分别是50%、25%、25%。

这位老板对位于唐人街的巴恩汉堡店也做了同样的调整。在此之前，这家店的员工大多为拉美裔，非洲裔只占少数。他逐步增加了亚裔员工的比例，实现了利润增加。

但是，转型并非易事。失势的一方意识到自己在市场化的名义下被取代，察觉到工作机会在减少，从而对亲朋好友的生活带来影响，而他们原本是可以“通过人脉”获得一份工作的。费尔南多是首批获得晋升的非黑人经理，和他一样的经理都明白，自己属于转型中的先锋群体，会因自己所代表的现象而招致不满：“西班牙人”侵占了非洲裔的领地。

费尔南多担心自己“处于底层”，但是他也有所获益，因为管理层有意增加经理的种族构成，并改变了以往的观念。波特女士之所以能跨越种族鸿沟，挑选费尔南多，是因为她需要的是可靠的下属，这一点是她最为看重的。经总经理批准，波特女士把费尔南多招至麾下，向他传授制订计划、员工培训、现金管控、人际关系与矛盾的解决、库存与供应品订购等方面的经验。她还鼓励费尔南多继续学习，不断进步，费尔南多就在当地一家专科学校完成了学业。

在波特女士的支持下，费尔南多完全胜任了主管工作，以自己的努力赢得了下属的尊重。他不敢带有一丝种族仇视的态度，也不能以顽固、独断的方式处理矛盾。

得到尊重是很有必要的。如果他们不尊重你，就会为所欲为。嗯，比如你让他们去扫地、拖地，而他们不去。就是不把你放在眼里！

费尔南多 90% 的工作都是想办法让员工遵守公司的各项烹饪规定。食品制作的每一环节都有明确的规定。费尔南多有权对违反规定的员工进行处罚，他发现一个规律：积极肯干的员工更好管理。如费尔南多所说，管理者不可能做到时时刻刻都监督员工。

一开始，费尔南多很难获得尊重，因为种族关系紧张，员工也没有把他当领导：凭什么费尔南多前一天还和自己平起平坐，现在就能发号施令？但这些问题逐渐消失了，因为必须有人管理，才能保证工作正常开展，大多数员工也逐渐明白了这一点。他们不再随心所欲，而是高效地工作。出于这个重要的原因，不同种族的员工之间即便存在竞争，也能在工作中加强合作。他们必须和谐相处，否则就无法做好食品；顽固不化的员工终将被淘汰。所有经理（包括费尔南多）都不希望职场里充斥着紧张关系。他们一方面要确保餐食按时制作，一方面还要努力缓和紧张关系。

鲍勃是非洲裔美国人，和费尔南多在同一家店里工作，担任经理，兼任公司的高级督导，直接向老板汇报工作。他高中毕业后就加入了巴恩汉堡公司，在多家店面都工作过，至今已将近 15 年了。鲍勃先在一家收容所里住过一段时间，那里住的主要是遭受父母虐待和遗弃的儿童，后来又和祖母一起生活。祖母体弱多病，到鲍勃 20 岁出头的时候就去世了。祖母在世的时候，经常劝说鲍勃去工作，因为家里没钱了，而且祖母的身体也不好，社会服务工作也难以继续做下去。[16] 在高中三、四年级的时候，鲍勃干了两份工作——一份是放学后的兼职，另一份是周末的全职，以此来努力维持生计。后来，他好不容易上了大学，祖母的病更加严重了，需要他多挣些钱。他只好向巴恩汉堡店的经理求助，争取晋升到管理层。

从某些方面来说，鲍勃并不是干管理的料。他很聪明，很快就能掌握制作工序，善于从基本的工作中找到高效的方法，但他非常易怒。他长期遭受冷眼对待、暴力相向，不得不接受等级观念，而且养成了一些恶习。

我过去就是个街头混混，无拘无束。我过去脾气很暴躁，现在也一样。现在还是控制不住，小时候经常和人打架。每隔5分钟就有人说："该死，他又打架了，又打架了。"从高中起就这样。后来，要是谁招惹了我——嘭！我不喜欢别人打量我。

要是鲍勃没有稳定的工作，肯定会惹上法律麻烦的。幸好他有工作，幸好有上司萨姆管着他，让他摒弃了一身恶习，而且在面对顾客辱骂的时候，他不再像过去一样发火，而是学会了控制情绪。

我记得有一次，我在巴恩汉堡店里被逮捕了。有个人把咖啡倒在我的身上，还叫我"黑鬼"，还在我脸上打了一拳。我火冒三丈，把他打得屁滚尿流！所以我被捕了。我的经理萨姆把我（从警察局）接回来。他对我说："不能这样做。不要理会他们。"他为我着想，还帮我升了职。

萨姆曾经也是个街头混混，他发现自己和鲍勃很投缘，于是一路引领他坐上了总经理的位子。要是没有萨姆的指引，鲍勃早就走上歧途了。凭借自己的天赋、干劲以及萨姆的长期影响，鲍勃最终得以成功。现在，祖母已不在人世，他已经23岁了，年收入达到2.5万美元——对一个收容所长大的年轻黑人来说，收入已经很高了。

现在，挑选人才的重任落到了鲍勃的肩上。他要从员工培训师中择优提拔时薪经理，加入令人梦寐以求的行列：总经理和总经理助理。这两个职位意味着“丰厚的收入”，因为它们都是领薪职位，而不是小时工。通过招聘，鲍勃更加明确了理想人选的条件：具备一定的领导力。他希望提拔的人具备一定的权威，或者至少有这方面的潜力，有望成为人才。杰茜卡是店里的一名年轻黑人，在鲍勃手下工作，因为才华出众，被选拔参加管理培训。

大家都听杰茜卡的。不知道是因为她的语气还是说话的方式，反正杰茜卡安排的事都能完成，毫不费力。我注意到她的（这个品质），并培养她的其他能力，教她如何分派工作、提出建议、做出决策，等等。目前还在进行中。我之所以选杰茜卡，就是因为她的谈吐。她能保证完成工作。她会说出来，大家就去做了。

鲍勃对杰茜卡观察了几个月后，才做出了上述的评价。杰茜卡对分外的工作也主动去做，鲍勃会留心听她说的话，他认为，杰茜卡“爱发号施令”的特点能够变为管控能力，所以就向老板推荐了她作为培训人选。

鲍勃在凯莎的好朋友拉托娅的身上也发现了同样的特质。拉托娅要照顾 3 个孩子，还要兼顾工作，具备较强的组织管理能力，和杰茜卡一样具有权威。不仅孩子听她的话，身边的同事也听她的安排。经过数月观察，鲍勃对她的领导力有了明确的判断，最终也挑选了她。

员工有不明白的地方，都去问拉托娅。拉托娅发现了（违反规定）问题，也会处理。

拉托娅并没有因成为管理人选而欢欣雀跃，因为她缺乏自信。鲍勃回忆道："她觉得大家不会听她的。"鲍勃根据自己的观察，确定拉托娅是具备管理能力的，但是她低估了自己的能力。"我就把自己观察到的能力告诉了她。"他提到，然后他也向老板推荐了她。最后，拉托娅接受了挑战，开始参加培训，为获得领薪职位而努力。

鉴于管理岗对领导力是有要求的，我们不难发现哪类人是不会被纳入考虑范围的。性格文静的人往往抱着完成工作就下班的心态，所以不适合提拔。凯莎的儿子的父亲胡安就是出于这个原因被排除在了管理者行列之外。如鲍勃所说："胡安太文静了，缺乏雄心壮志。他只是来工作，满足于手头的工作。我要是问他是否愿意管理，他可能都不知道答案，太文静了。"

把挣钱和快乐工作（因此总找机会偷懒）作为目标的年轻人，也不会得到提拔。鲍勃的大部分年轻下属都属于这类人，所以鲍勃不会考虑提拔他们做管理者。

看起来脾气暴躁的人也很少能成为晋升的人选，尤其是在有大量的人选可以进行斟酌、判断的时候。在鲍勃的眼里，"我行我素"的人不是做管理的料。罗恩就是一个例子。他有着坎坷的成长经历，两个哥哥在青春期多次被判入狱，他自己有时在巴恩汉堡店等地方打工，有时又跑到哈莱姆的街市上卖 T 恤。罗恩是个健谈的人，对种族不平等问题极为敏感，在我见过的快餐店就业者里，他对黑人民族主义抱有的信念最为坚定，对强制服从的规定感到恼火，这一点令鲍勃最为愤怒。但是，罗恩非常聪明，工作高效。他完全掌握了烤肉技巧，基本可以独立操作，这些技能也许符合管理者的要求，但鲍勃认为他并不令人省心。

他总想着不劳而获。我整天看着他，心想：他怎样才能变好呢？他什么也不干……他有工作，但只能勉强保住饭碗。我之所以不开除他，是因为不希望街头再多一个笨蛋。要是他令我失望，我早就不管他了。他认为大家都应帮助他，而他自己可以不工作。他就是这么想的。他想当经理，但是素质达不到。

罗恩并没有意识到自己都快要失去工作了，反而去问上司什么时候能提拔他当管理者。回答当然是否定的。鲍勃告诉他，必须提升自己的“言谈、领导力、外表、卫生，等等……还有态度”。罗恩获得晋升的可能性不大。

鲍勃不喜欢罗恩，不仅因为罗恩不属于态度恭顺或者“听话”的员工，令他感到失望，更是因为有些头脑聪明的员工改不了底层群体的习气，令鲍勃等经理深感无奈。哈莱姆等贫民区的餐馆经理和老板并不仅仅是为了挣钱而工作的。他们还抱有一种使命感，希望以常规的方式来帮助员工：工作。他们认为，体格健全的人不应该不劳而获，就业是获得尊严的唯一途径。而且在巴恩汉堡店，只要员工稍微具备一些抱负和领导力，就能够得到向上流动的机会。

为了培养员工，经理们花费了大量的精力，提供了许多奖励。他们为视力不好的员工配眼镜，为没有担保人的员工做担保、开立银行账户，为员工提供住房方面的建议，帮助未获得身份的员工办理驾照和身份证，为担心怀孕的年轻女员工提供建议，对没有认字能力的员工进行读写培训等，他们的帮助并不限于快餐店的管理工作，更像是社会工作的内容。这些帮助都是自愿的——非公司行为——因为内城区的餐馆经理一心希望改善贫民区居民的生活水平。

经理们结合他们自己的晋升经历和地位等级，对员工抱有期望，怀着满腔的热忱，可是换来的却是大失所望，因为年轻的员工既没有树立同样的目标，也对成功缺乏信心。鲍勃等经理都是通过奋斗获得现在的职位的，所以对罗恩这样傲慢自大、排斥组织层级管理的年轻人毫不留情。哈莱姆其他店面的经理也是如此，其中一些人曾是军人，他们对藐视礼仪规范（或者烹饪规定）的员工都无法容忍。他们想要的员工是身在贫民区、但价值观和行为举止与中产阶级类似的人——他们和经理们一样，都持有获得事业成功的保守观念。

这并不是说，经理们希望或者要求备选经理在家庭结构、宗教信仰、教育观念、育儿等方面都要墨守成规，他们并不要求员工在各方面都符合传统观念。鲍勃自己就有一个非婚生的孩子，这很正常。经理们所关心的方面并不涉及工作以外的领域，只限于员工的工作表现。巴恩汉堡店的许多员工都符合这个要求，所以晋升的竞争异常激烈。但是，仍有不少人的表现正好相反：头脑聪明，但不愿服从命令，通过行为举止（发型、佩戴金首饰、语言风格、目光交流的方式）表达抗拒——不论他们是否真的有抗拒之意。

晋升过程中的人力资本

鲍勃培养的 3 个成功者——费尔南多、杰茜卡和拉托娅——并没有优异的学业表现。尤其是拉托娅，只勉强获得了普通高中同等学力。对巴恩汉堡店的底层员工来说，上学在获得晋升方面的作用是有限的。[17] 总经理首先关注的是员工的个人特质，其次才是学业表现。管理培训生要学习许多内容，包括排班、分派工作、管理库存、维修设备、管理现金等一系列相关的工作。鲍勃必须对培训内容进行突击考试，而不是像高中代数课堂一样。

通过培训之后，准经理们还要参加区域培训，参加一系列考试，然后制订“行动计划”，即每个人计划完成的目标、目的，并由主管监督完成。只有完成了上述的所有环节，员工才能晋升为时薪经理，薪水获得一定程度的增加。我们讲述的这 3 位时薪经理在高中时期的表现都不出色，却能在培训中脱颖而出，最终获得晋升。缺乏书本知识的员工是不会获得总经理的青睐的。勤劳肯干的移民员工即便各方面表现都不错，也会因英语水平不过关而无法获得晋升。我们认识许多在美国出生的员工，工作上兢兢业业，但是读写能力欠缺，只能被排除在晋升行列以外。[18]

一线经理距离“丰厚的收入”还有很长一段距离。一般来说，8—10 个时薪经理竞争 2 个职位更高的领薪经理名额。只有在迅速扩张的企业里，才能让大量的员工在越来越窄的晋升通道里前行，成为新开的店面的管理者。这种情况的确真实发生着，由于内城区对巴恩汉堡店而言就是一个不断扩大的市场，所以对管理者的需求能够保持稳定。但是企业扩张的程度还不足以保证所有人都获得领薪经理职位，因此这些岗位的竞争是非常激烈的。

由于巴恩汉堡店的向上流动名额有限，而且店里为了控制成本，薪资水平一直很低，所以，员工通常得不到任何提升，流动率很高。这类工作天生具有流动性，比较适合从事暑期工的青少年，而不适合追求事业成功的成年人，否则只是徒增烦恼。

第7章

家庭价值观

罗莎·李·坎宁安是普利策奖得主莱昂·丹斯刊登在《华盛顿邮报》上的系列获奖作品中的主人公，代表了20世纪末期的贫民群体。[1] 她在华盛顿出生，在家里排行老大。在20世纪30年代，家人在南方做佃农，生活贫困，后来生活得到了改善，罗莎·李·坎宁安很快就被公众遗忘了。她生第一个孩子的时候，年仅14岁。到24岁的时候，她已经是8个孩子的母亲了，而孩子的6个生父早已不知所踪。为了独自养活孩子，她在夜总会里做服务员，贩卖毒品，在商店行窃。她对生活失去了希望，还要抚养孩子，不堪重负之下开始吸食海洛因。后来，偷窃所得不够养家和吸毒的开销，为了挣钱，她卖身为妓，还让自己的一个女儿也做了妓女。

人们对莱昂·丹斯的系列获奖作品及后续图书的反应是可以想见的：评论家们对罗莎·李群体代表的文化解体现象表示担忧和反感。罗莎·李总是和品行不端的男人纠缠，也不能善待自己的孩子，因此备受社会关注，她代表了社会底层的母亲群体，她的生活绝境都是自己一手造成的。公众认为，她后来的犯罪行为和堕落举动都是贫穷文化造成的必然后果，而且影响太深，已无法改正。任何就业、戒毒项目或者天使般的社会工作者都无法拯救罗莎·李群体。她迷惘无助，孩子们也只能重蹈覆辙，[2]让社会承受其犯罪的后果。

这些有代表性的群体造就了公众对内城区家庭的印象。他们揭示了贫民跌至社会底层的隐含原因：未能克制住冲动。美国文化认为，人是命运的主宰，可以凭借个人奋斗，把控自己的人生。所以在这种文化里，凡事都要有合理的解释。对失败者来说，失败的原因不是得不到机会或者外界的因素非自己所能控制，而是因为无法抵抗诱惑或者缺乏智商——如赫恩斯坦和默里在《钟形曲线》一书中所述。这个观点自清教徒出现时就已存在，其影响和在17世纪时一样深远。

内城区里的确有许多类似罗莎·李·坎宁安这样的家庭。他们反映了贫民无力承担生活成本的境地。在这些地区里，好工作已经消失不见，学校和监狱相差无几，维系家庭成为女性的职责，而且为了挣钱谋生，她们还要经受激烈的竞争。哈莱姆中区的不少女性都落得和罗莎·李·坎宁安一样的境地。

然而，这部分女性属于少数群体，受到社会的鄙视。她们与公众普遍接受的、认可的母亲形象和家庭生活状态相去甚远，甚至连拉托娅、卡门这样的家庭都不如。记者和学者纷纷对罗莎·李群体进行报道，关注的重点是内城区里生活最困难、对邻居造成的伤害最大的人。公众对他们的愤怒心情表示理解，为了保持“向贫困宣战”的初衷，他们希望唤起美国的良知，让公众认识到繁荣发展的社会里也在不断滋生毒瘤。20世纪60年代，这一举措收效很大，国家经济蓬勃发展，中产阶级生活稳定，公众对政府解决社会问题的能力仍抱有信心。

而到了20世纪90年代，同样的举措却带来了完全相反的结果。社会对行为偏常的人群、身为妓女的母亲、身为罪犯的父亲、寻衅滋事的青少年、被父母抛弃的儿童等群体给予着重关注，其结果只是再次印证了民众的失望情绪，甚至更糟。按照达尔文的理论观点，我们也许应该“放任自流”，牺牲当代人，以期在下一代贫民区居民身上得到改善。他们凄惨的生活成为内城区各大出版物上的唯一“新闻”，而公众的态度却日益冷漠。

如果认为悲观的报道是不实的，那就太荒唐了。“底层群体”问题是长期存在的、棘手的、令人沮丧的现实问题，无法摆脱。但是，社会号召贫民区居民振作起来，这一举措是具有两面性的。符合常理的一面在于，贫民家庭会坚持主流价值观，父母们自己都没看过《欧吉和哈丽雅特时代》，自己的生活毫无起色，却希望孩子不断努力，过得更好。的确，这些家庭——穷忙族以及许多“福利救济受助家庭”——首先站出来指责罗莎·李群体，并把他们视为反例。

谁是这场文化战争的胜利者呢？内城区居民的主流价值观是什么呢？社会学研究只着眼于内城区各自的亚文化，却忽视了主流榜样和学校机构的作用，忽略了媒体的影响力、贫民父母的观念以及反面事例的作用，而这些因素都能对贫民区居民的道德观产生作用。我们不应把非常规的家庭社会结构（尽管的确背离了中产阶级的社会规范）与一套单独的价值观混为一谈。贫民区和其他地区一样，其结构和文化也存在着差异。

家庭价值观

拉托娅的家谱比较复杂。她的母亲伊琳因患糖尿病而致残，一直住在布朗克斯，完全属于另一个社会。拉托娅的父亲阿尔文成年后从事过多份工作——主要是卡车司机——近几年因年龄大了，才经常出现在拉托娅的生活中。他喜欢酗酒，不时地给家人制造麻烦，但出于“血脉亲情”，大家庭还是接纳了他，至少从现在起他开始戒酒了。

许多年前，拉托娅的父亲开始和伊丽莎白同居，那时伊丽莎白刚从佐治亚州乡下的一个寂静小镇迁居过来。乡下的生活非常无聊，居民也无处可去。伊丽莎白瞅准一个机会，坐上了前往纽约的公交车，开始在纽约工作和生活。她在纽约上东区的富人家里做家政员，至今已经25年了，其间生了2个女儿（娜塔莎和斯蒂芬妮），她们是拉托娅同父异母的妹妹。

父亲阿尔文偶尔回家一趟，拉托娅、娜塔莎和斯蒂芬妮成了相亲相爱的姐妹，把伊丽莎白当作精神依靠和家庭支柱。她们组成了一个稳定的大家庭，居住地之间相距不过几个街区。她们一起去教堂，每逢重要的节日更是如此。

拉托娅是姐妹三人中第一个在巴恩汉堡店找到工作的，不久后，她把娜塔莎也推荐到店里工作了。近5年时间里，她们两个同父异母的姐妹一起工作、相互照应，面对顾客的挑衅，她们努力平息怒火；面对挑刺的经理，她们相互帮助。妹妹斯蒂芬妮还在读高中三年级，也在巴恩汉堡店做暑期工。在拉托娅上晚班的时候，她就帮忙去市立日托中心以及课后学习班接孩子，以便拉托娅按时上班。拉托娅上夜班的时候，斯蒂芬妮就在家里照顾外甥和外甥女。而在以前，这些工作都是由娜塔莎做的。

要是没有娜塔莎和斯蒂芬妮的帮助，拉托娅很难保住自己的工作。如果我们把两个妹妹对拉托娅的帮助仅看作一种应急帮忙，就无法了解她们之间真正的依赖关系了。她们同属于一个家庭，但住在不同的地方，关于这种模式，卡罗尔·斯塔克在其经典著作《我们这一族》中也有涉及。在书中，斯塔克对复杂的交换关系进行了阐释，它是南伊利诺伊贫民区里的“公寓”家庭的特点，即商品和人员永无休止地交换流通。基于这种交互关系，母亲们可以获得生活保障，从而应对物资的匮乏、善变的房东、不稳定的工作、抚养未成年子女家庭援助的突然停发，以及男人们努力工作仍收入寥寥的窘境。

穷忙族的家庭圈——支持的结构

在拉托娅的大家庭中，没有一位成员接受福利救济，所有成年人都有工作，包括酗酒的阿尔文在内。孩子们都在上学。因为生活贫困，大家集中住在几户房子里，关系紧密。按照人口普查局的规定，拉托娅和伊丽莎白分别是各自家庭的户主，但实际上，她们同属一个社会体系，成员间相互依存。拉托娅和娜塔莎可以一起去俱乐部玩，留下斯蒂芬妮在家照看孩子；她们还一起策划生日会，为伊丽莎白带来惊喜。感恩节到了，她们会和兄弟姐妹、姑姑、姑父一起聚餐，大家把火鸡和蔓越莓抬到最大的公寓里，欢度节日。到了圣诞节，拉托娅的孩子、兄弟姐妹以及伊丽莎白和阿尔文都盛装打扮，到几个街区以外的浸信会教堂参加活动，全家人几乎坐满了一整条长椅。伊丽莎白仍保留着南方人定期做礼拜的习惯，常常抱怨孩子们没有像她一样定期去教堂。和许多美国家庭一样，拉托娅和妹妹们都很尊重母亲的信仰，也会参加这类家庭仪式。

拉托娅、娜塔莎、斯蒂芬妮和伊丽莎白有意交往过密，不仅因为她们需要互相帮助，而且因为她们无比珍视家庭。“家人是最好的朋

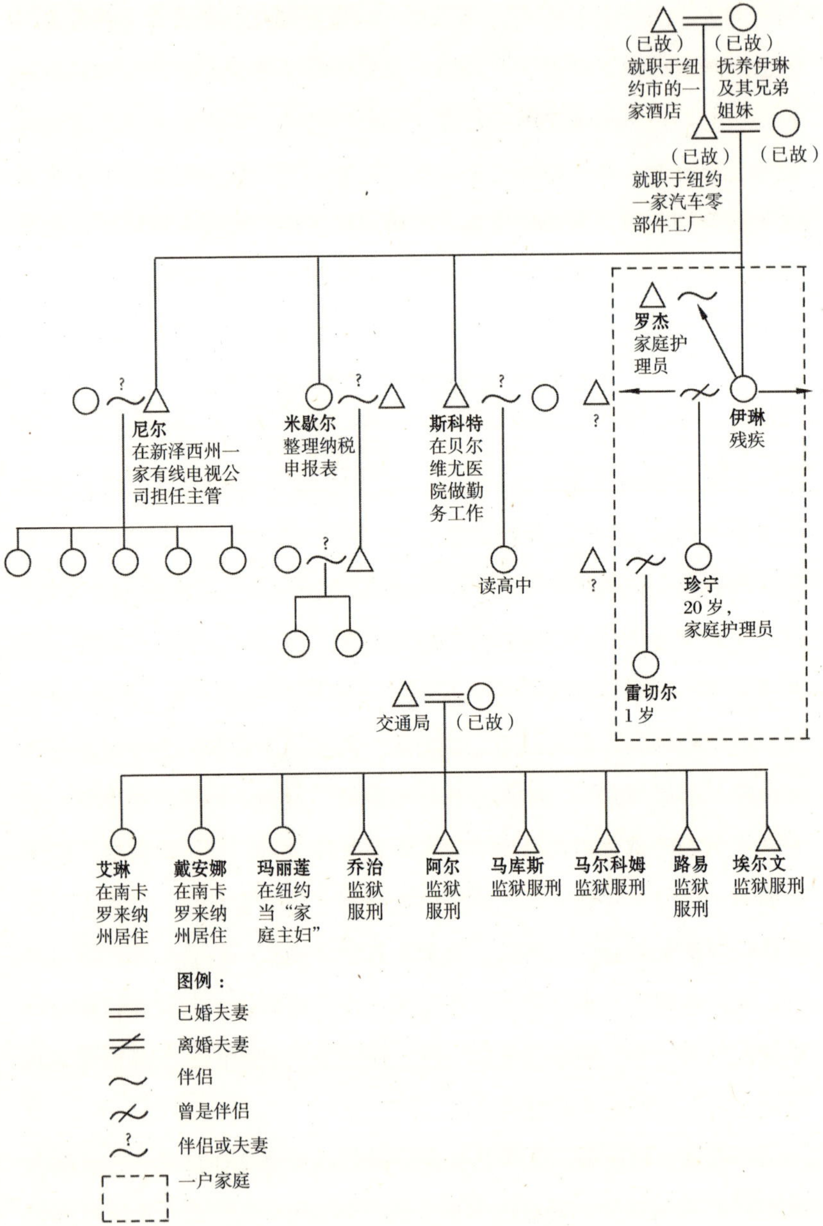
（已故）
就职于纽约市的一家酒店
（已故）
抚养伊琳及其兄弟姐妹
（已故）
就职于纽约一家汽车零部件工厂
（已故）
罗杰
家庭护理员
伊琳
残疾
尼尔
在新泽西州一家有线电视公司担任主管
米歇尔
整理纳税申报表
斯科特
在贝尔维尤医院做勤务工作
读高中
珍宁
20岁，家庭护理员
雷切尔
1岁
交通局
（已故）
艾琳
在南卡罗来纳州居住
戴安娜
在南卡罗来纳州居住
玛丽莲
在纽约当“家庭主妇”
乔治
监狱服刑
阿尔
监狱服刑
马库斯
监狱服刑
马尔科姆
监狱服刑
路易
监狱服刑
埃尔文
监狱服刑
图例：
已婚夫妻
离婚夫妻
伴侣
曾是伴侣
伴侣或夫妻
一户家庭

拉托娅的家谱（1995 年）

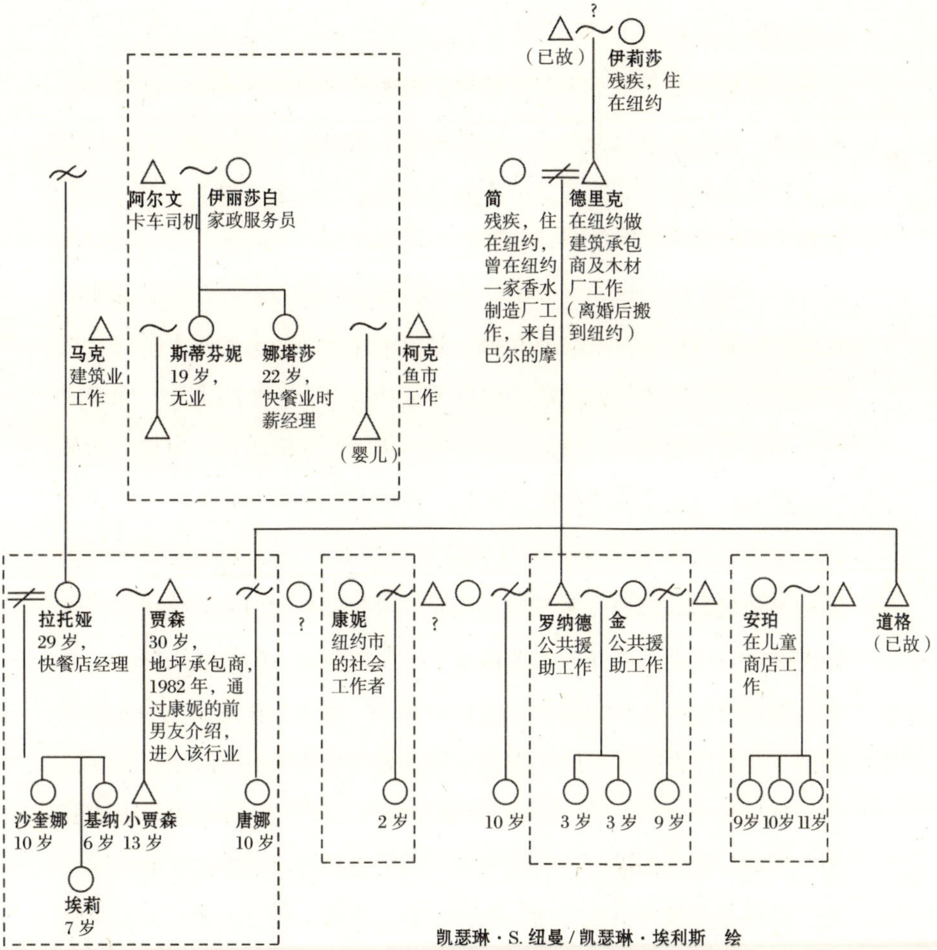

凯瑟琳 · S. 纽曼 / 凯瑟琳 · 埃利斯　绘

友。”娜塔莎解释道。拉托娅是娜塔莎最好的朋友，也是她的交流者、倾听者、工作中的后盾、下班后的逛街伙伴。丹妮尔是她们两人的表妹，也是她们朋友圈里的一分子，再加上她的孩子，共同组成一个联系紧密的大家庭。

拉托娅的三个孩子把两个姨妈，即娜塔莎和斯蒂芬妮，都视为家庭成员，视为值得信赖的人。去教堂前，姨妈会给他们编辫子，有时还要解答他们的学业问题，或者偷偷给他们带回来一两个汉堡。拉托娅很少单独和孩子们在家。

公众对美国的认知主要集中于中产阶级的核心家庭，这是其他群体的标杆和目标。在郊区家庭中，兄弟姐妹之间的关系并不密切，日常交往也不多。美国的中产阶级更重视独立自主，长幼之间、同辈之间的关系都比较独立。他们能够获得稳定、可观的收入，当然无须像拉托娅那样与家人维持紧密的联系，从而获取足够的保障。

移民家庭是哈莱姆低薪就业群体的重要成员，也面临同样的情况。多米尼加、海地、牙买加、西非、南非等不同国家的移民在哈莱姆的外围住下来。低薪的移民就业者需要依靠庞大的家族人脉——既包括定居纽约多年的老移民，也包括初来乍到的新移民——才能解决住房、儿童保育问题，并得到用于解决燃眉之急的公共资金。长期以来，移民们多以链式移民的方式涌入纽约。面对负担不起的生活开销，他们不得不帮助亲人重返故里。政府福利仅向美国出生的公民发放，移民是没有资格获得的，所以他们只能多工作、挤着住，并且吸纳更多的就业者到人际关系圈里来。

移民和非洲裔贫民一样，喜欢在公寓楼里聚居，亲戚之间不仅能帮忙解决住房问题，而且便于一起照顾孩子、一起吃饭。在卡门居住的公寓楼里，有5户家庭存在亲戚关系。大家可以自由串门，随意到别人家里打开电冰箱找吃的，到安装有线电视的亲戚家看电视或者到尚未欠费停机的亲戚家里打电话。卡门的祖母在家照顾6个孙子孙女，以便让他们的父母安心工作。

为了理解家庭对于卡门的意义，我们还应考虑到多米尼加国的情况，因为卡门的母亲和一个妹妹还住在那里。卡门必须离开母亲，投奔父亲和亲戚，一方面是因为她有理想有抱负，另一方面是因为仅靠母亲的收入，她们的生活越来越难以为继。卡门一有钱就寄给母亲，一般一个月寄一次，这笔汇款能够大大地改善母亲的生活，帮助她脱离贫困。[3]而对卡门来说，这种方式并不能替代亲情、亲密相处以及母亲的爱。她最渴望得到绿卡，这样就能把母亲和妹妹接到纽约了。现在她自己也当了母亲，非常希望自己的母亲在身边，这样就不用依靠父亲的亲戚帮忙了。可这个愿望仍是遥不可及的，她只能隔两三年回国一次。

对移民来说，家庭的价值跨越重洋，经久不衰。亲戚们一个接一个地来到美国，住在少数族裔聚居区里，处于盘根错节的亲戚关系网中。在海地互为邻居的家庭到了哈莱姆依然相邻不远。从美国南方乡下迁居到哈莱姆的群体也存在同样的情况。来自佐治亚州、卡罗来纳州等小镇的居民及其后代聚居在各个公寓楼里。从这方面来说，本土移民和外国移民的定居模式是一样的，从而形成了关乎穷忙族生存问题的社会结构。

富有的家庭可以花钱购买服务，满足工作和家庭所需。他们可以花钱请人看护孩子，可以向银行贷款，可以用自己的工资支付生活开销，生病时也可以依靠医疗保险。经济富足的家庭对亲戚关系的依赖较弱，而贫民区里的居民必须依赖紧密的、有时甚至是令人窒息的亲戚关系。我们的文化一直无法接受核心家庭成员之间的独立关系，担心会因此而失去亲情。我们怀念曾经的“移民一代”特有的紧密家庭关系。依靠这种关系，新移民们源源不断地来到美国，而且在世纪之交紧紧地团结在一起。[4]

我们忽略的是，许多内城区的家庭，尤其是工作谋生的群体，仍旧维持着紧密的关系，保留着一种社会资本，而这种社会资本在美国的许多郊区几乎早已不复存在。[5]这种紧密关系成为拉托娅、娜塔莎群体的社会生活的核心。的确，这些家庭价值观与其他的愿望是有冲突的：他们渴望住在郊区，拥有一所舒适的房子，外围还有尖桩篱栅，既能避免别人在墙上胡写乱画，保持美观，又能消除母亲们的担忧，不会让孩子受到街头暴力的波及。他们希望远离哈莱姆，拥有属于自己的房子和花园。假如奇迹能够发生，他们又要陷入两难的境地：要么和所有住在附近的亲戚一起搬走，要么承受与亲戚天各一方的不便。

为什么我们认为这种价值观属于曾经的贫民区呢？部分原因在于作家们对罗莎·李群体给予了关注，还有部分原因是我们把内城区的亲属关系结构与家庭生活的道德文化混为一谈了。巴恩汉堡店的员工中基本没有比尔·科斯比那样的家庭，大部分人在单亲家庭里长大，其中一些人自己也是单身父母。比如拉托娅，她因第一任丈夫染上毒瘾而离婚，然后和贾森同居多年，并和他生了一个孩子，这个孩子是拉托娅所有孩子里最小的。贾森大部分时间都和拉托娅的家人在一起住。他是一名技艺娴熟的技工，收入比拉托娅在巴恩汉堡店的工资高多了，所以拉托娅所有孩子的开销大多由他承担。然而，他们两人的关系时好时坏，反复分手、和好。

显然，这种家庭模式和美国郊区的家庭并不一样，至少不属于主流的中产阶级文化。[6] 美国贫民区的家庭具有不稳定性，这一点令人担忧。无疑，非婚生子女很可能在贫困家庭中长大，[7] 所以他们要面临很大的困难。而离婚家庭的子女，不论处于什么社会阶层，同样过着艰难的生活。[8]

然而，我们不能说“非常规”的家庭对家庭生活、亲情关系的重视程度就有所降低。拉托娅和贾森发生争执的时候会感到不悦，但丝毫不会减少对孩子的爱和无微不至的照顾。她把所有亲戚，尤其是女性亲戚，都安排到附近住，编织了一张亲情网，维持着亲情关系，为她的孩子营造一个稳定的生活环境。拉托娅视家庭，尤其是孩子，高于一切。如果我们在研究她的家庭结构时只关注与核心家庭相悖的方面，就会忽视最重要的内容：家庭内部关系的质量、家庭之间的关系以及与周围亲戚的关系。要是没有这些关系，拉托娅将难以维持按部就班的生活，难以在充满危险的社区里保护孩子。她成功的部分原因就在于，家庭成员能够齐心协力，战胜各种困难。

帕特里夏在10年前开始工作，成为巴恩汉堡店的一员。怀第一个孩子期间，她足足干了9个月的全职工作，直到孩子出生才休假。怀第二个孩子的时候，她坚持一边工作、一边读高中。她经历过一段失败的婚姻，一度靠福利救济生活，后来一心扑在工作上，她的工作观传承自她的母亲。她的母亲做了一辈子家庭护理员，先是护理出院回家的产妇和婴儿，后来又护理居家的老人。在帕特里夏的家庭里，做家庭护理员已经是一个进步了，因为她的外祖母一辈子都是家政服务员。

外婆已经去世了，我从小到大都很崇拜她。她在皇后区买了一所房子，然后开始上班，给别人擦地板。买了房子后，她抵押了两三次，还要支付抵押贷款。她都付完了。

帕特里夏的妹妹也是家庭护理员，负责照顾艾滋病患者。她和帕特里夏都属于既要挣钱谋生、又要养育孩子的女性。要是没有大家庭的帮助，她们都不可能担得住这些责任。帕特里夏的母亲和她住在同一栋楼里，在6层，她的弟弟也和母亲一起住。帕特里夏的妹妹家与她家相距不过几个街区。和母亲、妹妹相邻而居为帕特里夏带来了很大的便利。有亲人在家里帮忙照顾孩子，她就能安心地去工作了。

亲情并不会取代小家庭，共同育儿也不会取代母亲的地位。帕特里夏依然是孩子们的主心骨。她要照顾孩子们吃饭、穿衣，还要检查作业，在他们膝盖受伤的时候，给他们贴创可贴。她还要保护孩子远离哈莱姆公共住房周围的各种陷阱。她不给自己买东西，用节省下来的钱购买了空调和“任天堂”游戏机，这些东西看似奢侈，但实际上非常有用——至少在一方面是有用的——在炎热的暑假，能够让孩子们安全地待在家里。这样一来，在她上班期间，孩子们就能待在凉爽的家里，自在地玩游戏了。而且同样重要的是，帕特里夏的妹妹和母亲可以在她上班期间帮忙照顾孩子，要是没有她们，她将面临痛苦的抉择。

家人的帮助不仅对就业的父母来说是非常重要的，而且对年轻的就业者来说也是不可或缺的。巴恩汉堡店的青少年员工经常得到长辈或者“家人的朋友”的关照。“家人的朋友”与他们关系密切，被他们当作姑姑、叔叔一般看待，人类学家称之为“拟亲属”。沙奎娜

11 岁的时候，在当地一家教堂开办的幼儿体育馆里打工，生活困苦。她的母亲因犯毒品罪多次入狱，她的一个哥哥犯有谋杀罪。幸亏祖母收留了她，否则她可能早已成为纽约市数千名寄养儿童中的一员了。

沙奎娜从 10 岁起就和祖母一起生活，除她以外，家里还有沙奎娜的姑姑、姑姑的 2 个孩子、1 个表亲、2 个未婚的叔叔以及生了 1 个孩子的姑姑和姑父。祖母收留了所有子女和孙辈，所以她们家属于三代同堂，但是还有几个成员不在（比如沙奎娜的母亲）。大家共同养家，共同支配收入和州政府补助：祖母能领到补充保障收入，一个姑姑有失业保险，在警察局工作的一个叔叔有工资，另一个当洗车工的叔叔有打黑工的收入，沙奎娜在巴恩汉堡店也有工资。

沙奎娜称之为家的哈莱姆社区里住满了人，都是亲朋好友，大家相互串门，一起吃饭，相互借钱应急。

姑姑……就住在街对面。就说昨晚，祖母家里没糖了，她给姑姑打电话，姑姑给她买了糖。那个家伙到了楼下，对我们爱搭不理的，就把东西交给我们。祖母也不爱和楼里的许多老人打交道，她要是有事，宁愿找她的女儿，就是我的姑姑，也不愿意求朋友，其实她完全可以找朋友的。要是我需要什么，我就直接上楼去，因为好朋友就住在楼上。她的祖母和我的祖母是好朋友，厨房里尽是好吃的。

沙奎娜可以依靠亲朋好友的帮忙，满足基本生活所需，而她自己的工资就可以留下来，满足自己的需要。她对家里的经济困难非常上心，经常用自己的收入为家里购买牙膏、香皂、婴儿用品等东西，并为和姑姑一起住在街对面的教子买东西。对她来说，倾尽全力地帮助家人是非常重要的事。

这种家庭模式也具有实际的意义。大家庭的情感价值也是非常重要的，尤其在沙奎娜与母亲之间没有建立起稳固的关系时。和祖母、姑姑、叔叔、表亲在一起，她会获得安全感，其真实感和重要性不亚于任何郊区的核心家庭。

“缺席的”男人们

在对贫民区的各种解读中，广为流传的版本往往是哀叹男性——尤其是父亲——在家庭生活中的存在感日益降低。在狱中服刑的男性数量达到了历史最高。他们无意与孩子的生母结婚，“一击”即跑。许多男人令女人和孩子伤心欲绝，这种事情屡见不鲜。离婚数据显示，这样的情节在各个阶层中都不断地上演着。需要父亲却见不到父亲的孩子遍及全国。在我们的文化里，不论是贫民区还是其他地方，女性被赋予育儿的责任，而男性只担任配合的角色。

我们无意弱化不同人群之间的差异，比如监狱服刑的父亲与离婚父亲之间的差异、不与孩子生母结婚的贫民父亲与有钱却不支付孩子抚养费的父亲之间的差异。差异是存在的，并造成了一些后果。调查研究显示，跟着未婚母亲生活的单亲儿童的高中辍学率比父母离异的儿童高，跟着未婚母亲生活的单亲女儿比父母离异的女儿更有可能成为少女母亲。但是应该补充一点，这些差异并不像某些专家说的那么大。[9]

大批男性离开内城区，这种说法未免太宽泛。叔叔、父亲、兄弟、儿子、男朋友——还有丈夫——每天都在哈莱姆的穷忙族家庭里进进出出，这是有目共睹的。他们帮忙养家，定期来看孩子的生母，给她们钱和食物，但不和她们同居。[10] 人口普查局或者社会学家的调查忽视了男性在哈莱姆的存在感，他们不在这里住，却是养家的支柱。胡安就是一个例证。他和凯莎生了一个儿子，定期把自己的部分收入交给凯莎。凯莎有好几个孩子，胡安认识她的时候，她就领着抚养未成年子女家庭援助。胡安会给凯莎一些钱作为儿子的抚养费。他尽力照顾身边的每一个人，结果收入所剩无几。

> 维持生计太难了。比如说某个星期我想买个东西，但必须忍住不买，因为家里会说，有线电视费该交了，你帮帮忙吧，或者说，电灯该维修了。我会这周给 100 美元，下周再给 50 美元。我的母亲沾染了恶习，一发作，脑子就不正常。所以有时候我不得不掏一大笔钱。我要负担所有的开销，就别再烦我了。

后来，福利机构发现胡安给母亲钱的情况，于是取消了一部分补助金。为了应对，胡安就到朋友家借宿，睡在沙发上，这样就可以让母亲上报他已经搬出去了。

雷纳尔多的母亲是波多黎各裔，父亲是厄瓜多尔裔，他算是个万事通，除了在巴恩汉堡店打过一段短工，还做过各种各样的工作，包括未加入工会的电工、汽车修理工、木工以及手机经销商，主要服务于多米尼加裔社区里的拉美同胞。雷纳尔多身材又高又壮，喜欢穿垮裤、戴金链子，一副典型的商人打扮。他同时干几份工作，不放过任何兼职的机会。他曾有一段时间在一家药店做码货员，下班后兼职为邻居修车，为房东的空置公寓重新布线。除了上学、陪女朋友、和弟弟出去逛，其他时间他都用来工作。

毫无疑问，他对工作的痴迷源于父亲厄尼的影响，父亲向他传授了许多电气设备维修知识。厄尼对所有的故障设备都能拆分到最小，然后再完美地组装起来。福特、道奇、通用等品牌的故障车都停在街边，等待他修理。他的汽车修理店就位于公寓楼前面，所有居民都知道这里是一家经营商铺。厄尼总是拿着一块布，来来回回地擦着一辆经他拆除、修理然后又组装好的旧车，确保车上的油污全部擦净。在他家的后屋里，一排排架子上摆满了喷灯、钳子、锤子、扳手、涂塑电线卷——各种维修工具应有尽有，确保他可以把朋友以及朋友的朋友送来的收音机和电视机都修理好。

厄尼忙里偷闲，还干了一份黑工，承包移民家庭的公寓翻新工程，他非常尽心尽力。在多米尼加裔社区里，老旧的公寓楼存在管道老化、墙皮脱落、瓷砖掉落、填缝开裂及剥落、窗户破损及黏合等问题。房东们推说没有钱修缮公寓，如果要修，也只能雇佣当地的工人，不能找工会的工人。于是，交房的时候，厄尼被找来进行修缮。厄尼把雷纳尔多带在身边，不遗余力地教他，等他忙不过来的时候，就把一部分工作交给雷纳尔多去做，从而确保工作机会始终“在自家人手里”。

雷纳尔多的母亲正在攻读文学副学士学位，希望有朝一日能够做计算机管理方面的工作。她大部分时间都在社区学院里学习，距离家很远，要坐很久的地铁才能到。后来，市长朱利安尼废除了相关政策，按照城市福利制度，他的母亲得到了教育补贴（旨在帮助领取抚养未成年子女家庭援助的女性获得长期职业发展）。雷纳尔多的母亲在文胸制造厂里工作多年，认识到了文凭的重要性，于是下定决心考取文凭，以期获得收入可观的好工作。

雷纳尔多的弟弟现在 16 岁，似乎有学习的天分，一心希望上大学。雷纳尔多对学习不太上心，也找不到学习的目标，弟弟却到哥伦比亚大学来看望我，对大学生活无比向往。每逢暑假和周末，他都会在朋友开的打印店里工作。

前面讲述的几个家庭的收入来源主要是勤奋工作的女性，而雷纳尔多的家庭主要依靠男性挣钱。雷纳尔多的母亲偶尔在工厂里打零工，希望毕业后能够找到一份正式的工作。真正支撑这个家的是创业打拼的男性成员。父亲和儿子通过（逃避纳税的）黑市和正规的（雇佣劳动）途径挣到的钱足以养家，生活水平处于底层工薪阶层。他们没有一点富余，离不开这些收入，但也不至于忍饥挨饿。他们希望小儿子能够读完高中，然后上公立大学，虽然这样离不开强大的经济后盾，但也并非天方夜谭、无法实现。

雷纳尔多的家庭容易被视为内城区的一个例外，被视为优秀的中产阶级偶像。毕竟，他的家庭里有双亲、有相亲相爱的兄弟，还有父子创业的精神，这一切构造了一个令人羡慕的、稳定的、互助的亲情圈。这些都是符合实际的。但是有一点，雷纳尔多的父母在几年前就已经离婚了，目的是获得福利救济的资格。为此，雷纳尔多的父亲还上报了另外一个地址作为证明。

官方普查数据显示，雷纳尔多家庭的成年人属于无业群体，他的家庭被视为依靠福利救济的单亲家庭。在哈莱姆，同样被归于此类的家庭达数千家。其实，雷纳尔多的家庭是有稳定的收入来源的，大部分成年成员都有工作，工作领域集中于政府监管范围以外的小型服务业和个体经营，包括居家缝纫、食品商贩、“吉普赛”出租车司机以及木工。[11] 大部分收入都未纳税。

关于灰色行业的著作大多关注毒品犯罪。然而对于数千名纽约贫民来说，他们请不起加入工会的管道工和电工。无照经营的技工、不正规的服务人员（提供育儿或个人服务）才是影子经济的重要代表。雷纳尔多及其父亲这类群体能够提供价格合理的服务和产品，为别人修车、修补漏雨的房顶、照看孩子，让贫民也能享受到服务。没有合法身份的移民会选择灰色工作，有合法身份的移民也会选择灰色行业作为兼职。

经证实，具有替代性的灰色行业的规模是难以预计的，[12] 该行业在贫民区广泛存在，往往与正规行业不相上下。雷纳尔多的父亲在起居室和街头开的多功能商店是家庭收入的主要来源，这种情况并不少见。多年来，哈莱姆的主干道上衍生出了热闹的路边市场，而国家税务局对此基本视而不见。[13]

不论是从就业还是从家庭结构的角度来看，雷纳尔多的家庭都与标准的核心家庭相去甚远。数据统计员或人口普查员要么把这类家庭与其他家庭混为一谈，要么认为家里的成年人都是多年无业群体。但多加留意就能发现，这种结论是站不住脚的。在家庭成员的共同努力下，他们的家庭生活正常进行，亲情对他们来说是至关重要的。在他们的价值观中，工作和家庭是文化的核心内容，对此，即使是美国社会中的保守派也能接受。家庭里的男性至少要和女性一样遵守这些规范。

贾马尔是他的小家庭里唯一有收入的人。他的同居女友凯茜因父亲去世时还未成年，所以曾经接受过政府的社会保障援助。后来她和贾马尔私奔同居，这笔救济金就被她的母亲占用了。现在，贾马尔要乘几个小时的公交车到远在另一个区的巴恩汉堡店打工，负责扫地、清理卫生间。贾马尔认为，男子汉就应该挣钱谋生、养家，他用工作来践行自己的理念，而他的工作却是大部分美国人都不屑于做的。他坚持的是男子汉气概的文化，强调家庭责任感，这种责任感有时不能面对面地表现出来（如胡安），有时是在同居期间体现的（如厄尼、贾马尔）。

黑人多被负面报道所笼罩，被公众所指责，被认为一无是处、不负责任、以阳刚之气自居，摆脱不了“贫民区里的举止”。[14] 难道只是固有的国民心态造成了公众的负面看法吗？当然不是。哈莱姆也不乏背弃母亲、妻子、女友和孩子的男性。我们对这些人伤害亲人的行为表示愤慨，但同时也有可能忽视了贾马尔、胡安、15 岁的詹姆斯、萨尔瓦多所代表的群体，他们要么把自己的收入交给父母，以便支付房租，要么打两份工，为妻子和孩子撑起一个家。我们还不应忽略拉托娅的同居丈夫为抚养她的女儿所付出的一切。为了深刻认识男性在坚持家庭价值观方面的作用，我们应对这些可敬的榜样予以认可，但同时也应认识到，许多男性同胞没能像他们一样成功。

其中一些“失败者”是家庭关系不正常的年轻黑人，他们没有地方住，只能打季节性零工，收入微薄，即便想给女朋友买东西，也是心有余而力不足。[15] 罗恩十几岁的时候，母亲就去世了。他在巴恩汉堡店断断续续地打工，女友勉强同意他搬来和自己住。他和女友的恋情时断时续，过着朝不保夕的生活。

你或许会说，我有工作，可以付房租。我付的是我和女友的房租。她就是我的房东，没人知道。她就是想要钱。我不想说，这是我自己的钱，怕她会说“我要把你赶出去”。所以我一直和家人保持联系，万一我和她发生问题，住在布鲁克林的姐姐随时可以收留我，直到我找到新的出路。姐姐的家很安全，但是我在经济方面却岌岌可危，如果巴恩汉堡店生意下滑，我就得离开。

罗恩的境况岌岌可危，不得不把一部分工资用来支付当前住所的房租。和他境况相同的人交过房租后就没钱能给别人了，也是出于这个原因，他们才缺少责任感。这不能成为他们不养孩子的借口，却也说明稳定、工资合理的工作对于激发责任感有着重要作用。对此，威廉·朱利叶斯·威尔逊在其著作《当工作消失时》中已提到，并呼吁全国予以关注。缺钱的男人往往无法成为称职的父亲。

家庭的问题

我认为，家庭的重要性体现在价值观的实际贯彻之中，但不是把穷忙族的家庭与“主流家庭模式”混为一谈。中产阶级有很多忧虑。处于收入等级底层的父母感到心力交瘁、疲惫不堪，他们要倾尽全力地应对一切。由于收入不稳定，不论是来自低薪工作、不靠谱的合作伙伴，还是两者都有，拉托娅等家庭要面对难以预料的匮乏生活，从而缺乏安全感。福利改革波及了亲属关系网中的许多人，由于穷忙族与抚养未成年子女家庭援助的受助者群体是存在交叠的，针对后者的政策指令往往对前者造成了影响。巴恩汉堡店的员工们缺少假期，从早到晚地制作汉堡，却没钱留给自己花，而且看不到出路，所以他们在家里往往脾气暴躁。经济压力对这些家庭产生了影响，尤其是小孩。

凯莎2岁的儿子安东尼，每天的大部分时间都坐在电视机前，观看肥皂剧和游戏节目，偶尔看看芝麻街节目。看电视不是为了让小安东尼接受教育，而是为了让外祖母得到放松。外祖母一直待在家里，照看小安东尼以及她自己的几个子女。达娜外婆能保证小安东尼衣食无忧、生活安全，但不太关注他的心理需求。他从未被单独留在家，也从未单独跑出去过，衣服也总是干干净净的。但外婆的照顾仅限于此，安东尼缺少大人持续的关怀，于是会做出一些相应的行为。

凯莎回到家只想躺到床上，翻翻影星杂志，她没有精力陪活泼的孩子玩。[16] 她一心想和男朋友见面，于是努力做达娜的工作，希望自己出去约会的时候，达娜能帮忙管孩子。小男孩溜进妈妈的小屋里，大声地说话，想引起凯莎的注意，而凯莎往往会赶他出去，独自休息。如果2岁的他不听话就会挨打。

安东尼没上过幼儿园，没有学习颜色和数字，也没参加日托中心的“圆圈时间”集体活动。他的成长经历中缺失了最基础的阅读和语言教育，而这是入学评估的重要内容。中产阶级父母非常关注孩子的精神需求，而在贫民家庭中，大人们为了生计不停地奋斗，没有时间、也没有能力为孩子提供精神食粮，从而对孩子的成长产生不良的影响。

沙奎娜需要帮助的时候，可以求助许多人。她的亲朋好友都在身边，当她觉得家里不如意的时候，也不至于忍饥挨饿、露宿街头。她的母亲吸毒，家庭因承受不住重压，很早就解体了。要不是祖母收留了她，她早就被送到寄养院了，因为母亲是不称职的。沙奎娜小时候经常和朋友到公寓附近的公共住房区逛，经常惹麻烦：打架，被辱骂后进行报复，和男孩发生争执，这些最终都升级为严重的暴力行为。

她有这种经历，却又喜欢工作，着实令人印象深刻。其实，她的成长经历能够从许多方面表现出来，包括她的脾气、无法与同事和睦相处。她的家人也关心她，但要说在这个非正常的家庭里，家人对她的感情不亚于比尔·科斯比的家庭关系，那恐怕就是不切实际的幻想了。

拉托娅和她的同居男友分分合合，这令她悲伤不已。男友把关系搞得一团糟，拉托娅就把他赶走，留下他和前任女友生的 10 岁女儿，和他们俩生的一个儿子。拉托娅渴望在郊区拥有一所房子。要是男友和她在一起，这个愿望还有可能实现，因为男友是加入工会的木匠，收入、待遇都很不错，时薪超过了 15 美元。他们可以一起离开这里到郊区去，但问题是他们的恋情很不稳定，令这个愿望可望而不可即。男友的不负责任令拉托娅伤心不已，他不在的时候，孩子非常想念他。拉托娅依靠自己在巴恩汉堡店的工资以及男友贾森给的钱，勉强能够应付 5 口之家的开销。他们俩在一起的时候，收入加起来足以超过贫困线，直接达到蓝领工薪阶层的生活水平。由此可见，在拉托娅家里，家庭稳定与生活水平是密切相关的：家庭和睦，则一切如意；家庭破裂，则困难重重。

当然，中产阶级的家庭生活也存在着曲折起伏。在许多家庭里，电视就是保姆。平淡乏味的婚姻走向了尽头，孩子们要面对经济困境，离婚的母亲不得不进入就业市场，这样一来，她们就无法时时刻刻守在孩子身边，对此，孩子也早已习惯。[17] 对贫民来说，现代家庭生活并非总是困难重重，但是不稳定的家庭对贫民的影响是巨大的，因为底层群体所处的体制结构——学校、低薪职场、人满为患的劳动力市场、崎岖不平的街道、前门廊上的毒贩——让疲于应对家庭矛盾的家庭更加脆弱不堪。帮助也会产生问题，因为提供帮助的亲朋好友也是贫民，同样问题缠身。

健康与贫穷

底层家庭成员更易患慢性病，寿命比富人更短。[18]他们住在拥挤的环境里，忍受噪音、污染、压力和暴力。[19]穷忙族的工作充满危险，这一点从不断攀升的工伤率就能反映出来。[20]低薪打工者比工作好的就业者更易受重伤。不良的饮食习惯和吸烟就是罪魁祸首，贫民的生活习惯更易导致慢性疾病。[21]

对大部分贫民区居民来说，定期检查身体是奢侈的行为，[22]距离最近的医院里的急诊室往往是贫民就医的首选。由于市政府加强成本控制，哈莱姆的医院都在裁员。哥伦比亚长老会医院和哈莱姆医院努力服务于贫民区居民，但是等待就医的时间很长，医疗服务也无法持续进行。

当我们在医学期刊上读到这些内容的时候，感觉这些统计数字非常抽象。但是一旦我们了解到哈莱姆的打工者每天忍受的病痛时，这些数字就非常直观、可怕、令人不安了，因为数字背后的家庭始终处于岌岌可危的境地，在诸事平安的情况下勉强能维持生计。但是，贫民患病的比例远远高于富人。这为他们带来无尽的失意、失去的机会以及家庭压力。

希尔达的家人给她打电话，让她离开巴恩汉堡店，回家照顾母亲，因为母亲在工厂发生了事故，失去了一根食指。希尔达不得不请了 3 天假，陪母亲治疗，帮助她从打击中恢复过来。查利 3 岁的时候，母亲因吸毒过量去世。他的姑姑、姑父收留了他，并将他视如己出。为了担起照顾他的责任，姑姑有 2 年没有工作。凯莎患有糖尿病，偶尔忍不住吃糖便会导致血糖升高。要是你在当地一家医院的急诊室的候诊区坐了 8 个小时，就是为了注射胰岛素，你一定会期待有一天打针不再需要等这么久。

帕特里夏的祖母在初到哈莱姆的几年里一直做家政服务员，她在曼哈顿东区的富人家里擦地板，用工资供女儿读完了护士学校，然后母女俩一起照顾寄养儿童。后来，帕特里夏的祖母患上了糖尿病，卧床不起，全家都受到影响，不得不行动起来。

当时我 9 岁，永远都忘不了。我的母亲立刻撇下家，接上我们，一起搬到皇后区，去照顾奶奶，直到她身体好转才回家。奶奶卧床两年。我们住在皇后区，也在那儿上学。妈妈必须负担奶奶的所有医疗费。直到我读完高中三年级，我们才回到哈莱姆。

帕特里夏家人的健康问题也出现在了后面几代人身上，这让她的求学之路再次中断。她的弟弟萨米生病住院了好几次，每次都要回家休养几周。

我是优等生。但是萨米有哮喘病。要是我没在家待那么多天陪萨米，可能学习成绩会更好。但是妈妈要挣钱养家。事情就是这样。我不甘心，但生活就是这样。一切就是这样。

丹妮尔是拉托娅的表妹，在百货商店做码货员，工作稳定。她有一个女儿，但是又怀了一个儿子。她努力保住工作，凑合找了一个保姆照看孩子，即便服务水平不高，至少人是可靠的。后来，她的儿子得了哮喘病，真正的危机时刻就到来了。保姆照顾不了身患重病的儿子，丹妮尔不得不离开职场。

儿子很小的时候，哮喘很严重，还在医院里得了肺炎。医生开了药，（保姆）不知道怎么给儿子（服药）。我不用想也知道，儿子很可怜。我真应该待在家里的。可我在努力工作。儿子滴水不进，都脱水了。没人愿意照顾一个病人。他住院了，医生要求住两个星期。每隔两三个星期，他就会因各种问题去医院。他曾经突然发病。后来，我就想，算了，还是待在家里吧。我离开了（百货商店），是辞职。我当时说，等儿子好一些再回来，等他身体好转或者……反正我必须在家待着。等他到 2 岁，3 岁吧，我再去工作。

这种病在哈莱姆的穷忙族中并不少见。家谱上有许多成年打工者的位置已经空缺了，而在富裕的社区就不是这样的情形。在去世或身患残疾以前，家庭成员们一直奋斗，照顾家人。他们很难享受到医疗保险，尤其是不符合医疗补助申领资格的穷忙族。年长的打工者因从事非正规的工作（比如帕特里夏的祖母曾做过家政服务员），几乎得不到社会保障。雇佣家庭护理员更是负担不起的开销。如果能够选择，谁会愿意为了上学、工作而与家人永别呢？没人愿意。

中产阶级家庭也会遇到类似的问题，比如父母日益年迈需要照顾，孩子身患重病时刻需要照顾。即使他们负担得起家庭护士、老年日托服务、养老院的开销，也要面临很大的困难。“三明治一代”要肩负照顾孩子、赡养老人的责任，背负沉重的压力，这些问题是钱也解决不了的。但钱的确能起作用，他们可以花钱购买服务，减少日常生活负担，获得少许自由。

哈莱姆的家庭缺少经济支撑。家里的长辈过早地患上了慢性病，这是身体长期欠佳造成的后果。当时孩子还小，长辈们都在工作。长期的慢性病导致50岁的祖母失去了自理能力，她的女儿和孙辈可能要面对长达20年的看护问题，这必将影响他们的工作。工作干不了，学业被中断，存款全部用于看病、买药，全家人承受着重压，护理亲人。生活被完全打乱了。

员工的请假令老板火冒三丈；旷课回家照顾病人的学生令学校失去耐心。旷工会丢掉工作，旷课会丢掉文凭，这些会为他们带来更大的打击。贫穷会导致能力丧失，对看护者造成影响，让大家庭的经济水平急转直下。但贫民群体认为，家庭是一切的核心，即使它造成了影响，也应排在最重要的位置。哈莱姆的穷忙族并非圣贤，在不得不做出牺牲的时候，他们也会沮丧、愤怒。过于贫穷、缺乏家庭观念的成员从不向家人做出回报，因此会失去帮助，沦落到无家可归的境地。

上几代美国人就是依靠大家庭的支持，才渡过了经济大萧条的难关。如今，面对内城区的萧条，居民们也应同样如此。20世纪30年代，人们为了家庭的需要而牺牲了许多职业发展机会和教育机会。如今也是一样，兄弟姐妹、子女、孙子孙女对亲戚不吝相帮，却也要为自己的慷慨“买单”。

家人之间的团结相助说明，家庭对穷忙族具有重要的意义。为了亲人，家庭成员甘愿做出牺牲。祖母并未住进养老院，由陌生人看护，而是躺在家里，孩子们都搬来和她同住。弟弟患上哮喘病，姐姐就辍学在家照顾。贫民家庭里若有成员患上慢性病，会对其兄弟姐妹、子女、孙子孙女都带来影响，让他们背负起家庭责任。

职业道德

全国性的报纸上报道，福利救济即将到期，众多领取抚养未成年子女家庭援助的群体成为社会关注的对象，他们声称自己最不希望“沦为麦工”。在公众的眼里，快餐业工作是毫无前途的，是打工者最不堪的经历。但是，即使在非常在乎个人形象的社区里，年轻人及许多长辈依然从事着这类工作，虽然他们是美国劳动大军中最不受尊重的成员，却能从工作中找到自己的尊严。

他们的动力从何而来，又为何想成为打工一族呢？为什么拥有黑色和棕色皮肤的年轻人愿意戴上围裙去制作汉堡、对无礼的顾客笑脸相迎呢？关键就是家庭价值观，就是长辈——父母、姑姑、姑父、祖父母等——以及邻居传授的观念：没有工作，就不能成为一个完整的人。我们往往把职业道德与中产阶级联系起来。但是在有钱人的社区里，年轻人并不为工作所累，父母只期望他们好好上学，工作交给长辈就好。

大多数美国人都不会把职业道德与内城区联系在一起，但内城区居民的就业动力比韦斯特切斯特的居民强大多了。在哈莱姆的巴恩汉堡店里，员工多为13—15岁就开始打工的少数族裔。与中产阶级同龄人相比，他们的就业年龄较小，工作不受待见，表现更加努力，但公众却把职业道德赋予中产阶级。

许多年轻打工者的父母也干着低薪工作，还有许多人的父母没有工作，主要原因是身患残疾，也有人是因为接受了福利救济。父母有能力或事业已经成功的家庭才具备职业道德，这种观念是错误的。不论父母是否有工作，年轻人会从身边的反面例子身上吸取教训，会对稳定的生活做出自己的判断，自觉地避免重蹈覆辙。蒂法尼就是一个例证：

工作对你的家庭有多大的帮助呢?

这个问题不好，因为我的家庭仍处于困境之中。工作可能有帮助，但是还有各种情况发生，生活环境（也有干扰）。妈妈在村子里的受虐妇女庇护所工作。再过一周，单位就该给妈妈安排公寓了……我的姐姐住在皇后区第 8 段，她应该找工作，但她并不急，所以还在依靠家庭的帮助。我的哥哥已经 30 多岁了，很多年都没有工作，是个街头艺人。

我需要安全感。我希望工作一辈子。我的意思是，工作能让我自给自足，不用忍饥挨饿。我也希望有朝一日（退休）能有人照顾。

为了维持生计，沙奎娜打了两份工，她从记事起就没见过父亲。塔玛拉是家里唯一一个有稳定工作的人。迈克尔的母亲大部分时间都在吸大麻，他的父亲在另一个州当卡车司机，很少回家。迈克尔在巴恩汉堡店做全职工作。

家人向孩子传授有关工作、自立的“正确的观念”，这无疑是有帮助的。但是，许多贫民区居民却是从家庭以外的地方获取信息的：电视上、公立学校里、教堂的讲坛上，以及在附近的富人社区里散步时的所见所闻。我们认为，原生家庭对塑造孩子的价值观起着重要的作用，如果把内城区视为独立的社会，会导致忽视道德的同等作用。后来的几代移民都已融入了美国文化，贫民区的居民同样接收、吸收了主流文化的精髓。

当然，不论是经父母传授的、还是从文化中吸收的观念，并不是所向披靡的；在同一个家庭里，有些孩子会受到影响，而有些不会。穷忙族的家谱呈现出一种奇特的模式，兄弟姐妹之中，有人工作、有人入狱；有人成年、有人早逝。蒂法尼从 14 岁起就开始工作，而她的哥哥从十几岁起就开始贩毒，多次入狱。蒂法尼勉强读完了高中，而她的兄弟姐妹中，有半数都读完了大学，成为房屋管理局警察，与此相反，还有几个姐姐以编辫子为生，靠抚养未成年子女家庭援助过活。

据我所知，目前缺乏有力的理由来解释为什么同一个家庭会出现不同的人生。无疑，我们把家庭环境想得过于简单了。在贾马尔的家庭里，母亲在邮局有一份不错的工作。10 年后，还是同一个家庭，母亲却成为吸食可卡因的瘾君子。环境是相同的吧？家庭的变化是否会对贾马尔以及从不知道母亲曾经有过稳定工作的弟弟造成影响呢？

我们还应认识到，不遵守职业道德的人也能够传递社会的核心价值观。曾经领取抚养未成年子女家庭援助而现在步入职场的母亲会反复地向孩子灌输工作的重要性，强调社会价值观。她们告诫子女要加倍努力，如果人生别无选择，他们就将陷入困境。为了抚养孩子，年轻的母亲会努力做得更好，为孩子树立榜样。19 岁的塔玛拉已经在巴恩汉堡店工作了 2 年，算是老员工了。她 15 岁就生了儿子。

（生）儿子对我的帮助很大。为了他，我努力上学、工作。以前我一直待在家里，什么也不想干，讨厌学习，都快辍学了。我根本无所谓。我会说："好啦，钱总会有的。"但是生了儿子之后，我就希望让他看到自己的妈妈很优秀。

阿琳·热罗尼米认为，非洲裔女性贫民早育的原因有很多。[23]她们担心晚生育会存在风险，因为年纪大的黑人女性往往会出现健康问题，影响生育能力。[24]而且，早育的年轻母亲可以让孩子的外祖母在身体尚可的情况下帮忙照顾。在贫民社区里，尤其是内城区，居民的患病率和早逝率非常高，因此早育也是非常"合情合理的"，早早地进入职场也不能实现富裕。[25]

育儿还能激励年轻的女性克服惰性，不断打拼，因为孩子为她们的生活赋予了重要的意义，她们要为孩子树立榜样。十几岁就生育会对大多数年轻人的教育和就业带来严重的影响，但也能激发他们的责任感，对生命中重要的人负责。最近的一项研究表明，早育并不会加重贫民母亲的困境。[26]棘手的难题还会激励她们走进劳动力市场。一旦进入职场，这种激励就会转化为持续的鼓励，让她们为孩子的前途打拼。我们无法预料孩子究竟是按照父母的教导去做，还是效仿父母的行为。要想了解父母对子女灌输、探讨、提倡的价值观是什么，我们就应给予她们应有的认可：许多年轻的母亲为了孩子的光明未来而努力工作。

我们往往认为，符合社会规范（比如先结婚再生子、维持完整的双亲家庭）的家庭才会重视职业道德等核心价值观。然而，哈莱姆的穷忙族说明，我们不能一概而论。家庭价值观与家庭结构之间的关系是非常复杂的。

大众越轨社会学

公众普遍认为，贫民区的文化崇尚越轨行为：毒枭备受推崇，福利“女王”过着安逸的生活。我认为，这些有代表性的人物是有悖于主流道德观的（包括工作的重要性、家庭的价值），一般不会被认可。仅有正面的社会规范是不够的，还需要负面例子加以反衬、强化，让公众明白什么群体是应该鄙视的、什么行为是应该摒弃的。穷忙族的工作不受待见，但是相较于不如自己的群体，他们也就认命了。

肖恩在亚拉巴马州出生，在芝加哥长大，是虔诚的教徒。他始终“走在正途上”，受人尊敬，工作努力，出现问题也勇于承担。这些也是肖恩及其妻子灌输给孩子的观念，他认为所有正直的人都应该坚持这些理念。

我总是告诉别人，一定要努力。有人找到我（说）：“我找不到工作，太难了。”我就说：“继续找，别放弃。”我能理解，相信我，我明白挫败的感觉。你必须向别人求助，我能理解。继续努力，继续祈祷，充满信心，一切都会好的。不要去抢劫、偷窃。我知道别人会说：“哦，老兄，如果……我是好人，为什么还找不到工作呢？”万事都有因。可能你要学会保住工作。

肖恩知道，社区里有些人要么不懂这些道理，要么完全不相信。他们认为社会亏欠了自己，即使他们着装邋遢、态度不敬，也能得到工作。肖恩认为，这部分孩子的想法总是格格不入。

这些孩子太令人生气了、太可笑了。（他们来的时候）穿着垮裤，都怪（说唱明星）克里斯·克罗斯。抱着这种想法是找不到工作的。我见到孩子们拿着枪、拎着40年代的麦芽酒等东西走来走去。你觉得谁会雇他们？要是你走进一家店求职，身上的T恤背后写着“有个性的黑鬼”，手里还拿着一大杯啤酒，然后索取求职申请表。人家会雇你吗？我觉得不可能……太轻易就相信这些（说辞）了，就会想，“我们失败了，太差劲了。”……这种想法会令人一蹶不振。

肖恩认为，为自己的问题找借口、因着装不当而找不到工作的人就是头号傻瓜。他们自己，可能还有他们的父母，应该就是他们找不到工作的罪魁祸首。肖恩认为自己和他们不属于同一社会层级。也许他的工作不够好，而且毫无建树，但他显然比那些在求职过程中搬起石头砸自己脚的人强多了。

金伯利认识一些女性，她们在学业、就业方面要么已经放弃努力，要么从未打算努力，对此，金伯利和肖恩一样，都持否定的态度。金伯利认为她们的问题不在于环境、家庭不完整等任何外部的原因，而在于她们自己不想付出努力。

许多人一点儿都不努力。别人都能找到工作，可他们不去。就说我们公寓楼里的女孩吧，她有4个孩子，却不去……她退学了，不想上学、也不想工作。我的意思是，我能理解她的艰难处境。但是她完全可以把孩子放到日托中心，这样就可以攻读普通高中同等学力了。毕竟她还年轻。可是很多人就是不做，我觉得就是这样。

金伯利明白，黑人的处境是更加艰难的，因为别人“认为我们很笨，什么也不会，总是惹麻烦，尤其是青少年”。但是，金伯利认为，“肤色并不重要。不论黑人还是白人，都能找到工作。大家生来并无不同。”

关于价值观方面，最值得注意的是巴恩汉堡店里观念保守的员工对举止得当的理解，不论他们是否来自正常的家庭。伊安娜很小的时候，母亲因吸毒过量去世，父亲也弃她而去，把她交给一个姑姑抚养。伊安娜从 14 岁起就开始工作了。拉吉莎一直由祖母抚养，从未见过父母和兄弟姐妹，被父母抛弃的身世令她非常难过。她从 14 岁起就开始工作，打算努力攻读专科学校，过上理想的生活。肖恩从未见过父亲，但这丝毫没有影响他成为一个有工作的男子汉。沙奎娜有两份工作，她不知道父亲是谁，也从未听母亲提起过。詹姆斯的父亲因吸毒丢掉了市级交通部门的好工作，他的一个姑姑也因犯谋杀罪而入狱。16 岁的詹姆斯在每天放学后以及周末都去做兼职，以贴补家用。

家庭动荡的埃博妮可以作为个案来研究。她的父亲嗜毒如命，以当职业杀手“为业”。母亲也受到影响开始吸毒，她的家多次陷入混乱。

家里总是闹哄哄的，妈妈很小就生了我，才 17 岁。当时她要一边上学，一边照顾我，根本忙不过来。当时她和外婆一起住，外婆能帮忙照顾我，所以日子还过得去。

后来，妈妈高中毕业，离开家去上大学了，不在市里，在外地。我就和外婆一起生活。后来妈妈回到家，又和爸爸纠缠不清，还吸毒，又回到了过去的状态……我当时大概四五岁。妈妈的毒瘾很大。

她、爸爸还有其他人经常在房子里吸毒，他们总是在公寓里吸毒。

埃博妮从小就经历了动荡的生活，她觉得自己有责任去工作、去上学、照顾外祖母，并帮助母亲回归正途。她对自己严格要求，不因童年的痛苦而卖惨索求。

埃博妮与本章讲述的其他人一样，她的经历不只是一个勇于战胜困难、最后成为楷模的励志故事。如果我们只关注人群中的璞玉，并把他们的成功归因于非凡的个性，那么将无法获得有价值的结论。我们成不了非凡的人，只能站在一旁，对他们投去羡慕的眼光。其实，他们的重要价值不在于个性，而在于共性。贫民区的居民能从反例身上吸取教训，避免像他们一样成为生活的失败者。同样地，许多中产阶级的子女也会以批判的眼光审视父母或兄弟姐妹犯下的错误。所以，我们不应惊讶于贫民在这方面和中产阶级并无差异。

有关人类发展的理论主要强调文化的代际传递作用，认为人们会受到周围人的影响，走上他们的老路，而不是另辟蹊径。如果我们对个性予以强调，就容易误认为只有条件优越的年轻人才能做出正确的选择，而底层群体会受到周围环境的影响。哈莱姆的穷忙族的人生轨迹表明，这一观点在许多方面都是不符合实情的，许多主流观念已为穷忙族们所接受。

但是，他们不会对所有观念全盘接受，而是基于个人经历和对现状的观察加以筛选。现状就是有的人生来就带着幸运的光环，而有的人注定要经受艰难的跋涉。巴恩汉堡店的员工身处重压之下，他们认为，黑人面对的困难比其他的群体都大。形势对他们不利，这一点他们意识到了，也从中变得更坚强。巴恩汉堡店的许多非洲裔女性的男朋友、丈夫或者兄弟遭受着教师、房东、老板、警察等人的拒绝、冷眼、怀疑，最终被击垮。不论是相距不过10个街区的哥伦比亚大学里有钱的大学生，还是住在曼哈顿东城的富有的带薪实习生，他们的人生机遇与少数族裔存在着天壤之别。对此，少数族裔打工者非常清楚。他们不会天真地以为好运气只是功过赏罚的结果。不平等、种族主义、基本人权都会掺杂其中，从而导致有些人生活优裕，有些人却穷困潦倒。

巴恩汉堡店的打工者从亲身经历中认识到了这一点。他们经常对社区里的害群之马进行彻底的批判，他们知道谁最应受到批判。他们不会放弃自己的坚持，这也符合主流美国人的观念，即每一个人都要为自己的命运负责，成为命运的主宰。对此，贫民打工者和中产阶级都深信不疑。但是对中产阶级来说，经济状况、结构的不平等以及随政策调整而兴起的变革之风都抵不过个体的自治、控制、掌握。深陷贫民区的贫民信奉的是文化的其他方面。他们相信，不论处于何种境况，都应充分利用一切机会。但对于被不称职的父母养大的孩子或者经受不住毒资诱惑的年轻人，他们也会提出批评。总之，他们的道德安全感低于自由学术派的平均水平，而自由学术派往往把大部分的越轨行为归因于环境而非个性缺陷。对克服了艰难险阻的穷忙族来说，没人可以不劳而获。

贫民区的穷忙族

在纽约市最拥挤的公共住房区附近就是全国最富有的人口普查区，那里有博物馆大道、有服务于富人的医院，还有第五大道的高雅购物区。如果谁看不到黑人贫民和棕色皮肤的贫民与有钱的白人之间的那道巨大的鸿沟，那一定是眼瞎了。[27] 低薪打工者通勤搭乘的公交车上有大大的窗户，乘客们透过车窗就能看到优雅的橱窗模特戴着钻石项链、穿着天鹅绒衣服，古董家具沐浴着柔和的阳光，巧克力商店沿着麦迪逊大街一字排开。等公交车行驶到了96街，精致、时尚的店铺陡然变成了闪着霓虹灯招牌的酒类商店、打折药店、支票兑现店以及昏暗、肮脏的杂货店，这些商店的服务对象主要为哈莱姆的公共住房居民。这条路线是哈莱姆贫民的必经之路，任何经过其间的人都能看到两个区域之间的经济差异。

20年来，哈莱姆社区里一直麻烦不断。工作机会减少与毒品交易猖獗同时发生着，影响了社区的稳定局面，也让没钱搬家的居民每况愈下。强效可卡因令贾马尔的母亲吸食成瘾，也为社区带来了毁灭性的影响。强效可卡因很容易致人上瘾，而且比海洛因便宜，于是迅速风靡，其波及的女性数量远高于任何流行病，对家庭的影响也非常严重，寄养人数飞速增长。

有能力的家庭早已离开贫民区，远离社会毒瘤。可是穷忙族无路可逃。他们只能想方设法地应对周遭的环境，教导孩子在父母离家上班的时候确保自己的人身安全。所以，家庭价值观必须涵盖贫民区居民的特殊需求。

对威廉来说，他必须在公共场合里以强势的行为举止示人。

> 必须要有个性、有韧性。简单地说，在充满危险的社区里，必须要有胆量才行。和任何声名狼藉的社区一样，这里也不乏爱心人士。但你必须懂得该如何行事。

威廉是个高大壮硕的黑人，他故意以强悍的外表示人，以免遭受攻击。但是，他也要注意分寸，以免好斗分子们误以为他在故意示威。强硬——通过举止、言谈、态度表现出来——必须与尊重、[28] 警惕相结合，共同形成了威廉的个性。他的街头风格如同一张外壳，里面包裹着一颗脆弱的心。

不能让别人盯着自己。在街上和别人说话的时候，不能总盯着对方，而要注意周围的情况。不知道谁会突然发怒，然后拔出枪扫射。这种情况的确发生过，我的母亲和弟弟亲身经历过。我们当时沿着街区走，经过一个商店时，正和一个朋友聊天，然后响起枪声，街对面有个家伙拿枪正对着商店大门，对着躺在（商店）里面打滚的家伙。他并没有被击中，但是对面那个家伙确实开枪了，就像打中了一样！母亲把我按倒在一辆汽车后面，然后自己也躲下去。这时，躺在地上的家伙站了起来，（拿枪的）那个家伙就从我们身边跑过去了。所以说，要时刻保持警惕，多留意，时刻注意身后，保护自己和他人的安全。

黑人和拉美裔就业者非常清楚在学校里、社区里要注意避开哪些群体。他们知道谁是主要的闹事者，对他们避而远之。弗兰克是波多黎各裔，在哈莱姆一家条件很差的高中上学，他明白自己不可能避开所有的危险，但是和坏人保持距离的确有助于成功。

关键在于和谁在一起！和好人在一起，就能远离麻烦。和坏人在一起，自己也会陷入麻烦，还不能说："好吧，不会有事的。"因为你根本不知道会不会有事。

弗兰克无法阻止同龄人闹事，但他刻意与他们划清界限，难免有被孤立的风险。他的解决之道就是对他们的破坏性行为视而不见。

我没有对他们区别对待，但我会告诉他们不应该（贩毒），不应该这么做。但这与我无关。我希望他们能听进去我的话。除此之外，只要他们不在我身边干，只要我自己不沾染……我根本不管。如果他们不听，嘿，随便他们怎么做去吧。要是搞砸了，我会说，我早就告诉过你们了。

最重要的是，弗兰克尽量不在社区里待。他会选择安静的地方待着。工作单位就不错，不仅能提供一方宁静的天地，而且能让贫民区里的年轻人结识条件优越的工薪阶层同事。

为了避免居住环境带来的负面影响，内城区的父母对孩子的管教格外严格。他们监督孩子的去向，不让孩子和家庭有问题的同伴交往，对孩子的一举一动进行严格的规定，对居住的街区进行细致的检查，搜寻闹事分子，并且在孩子们玩耍的时候陪伴在游乐场附近，确保孩子能随时找到自己。这些监管对贫民区孩子的安全、幸福起着至关重要的作用。身负责任的父母和哥哥姐姐总是尽心尽力地照顾孩子，他们不能像郊区的家庭那样一身轻松，因为在郊区，家长只需要提醒孩子不要和陌生人说话，然后就能放心地让孩子独自到外面玩耍了。

检查公共场所是耗费时间的。接受福利救济的母亲常常替职场母亲担负起看护孩子的责任，在游乐场、人行道等地方陪着孩子。要是没有这些全职妈妈的帮助，为了孩子的安全，许多穷忙族父母就只能在暑假期间把孩子圈在家里。在漫长的暑假里，孩子们只能待在一栋无电梯的公寓楼的5层房间里，在炎热的环境里看电视，因为父母——既没有钱，也没有社会地位——无法为他们安排一个安全的好去处。

一个重要的解决办法就是依靠熟人，包括不良分子。毒贩、职业杀手对邻居来说基本都不陌生。社区里的长辈，尤其是（自觉地打听别人家孩子的）女性长辈往往看着这些人长大，而且他们的子女也曾是这些不良分子的儿时玩伴。

在内城区里，从事黑市营生的居民与正当居民之间的关系因道义而维系：大家不会故意伤害相识已久的熟人，除非影响到了生意。因这层关系的存在，相识多年的、无辜的邻居和朋友能够受到不良分子的保护。对于家人或者自己熟悉的长辈，他们依然表示尊敬，尊敬长辈仍然被奉为文化规范。因此，穷忙族会小心翼翼地和不良分子打招呼，承认他们的存在，而不是无视或者鄙视他们。与他们建立这种社会关系，不论是否出于敷衍，都是一种自我保护。如帕特里夏所说，危险分子会保护自己认识的人，不会像对待其他人那样对待熟人。

在我住的楼里，大家的关系非常密切。所有人都认识我和我的孩子。社区环境是有些危险。我不敢说认识所有人，但是大部分人都认识。

他们会保护我。我也愿意见到他们，因为有外来人员进到社区的时候，是不可能找我的麻烦的，我的孩子也不会；就是有道义在。

在犯罪活动猖獗的社区里，陌生人才是最大的威胁。熟人的行为至少是有所预见的。陌生人却危险得多，因为他们的行为无法预见，他们在社区里也没有社会关系。穷忙族之所以厌恶毒品交易，也是出于这个重要的原因：陌生人会到社区来。在这种情况下，最好的办法就是不相信任何陌生人。

安全保障与元老

在哈莱姆的一些社区里，毒品交易泛滥，歹徒横行。但在其他的社区里，通过“元老”，即了解所有居民的老年人，能够有效地杜绝城市衰退带来的恶果。布莱恩 30 岁出头，在巴恩汉堡店打工。他在阿肯色州的乡下出生、长大，直到十几岁才离开。在那里，社区的骨干居民会对儿童进行监管，为在家禽加工厂、棉花田里工作的父母解决后顾之忧。

小时候，镇子里的生活非常平静。大家相互都认识。我们可以坐在门廊上，一直聊天。要是谁发生了什么事，我敢确定，等我到家的时候，我的妈妈都已经知道了。

搬到布鲁克林的公共住房之后，“元老们”经常坐在前门廊或者院子里，保证城市贫民区秩序井然。20 世纪 70 年代，帕特里夏在哈莱姆的公共住房里长大。在那里，孩子们要是去雅各布斯女士家，父母都能找得到。

我们相互都认识。所有父母也相互认识。我们就是在这种情况下出去逛的。要是妈妈加班，所有孩子都会到雅各布斯女士家去。她家就像个大本营，因为她不用（到住房区以外）工作。其实，她是大楼的管理员，工作地点就在楼里，哪儿也不用去。

所有人都会照看小孩子。比如，你在街上看到了我的孩子，就要担起责任，保证他们的安全，尽管你并不是孩子的母亲。大家都接受并认可这种方式。

拉托娅在搬到哈莱姆之前住在皇后区的黑人聚居区。她仍记得社区里几个大人对孩子们的影响。

比如罗茜女士，大家都去她的家里聊天，还有我妈妈这里。所有孩子都到我的家里找妈妈，大家吃东西、讲笑话。如果有问题……（也可以找她）。那时候我太小，不知道她们在聊什么。但是妈妈会为她们解答与男朋友有关的问题，等等。大家要么找罗茜女士，要么找我的妈妈。

拉托娅在罗茜女士等元老住户的建议、训斥和庇护下长大。随着年龄的增长，她也逐渐担负起同样的责任，为别人家的孩子提供关怀。有一天，我们看到她沿着哈莱姆的购物大街走，这时一个十几岁的女孩从她身旁经过，她马上转过身，轻轻地拍拍女孩的肩膀。女孩画着一脸浓妆，穿着短裙，看起来不像正经人。于是，拉托娅开始教训她："你的妈妈知道你在这儿干什么吗？不能穿成这样！离那些男孩和毒品远一点。他们会离开你的！我要和你的妈妈谈一谈。"女孩难为情地走了。拉托娅一边继续往前走，嘴里一边嘀咕着，不明白这个女孩是如何沾染毒品的，如果吸毒成瘾，她会沦为妓女的。拉托娅认识女孩的家人吗？她说，并不太熟悉，但是她必须关心这些孩子，否则他们就无法无天了。

以利亚·安德森针对贫民区“元老”不复存在的现象做了著述。费城社区里的老年人会提出忠告、训诫，或是坐在门廊上静静地观察街上的一切，义不容辞地担起维护社会治安的责任。[29]他认为，元老的消失是贫民区社会混乱的表现之一。而在哈莱姆，至少有些地方的社会结构是比较有序的。拉托娅没有时间整天坐在门廊上，像族长一样指点训诫，但她逐渐发挥出了元老的作用。在帕蒂·赫尔和她的孩子们居住的公寓楼里，也存在同样的集体管控模式。

我们相互都认识……我们属于合租，相互都认识。如果孩子（做坏事），我比他们自己都清楚！

沙奎娜是一名年轻的黑人女性，自16岁起一直在巴恩汉堡店打工。她居住的社区也存在同样的情况。

所有人相互（认识），就好像住在一个大城镇里。要是去超市就麻烦了，超市里的人会告诉父母的。大家相互（认识）。大家在公寓楼里就是这样生活的。不能做（坏）事，不然莫名其妙就会得到一巴掌！

集体担责的模式也可以表现为其他的形式。在公共住房机构的敦促下，哈莱姆的许多公共住房成立了租户巡逻队，旨在保护居民不受歹徒的侵害，协助警察“监视”违法行为，并确保各项行为准则得到贯彻。罗伯塔居住的高层楼房里组建了各种各样的巡逻队，对公共场所严加防范。罗伯塔小时候还参加过青少年巡逻队，工作内容是“在住房区域来回地巡查，对个别公寓楼严密监控。（我们）要留意进入区域的某些人，并进行监视。专门有人在社区中心里进行监视”。现在，因罗伯塔有全职工作，她的父亲便参加了社区巡逻队，每天拿着对讲机，在住宅区内来回地巡查。

组织专门的力量来管控居民，这种做法在全国各地的贫民社区里都很常见。贫民们面对的困难太大，无法做出显著的成效，但精神可嘉。邻居们一起聚会、一起去教堂、一起参加课后辅导，为前途而打拼，还为争取警察的支持而抗议，对付价值观相悖的群体。

穷忙族在这些社区里发挥了特殊的作用。他们过着规律的生活，成为社区里的稳定因素。但是工作占用了他们的大部分时间，要不是接受福利救济的亲朋好友主动效力，社区恐怕早已失控了。这种情况与郊区达到了惊人的一致。在以双收入家庭为主的中产阶级社区里，大部分人在白天都要外出上班，于是社区里的全职妈妈就担负起了重要的责任，兼任班级家长、志愿者以及林荫大道上的非正式监督员。在哈莱姆中区，日间巡查工作都是由接受福利救济的全职妈妈和退休人员负责的。他们在穷忙族外出上班的时候，在社区里眼观六路、耳听八方，竭尽全力地保护孩子和财产安全。

种族导火索

在美国，种族分歧日益加深，内城区成为问题的关键点。种族问题加剧了贫困压力，尤其在就业市场供不应求的情况下，各种肤色的少数族裔为了分得一杯羹而激烈争夺。一无所获的求职者往往把自己的不幸怪罪于对方，指责平权运动，反对以文化政治的方式破坏公共政策，而这些政策旨在纠正数十年来的歧视问题。

拉美裔，尤其是初到美国的移民，往往来自那些种族差异的内容有别于美国、种族差异的程度低于美国的国家。[30]但是，他们很快就意识到，黑人是这个国家里最悲惨的群体。贫困与肤色的关系被媒体大肆宣扬，街道上也反复出现。黑人是贫民、必须隔离、永远接受福利救济、工作懈怠——一连串的成见令移民（尤其是黑人移民）[31]倍受打击。非洲裔随之也处于日渐盛行的反移民情绪之下，经常呼吁社会对在美国出生的、以英语为母语的人给予优待。

由于两极分化现象的存在，在黑人与拉美裔激烈竞争的领域里——学校资源、住房、就业——出现了一道清晰的鸿沟。各种肤色的贫民各自营生，对街道、日常生活也产生了影响。与异族人交往会引起冲突，这个问题已经被种族化了。希尔达是多米尼加裔，住在多米尼加裔聚居区。在那里，大家可以从早到晚都说西班牙语，购买大部分美国人都没见过的热带水果和蔬菜，几乎忘记了自己身处美国最大的城市之中。然而，在希尔达住处以南不过6个街区的地方，店面招牌变成了英语，哈莱姆中区的公共住房里的巨塔高高地矗立着，人行道上出现的非洲裔面孔也越来越多。

拉美裔和黑人相邻而居，不得不对边界区域进行协商。对大部分人来说，这并不是问题。他们为了上班、上学、回家，频繁地往来其间，步履匆匆。他们更关注抵达目的地后的安排，而不是街上擦肩而过的路人是谁。但是，一旦发生问题，往往在年轻人之间，即使是简单争论也会演变成一桩种族事件。

非洲裔眼看着以西班牙语为母语的人搬进了哈莱姆黑人曾经聚居的社区里，整个区域被另一个群体占有。自从移民出现后，就一直上演着这种种族交替。然而，结局对他们并不利，因为内城区的就业市场随之崩塌，房东、商人、市政府大规模地舍弃了城市街区。在某些人看来，各种问题同时出现，说明拉美裔移民是摧毁社区的始作俑者。詹姆斯 16 岁，是巴恩汉堡店里最小的非洲裔员工。他知道，大多数波多黎各裔、多米尼加裔邻居都是努力奋斗的打工者，他们的孩子也在学校里努力学习。然而，在隔壁的高犯罪率街区里，到处充斥着不良分子。

公寓楼的管理员坐在那里，无所事事。楼里令人作呕，一股尿骚味。你瞧，许多居民都是多米尼加裔、西班牙裔。他们不维护公寓楼，不打扫，也不维修。

詹姆斯还把近期毒品交易猖獗的问题归因于多米尼加裔的到来。

每天晚上都有枪战。多米尼加裔就在公寓楼里的拐角，警察突击搜查毒品，好像在凌晨 3 点。现在（警察把他们赶走了），基本安静下来了。

具有讽刺意味的是，巴恩汉堡店的拉美裔员工对黑人社区也做了同样的评价：毒品泛滥，环境恶劣，正派的人对这里唯恐避之不及。可是，多米尼加裔却常常自视为黑人聚居区的复兴者。“在我们来以前，”他们说，“这里简直就是垃圾场。我们改变了这一切。”各种肤色的低收入打工者失去了安宁而清净、稳定而安全的生活环境。当文化里普遍出现了对环境恶化的种族化解读时，贫民也会受到影响。

城市的局限性

市政府对于内城区居民的艰难处境是难辞其咎的。房东监管不力、城市服务终止（尤其是消防部门）以及警察腐败等问题都是造成贫民区环境恶劣的原因，令穷忙族不堪忍受。[32] 纵火和公寓楼的弃用是环境遭到破坏的原因。房东拖欠财产税的做法往往为纵火犯提供了便利，他们烧毁楼房后，业主还可以索要保险赔偿金。废弃的公寓楼是拾荒者和毒贩的乐土，前者把一切可回收的东西（散热器、电线、铜管等一切可以卖给废品收购站的东西）都拆走，后者把这里视为毒品交易的理想之地。

鲍勃是哈莱姆的一家巴恩汉堡店的总经理。他搬到了哈莱姆北端一个条件较好的社区里，却因那里的弊端不胜其扰。鲍勃经过 12 年的积累才攒够钱买了房子。他的年收入为 2.5 万美元，买不起豪宅，即使在哈莱姆也买不起。郊区的房子因距离太远，上班不便，他也不做考虑。最终，他看上了位于上西区的老旧的褐色别墅区，那里是买不起糖山豪宅（城市学院附近的高端住宅区）的非洲裔聚居的地方。鲍勃为了实现自己的美国梦，在那里买了一栋“待修房”，这栋房子因原房主未补缴税款，已被市政府收回。这栋褐色别墅很早以前就被分成了若干独立的房间，高高的红木楼梯从一层直通楼上。原先的木头依然被保留下来，挑高的天花板彰显出宏伟轩昂的气势，典雅的风格令周围的公共住房相形见绌。

鲍勃把一生的积蓄都投入到了这栋房子上，他认为这里即将得到修缮。市政府鼓励市民购买并改造这些住宅，并提供了相关的便利。教师、低级别的经理、经济条件不高的家庭纷纷到这里落户，并依靠不同肤色的居民和当地的资金，对贫民区改造一新，如同完成一个投资项目、进行个人成果展示一样。鲍勃从小在公共住房里长大，之前从未奢望能拥有属于自己的房子。然而，事与愿违。

市政府说："是的，你可以买这栋楼……翻新一下，就可以住进去了。"可事实并不是这样。整个街区里只有两栋楼完成了（翻新），其他楼仍维持原状。有人贩卖可卡因、有人吸毒成瘾、有人卖身为妓……他们不会影响到我的房子，我会说："别坐在门廊上；别在我的门前卖毒品；别把可卡因瓶子到处乱扔。"可我们还是得出去打扫。

哈莱姆的居民对于政府解决这些问题的主动性和能力几乎不抱任何希望。帕特里夏等居民都知道，如果附近的一栋公寓楼失火，立刻会引发一连串的问题。

我的隔壁就是一栋废弃的公寓楼，两年前烧毁了，一直归市政府所有，不知道还要废弃多久。沿着街区往下走，有一栋楼刚刚翻新过，是一栋褐色别墅。还有两三栋已经废弃了，成为毒品交易点，为社区带来不安全的因素。当然不安全，都能听到枪声。我的意思是，我们从窗户里看到，外面有人中枪了，就在今年夏天，街区里有人被杀了，是枪杀。

多洛雷斯只有 16 岁，是巴恩汉堡店里最小的员工。她从 14 岁起就开始打工，第一份工作是青少年暑期项目。她一直在哈莱姆居住，按部就班地生活，每天步行去上学，放学后以及周末就去兼职打工。她居住的地方无时无刻不在吵闹。

一直都很吵。凌晨 3 点就有人喊叫、吵架……总有邻居来打扰、乞讨、喊叫。总有人吵架。许多居民都没有工作。还有人通宵不睡。我住的地方还有收容所，里面都是被母亲抛弃的孩子。

许多城市都存在噪声、拥挤的问题。在曼哈顿面积这么大、人口密度这么高的地方，根本不可能获得乡下那种安宁。多洛雷斯的住所周围一片混乱，反映了城市生活背后的问题。问题群体大量涌入城市就是根源所在。流浪者收容所在公园大道上并不多见，在哈莱姆却比比皆是。一个个家庭住在拥挤、危险的收容所里，孩子们没有地方玩儿，大人们衣衫褴褛、手捧茶杯。这一切在大街上随处可见，充斥在多洛雷斯的周围。尽管她才 16 岁，却因长期缺乏安稳的睡眠而显得疲惫不堪。在她居住的高层公共住房的周围，人行道上永无休止地发生骚乱，令她烦恼不已。

公共住房的恶劣条件令穷忙族的生活无比压抑。麦迪逊大街上很少出现路面坑洼，而到了 126 街，路面的坑洞持续数年也无人过问。所有居民都想逃离这里，也没人打算进行修缮。多洛雷斯等居民难以在这里获得尊严，获得应有的幸福生活。

管道破裂，老鼠猖獗，可怕的老鼠。一切……令人提不起精神。

不需要成为黑人，只要是穷人就能过上这样的生活了。周围的一切都是死气沉沉的，让人都不想活下去了。

社区里到处都是垃圾、破碎的瓶子，墙上满是胡写乱画，即使是积极性高涨、无比强大的人到这里也会一蹶不振的。“就像每天穿同一双鞋，”多洛雷斯说道，“不想换新鞋，因为旧鞋虽破，但非常合脚。哈莱姆的许多居民就是抱着这种心态。”

政府曾出资为年轻人提供就业机会，并保证当地的基础设施正常运转。但现在，政府的撤资加深了毒品和危险之间的关联。求职的难度更大，甚至青少年暑期项目的工作也很难找到。哈莱姆的年轻人曾经以青少年暑期项目工作为生活依靠，通过保洁、看护放学的孩子等工作来挣钱。罗伯塔坐在美容院里，指着窗外位于街对面的公园说道：

年轻人过去常在那儿割草，要知道，他们做了很多的工作，让环境焕然一新。过去还能看到大概 10—15 个孩子在那儿粉刷公园，等等。现在都看不到了。时间流逝了，情况却没有好转。

公园与娱乐管理局和青少年暑期项目的培训基金均被削减，这给罗伯塔和多洛雷斯居住区里唯一的一片空地带来了明显的影响。这里曾是孩子们自由活动的天地，可以投篮、玩“跳房子”游戏，最近却被带刺的铁丝网和上锁的栅栏围了起来。政府曾经为帮助青少年合法打工而提供的工作岗位也已消失不见了。可谓是祸不单行。各项服务都已减少，曾以保洁工作为生的孩子们的前途也变得暗淡。所有人都从中受损。[33]

城市里的穷忙族面临一系列的矛盾。在某些方面，他们和郊区居民有着相似之处，都对就业安全、孩子的学业忧心忡忡。他们在结束一整天又累又枯燥的工作之后，还要拖着沉重的步伐赶乘公交车，回家做饭，然后辅导孩子写作业。

除了相似之处，还存在着差异。穷忙族必须在更加艰难的环境里完成同样的事情。他们必须在忙碌一天之后，强打精神照顾孩子，参加社区巡逻，教导孩子当心住在走廊另一头的危险分子。当孩子进入青春期，父母们还要着重提升孩子的方向辨别能力，确保安全出行。这些事情令全职父母们大伤脑筋，因为他们做不到随叫随到、时刻陪伴在孩子身边。上班期间，穷忙族常常依靠社区里那些接受福利救济的全职妈妈替他们照顾孩子。

为了维护社区的秩序和稳定，穷忙族付出了大量的心血，但收效甚微。他们的价值观无力挽回纵火犯造成的损害，无力改变政府在学校投资方面的失败，无力拯救消失的工作，也无力阻止毒品的影响。尽管如此，他们依然坚持不懈，但苦于缺少解决问题的资源，所以收效甚微。

第8章

谁成功？谁淘汰？

自抚养未成年子女家庭援助计划出台以来，全国各地针对福利改革问题展开了各种形式的辩论，到1996年终于尘埃落定。克林顿总统宣布将取消“现行的福利制度”，由此引发了一场争论。保守派赞成取消贫民援助，自由派出于不同的原因也赞成福利制度改革，但同时主张对失业的贫民给予更多的保护。这场争论的副作用是，公众普遍认为“人人皆有工作”，认为工作是可以得到的，认为福利救济的受助者只需在补助停发后出门就能获得工作了。保守派以没受过正规教育的移民都能获得低薪工作为由，认为美国本土出生的人已经丧失了工作欲。[1]罗纳德·里根总统也持有同样的观点，于是在《华盛顿邮报》设置招聘栏目，为公众津津乐道。20世纪90年代末期，劳动力市场出现供不应求的局面，并达到前所未有的程度，由此可见，里根总统的观点从表面上看是有道理的。

本书无意关注“抚养未成年子女家庭援助计划”的受助者，但是在华盛顿，围绕福利改革的争论又引发各种争论，并涉及穷忙族的就业问题。在哈莱姆，大量居民沦落到依靠福利救济的地步，在这种情况下，找工作有多容易呢？如果难度比我们想象的要大，那么谁能成功地跨越职场的门槛，谁又会失败呢？哪些特点会造成求职竞争的不同结局，导致有的人成功而有的人失败呢？如果技能水平低、不会说英语的移民胜过了本土出生的人，那么原因是什么呢？

仅仅采访那些克服困难、终获工作的成功者，比如贾马尔、卡门、凯莎等人，是无法解答这些问题的。我们只有把找到工作的幸运儿——幸运地得到了最低工资的工作，但生活水平仍处于贫困线以下的人——与不幸的求职失败者加以对比，才能找到这些问题的答案。

1994—1995 年，我和我的研究团队着手开展这项工作。我们对大约 100 名随机抽样对象进行了跟访，他们都曾在哈莱姆中区的巴恩汉堡店求职。[2] 我们花了一年时间，走遍全市才找到了这些求职若渴的人，因为他们来自纽约市的四面八方——尤其是布朗克斯和布鲁克林。我们与许多移民进行了交谈——他们来自非洲、南亚和加勒比海地区。谈话的地点要么是他们的家，要么是附近的地铁站，因为再无安静的地点可以选了。由于许多求职者都是 20 多岁，我们还与他们的父母进行了交谈，以便进一步了解这些刚刚成年的群体。

采访的结果令人警醒。**73% 的求职者在巴恩汉堡店应聘最低工资的岗位失败后的一年时间里始终没有工作。**[3] 究其原因，并不是他们不努力：他们跑遍了全城去求职，包括市中心的梅西百货公司、遍布全城的盖普服装店，以及各种快餐店、药店、杂货店等。对于其中一些采访对象，我们必须额外增加问卷调查表，才能完整地记录他们应聘过的所有地方。大部分的采访对象都会向我或者我的研究团队成员求助，询问大学里是否有招聘岗位。我们其实和他们并不熟悉，但是在他们看来，我们有可能成为有用的人脉，他们不会浪费任何结交人脉的机会。

消失的年轻人劳动力市场

我对低薪工作的兴趣源于一个最初的想法，即研究处于服务业底层的青少年打工者。只要看一看哈莱姆餐馆里的情况，我就意识到寻找目标的难度很大：年轻的打工者是少之又少的，尤其是18岁及以下的青少年。年龄较大的打工者被“下压”到劳动力市场的角落里，而这里不久前还是年轻人的地盘。半数以上的新员工都超过了23岁。[4]这与求职者的年龄段形成了鲜明的对比。在巴恩汉堡店的求职者中，超过半数的人不满22岁，但他们求职失败的比例很大。

在快餐店求职失败的群体中，40%属于18岁及以下的年龄段，而应聘成功者中只有20%属于这个年龄段。郊区的情况就不同了，同样的工作基本都是年轻人在做。郊区的劳动力市场出现供不应求的局面，所以经理们在招聘时几乎没有选择的余地，而贫民区雇主的选择更多：他们可以聘用成年人。负责招聘的经理们更青睐年纪较大的员工，因为他们更稳定，不会因暑假结束或者学业繁忙就辞职。

年轻的求职群体也注意到了这个情况，他们获得职场通行证的难度日益增大。即使是侥幸获得工作的成功者也明白求职的难度有多大。布莱恩和巴恩汉堡店的许多员工一样，是第一代在美国出生的牙买加裔。他在14岁时就开始工作，在皇后区郊区里的一家超市打工，他的母亲经常在这里购物。布莱恩负责打包商品以及把停车场里随处乱放的购物车收回超市。他在放学后和周末来这里工作，已经2年了。到了17岁，用钱的方面增多，所以他开始寻找工资更高的工作。布莱恩有一个老朋友在春田花园近郊的一家巴恩汉堡店打工，通过他的推荐，布莱恩获得了这家餐馆的初级岗位，后来又被平级调动到了哈莱姆（我们在这里见到他）和皇后区的其他店面。

从任何角度来看，布莱恩都是成功者，他成功地找到并保住了工作。尽管年纪不大，他却迈出了重要的第一步。至于其他年轻人能否效仿他的成功经验，布莱恩持怀疑的态度。他目睹了大批年纪较大的求职者进入就业市场，挤走了年轻人。他甚至认为，现在大家都想到巴恩汉堡店工作，但是不可能。

找不到工作的。许多有工作经验的人都吃了闭门羹，当然，巴恩汉堡店会优先聘用有经验的人，这样就不用再浪费时间去培训新员工了。许多人，27岁、29岁，求职都失败了，虽然都有工作经验，过去都工作过。这说明现在找工作太难了。巴恩汉堡店好像是大家（找工作）的首选，可是进不去。

在布莱恩看来，年纪较大的求职者不仅挤进了快餐业的就业市场，而且属于“重复的”打工者：他们曾在餐馆里打工，现在又退回到低薪工作领域，因为更好的工作机会消失不见了。凭借工作经验和稳定性，他们得到了老板的青睐，比十几岁的职场新人更有竞争优势。

布莱恩认为，这种竞争虽然令人遗憾，却是公平的。拉吉莎是一名16岁的非洲裔打工者，和布莱恩是同事。她却认为，年纪大的人不应该求职，而应该把工作留给年轻人，让他们免于拼命地找工作。她还认为，巴恩汉堡店的所有成年人都有各自的困难，都有无法解决的问题。

和父母那一代相比，的确时过境迁了。我们这一代很难找到工作，因为上一代人仍然在巴恩汉堡店里工作。巴恩汉堡店的工作并不适合年纪大的人，更适合年轻人。

其实，（大人们）应该能找到比这里更好的工作。他们找不到是因为没上过学，很可能辍学了……他们当时不想上学……年纪大的人应该努力去找更好的工作，而年轻人应该在快餐店和运动鞋店工作。

老板对成年员工的青睐无疑会对年轻人造成伤害：进入私营企业的难度更大了。[5]这个问题的影响不是一时的，而是长期的，且未被给予重视。年轻一代如何向未来的老板证明自己是合适之选呢？上一代求职者积累了丰富的工作经验和成就，这是许多年轻一代所欠缺的。

种族竞争与排斥

我关注的几家巴恩汉堡店都位于哈莱姆的一个全面隔离的商业区。这里的劳动力——至少是巴恩汉堡店里的员工——比附近的社区更具多样性，因为老板更青睐其他的群体。多米尼加裔和波多黎各裔“穿梭”到哈莱姆历史悠久的黑人聚居区里找工作，并在求职竞争中胜出。

数据显示，非洲裔求职者的竞争力不如拉美裔等群体。巴恩汉堡

表 8.1 按种族分类的聘用人数与未聘用人数

	聘用人数	未聘用人数	合计
非洲裔	52	309	361
	14.4%	85.6%	
拉美裔及其他	20	37	57
	34.8%	65.2%	
合计	72	346	418

卡方显著性 p=<0.0001

*本表格（以及本章的其他表格）把入职不足半年的员工与同期未获聘用人员进行了比较，以便把控在职时间。巴恩汉堡店的老员工并未包含在内。

店的老板（包括黑人老板）拒绝非洲裔求职者的比例高于其他少数族裔，主要是多米尼加裔等拉美裔。但这并不是说，黑人永远找不到工作了：恰恰相反，黑人在初级岗位的新员工中占 70%。但是黑人求职者的数量远高于其他族裔。“其他族裔”的求职者尽管数量较少，但是在巴恩汉堡店求职成功的比例远高于黑人求职者。

如果员工的私下交流是具有借鉴意义的，那么我们可以从他们的谈话中看到，为了有限的工作岗位而展开激烈竞争的各种族群体都能意识到相互之间是存在断层的。他们明白求职的难度，明白种族成见和偏好能够左右求职的结果，决定求职者的去留。最重要的是，作为哈莱姆的两大求职群体，拉美裔和非洲裔都很清楚，不论他们之间存在何种差异，他们在老板眼里就是一个群体，老板会把群体的标签贴到个体身上。

丹妮尔在南方出生，由于大家庭住在纽约，所以迁居过来。她已在巴恩汉堡店工作了2年，这份工作是她托她的表姐拉托娅和娜塔莎找到的，她们在巴恩汉堡店入职后，也帮助丹妮尔加入进来。这条人脉非常有用，主要是因为拉托娅——家里最先找到工作的人——在经理心目中是好员工，印象不错（她现在也成为经理了）。依靠这条人脉，这几位非洲裔女性都成功地找到了工作。同样获得成功的还有许多从遥远的上西区来到哈莱姆求职的波多黎各裔和多米尼加裔。但是，如丹妮尔所说，她们的职场之路走得无比艰辛，因为经理们只对移民情有独钟。

老板在工作中存在歧视，只青睐拉美裔员工。实事求是地说，这里的拉美裔员工更多。很难说（经理们）不是种族主义者。涉及种族问题的时候，我都会先听对方说什么，然后才能断定对方是种族主义者。我见到许多黑人到店里应聘，却没被录用，非常多。有女孩、男孩，各种各样的人，每天都有。我还见到许多波多黎各裔求职者连应聘申请表都没有填，下一周就来上班了。结果他们只干了一两个月就被辞退了。我不是说黑人和白人就不会（出局），但是这里好比一架倾斜的天平，偏向了波多黎各裔一方。我觉得应该公平对待。

丹妮尔可以统计出她所在的巴恩汉堡店里拉美裔员工的人数比2年前增加了多少。“天平的倾斜角度”变得非常大。在上早班的12名员工里，仅有2名是黑人，下午班有3名黑人，不包括非洲裔经理在内。丹妮尔总是闪烁其词，不愿对决策者的种族偏见做出正面的回应，但这个问题带给她的困扰是相当大的。

老板自己也是黑人，却认为黑人不爱工作。我不知道是什么原因，我也不可能找到经理们，问他们为什么这么做。这事就是没办法说，因为涉及种族歧视，他们是黑人，我们也是……除非你对自己的种族也有歧视。

等餐馆出现人员变更、员工的种族构成发生变化的时候，就可以大声地说出这个问题了。在我们采访的几家巴恩汉堡店里，自新老板到任起，就开始出现人员变更。这个过程很缓慢，却是不可避免的。过去，店里的员工几乎都是黑人，而现在，员工的构成更加多样化，陌生的多米尼加裔挤了进来。只要“新来的人”为数不多，他们就不会受到重视。但是，随着天平逐渐偏向一方——主要是因为新老板偏向招聘多米尼加裔员工——非洲裔员工开始悄声议论。他们逐渐发现，老板对他们推荐的人不予考虑，而对拉美裔格外照顾。

多米尼加裔继而遭到了波多黎各裔的敌视。波多黎各裔最初移民到纽约的时间更早。他们相互之间都有敌对情绪。在拉美裔聚居区（非洲裔很少在这里居住），竞争是以国籍而非种族为基础的。多米尼加裔明白，波多黎各裔在英语技能、文书工作以及随时与家人团聚而无须漫长的签证申请方面都具有优势。所有的移民都非常清楚，聚居区的人脉关系到就业机会的获得，所以，他们对侵占自己领地的“对方”心怀嫉妒。面对有限的就业机会，双方的分歧会激化为严重的冲突。但是双方也都明白，公平竞争的环境是不存在的。在他们的原生国，公平从来都不是借口。你认识的人能够左右你的人生际遇。

你不了解的贫民区

人们普遍认为，老板更喜欢聘用住在附近的员工，尤其是工资不够支付通勤车费的岗位。一旦出现紧急情况，住得近的员工可以随时返岗，不会因布鲁克林地铁站里轨道失火等状况而上班迟到。仅出于工作效率的考量，老板也应该首选住在社区里的应聘者。但实际情况恰恰相反：**老板们更青睐住得远的应聘者，而不是附近的求职者。**

在居住地距离餐馆 2 英里范围内的求职者中，有 10% 获得了工作；而在居住地超过 2 英里的求职者中，有 38% 获得了工作。[6] 在未被聘用的求职者中，超过 80% 都住在 2 英里范围内。由此可见，当地应聘者的“被拒率”高于住得远的应聘者，即便他们在大多数方面的表现都是一样的。即使“本地人”和“非本地人”在种族、性别、教育背景和年龄等方面都一样，老板仍然青睐“外来者”。*

表 8.2　按居住地到工作地点的距离分类的聘用人数与未聘用人数

	聘用人数	未聘用人数	合计
<2 英里	33	284	317
	（10.4%）	（89.6%）	
>2 英里	39	62	101
	（38.6%）	（61.4%）	
合计	72	346	418

* 关于种族、年龄、教育背景的多变量模型控制，详见附录Ⅱ。

我认识的快餐店老板对上述情况并不陌生。他们对自己的招聘喜好做了解释：聘用当地的孩子会带来问题，因为他们的朋友常常到店里索要免费的炸薯条。如果和一帮“伙伴”共事，员工容易出现偷懒的问题。老板不值得为此而冒险，他们必须严格管理，确保员工为顾客提供最快速的服务，并且把私下赠送餐食造成的损失降到最低。

老板的聘用偏好为哈莱姆的巴恩汉堡店引入了大量的外来员工。一家连锁店的老板告诉我：

> 刚接管这家店的时候，许多员工要换乘两三趟地铁来上班，路上花费几个小时，而每小时的工资才 5 美元。他们住的地方和哈莱姆差不多……许多人认为巴恩汉堡店的工作名声不好，不是好工作，所以他们不想在居住地的巴恩汉堡店打工。而且，年轻人不希望在工作中受到伤害或者被人威胁，比如有人进到店里说：“要是不给我免费食物，我就让你干不成。”诸如此类。因此在 5 个行政区里，除了斯塔滕岛，我们的员工遍布其他 4 个区。

塔瓦纳是一个 16 岁的非洲裔小孩，在巴恩汉堡店工作了一个暑假，为暑期班结束后挣生活费。这家餐馆位于哈莱姆最繁华的商业街中心，离她的家不远。塔瓦纳在老板眼里是好员工——现在任职于市中心一家律师事务所——附近的亲朋好友都来找她索要免费汉堡，令她备受困扰。

> 大家总是问我要免费的吃喝，就是因为我在（巴恩汉堡店）工作。“哦，你在（巴恩汉堡店）工作？在哪呢？我去看看。”我就

说："别到我工作的地方来。"可是，只要我上班，我的叔叔就到店里来。（经理）以为他是我的父亲，来给我送钱或者什么东西。每天轮到我上班的时候，他都会来。"能给我一个汉堡吗？能给我一些炸薯条吗？"……我不知道他是怎么知道我的上班时间的，我从来没有告诉他。每次他问我在哪儿工作，我要么说："哦，我辞职了，没工作了。"要么说："人家说，我今天不用去上班了。"我说这些傻话，就是因为不想让他到店里去。

上述事例说明，老板不喜欢聘用当地的员工是有一定的道理的。如果有太多人到店里烦扰员工，的确会影响店面的管理。

然而，老板不聘用本地员工的情况被非快餐业的研究者进行了报道。菲利普·卡辛尼兹和简·罗森博格在布鲁克林内城区的红钩区开展了广泛的研究。这个地区毗邻滨水区，其仓库、制造业领域提供了大量的不需要技能的蓝领岗位。[7]他们还从研究中发现，老板们青睐外来员工的原因是各不相同的。在红钩区的老板眼里，当地的居民犯罪率高，工作上靠不住，因此不愿意聘用他们。哈莱姆的老板有时候也会出于同样的原因，拒绝聘用当地公共住房里的居民，因为他们认为公共住房里都是犯罪窝点，所以里面的年轻人也不是好人。老板们对邻近的社区非常了解，对个别住房里的居民会区别对待。

默瑟·沙利文对位于布鲁克林的3个社区的就业和犯罪情况进行了研究，他同样发现，在拉美裔和非洲裔聚居区里，当地的求职者不如外来的求职者受青睐。[8]他还发现，只有在相对贫困的白人社区里，当地的年轻人才有可能找到工作——主要利用父母在工作中结交的人脉。沙利文与卡辛尼兹、罗森博格持同样的观点，即老板对聘用附近的居民心存顾虑。沙利文的研究结论把种族隔离——特定的群体集中居住——与老板对外来求职者的偏好进行了错误的关联。种族隔离制度把特定的群体限制在指定的区域内，因此聘用“外来人员”会导致本地的非洲裔居民在求职中被拒的比例更高。种族偏好并不是唯一的原因，因为巴恩汉堡店的老板在面对同种族的求职者（即非洲裔）时，仍然偏好外来人员而不是本地居民。

这些外来人员可能来自“你不了解的贫民区”，他们的住所远离餐馆周围的公共住房，因此更受老板的青睐。老板对附近的居民心存怀疑，因为他们对本地的“文化”非常了解，认为仍然存在问题。经理们往往以偏概全，把个别本地员工的不良表现归结为所有居民的共性，认为“所有人”和那些害群之马并无不同。他们非常清楚，附近的公共住房居民、本地的学校也是各不相同的。他们仅凭一些不真实的信息就断章取义、妄下结论，还以为自己的判断是准确的。他们一边宣称不应以貌取人，一边却根据硬信息、谣言和成见来决定聘用人选。

当地的求职者也能被聘用，只是概率较小、资质要求更高（包括举止、外表等“软技能”，无法通过教育等人力资本来衡量）。[9]但是偏好依然存在，给本地求职者带来影响。年轻人，尤其是高中生，往往在住处附近找工作。他们知道其他地方也有招聘岗位，但还是喜欢在自己最熟悉的地方工作，尤其是在半工半读的情况下。在未被巴恩汉堡店聘用的 18 岁及以下年龄段的求职者中，大约 83% 都住在附近 2 英里范围内——属于不受欢迎的群体。[10]对于学业繁忙的年轻人来说，每天长途跋涉地去上班是难以做到的。

年纪大的人会到更远的地方求职，但会受到地理限制。纽约市内的交通比较便利，但跨市交通较为不便，而且费用较高。对抚养孩子的母亲来说，长途通勤是难以做到的，因为她们还要挤出时间来照顾孩子，尤其是生活贫困、需要依靠家人帮忙照顾孩子的母亲。交通费对低薪母亲来说也是一笔负担不起的开销。

鉴于上述原因，本地就业岗位的缺乏为贫民区的求职者造成了困扰。即便有工作岗位，本地求职者也得不到，更是雪上加霜。我采访过的一家巴恩汉堡店的老板在哈莱姆的另一个地方收购了一家店，这使我明白当地就业问题是如何解决的了。这位老板将如何招聘员工呢?

老板会考虑从新店附近的居民中招聘，但聘用的门槛比较高。乔治就是这家巴恩汉堡店的老板，他认为新社区里会存在很多问题，所以希望招聘住在附近的、熟悉居民情况的员工。他认为，当地人比外来人员更易于应付顾客的刁难。对此，负责招聘的鲍勃却不予苟同。“附近的居民缺乏责任心，”他告诉我们，“而且爱偷东西。”因此，他在招聘时会对当地的应聘者严加盘问，最后聘用了一些当地人。但是，他也调动了其他店面的员工到这里上班，所以当地的员工只占员工的一小部分。鲍勃把乔治旗下的其他餐馆的许多一线经理都调到了这家店里，这对当地员工来说并非好事。

人　脉

我们已经知道，在职的亲朋好友能够帮助职场新人找到工作。处于职业金字塔底层的人脉能够为求职者提供招聘信息，受经理信任的联系人和推荐人还能提供内部消息：哪一天最适合应聘、应该去找哪个经理、应该提及介绍人还是假装没有介绍人。[11]

有的求职者缺少合适的人脉，但原因并非在他们自己身上。那么该怎么办呢？有的求职者具备学历和工作经验，只是苦于不认识职位高的人，又该怎么办呢？简单地说，缺乏人脉的求职者基本找不到工作。除此之外，别无他法，哪怕是最低工资、技能要求低的岗位也不行。内城区的求职者只能依靠报纸上的招聘信息、劳动部的推荐以及挨家挨户上门应聘来谋求工作，而且成功的概率很低。在大部分情况下，他们是竞争不过内部员工的。

威廉·朱利叶斯·威尔逊指出，一个人的生活背景决定了他/她的人脉是谁、有多大的作用（能提供多少信息）。[12] 显然，无业的亲朋好友无法为求职者提供就业信息。在就业岗位缺乏的隔离区里，求职者的人脉也同样的窘境，因而无法依靠人脉获知就业信息，只能寄希望于就业机构、报纸以及老套的上门求职的方式。如果应聘的行业存在裁员、削减公共部门预算等情况，那么即使认识职位较高的人，也于事无补。鉴于上述原因，我们有必要研究一下个性特点与人脉的层次、范围之间的关系。

表 8.3　按人脉分类的聘用人数与未聘用人数

	聘用人数	未聘用人数	合计
有人脉	39 （33.3%）	78 （66.7%）	117
无人脉	33 （11.0%）	268 （89.0%）	301
合计	72	346	418

卡方显著性 p=<0.0001

人脉的重要性因年龄不同而存在差异。年轻的求职者比年纪大的求职者更需要人脉，因为他们没有经验，比较不受老板的青睐。对此，数据可以证明：70% 的年轻打工者是通过人脉入职的；50% 的年纪较大的打工者有人脉。人脉虽然有助于求职，但不能起到决定性的作用。即使有人脉，年轻人也竞争不过年纪大的求职者。人脉再有效，也不能完全改变老板对年纪大的求职者的偏好。

时间越久，处境越难

在我们的研究对象中，许多人自称是非洲裔美国人，其实这些人是在国外出生的：有的是多米尼加黑人，有的来自加勒比海的其他地区。他们已经在美国定居，接受了美国的种族身份，并以此自居。从外表上看，他们与本土出生的非洲裔无异，但通过说话就能分辨出来（他们说的英语带有口音）。国外出生的非洲裔似乎在就业市场上是具有优势的：求职的成功率高于本土出生的非洲裔。

国外出生的黑人和拉美裔，即使和本土出生的群体具有同样的资质，比如受教育水平（大约有半数持有高中毕业证或者普通高中同等学力证书），也会在老板的“招聘队伍”里受到优待。非法入境的外国人不在我们的研究范围内，因为巴恩汉堡店严格守法，只聘用身份合法的员工。[13] 这种文化上的偏见为国外出生的群体带来了特别优待。[14]

如表 8.4 所示，哈莱姆的快餐业更青睐（合法的）移民。这并不是说本土出生的求职者就找不到工作了，相反，他们的就业人数很多。这只是说明，移民，尤其是新近到来的移民，获得工作的可能性增加了。

表 8.4　按出生地分类的聘用人数与未聘用人数

	聘用人数	未聘用人数	合计
美国出生	53 （14.3%）	318 （85.7%）	371
国外出生	19 （40.4%）	28 （59.6%）	47
合计	72	346	418

卡方显著性 p=<0.00001

老板们明白，美国的最低工资额在移民员工的原生国家里就是一笔巨资。尤其是海地和多米尼加移民，他们来自西半球最穷的两个国家，那里的国民食不果腹，儿童因营养不良而夭折。移民们无力支付城市里的房租和交通费，所以在他们眼里，初级岗位也成了美差。[15]

内斯特是秘鲁移民，在巴恩汉堡店担任总经理。他从孩提时就到了纽约，在上西区的拉美裔聚居区里长大。他的父亲是厨师，母亲在退休前一直在一家工厂里做缝纫工。内斯特打工的第一家巴恩汉堡店位于现在这家店的北面，相距大约 15 个街区，距离他当时的住处不到 1 个街区。他的姐姐进入巴恩汉堡店的时间比他早，一步步地奋斗到了总经理的职位。巴恩汉堡店对他们家的帮助很大，支持内斯特完成了学业，直到大学毕业。因此他一直没离开那里，从暑期工、读高中期间的兼职工一直干到现在的全职工。

内斯特主要负责招聘、裁员，他就职的巴恩汉堡店位于华盛顿高地，处于哈莱姆的边缘，社区居民多为多米尼加裔和波多黎各裔。大家基本都说西班牙语，一整天不说英语都没问题。购物、咨询律师、与孩子的教师交谈、看病、读报纸——所有日常活动都可以顺利地用西班牙语进行。内斯特会定期地招聘不会说英语的员工，但他更青睐两种语言都会说的人。

毫无疑问，这个社区里住着许多移民。他们在此定居的时间已经很长了，许多求职者早已不是国外出生的那一代人了：他们是20世纪六七十年代的移民在美国生的孩子。内斯特很乐意解释自己为什么喜欢聘用初来乍到的移民：

> 新来的移民……干劲十足。我猜他们就是这样长大的。他们格外地奋进，我觉得他们的国家一定很穷。他们和我一样……嗯，也不一样，我移民的时候太小了，而他们有目标，并打算努力实现目标。他们会加倍地努力，而不像本地居民那么了解情况，本地居民会说："嘿，我挺好的，父母都在这儿（照顾我）。"诸如此类。

内斯特代表了许多餐馆经理。他们都认为，在第三世界国家出生、长大的应聘者吃过苦，也明白自己别无选择，所以更值得聘用。

处在竞争激烈、存在种族差异的就业市场上的求职者对管理者的这种观念并不陌生。肖恩在亚拉巴马州出生、在芝加哥长大，一直和单身母亲生活，母亲在电话公司工作（但第一份工作也在巴恩汉堡店）。肖恩在3家巴恩汉堡店工作过，他的妻子在运输部有一份很不错的工作。由于巴恩汉堡店的工资低，即使加上妻子的收入，也不够养育 8 岁女儿的开销，于是肖恩兼职做起了保安。他希望有朝一日晋升到管理层——在巴恩汉堡店或者保安公司都行——目前，他对自己的工作很满足，因为许多黑人都失业了。其部分原因在于巴恩汉堡店的经理们更青睐国外移民，不喜欢聘用本土居民。

就说保安公司的老板吧，他能立刻聘用巴基斯坦人，还有印度人，因为他知道付给他们（每小时）4 美元就行了。他很少聘用黑人之类的，知道我们需要挣快钱。嗯，他觉得我们想赚快钱，不爱工作。而那些（移民）进门会说："好的。"他们什么都愿意干，要求还少，所以老板喜欢聘用他们。管理者能从中得到好处。（保安合同）规定每小时 12 美元，（本土出生的员工）要价 5 美元、6 美元，利润就不高。要是聘用 4 美元的员工呢？他们一样能干所有的活儿，而且老板也能赚到钱。这样一来，谁还聘用（黑人）呢？这就是做生意。有时候并不是出于人情。有些老板算不上种族主义者。有时候是出于人情，而有时候就是为了生意。

从前的求职者

我们普遍认为，初级岗是职场新人的首选目标。毕竟，老板在招聘低薪岗位员工的时候，一般都会想到初入职场的新手。经验丰富的老员工在竞争中打败新手，获得对技能、经验要求更高的好工作，这是再正常不过的事了。但如果老员工与新人竞争的是"不需要技能"的初级岗，比如巴恩汉堡店的初级岗，那么竞争者就会增多，新人几乎得不到任何机会。

巴恩汉堡店的入职员工都不是职场新人。相反地，他们求职的时候都已具有丰富的工作经验。在 18 岁以上的新员工中，将近 50% 不超过 15 岁就开始工作了。即使是应聘最低工资岗位失败的人也都有工作经验，其中有大约 1/3 不到 16 岁就开始工作了。在所有的求职者样本中，仅有 4% 是职场新人——应聘的岗位就是常规的初级岗，作为进入职场的第一步。大部分应聘者都有工作经验，工作多为其他品牌的快餐店、[16] 公立的青少年暑期项目、销售员、文员。[17]

显然，有经验的员工能让老板省心：不需要培训，完全懂行。尤其是快餐业工作，因为巴恩汉堡店的制作程序是出了名的统一。各家餐馆的运营模式都是一样的。但是，仅有同岗位工作经验是不够的。在哈莱姆中区，求职大军的数量非常庞大，即使求职者有一技之长、能够立刻上岗，也未必能获得最低工资的工作。

对于不同群体的求职者，老板的招聘标准并不是统一的。他们要求本土求职者具备工作经验，而对移民就不作要求。这再次证明了老板对移民的偏好。

教育与低薪劳动力市场

巴恩汉堡店等大多数快餐店普遍被视为高中辍学生的接收站，因为他们缺乏技能和文凭，无法找到更好的工作。这也是造成汉堡制作岗的地位如此低微的一个原因：他们的受教育水平较低，在职场上别无选择。

在许多富人区里，求职者的选择更多，初级岗也许对辍学生来说是个安乐窝。然而，在哈莱姆中区，情况就大不一样了。老板的选择权更大，更青睐年纪较大的求职者而不是年轻人，最低工资的岗位也能招聘到受教育水平高的员工。这一情况存在于纽约市的年轻群体中，因为在20世纪八九十年代，高中毕业率呈现出增长的趋势。[18]在哈莱姆中区，年轻的求职者明显更注重学业了：在18岁以下的求职者中，有2/3是高中生，其余在攻读普通高中同等学力。仅有30%没有上学，但其中大约半数已经持有学位证书或普通高中同等学力证书。总的来说，仅有15%的求职者是高中辍学生，其余求职者要么还在上学，要么已经持有文凭。

不幸的是，这些文凭还不足以让年轻的求职者迈入职场的大门，即便最低工资的岗位也不行。学历是个重要的衡量标准，所以年轻人即使获得了聘用，也会继续上学。实际上，比起已经毕业的求职者，老板更看重"目前在读"的求职者，因为在后一种情况下，求职者既然能够服从其他机构的安排，那么也应该能遵守职场里的规定。而已经毕业的求职者就不同了：他们已经完成了学业，在劳动力市场里"漂浮不定"。如果老板不看重高中毕业文凭，他们就更加没有着落了。

我们把巴恩汉堡店入职不满一年的员工与在此期间内的求职者加以对比，得出了结论。我们把一组求职成功者与失败者进行了对比，研究劳动力市场的情况。显然，"未被聘用者"并不会止步于此，求职的路上还有其他的机会等着他们。我们在采访他们的时候发现，有26%的"未被巴恩汉堡店聘用的求职者"已经在一年后找到了工作。他们一样是成功者，他们的特点也印证了我们对第一组员工，即在巴恩汉堡店成功入职的员工的研究结论。

在这些人中，男性找到工作的概率高于女性，年长的群体高于年轻人。[19] 种族不会对求职带来影响：黑人和非黑人群体求职成功的可能性是 25%。在本土出生的求职者中，有 25% 求职成功，而在国外出生的求职者中有 40% 获得了成功。[20] 教育文凭对年长的群体，即 23 岁及以上的群体来说，更加重要：持有高中毕业证的求职者中，半数都找到了工作，而没有学位的求职者中，仅有 20% 求职成功。找到工作的群体多集中在表 8.5 所列的工作领域。

表 8.5　应聘失败者在一年后就业的职业（领域）

职业	百分比（%）
销售 / 零售业	17.5
交通业	15.8
巴恩汉堡店的其他餐馆	11.6
政府部门	8.2
保安	8.2
文员（非政府部门）	8.2
熟练技工	7.6
医疗 / 医院护理员	4.3
门卫	4.3
公立青少年项目	4.3
白领经理	3.8
教育业	3.8
其他快餐店	2.2

在未被巴恩汉堡店聘用的求职者中，有些人后来找到了工作，他们的年龄分布呈现出一个有趣的现象。年轻人集中在公认的低薪、高流动率的职业领域：销售 / 零售业、青少年暑期项目、快餐业。[21] 年纪较大的求职者（23 岁及以上）也能在这些领域找到工作，但熟练技工和政府部门的工作只有他们能做。

这些人再次印证了我们关于巴恩汉堡店的求职者的研究结论。他们签订了劳动合同，[22] 不在工作地点附近居住。[23] 个中缘由从求职者的年龄层分布情况中可见一斑。未被巴恩汉堡店聘用的年轻人后来大多就近找到了工作，而年纪大的求职者多在其他地方求职成功。由此说明，贫民区里缺乏就业机会，会对求职者产生很大的影响：在严重贫困的社区里，年轻人承受着就业机会缺失的恶果。当就近的就业机会几近消失，年轻人进入职场的难度就更大了。

具有讽刺意味的是，未被巴恩汉堡店聘用的求职者后来找到的工作的平均收入高于一开始就成功入职快餐店的群体。前者的平均周薪将近 200 美元，而后者仅为 125 美元。打工者的年龄越大，工资越高，这说明，对于这个年龄段（23 岁及以上）的求职者来说，耐心等待会为他们带来更高的收入，也说明依靠从事同类工作的横向人脉求职是有问题的：虽然能够找到工作，但是人脉介绍的工作仅限于低薪领域。通过其他渠道求职反而能得到更高的工资，但是在一开始难以找到工作。

上述结论再次印证了前述的观点（把巴恩汉堡店的新员工与同期的求职失败者加以对比），但是还有一点值得注意，大部分的求职者不仅在巴恩汉堡店求职失败，而且在此后一年内也一直没找到工作。其中仅有 1/4 后来找到了工作，其余 3/4 都不顺利。找到工作的人获得的工资也很微薄。在“未被巴恩汉堡店聘用，但后来找到工作”的群体中，超过半数的人目前的工资高于上一份工作，而20%的人工资不如以前，从每小时1美元至超过5美元不等。这证明平级跳槽现象是广泛存在的，打工者们不断地换工作，却没有实现向上流动。其中大约有1/5的人甚至出现了倒退：曾经幸运地找到工作，现在却跌落到最低工资岗位群体之中。年纪大的打工者更易出现大退步，而年轻人由于工资始终不高，所以跌得也不会太惨。

在哈莱姆的快餐业劳动力市场上，“谁成功，谁淘汰？”这个问题的答案是：非洲裔、年轻人、本土出生的求职者以及附近的居民获得聘用的可能性较低。亲友未在“目标”行业内工作的群体也处于不利的境地。老板似乎更看重个人推荐，这对缺乏在职亲友人脉的求职者实属不利。

许多政客急于取消福利救济，提出人人都可以获得工作的观点，这显然是有悖于实情的。在20世纪90年代中期，哈莱姆中区的劳动力市场出现了饱和，老板们面前排着一条长长的求职队伍，尤其是对技能和受教育程度要求很低的岗位，所以，老板们变得挑剔起来：他们对求职者的受教育程度、工作经验的要求变高了。[24] 劳动力过剩会产生不良的影响，即老生常谈的供求关系问题。也许内城区劳动力市场的饱和程度更值得注意。就业危机已成为一个大问题。近年来，内城区的就业市场吃紧，但就业问题仍很严重。在任何危机当中，符合老板要求的群体——包括自身无法改变的方面，比如移民的身份、居住的城区——总能在竞争中战胜那些不符合要求的群体。

他们有多努力？

众多的专家一致认为，工作始终都能找到。这句话直接或间接地指出，内城区的少数族裔的失业率之所以居高不下，是因为求职者并未付出足够的努力。然而，这种观点缺乏足够的硬信息支撑，专家们并不了解求职者为了进入职场付出了多少心血。我们根本无法了解内城区的求职者，因为我们很难收集到贫民区的准确信息——即便是10年一次的人口普查。[25]

为了完成本书，我们花费了大量的时间去了解那些未被巴恩汉堡店聘用的求职者后来是如何努力地求职的。结果表明，即便是求职市场上最年轻的群体（15—18岁），在应聘快餐店工作以前，都已经应聘过两三份工作了。而年纪大的群体（23岁及以上）在此之前平均应聘过七八份工作。这说明，哈莱姆中区的打工者（既包括应聘成功者，也包括失败者）非常渴望工作，但是求职的过程充满艰辛，即便是低薪岗位也很难获得。

以上情况还说明，内城区的求职者对工资抱有过高的期望（即经济学家所说的“保底工资”）。其表现就是，接受医疗和住房补助的福利受助母亲只有拿到每小时8美元或9美元的工资，才会“理智地”停领福利救济，选择去工作。[26]据此，政策制定者们认为，应削减福利待遇，让领取福利的母亲别无选择，只能去工作，凭自身能力挣工资。这就是福利改革的基本逻辑。

内城区求职者的就业期望真的过高吗？我们对应聘初级岗位未果的求职者进行了采访，询问了他们期望的工资范围。结果显示，他们的期望并不高，平均工资仅为每小时4.62美元，[27]更低的工资他们也能接受：平均为每小时 4.19 美元，低于当时的成年劳动者的法定最低工资标准。具有工作经验并且以前的工资高于当前工资的求职者也是一样，期望也不高。他们以往拿到的平均最高工资为每小时 6.77 美元。这说明哈莱姆等社区里的求职者正在经历职场的向下流动，以前的工资较高，而现在却要应聘最低工资的工作。这也从一定程度上反映出大众媒体鲜少称颂的现实主义。[28]

本章所列的数据旨在推翻一个观点，即在哈莱姆等贫民区里，找工作并非难事。实际上，内城区的工作岗位是严重短缺的，求职人数远多于岗位数。求职者出现供过于求的局面，导致求职的门槛升高，应聘者需要持有更高的文凭才能获得工作，甚至是最低工资的工作。曾经，大家普遍认为没有高中文凭的年轻人（16—18 岁）是职场的主力，而如今，持有高中毕业证的、年纪较大的群体（20 多岁）成为主角。单身母亲在劳动力市场上少之又少：在我们的快餐业研究对象中，单身父母仅占不到 10%。

当然，数据不能说明一切。持怀疑态度的人也许会问，求职者的身份特点（种族、居住地、受教育程度）真的能左右老板的用人决定吗？求职者的隐形特点，比如态度、举止、热情、期望，能否发挥作用呢？这难道不是经理们在求职面试中关注的方面吗？

这些问题具有重要的意义，它们不仅有助于我们清楚地了解劳动力市场上的各种困难，而且具有批判性，因为要想全面地了解求职大军——劳动力市场上的所有人，包括尚未找到工作的人——就必须考虑到“失败者”的经历和文化观。

拒之门外

杰维斯19岁，是非洲裔美国人，高中二年级就辍学了，此后一直在求职。他走遍了哈莱姆中区的大街小巷，几乎不放过任何一家快餐店和零售店。可是，时至今日几乎一无所获。他并非一直事不如愿，因为他曾经在纽约市的青少年暑期项目和巴恩汉堡店的一家竞争对手那里都工作过。杰维斯从工作中学到了许多经验。“工作教会了我不同的东西。”他说，“要承担责任、要清楚自己什么时候能挣到一笔钱……”

杰维斯3年前在快餐店打工，岗位并不高。“我挣的钱不多，却累得要命！”而且，这种工作还有损颜面，因为在朋友的心目中，只有傻瓜才会做这种工作。“大家会说，为了钱连自尊都不要了。”他提到，“而且我常常觉得，自己的付出没有得到应有的回报。”即便如此，杰维斯依然接受了这份不光彩的工作，他觉得职场新人总要迈出第一步，以后一切都会好起来的。

一份体面的工作能够积累经验。像巴恩汉堡店这种连锁店，可以让人通过努力争取事业的进步，而不会始终困在原地。它是个起点。底线就是（从工作中）有收获：在人生中不断地进步。这就很不错了。

杰维斯以为自己以前的工作经验能够派上用场。“可以说，我知道该怎么做，我有能力。”他说道。他学会了操作收银机，懂得了如何对付惹自己生气的顾客。

有些人说话很没礼貌，可你得忍着；有些人要求加快服务速度，可他们根本不配；还有些人不按程序，你还得忍着。

杰维斯认为，这些问题仅限于快餐店的工作——既然拿了工资，就得处理问题。杰维斯相信，这种“人际知识”能帮助自己学以致用，因此，他反对朋友们在他出门去快餐店工作时发表负面评论。“总之，”杰维斯说，“我更在意自己能从工作中学到什么，而不会给自己设限。”

不是所有认识他的人都持有同样的看法。一些朋友树立的目标并不切合实际，他们只想跳过艰难的、不光彩的职场第一步。

大部分朋友希望一进入职场就能干大事。我不是这样想的，我会从头做起。

我们知道，人脉在就业中起着重要的作用。但是，了解人脉的重要性不等于拥有人脉。杰维斯明白，成功与否的关键往往就是人脉，可他不知道怎样才能把道理付诸行动。

大家一开始是怎样结识人脉的？

我觉得是运气和命运。每个人的精神、身体、背景、社区——所有因素决定着一切遭遇。你在哪儿决定了你会遇到谁；你的生活方式决定了你会和谁打交道。

杰维斯的回答令人不解，说明他并不了解实情。

杰维斯和母亲、17 岁的弟弟（也没有工作）一起生活，他们住在哈莱姆最繁华的商业街以北的一个破败的社区里。杰维斯身边的人都没有体面的工作，但大部分人都有工作，包括秘书、邮递员、餐馆员工以及在哈莱姆最大的机构——哈莱姆医院——里做苦工。杰维斯与这些人并不相熟，不确定他们是否能提供招聘信息。

在杰维斯的公寓楼附近住着一群非洲裔中产阶级居民。他们的街道整洁漂亮，人行道上绿树成荫，老旧的褐色别墅经过翻修焕然一新。他们的孩子穿着漂亮的衣服和新鞋子，对杰维斯这样的路人侧目而视，因为他出门总是穿着宽大的垮裤，帽子反着戴在头上。早上，杰维斯看着这些有钱人从面前往返经过，西装革履地驾驶着豪车。他不知道他们是怎么挣到钱的，但知道他们都有好工作。杰维斯看到的情况是富有启发意义的，说明住在无业人群聚居区里的居民未必会因远离就业群体而产生社会疏离感。[29] 但别处的榜样无法成为杰维斯的有效人脉。

杰维斯现在失去了信心——不再对求职抱有自信——但是仍然认为自己和完全放弃工作的人是不一样的，区别就在于他会为自己负责。除了自己，没人能为他的人生负责，也没人和他的想法一样。

有的人愿意付出不懈的努力，不论情况是否有利，他们都坚持到底，直到成功……而有的人就是不喜欢迎难而上，一旦遇到困难，他们就放弃了。

目前，即使杰维斯的努力付诸东流，他也没打算放弃。但他承认自己曾经放弃过——比如上高中——导致成年后别无选择。

在杰维斯居住的社区里，居民对工作持有两种截然不同的态度，而杰维斯坚持初心，坚持从工作中获得尊严。

大家选择去工作还是接受福利救济，取决于两个方面：自尊心和好处。自尊心会促使你去工作，而福利救济能够带来最大的好处，解决开销问题。

杰维斯明白，和胸无大志、不思进取的人在一起“闲逛”，自己也会受到影响，变得退步。“我会和消极的人保持距离。”他说，“他们对种族主义气愤不已，对固有的成见一知半解，就大加指责。”杰维斯认为，他们只会为自己的悲惨境地找借口，而不愿承认自己的无能。

1994 年，我们用了半年时间采访了近 100 名求职者，杰维斯就是其中之一。他们在哈莱姆中区的巴恩汉堡店应聘初级岗，但全部败北。一年后，我的研究团队又找到了他们。在此期间，大部分人都在继续求职——此前在巴恩汉堡店的应聘不过是他们求职路途上的短暂停靠。

学者们对求职群体的了解是相对较少的。大部分全国性的数据都是针对在职群体或者享受失业保险的群体。在求职群体中还存在着一个庞大的“下界”，尤其是内城区的贫民求职者。关于这部分群体，我们只收集到了一些数据（参考“当前人口调查”数据），别无其他。失败的求职者持有什么观念？我们对他们的期望、求职的经历知之甚少，难免主观臆测贫民区的无业群体已经把职业道德抛到九霄云外了。

我们对哈莱姆的求职失败者进行了研究，但并不能以此推断整个社区内的居民情况，尤其是从未求职的群体。全国性的报纸往往给人造成一种印象，即有一类人的数量非常庞大：从未打算工作的人。专门进行就业者、求职者研究的企业不会考虑到这个群体。那么到底涉及多少人呢？

玛尔塔·廷达和哈亚·斯蒂尔专门对此做了研究，他们对芝加哥内城区的调查数据进行了分析。该城市在 20 世纪 80 年代出现了严重的集中贫困问题和少数族裔失业问题。[30] 廷达和斯蒂尔选取了芝加哥城市贫困与家庭生活调查数据，该数据以 1986 年居住在芝加哥人口普查区内的、18—44 岁的黑人、白人及拉美裔父母为调查样本。在这些普查区内，超过 20% 的家庭的收入低于 1980 年联邦政府制定的贫困线。研究发现，2/3 的调查对象从事经济活动，其中有 87% 在调查期间是在职人员。[31] 芝加哥内城区有 35% 的父母属于无业群体，[32] 其中超过半数有工作经验，而且大部分人是想工作的。失业现象非常普遍，但廷达和斯蒂尔发现，1986 年，这些社区里有不到 6% 的父母是主动选择不工作的。[33] 只有这一小部分人才能称得上是彻底脱离职场的群体。

本章不会对这一小部分群体加以证实，而是进一步探讨——不论男性还是女性、黑人还是拉美裔、年轻人还是年长者——在就业市场上屡败屡战的群体如何看待自己的失败，认为谁该为此负责。和他们交谈之后，我确定，他们和求职成功者之间并未存在“价值观的差异”。

35 岁的克拉伦斯在哈莱姆中区的求职之路并不平坦。他曾经做过多份工作，包括信件分拣员、制衣厂的行政助理、电报员，并在许多临时机构打过工。他具备大约7年的工作经验，但是大部分工作都是短期的，而且收入微薄。

克拉伦斯的经历揭示了求职失败者群体身上的重要问题。这些人基本都有工作经验，不少人甚至经验丰富。可他们缺乏一份能够实现向上流动、摆脱最低工资的稳定的工作。其中一些人之所以找不到稳定的、长期的工作，就是因为不良的习惯：不按时上班、午休结束后不按时返岗。初入职场的年轻人往往认识不到做一个可靠的员工的重要性。他们容易因社交活动、忙于学习而不能对工作全情投入。克拉伦斯对工作没有长情，因此很难有拿得出手的谈资。在老板的眼里，他并不是一个稳定的员工。

在哈莱姆，许多打工者在求职的路途上几经沉浮，因为他们应聘的工作都是季节性、短期的岗位。几十年前，艾略特·列堡就在《泰利的街角》一书中表达了自己的观点。[34] 他指出，中午时分，一个陌生人驾车驶过一个个贫民区，看到街上的成年人，就断定他们一定没有工作。但实际上，大部分人做的是兼职、建筑工等季节性短工或者夜班工作。无业者往往是由于重体力劳动导致身患残疾而无法工作。列堡在20世纪60年代初对华盛顿的贫民区进行了研究，从中发现非洲裔男性在求职时除了重体力劳动工作，基本别无选择。短期就业是内城区里非常普遍的现象。[35]

克拉伦斯也做过季节性工作，而且还做过其他的工作，原本可以长期做下去，可他并没有做到。对此，他的解释是站不住脚的。真正的原因是他患有抑郁症，并且吸毒成瘾。他几次尝试悬崖勒马，终被坎坷的经历磨灭了自信。

要知道，什么都比不上干一番事业。有一份工作、以积极的态度坚持自己的理想并获得经济回报……（我找不到工作）开始吸毒，但后来戒了。我不想强制戒毒，也不想卖衣服、食物，甚至卖身。我不是商品，我有自尊心和诚信，还有美德，是母亲教导我的，感谢上帝。我又振作起来了。

尽管经历过许多失败，克拉伦斯仍然坚信自力更生的重要性，在这一点上，他和许多工作待遇好的就业者不谋而合。

只要努力，就能成功。只要愿意努力，总有人出手相助，总有人比你自己还上心。但是如果不努力，就找不到工作，找不到。这是底线。

万事都不易，要有追求，实现目标可不容易。应该是这样的。友谊、婚姻、工作、家庭——都要靠坚持不懈、努力奋斗才能得到。必须全情投入……必须态度积极、忠于梦想。不能欺骗自己、欺骗别人，否则就是在骗自己。

当然，克拉伦斯明白，固有的成见如一道墙，把他这样的应聘者与有聘用权的老板分隔开来。

别人会通过你的肤色、出身进行判断。这两个方面都有影响，取决于你想融入哪个社会阶层，要知道，就是你想进入的圈子。它起着很大的作用。大家会对你进行判断，很不幸。即使没能获得公平的待遇，也别为自己的肤色而忧虑。你的能力才是最重要的东西。

我们采访了近100名求职者，克拉伦斯和其中大部分人的观点一样，认为种族偏见不会为贫民区的居民提供道义上的庇护。他们必须克服重重困难。克拉伦斯不愿为自己找借口，也不想和那些视他人的帮助为理所当然的人来往。

为什么社区里的居民生活潦倒、度日如年呢？

我并不认为他们生活潦倒、度日如年。一切都是咎由自取，他们缺乏积极的人生目标，也找不到人生的方向。就是这样。（做出改变）并不难。是他们自己选择了这样的生活，如果生活贫困潦倒，那也是他们自己造成的。

克拉伦斯的实际情况与他的价值观并不一致，让人难免认为他是言行不一的人，他要么是为了迎合我们才说出这样的话，要么是没能按自己的想法去努力。其他作家都认为，他们的说辞要么是为了迎合研究者，要么言行不一，所以我们应该对他们说的话持保留的态度。[36]虽然克拉伦斯的见地是难能可贵的，但我的确不能以偏概全，因为他并没有践行自己的价值观，没有去做地位低微、收入微薄的工作。克拉伦斯表达了许多观点。而且，我们遇到他的时候，他正在巴恩汉堡店求职，这说明他仍然坚信，做任何工作都比无业强。

哈莱姆的求职失败者基本都没有钱撑到找到工作的那一天。[37]比如，所有的采访对象都没有自己的房子。大部分人都住在公共住房里或者租房住。他们身无一物，无法向银行等合法机构申请抵押贷款或者储蓄贷款（郊区的失业者常常采用这种办法）。此外，其中大多数人都做过低薪工作，过低的收入几乎令他们入不敷出。几乎没人有存款，即使有存款，也很快就花得一干二净了。他们的医疗保障主要来自医疗补助，这也是生活贫困的一个表现。据报道，超过半数的求职失败者的年收入不足 5000 美元，这是不足为奇的。他们的家庭收入也低于有工作的群体：在求职失败的无业群体中，有 1/2 的家庭收入低于四口之家的贫困线标准。[38]

不足为奇的是，大部分求职失败者的家里——往往有母亲或者姐姐——在领取抚养未成年子女家庭援助。其中超过 40% 依靠家里的福利救济度日。我们还应注意到，人们普遍认为就业者与福利救济受助者是两个完全不同的群体，然而实际情况并非如此，超过 55% 的求职失败者的家庭完全靠打工的工资生活。显然，这两种情况——工作和福利救济——在众多求职者的家庭里兼而有之。

卡伦在应聘巴恩汉堡店时也失败了，但过着截然不同的生活。1994 年春天，年仅 16 岁的卡伦和许多高中生一起在哈莱姆中区找工作。她希望找一份暑期工来维持生活开销，并为上大学积攒一点钱。毕竟，她从上高中的“第一天”起就树立了上大学的目标。她的母亲是秘书，父亲在建筑行业工作，两人已经离婚了。两人的生活都还过得去，但不富裕，钱总是不够用（尽管如此，他们和女儿卡伦的生活条件也远远好于杰维斯和克拉伦斯）。

卡伦和母亲一起生活，母亲的年收入大约为 2.5 万美元。按国家标准来看，这个两口之家的生活水平属于中下层。[39] 然而，纽约市的生活成本高昂——飙升的房租、飞涨的食品价格、居高不下的交通成本——即使母亲有稳定的工作，这个单亲家庭的生活也难以为继。

建筑业的工作极不稳定，卡伦的父亲就曾失业，丢掉了运输局的好工作，非常可惜，因为这份工作能够解决全家人的医疗开销，退休后的生活也有保障。建筑业的工作具有季节性，尽管时薪较高——前提是有工作——但总体收入并不高。因此，父亲并不能按时支付卡伦的抚养费，这也是全国的离婚家庭中普遍存在的问题。

卡伦知道许多离婚家庭都已经“难以为继”了，即使父母还有稳定的工作，也不得不求助于福利救济。这些家庭的问题来自“人口过多”。

许多人生活潦倒。我觉得我的生活还不错，我和母亲还过得去。我觉得原因是家里只有我们两人。许多人生了一堆孩子，所以困难很多，他们养不起这么多孩子。

由此，卡伦树立了一个个具体的目标：读完大学、结婚、最多生两个孩子、“离开纽约这鬼地方”。

卡伦算是青少年中的榜样，她就读于纽约市一所不错的高中。该学校入学门槛很高，只有考高分才能被录取。她的同学家境都不错，暑假期间不是去露营就是在大学校园里参加强化补习。卡伦与他们不同，暑假都用来打工挣钱了。她 14 岁就开始找工作，直到第二年夏天才在一家联邦政府开办的营地里求职成功，担任顾问。卡伦很喜欢户外工作，喜欢陪客户一起游泳，尽管有许多事情要操心，她也享受其中。“孩子们从不听我的话。”她抱怨道。她每天要照顾一群活泼好动的小孩子，到晚上睡觉的时候，已经筋疲力尽了。她从这份工作中认识到，“工作很辛苦，但只有努力工作，才能挣到工资。”

今年夏天，卡伦已满 16 岁了。她打算到私营企业求职，于是把目标锁定在哈莱姆，因为这里可以乘地铁直达位于华盛顿高地的家。

她应聘了十几份工作，包括出纳、文员、汉堡制作工等，均遭失败。从这方面来说，卡伦也是青少年求职大军中的一员，只要城市的劳动力市场未被素质更高的求职者（年长的求职者、更稳定的求职者以及高中毕业生）占满，他们就会进去分一杯羹。年轻人的求职之路充满了艰辛——包括卡伦等参加荣誉课程的学生。工作岗位存在供不应求的现象。[40]

然而，年轻人的求职意愿是非常强烈的，因为他们越来越明白自己的艰难处境。卡伦住在拥挤、嘈杂的社区里，音乐声彻夜不停，但大多数邻居都有工作。她和同住一栋楼的一名家庭护理员、一名工人以及母亲的一位女同事关系比较好。许多不认识的人西装革履地从街上走过，下班回家。这些打工者构成了社区的日常社会结构。这个社区属于西班牙语居民聚居区，主要住着黑人和拉美裔，其中也不乏以贩毒为生、自讨苦吃的年轻人。卡伦严格自律，不想与他们为伍：她按时上学，放学后直接回家。她从不在街上逛，即使公寓里炎热难耐，她也不出门。她与那些没有出路的人保持距离，认为他们是咎由自取的失败者。

社区里当然有人成功过。但总体上他们太懒了，只想着睡觉、吃饭、闲逛，什么也不做。他们就想出去玩、找乐子。可是，该玩的时候可以玩，该工作也得工作的。要知道，不该虚度人生，要挣钱，要获得成就。

“成功”是卡伦的人生目标。她渴望获得挣钱的机会，帮助母亲摆脱困境。但是她也明白，从长远来看，最好的选择是上学。如果应聘成功，她也许会愿意留在巴恩汉堡店工作，但到了和克拉伦斯一样的年龄，她不会满足于止步在此。

像我这样缺乏工作经验的人——除了青少年暑期项目，始终找不到工作——不论是巴恩汉堡店还是其他的工作，我都愿意做。这将是我的第一或第二份工作。如果你有高中毕业文凭，希望找到好工作，那就必须（去上学）掌握（特别的）技能，这样才能找到好工作。你不能等着别人给你工作，因为年纪也不小了，大概就是这样。

总之，卡伦希望靠一己之力找到一份体面的工作。她也知道，要实现这个目标，前路依然漫漫。

卡伦的同龄人未必认同她的观点，即要想一步步地进步，必须从底层做起。他们认为自己受到了巴恩汉堡店的剥削。

朋友说找工作很容易，要知道，任何人都可以在巴恩汉堡店工作。（人家说）什么都不需要提供，只是工资低。我认识的大部分人在那里打工的时间都不长，他们说（经理）态度恶劣，有的人是因为不喜欢（巴恩汉堡店），还有的人是因为和顾客吵架，等等。

卡伦并不同意他们的看法，她认为初级岗位并不代表她不能胜任体面的工作。她明白这类岗位的意义：通向美好未来的敲门砖。而美好的未来多由更高的受教育程度而不是暑期工作经验决定的。卡伦明白，要是缺少了这一步，她就会成为哈莱姆众多年轻人中的一员——一辈子都是不受尊重的穷忙族。

接受教育是非常重要的，要是受教育程度低，只能一辈子在（巴恩汉堡店）打工，就和他们一样，既不想在那里打工，却又别无选择，明白吧？

卡伦不能让自己变成这样。她已经获得了名牌高中的毕业证，应该不会沦落到如此境地了。

对哈莱姆的许多青少年（包括其中最有前途的人）来说，最大的问题就是找不到工作。由于缺乏额外的收入，卡伦只能让母亲“受累”负担她的书费、上学的交通费（学校距离她的家较远）、服装费以及年轻人的各种小开销。只要母亲一直工作下去，卡伦就不会忍饥挨饿——她在社区里并不算贫民。但是，她更希望独立，希望体验“初为成人”的感觉，希望挣钱谋生。然而，就业市场上挤满了同龄人，年龄较大的高中毕业生在暑期结束后仍然继续工作，导致就业市场不堪重负。高中毕业生最受巴恩汉堡店经理的青睐，而卡伦得不到内城区的上几届高中生一样的待遇：进入劳动力市场。

非洲裔并不是哈莱姆唯一的求职群体。拉美裔，尤其是多米尼加裔和波多黎各裔，开始涌入黑人聚居区里求职。他们的成功率远高于克拉伦斯和卡伦等人。出于前述的种种原因，拉美裔求职者比非洲裔更受青睐。但是他们也会遭遇失败，因为劳动力市场已经人满为患，无法容纳所有的求职者。

杰米就遭遇过求职失败的打击。他出生于波多黎各，10 岁时来到纽约，在哈莱姆中区定居下来，与 125 街的商业街相距不远。杰米高中就辍学了，后来又获得了普通高中同等学力证书。我们见到他的时候，他正准备攻读计算机技能专业的文学副学士学位，当时距离他在巴恩汉堡店求职失败已经过去了一年。尽管才17岁，杰米已经是一名经验丰富的打工者了。14岁那年的暑假，他找到了第一份工作，在一家牛排馆里做保洁员，后来还在快餐店、盖普店做过全职工，还做过负责文件归档、邮件递送的文员。杰米累计有一年半的工作经验，但大部分都属于“黑工”，因为他还未成年，严格地说是不允许打工的。

为了找工作，杰米求助于一家职业介绍所。经介绍，他到距家仅仅几个街区的巴恩汉堡店应聘，但遭到了拒绝，因为这家店并不打算招聘，由于就业市场人满为患，店里的员工流动率有所下降。招聘岗位少之又少，导致杰米、卡伦等年轻的求职者连连碰壁，即使杰米具备快餐店的工作经验（往往是求职优势），也于事无补。

杰米住在哈莱姆中区，居民多为非洲裔，而他的家庭由拉美裔成员组成，包括哥伦比亚、巴拿马和波多黎各。他和34岁的母亲一起生活，母亲是一名职员。他的哥哥是销售员，妹妹还在上高中。最近，杰米家的生活逐渐好转，因为母亲坚持完成了学业，获得了一份比原来更好的工作。杰米仍然记得，在母亲坚持学习的这些年里，家里的生活尤为艰难，市福利机构发给母亲的少许补助金都用于她的学习了，[41] 除此之外，只有他和哥哥有收入。而现在，母亲有了稳定的工作，哥哥也有工作，家里自给自足的生活状态令杰米感到非常安心。他们家没有人再接受“援助”，2/3的“成年人”都有工作，杰米以后也会找到工作的。

然而，杰米为自己目前没有工作而忧心忡忡，因为按照文化标准，他现在已经应该自力更生了，不能再依靠母亲生活了。杰米16岁的时候就把自己当作负责任的成年人了，认为自己不仅要自力更生，而且应为家庭分忧解难。他不再把自己当成孩子，认为母亲不该再负担自己的开销，包括基本的生活必需品。“在家里，”杰米强调道，“我应该承担开销。我和哥哥，我们来承担。”杰米认为这么做是理所应当的。在波多黎各，他现在的年龄早已属于成年人了。母亲在他这么大的时候都抚养两个孩子了。波多黎各贫民的童年比美国本土的同胞短，如今，美国孩子的青春期可以持续到25岁左右，而杰米就没有这么幸运了。

尽管周围的人和他的观念不一样，杰米仍坚信不疑。他坦率地承认，一些波多黎各裔朋友认为他应该离开巴恩汉堡店，这令他备受困扰。

他们不想（在巴恩汉堡店）打工。在那里打工的人都得不到女孩的欢心，因为要不停地制作汉堡，一身臭汗，还会受到嘲笑。

别人的态度并不能阻止杰米求职的脚步。他需要挣钱来弥补亏空，这比获得女孩的芳心更重要。他缺乏自力更生的经济实力，无法成为一个有面子的家庭成员。

他认为，正是由于自己秉持这种当代的新教伦理观，自己才有别于周围的许多居民，但他也能认识到其中的不同之处，明白居民们在肤色、职业方面都各不相同。

社区里的成年人——拉美裔和非洲裔——（许多人）以福利救济为生。有些人以贩毒为业。稳定的工作，要知道，就是在超市打工，就在社区商店的周围……我住的公寓楼里还有一位律师。

杰米和克拉伦斯、卡伦等贫民一样，对贫民持主流的批评态度：社区里的贫民不去努力工作，依靠福利救济，不走正路，从事非法营生，一切都是咎由自取。他们三人都持有保守的观念，重视个人责任感和自力更生。杰米对机会平等的现状感到不解。他认为少数族裔群体面对的困难更大。

如果你属于少数族裔，那么你很难了解到招聘信息，然后去应聘、获得好工作。要知道，难度会比等级高的人，比如白人，更大。

看看杰米的社区，我们就能明白杰米为什么会产生怀疑了：这里有许多人都依靠福利救济生活。但他不知道这个问题能否说明制度是无效的，说明少数族裔普遍遭受种族隔阂或者说明个人的性格缺陷。

他们都依赖福利救济，总想不劳而获。他们总想依靠别人，所以是不会成功的。他们挣不到钱，却需要钱付房租、买食物（仅此而已）。而且他们生的孩子太多了。

杰米的哥哥有一个非婚生孩子，他会定期给孩子的母亲支付抚养费，所以这一点并不影响吉米对社区居民的福利问题的看法。他认为，问题的根源在于这些不负责任的人，他们一意孤行，不停地生孩子，认为别人理应为他们负担开销。

杰米把贫民的遭遇归因于种族隔阂问题，但同时也认为这是个人决定、动机等方面日积月累的结果：他们在社会上“搭便车”，只管生孩子，却又养不起。杰米还发现，纽约的贫困问题并非偶然，而且具有矛盾性：既源于针对少数族裔的种族偏见，又是黑人和棕色皮肤的贫民屡屡碰壁的结果。有一部分人认为，有一种未知的力量在操控着一切，才会导致少数族裔得不到机会。而另一部分人认为罪魁祸首是被自由主义者称为典型的“指责受害者”的说辞。

对杰米和卡伦来说，“指责受害者”的不平等观——或者更准确地说，认为美国遍地都是机会的观点——源于其家庭成员的成功经历。他们两人的母亲都有工作，并克服了巨大的困难，完成了自己的学业，还找到了体面的工作。他们的姑姑、姑父和祖父母也一直都有工作。他们不关注亲戚们面对的（克服的）各种困难，而是从他们的成功经历中断定，大家都生活在蜜罐里。杰米刚刚还认为少数族裔的求职难度是高于白人的，现在却又提出：

别人不会以肤色来评判一个人。我的母亲也是黑人，却和有钱人一起共事。她的同事，要知道，都是高阶层人士。他们不会对我们评头论足，只是根据母亲的为人、态度，就事论事。

杰米不久前还说“老板歧视我们”，现在却大相径庭。歧视对他来说不只是一个抽象的问题，因为他在商业区的确有过切身的经历。

我以前很想到市中心工作，曾准备到帝国大厦里工作。可是，办公室老板见到我之后，并不喜欢我，就因为我是黑人。

同一个人竟然说出了截然相反的“说辞”，他一方面认可机会平等、个人品德的存在，另一方面又指责偏见和社会结构的束缚。究其原因，身为贫民的他们，包括身在劳动力市场上的群体和不在其中的群体，目睹了太多人在美国的遭遇——资源分配不平等（包括住房、上学、就业机会、财富），资源分配的过程完全不考虑少数族裔群体。与此同时，周围的人——如果幸运的话，也可能包括他们自己——又树立了“成功”的榜样。

他们也是美国人，融入了中产阶级的主流文化，认同了“机会随处可见、只需伸手抓住”的基本观念。但是，他们身为黑人和波多黎各裔，居住的社区破旧不堪，学校里人满为患、资金不足，街上的道路崎岖不平，公寓楼因无钱维修、建筑法规执行不力而摇摇欲坠。所以，他们明白自己面临着许多困难。他们求职失败，就必须自担其责，接受有钱就可以免遭厄运的现实——他们的母亲就是如此。

珍妮弗·霍克希尔德在《直面美国梦》[42]一书中指出，调查研究再次印证了一个事实，即美国的黑人和白人都认为，所有美国人都能“通过努力……获得属于自己的成功”。她还提出，非洲裔越来越怀疑美国梦能惠及自己，而白人（尤其是下层白人）越来越确定公共政策给予黑人特殊的（意即“无端的”）优待。我们无意加入关于平权运动的争论，值得注意的是，由于种族问题的两难境地、大众文化意识形态，以及“优待一方、损害另一方”的经济制度共同起作用，大部分人表现出了自相矛盾的观念：既认同精英管理制度，追求不分种族的机会平等，同时又认为种族不平等问题非常严重，对民众的人生际遇产生了深远的影响。

哈莱姆的求职者认为国家应该对缺乏生存能力的群体给予照顾，同时又坚决反对向有能力自食其力的群体提供帮助。如杰米所说，“做任何工作都可以，只要能挣钱就行。自食其力总比接受政府救济强。”所有人都应该自力更生，哪怕有损自尊，其实尊严是可以从工作中获得的。正是基于这种基本理念，求职者和穷忙族得以避开种族分离主义，而某些领导者[43]却以帮助贫民的名义极力推崇种族分离主义。总之，我们的采访对象——包括无业群体和打工群体——均对这种政治立场持反对态度。[44]在他们看来，机会存在于主流文化之中，而非少数族裔的隔离聚居区里。个人责任感不应导致分离主义：它是促进道德融合和文化融合的手段，是抗击不公平现象的有力武器。他们并不想置身局外，而是希望参与其中。

第9章

帮助穷忙族

贫民的生活状态引起了全社会的广泛关注。人们普遍认为，在美好的国度里，不该有这么多的同胞得不到关爱。既然如此，我们就应给予穷忙族更多的关注。他们在医院里弯着腰为病人更换床单；在餐馆里备好一桶桶油，为顾客炸薯条；在超市里为我们购买的商品打包；在医院里清扫地板和卫生间。下班回家后，他们还要照顾孩子。即便是全职工，他们的收入也十分微薄，一直在贫困线以下苦苦地挣扎着。

如果美国的失业率继续保持历史较低水平，那么贫困问题能否得到解决呢？能否靠市场自发地调节呢？劳动力市场持续出现供不应求的局面，这对穷忙族来说无疑是一剂良药，失望的求职者得以重返职场，老板们也不得不放下偏见，对以前不放在眼里的求职者大开绿灯。如果劳动力市场供不应求的局面一直保持下去，打工者的工资也会上涨。

然而，想高枕无忧是不可能的。目前，全国的失业率令人欣喜地达到了近30年来的最低点。欧洲各国的失业率仍高达两位数，而美国在1998年的失业率还不到3%。但是，威廉·朱利叶斯·威尔逊指出，这个数字并未把停止求职的庞大群体，即“离开劳动力市场的群体”，计算在内。他们住在哈莱姆中区等地，因此这一数据并不能反映贫民区就业问题的真实情况。

我们知道，如果不提高穷忙族的工资，仅靠就业是无法摆脱贫困的。就业市场的持续繁荣并不能大幅地提高工资水平。1996 年至 1997 年，最低工资标准得到了提高，[1] 工资的涨幅并不大。繁荣的求职市场也不属于本书中讲述的群体。纽约并未像密尔沃基、波士顿等城市一样出现就业市场的回暖。纽约市的失业率高达 7%，而其他地方还不到 5%。在纽约以及“遭受”劳动力短缺问题的城市，贫民区的失业率仍居高不下。哈莱姆的失业率是纽约市的 2 倍。在隔离制度和集中贫困问题的双重利刃的影响下，内城区的贫民区出现了更加严重的失业问题和就业者贫困问题。

劳动力市场的供不应求能够让就业者受益，但这种局面不可能一直持续下去。当市场再次出现低迷的时候，依靠福利救济度日的家庭就会因福利到期而难以为继。我们已经看到，终止福利救济的纽约贫民在求职中屡屡碰壁。1995 年至 1998 年，纽约市领取抚养未成年子女家庭援助的人数从大约 120 万人降到了 81 万人（其中超过半数都是儿童）。现有的数据表明，1996 年 7 月至 1997 年 3 月停领福利救济的群体中，仅有 29% 找到了全职或兼职工作（按照停领救济后 3 个月内收入达到 100 美元的标准来统计）。[2] 布鲁金斯学会的研究案例日渐减少，因此认为，从全国来看，让城市居民放弃福利救济的难度比搬家还大。[3]

对此，我们在哈莱姆采访过的快餐店打工者毫不感到惊讶。早在福利改革之前，他们就已置身于僧多粥少的劳动力市场困境之中。

20 世纪 90 年代末期，劳动力市场出现供不应求的局面，巴恩汉堡店门外的求职者因此获得了更多的机会，但是，要彻底解决劳动力过剩的问题，仍需要假以时日。虽然我们希望好局面能够维持，但实际上就业热潮不可能经久不衰。物极必反是客观的规律。

我们为国家的福利改革问题投入了太多精力，一直争论不休，而有些经济学家、教育研究者和政策专家已经认识到穷忙族代表着一个庞大的群体，并针对他们的问题提出了宝贵的建议。我不打算对既有的建议再进行赘述，只想稍作简述，然后根据本书中的研究成果提出一些新的建议。

工资补贴与税收抵免

多年来，联邦政府试行了多种工资补贴政策。按照这些政策，企业如果为“求职困难”的群体发放工资，则可以享受税收抵免待遇。[4] 其中最有影响力的政策是“目标工作税收抵免政策”，[5] 该政策最近已被“工作机会税收抵免政策”取代，即私营企业如聘用特定的群体——年轻的贫民、福利救济的受助者、退伍军人等——就可以享受政府发放的工资补贴。这些补贴政策是结合起来实施的，[6] 但从全国范围来看，其发挥的作用并不大——雇主们嫌规章制度过于烦琐，而且聘用的特定群体并不能胜任工作。[7] 显然，他们宁可自己支付工资去招聘满意的员工，也不愿为了享受政府补贴而聘用不合格的员工。哥伦比亚大学教授埃德蒙·费尔普斯等经济学家认为，政府应向聘用低薪员工的企业发放稳健的、足额的工资补贴。[8] 随着最低工资标准逐步提高，工资补贴也应同步跟进，帮助贫民脱离贫困线，而且应精简相关手续，减少资料要求。

具有讽刺意味的是，哈莱姆中区的快餐店对工资补贴政策并不排斥。面对求职者供大于求的局面，他们本可以提高招聘要求，却常常招聘住在“中途之家”的刑满释放人员，因为这个群体的工资补贴比例高达近50%（政府为了帮助刑满释放人员回归社会而制定的政策）。一位老板告诉我：

> 我们会为出狱人员提供就业机会。有（犯罪）案底的就业者，尤其是监外就业的群体，都有可能在巴恩汉堡店找到工作。我们与他们的辅导员保持联系，把我们的招聘要求告诉他们。除了暴力罪犯，其他人都可以聘用。辅导员会指导他们来应聘。

应聘人数远远超过了岗位需求人数，我们还要聘用监外就业者。因为可以享受税收抵免待遇。代表哈莱姆区的国会议员兰赫尔在几年前提出了“目标工作税收抵免政策”，就是为了鼓励企业聘用以前根本不会考虑的求职群体。抵免比例大约为50%。

老板们非常清楚，这些员工一旦结束监管（假释）就会离职，而且，由此产生的高额工资成本也超出了他们能够接受的底线。所以显然，工资补贴一定发挥着特别的作用，才足以让老板们甘愿聘用特殊的群体。

不过，对于本文而言，我们更关注所得税抵免政策，该项补贴直接发放给父母，大大地减轻了为人父母的贫民打工者的经济负担，从而提高家庭收入。制定所得税抵免政策的初衷——最初在尼克松总统执政期间提出，在杰拉尔德·福特总统执政期间完全确立——就是“工有其酬”的口号所表达的含义。提倡降低福利支出的劳动经济学家和政策制定者们认为，除非就业（工作所产生的交通费和儿童保育费远高于待在家里的花费）能带来巨大的好处，[9] 否则不会有太多人选择就业。所得税抵免政策——自 20 世纪 80 年代中期以来，抵免比例已经提高 3 次——为收入低于联邦政府纳税标准的打工父母提供了一笔补充性收入。[10] 对于养育 2 个及以上孩子、挣着最低工资的打工者父母来说，所得税抵免政策的实施让他们的时薪增加了 2 美元——按百分比来看，涨幅是相当大的。[11] 这项政策的确发挥了作用。城市研究所明确指出，税收抵免政策已帮助大约 450 万美国人脱离了贫困线。

所得税抵免政策发挥了积极的作用，并得到了部分（赞成工作的）保守主义者和大部分（赞同有针对性地帮助贫民的）自由主义者的支持，但是仍有人时不时地发出反对的声音。[12] 批评者认为，这项政策存在欺诈，浪费国家财政，并担心长期发放补贴在增加家庭收入的同时，也会遏制打工者的工作积极性。[13] 在《纽约时报》任职的彼得·帕赛尔指出，“要想在维持现有的社会保障制度不变、不取消重要的武器计划、不增加税收的前提下实现共和党的目标，即在 7 年内实现预算平衡，必然离不开各方面的大幅削减。”[14] 近期，经济发展呈现强劲之势，创造了预算盈余，由此又引发出激烈的政治争论。保守主义者提倡减税，自由主义者则建议加大教育培训领域的投入。国库充盈也许会缓解所得税抵免政策遭受的压力，但不论政治结论是什么，我们都应认识到，帮助穷忙族脱离贫困线的最经济、最务实的方法就是进一步贯彻所得税抵免政策，并把受益范围扩大到无子女家庭。[15] 任何全职打工者都不应生活在贫困线以下。

迁居就业

自第二次世界大战结束后，美国的就业岗位分布情况发生了巨大的变化。随着郊区化进程加速，雇主们纷纷离开城市，搬到郊区，就业机会也随之转移。[16]一些研究者认为，长此以往将导致“空间错位”的问题，即郊区的就业岗位出现供大于求的局面，同时，城区的贫民却苦于找不到工作——无法两全其美。这个问题对内城区失业率的影响有多大，人们对此一直争论不休。[17]从城市搬到白人聚居的郊区的老板们是否愿意聘用来自哈莱姆的贫民，答案尚不清楚。戴维·埃尔伍德指出，求职路上的绊脚石是“种族而非距离”。[18]如果劳动力严重短缺，老板们在别无选择的情况下，就不得不放弃一些偏见。[19]

位于郊区的长岛上到处林立着招聘广告牌，说明富人区里存在招聘难的问题，尤其是不受欢迎的岗位。在哈莱姆，巴恩汉堡店的员工挣着最低标准的工资，生活穷困，不能自拔。而在大颈、杰斐逊港，同样岗位的工资却高于最低标准，达到每小时3美元，因为但凡有其他的出路（许多郊区的孩子就是这样），也不至于干这些工作。那么，住在哈莱姆的贾马尔能否到大颈打工呢？马克·艾伦·休斯是一家公私合营公司（位于费城的一家青年就业问题智库）的副总裁，他推行了一系列示范项目，通过交通补贴的形式，旨在吸引城市的打工者前往就业岗位充足的地方工作。[20]他的“工作桥”已在5个城市投入运行，并初具成效。低收入的打工者可以获得交通补贴、紧急交通资助（应对孩子生病等突发情况）以及就业安置援助，以便他们安心地离开贫民区，进入郊区的就业市场。

1976年，经法院许可，[21]芝加哥开始实行高特罗计划，通过发放“第8款”住房补贴，旨在取消隔离居住制度，帮助数百个贫民家庭（分批）离开破旧的内城区，迁居到郊区的私人公寓里。虽然他们只是出于住房歧视的原因而迁居，但由此产生的就业效果是非常显著的。詹姆斯·罗森鲍姆和苏珊·波普金证实，高特罗计划的“迁居者”并未得到工资的大幅增长，但是就业成功率总体上呈现出显著的增加。[22]

当然，我们做不到让大量的美国人都迁居就业。在各种成本、社会的阻力、[23]实施的力度等因素的影响下，这注定是不可能的。那么，我们能否为穷忙族居住的内城区引入更多的工作岗位呢？威廉·朱利叶斯·威尔逊指出，如果不能在全国各地的贫民区实行“马歇尔计划”，包括向未被私营企业聘用的求职者提供大量的公共岗位，那么内城区居民的生活仍将是一成不变的。威尔逊建议，我们不仅要提供就业强化培训、协助解决孩子看护问题，还要对许多属于隔离区的、条件恶劣的城市贫民区进行有效的改造。他的观点是对的。但是，毫不夸张地说，联邦政府在创造就业机会方面的举措收效甚微。在出现转机之前，我们最好考虑其他的方案。

近年来，设立“授权区”或者“企业振兴区”是联邦政府的常用举措。1994年，为了吸引企业到6个城市的贫民区里落户，国会拨付了25亿美元用于税收抵免、13亿美元用于专项补助。[24]这些资金能起多大的作用，尚无定论。相较于贫困问题的严峻性，政府的投入显然是杯水车薪。但是，哈莱姆中区作为6个授权区的核心，还是获得了一些进展。[25]从不考虑在贫民区经营的大型连锁店在税收抵免政策的激励下进驻开店了。小店主经营的高价酒窖如今也遭遇了激烈的竞争，而受益者就是当地的居民（从购买商品的角度来说）。帕斯马克超市创造了许多新岗位——耗资1500万美元打造的商业开发项目，由开发商联合阿比西尼亚浸信会教堂共同出资建造，是20年来这里进驻的首家大型企业——新岗位的数量远高于酒窖里消失的岗位数量。国会议员查尔斯·兰赫尔按照授权法的规定，利用拨付的资金，积极促成位于哈莱姆的城市学院与几家大型保险公司之间的合作，为当地居民提供新的培训项目和白领工作岗位。因此，在授权区内，各种就业机会也许会不断地交织变化。

这些以空间为基础的战略举措遭到了强烈的诋毁，反对者认为其效果并不明显、实施得太晚、流于形式——仅仅把“区域外”的少量工作岗位移到了免税优待区而已。[26]反对者中不乏忠实的拥趸者，包括共和党人杰克·坎普、住房与城市发展部现任部长、民主党人安德鲁·科莫。他们认为，税法的适用范围应予以扩大，鼓励市区投资，同时，切实贯彻反红线法规，杜绝银行拒绝向贫民提供贷款的行为。

毫无疑问，为内城区提供更多的工作岗位会发挥重要的作用。不论是处于劳动力市场之外的群体，还是本书中提到的低薪打工者，都能从中受益。如果就业机会不提高，他们的生活水平就更不可能改善了。贫民家庭里的成员进入职场的人越多，家庭的收入就越高。但是，如果不能为他们提供足够多的工作岗位、劳动力市场未出现严重的供不应求局面、工资也无法随之增加，[27]那么他们将一直摆脱不了穷忙族的命运。

工　会

美国劳工联合会—产业工会联合会（AFL-CIO）主席约翰·斯威尼带领一众拥趸者发起了一场复兴劳工运动。他们认为，低薪打工者实现脱贫的关键就是加入工会。[28] 放眼全国，复兴工会的条件已经成熟，因为劳动力市场已经出现供不应求的局面，不仅能够降低工会的风险，而且有助于提升打工者的主动权。然而，低薪劳动力市场是出了名的难以管理，不仅有大量的兼职工，而且由于内城区的劳动力市场已经饱和，还有大量的求职者在等待工作。打工者如提出加入工会的要求，老板完全可以毫无顾虑地予以辞退，另聘他人。[29] 1997 年夏天，联合包裹服务公司爆发了全国性的大罢工，关注点集中在劳动力市场的等级问题，即兼职岗被区别对待，不能享受与全职岗同等的待遇。工会在沃尔玛等企业遇冷的现状说明，包括巴恩汉堡店员工在内的内城区打工者要想实现加入工会的目标，仍然前路漫漫。目前，穷忙族连工会成员能够享受到的最基本的待遇都没有。因此，集体发声的做法的确能够为改善他们的生活条件发挥积极的作用。

儿童保育与医疗

如果说福利改革还令人存有一线希望，那就是在儿童保育投入方面给予了更多的关注和政治支持。但这项工作不可能一蹴而就，因为在大多数的大城市里，儿童保育服务——服务质量就别在意了——远远不能满足贫民家庭的需求。纽约市为大约 7.5 万名儿童提供了日托服务补贴，为此，其中 2 万人的父母必须参加公益工作。这 7.5 万名儿童仅占所有符合政策要求的儿童总数的14%。儿童保育公司是纽约市儿童保育宣传工作的主要机构，据该公司预计，福利改革将为全市增加3.56万名符合政策的儿童。

要是没有人看护孩子、没有市立日托中心，穷忙族父母将无法继续工作。[30] 市立日托中心能够为他们提供收费便宜的、可靠的、质量相对较高的儿童保育服务。除了日托中心，穷忙族父母只能选择居家看护（如果能找到的话）或无证上岗的保姆。[31] 在所有有收入的群体中，穷忙族获得儿童保育补助的可能性最小。37%的无业贫民家庭和中等收入家庭能够直接获得儿童保育补贴或者税收减免优惠，而穷忙族中得到该补助的比例仅为30%。具有讽刺意味的是，停领抚养未成年子女家庭援助的家庭是有可能得到儿童保育补贴的，而在职的家庭却被打了折扣，（没有补贴的家庭）育儿成本令他们负担不起，从而不得不终止工作。

迫于统计数据的压力而为穷忙族的孩子提供不合格的保育服务，并且放宽儿童保育服务的质量标准，这种做法并不是解决贫困问题的长久之计。我们必须增加全国和地方的育儿专项资金，并借此机会进一步探讨幼儿教育问题。如果我们效仿法国、意大利的做法，实现儿童保育服务的全面覆盖，为孩子们正式上学打下基础，那么就能在下一代身上看到我们的教育成果了。与此同时，更多的父母也可以留在职场里继续工作了。

对穷忙族和低收入家庭来说，医疗也是一个重要的问题，尤其在雇主减少对员工子女的医疗费用覆盖率的情况下。穷忙族的孩子缺少健康保险的比例远高于其他的群体。1994年，27%的穷忙族的孩子既没有公共医疗保险，也没有商业医疗保险，因为许多父母的雇主并不向员工提供医疗保障，而且他们也没有申领政府医疗补助的资格。幸亏医疗补助制度于 1991 年进行了改革，否则儿童的医疗保障情况会比现在更糟。1994 年，2/3 的穷忙族的孩子在原有的一些医疗保障的基础上，又获得了政府的医疗补助。[32] 在克林顿总统执政期间，政府为扩大贫困儿童的医疗保险待遇做了大量的工作。

新的想法

根据我们在哈莱姆的研究以及我个人的政治嗅觉，我非常笃定的是，除了上述的方法，我们还应在私营企业中寻找机会——政府机构提供的援助是有限的、有针对性的。在公共部门就业是有益的——我认为，不论是对招聘的机构还是覆盖的区域来说，都有好处——但是，公共部门就业方面获得的支持是微乎其微的，因此难以实现。公共部门的工作往往遭受不公正的评价，被贴上“毫无价值的工作”标签，被视为浪费钱财的政治拨款。我并不赞同这种评价，但是为了推进工作，我认为应该发扬务实的作风，接受政治现状，把工作重点放在如何增加私营企业的高薪岗位上。

从学校到职场

罗伯特·赖希在克林顿总统的首届任期内担任劳工部长。他认为，美国在劳动力培训方面是存在问题的。[33] 其他国家在学校方面的投入较大（学生的在校时间和学年时间都较长，科学、数学科目的深层训练就更不必说了），提倡将学徒培训作为学校学习与在职培训之间的衔接。付出终有收获：学生们基本可以在离开学校、进入职场的过程中做到无缝衔接，尽可能地缩短年轻人初入职场的茫然不安期。[34]德国的学徒制度——提供持续数年的培训，让学生在学校与职场之间来回切换，堪称学校—就业过渡培训的典范，能够（1）拉长学生的在校时间，从而学到更多的技能；（2）为雇主培养高素质的、现成可用的人才（掌握最新的技术，而不是许多职业培训中讲授的过时的技术）；（3）根据一套规范的、全国认可的技能标准进行培训，毕业生具备广博的岗位知识和熟练的运用能力，而且全国各地的雇主都予以认可。

日本的学校—就业过渡培训课程的收费较为低廉，一些专家认为其更有助于学生考出好成绩。学校与就业方面的权威专家詹姆斯·罗森鲍姆指出：

> 在日本，雇主与某些高中之间会建立长期的合作关系，合作的条件包含两个方面：一方面，教师要对学生的学业表现进行如实的评价；另一方面，雇主要向毕业的学生提供好工作。教师因害怕雇主终止合作关系、不向学生提供好工作，不敢在学生的学业成绩上弄虚作假，也不敢背离评价标准。反之，雇主为了招聘到优秀的学生，就必须持续地提供工作岗位。[35]

教师与雇主之间的长期合作关系是该模式得以奏效的基础。相互信任、可靠的信息以及实时了解雇主的需求是该模式得以实施的保障。此外，如果没有教师的推荐，学生们将很难找到工作，因此，他们不得不好好学习。在日本，即使是名声不好的、接收大学考试落榜生的学校，也会采用这种模式。在美国，贫民孩子的辍学率居高不下，现状令人沮丧；而在日本，最不受重视的职业技术高中的毕业率都高达近98%——这些学校接收各种失意的学生。[36]其中的关键差异不在于日本的文化普遍重视教育，也不在于能够促使学生重视学习的“耻感文化”，而在于教师对学生能否找到工作起着决定性的作用：在日本，如果没有教师的支持，学生们的求职难度比美国大得多，哪怕是糟糕的工作。

美国社会信奉的观念是，个人在某个领域（学校）积累资历，然后运用到另一个毫无关联的领域中（职场），以此来获得回报。从某种意义上说，这是自由市场体制的自然表现。而德国和日本对过渡期的管理更为严格。在美国，把学校和就业有机地联系起来的观点仍不为社会所熟悉，也不成熟。[37]

但是，美国可以效仿德国或者日本的做法，而且，至少有非正式的证据表明，美国许多职业学校的教师已经这么做了：与雇主建立联系，为技术制图、汽车工程等专业的学生分配工作。[38]西北大学针对职业辅导员开展了一项研究，结果表明，有半数的教师忙于为学生找到合适的雇主，其中有相当一部分教师会向雇主提供“准担保”，以示他们自己对学生素质的认可。这些芝加哥的教师实际上已经通过自己的方式来践行日本的学校—就业过渡培训模式了。然而，就业安置不属于美国教师的工作职责，因此教师并不能从中获得奖励，也不能获得减少工作量的优待。

为什么不能把这种非正式的模式确立为美国高中的一项制度呢？能否不增加教师的职责，不需要与雇主保持联系、帮学生安置就业、实时了解劳动力市场的动态需求呢？[39]为此，我们需要重新思考一个问题，即教师培养上不了大学的学生的目的是什么，并且应在培养教师的大学里增加相应的培训课程。无论如何，这种模式是大有裨益的：学生们更有动力去好好学习，学校向雇主提供更加可信的学生能力评价，高中的社区服务功能也会得到显著的提升。

有一个项目已经把上述的想法付诸实践，在学校与雇主之间建立了密切的联系：全国青年学徒培养项目。该项目由多家企业联合发起——包括麦当劳、凯悦酒店、沃尔格林药店。该项目自 1995 年 9 月启动，选择了芝加哥的 4 所高中进行试点。

卡柳梅特高中就是其中一所试点学校，该项目的过关考试难度非常高。该校会张榜公布不及格的分数、旷课情况、升级的成绩。最终，只有不到半数的学生能顺利毕业。在卡柳梅特高中就读的学生中，超过 80% 的家庭都接受了公共援助。这所全黑人学校位于一个破旧的社区，除了酒类商店营业到很晚，那里几乎没有其他的商业业态。这就是最需要青年就业培训项目的地方。

1994 年，美国颁布了《学校—就业机会法案》。按照该法案，上述 3 家企业获得了一小笔拨款，招募了一位现场协调员，并游说校长和教师调整课程设置。在该项目启动的前一年，该校的教师们已经开始优化课程设置，增加了“社会实情”方面的内容。化学课会加入食品化学内容；数学老师会要求学生预测酒店房间的需求量；英语老师会强调沟通能力，尤其是与顾客打交道的能力。外语老师将传授会话技能，为学生们走出校门后在餐馆、酒店里服务外国顾客、非英语顾客打下基础。学校还组织学生们前往芝加哥最大的商业中心进行实地考察——约翰·汉考克大厦、证券交易所——旨在帮助学生们走出经济、种族方面均遭受孤立的社区，与“其他的群体”进行沟通。上述 3 家企业的顾问、经理和主管受邀成为该校的教师，解答学生的问题，并成为他们的人生榜样。

从芝加哥最差的初中毕业的八年级学生经校长推荐，也可以申请全国青年学徒培养项目。他们将学习新的课程——包括同步学习外语——等到年满 16 岁就可以获得私营企业的暑假工作，年满 18 岁就可以获得管理方向的全职工作（并且可以获得资助，攻读社区大学）。全国青年学徒培养项目的录取资格由抽签决定——学生们的入学考试成绩显示，虽然他们即将升入九年级，但阅读水平仍处于三至六年级，数学成绩就更糟了。

成功录取的学生将脱离原来的集体，单独编班。其结果是，这些获得就业保障的学生普遍期望获得优异的学习成绩。这些“特别的”学生与卡柳梅特高中的其他学生之间拉开了差距，“实验组”显然受益匪浅：可以与志同道合、目标明确的同学交往。课堂出勤率提高到 98%；年级升级率提高了 40%，达到 99%；数学、英语、社会研究课程的考试成绩均出现显著、持续的进步。这些数据只反映出了全国青年学徒培养项目的一部分成效，学生们的状态和言谈也是有力的佐证：他们可以口齿清楚、镇定自若地回答陌生人（我）的问题，表现出高于实际年龄的成熟。

这是我的第一份真正的工作。面试的情景仍历历在目……我能想到的就是“不要表现得像个傻子”。我的老师嘱咐我要和对方握手，目视着对方，陈述自己能胜任这份工作的理由。他教我们如何成为经理 / 企业家。遇到心情不好的顾客，我会尽力地帮助他们解决问题。遇到任何问题，都要保持冷静。

——安德烈 · 史密斯，16 岁[40]

这些年轻人以前从未离开社区去外面闯一闯，而现在对芝加哥市中心的商业区已经了如指掌了，在约翰·汉考克大厦里面试他们的经理还指导他们该如何为自己的职业生涯做准备。除了地理上的感知，他们的视野也更加开阔：他们对社会的认知更加广泛，而且具有无限的潜力。开阔的视野的重要性不亚于硬技能，能够帮助卡柳梅特的孩子走上康庄大道。

“我必须学西班牙语。”就读于卡柳梅特高中的一名学生认真地告诉我，“因为顾客可能不会说英语，为了确保正常营业，我们必须和顾客沟通。”另一名女学生介绍了当天早上课堂上准备的食物的化学成分，并针对菜单上各种菜品的营养价值滔滔不绝地介绍起来。老师们在私底下说，在参加这个项目以前，学生们完全没有信心，对学业毫不在乎，也不上课，经常捣乱，需要老师像监狱长一样监管着他们。而在 1994 年该项目启动后，老师们发现这群孩子——来自芝加哥隔离区公共住房里的贫民单亲家庭——开始努力学习，提高自身素质，充满了希望。“孩子们并非圣贤。”一位男老师在走廊里告诉我，“但是和过去相比，现在简直就是美梦成真一般。”卡柳梅特高中的副校长达亚·洛克也附和道：“老师和学生都如重生一般。这个项目能够激励老师相互学习，向学生、合作伙伴学习。”

为什么该项目能够快速地见效呢？我们随机挑选了一些学生进行分析，并没有发现他们具有任何独特的品质。其实这个问题的答案就包含在学生们自己的讲述里：他们明白，真正的工作——不算好工作，却是真正的工作——在等着他们，等他们年满 16 岁。他们的就业机会不是抽象的概念（“提高能力，一定能取得进步”），而是实实在在的（“梦想的尽头的确有工资在等待他们”）。老师对学生的评价起着重要的作用。对于学生的不良行为、糟糕的学业表现，老师可以予以制止，对此，学生们都非常清楚。在日本，学生们都知道，老师的评价能够决定他们的就业前景。学校里学到的技能是能够解决未来工作中的实际问题的。学生们根本无须猜想以后该如何把知识运用到工作中去。与社区里的其他项目相比，经全国青年学徒培养项目培养出来的学生都有实力成为佼佼者。

在美国，许多旨在提升学校—就业过渡培训的项目都基于一个观念，即只要孩子努力提高技能、学校做好推荐，其余都交给市场就行了。而全国青年学徒培养项目就是要推翻这个概念，为教师、职场以及课程开发搭建一个真正的、有益的、不间断的桥梁。搭建这座桥梁的确需要资源，但并不多。政府在其中起到的作用也是非常小的。该项目的实施有赖于以前鲜有交集的社会要素建立起合作关系：学校和雇主。

该项目能否获得长期的成效，现在还无法下结论。目前仅有大约200名学生参与了试点；截至1997年，其中145人已完成第一轮实习面试；半数已完成考试、评估，并达到了入职年龄（16岁）。由于数据太少，项目开展的时间也不长，我们很难在此做出评价。但是，该项目在顺利推进，好消息不断地传来：位于巴尔的摩的巨人食品公司和假日酒店、位于马斯基根的第一美国银行和D&W食品中心，以及位于奥斯汀的5家大型酒店均已签约成为该项目的合作方。

尽管该项目的就业进程是逐步推进的，但第二阶段的工作成效已经显现出来：卡柳梅特高中参与该项目的毕业生人数远高于其他学生。他们的课程难度更大。尽管他们没有麦当劳、沃尔格林药店的工作经验，但他们在学习方面已然战胜了一众同龄人。而且，与卡柳梅特高中的大多数学生相比，他们在继续深造方面更具有优势。老师对他们的表现非常满意，学校也为他们而自豪，因为他们终归得到了好归宿，不必再感到茫然无措了。

企业是出于什么动机而愿意为该项目投入资源——人力、岗位等呢？毕竟，在商言商，企业老板并不是教育家。[41]上门求职者络绎不绝，老板们为什么还感到困扰呢？首先，内城区的求职者出现了供大于求的现象，但是在许多其他的地区，竞争性高的行业遇到的却是劳动力短缺的问题，而且消费者不接受涨价，令企业老板们头疼不已。其次，注重企业形象的大型企业深知，只要为年轻人提供更多的就业机会，就能提高企业的声誉。

毫无疑问，企业参与学校项目的最大动力在于，推动公共教育回归到最基本的培训功能，弥补公共教育工作的不足之处。从雇主的角度来看，他们不相信学校能够从不上大学的学生中为他们输送有读写能力和计算能力的合格员工。[42]雇主需要花费巨额的成本去培训员工的基本技能，[43]以及沟通、服从指挥、按时上班等“软技能”。培训会导致生产率降低，这一点触碰了雇主的底线。鉴于此，学校和雇主应通力合作，共同找回教育的基本功能，并培养出合格的员工，对得起纳税人在公共教育方面的投入，这一观点是非常具有吸引力的。当地一家沃尔格林药店的区域经理莫里斯·伯德曾经亲自参与全国青年学徒培养项目，他也持有同样的观点：

我聘用了3名卡柳梅特高中的学生（到我的药店）。他们的过人之处在于树立了明确的目标、梦想，并为此制订了切实可行的计划。他们有备而来，面试表现优异、守时、着装得体、客户服务意识强。

2年多了，他们仍然在店里工作。[44]

年轻人也从该项目中受益匪浅。卡柳梅特高中的学生无须为求职而焦头烂额，无须为缺少人脉、没人向雇主推荐自己而苦恼，因为他们知道一毕业就会有就业机会向自己招手。更重要的是，成绩优异的学生还有机会继续深造，并获得该项目提供的一笔可观的补助金。现在评判该项目的成效还为时尚早，但是它的确显现出了积极的、意外的效果。参与项目的学生表示，他们的父母更加关注他们的学业表现，并叮嘱他们“不要捣乱”，不要用工作来冒险。学生们的交际圈也能反映出该项目的成效：他们更愿意与同样参与项目的同学来往，而不愿意和没有前途的学生闲逛。

上述的学生选拔过程将对非婚生子等贫困问题带来影响。全国青年学徒培养项目会从十二三岁的学生中进行选拔，因为这个年龄的孩子尚未做出影响未来职业生涯的行为（比如少女早孕）。他们满怀希望、努力奋斗，由于单独编班，他们只和志同道合的同学密切交往。尽管该项目的初衷并非解决少女早孕的问题，但是我认为它的确能在这方面发挥作用，因为它包含的内容是说教式的、“敢于说不”的口号式的性教育课程所忽视的：学生们需要真正的、实实在在的、有意义的工作，获得美好的前程。如果真是这样，在全国范围内实施该项目就会产生深远的影响：家庭结构中导致贫困的因素会大幅减少。

全国青年学徒培养项目代表了最美好的政策前景：双赢的局面。但是，它毕竟不属于政府项目，而是私营业联合项目，由行业专家和学校教师共同参与课程研发，为私营企业培养人才。该项目在资金方面的需求极低，政府机构的参与度也不高，为我们开启了充满希望的培训之旅，必将改善卡柳梅特高中的学生及其家庭的生活。

建立人脉

在本书的前几章，我们探讨了穷忙族在初入职场和长期职业生涯中面临的主要困难，其中之一就是缺乏有用的人脉。求职者不认识重要人物——他们处于信息闭塞的环境中——得不到招聘信息，也没有推荐人；即使具备雇主看重的人力资本（教育和经验），也难以找到工作。对于希望获得晋升或者摆脱低薪的打工者来说，人脉起着至关重要的作用。在快餐业打工的、处境相同的朋友能够帮助求职者找到低薪工作，但通常很难找到更好的工作。有好工作但遇到行业裁员的亲朋好友也只能为求职者树立一个过气的榜样。

住房、上学等方面均存在种族、等级隔离现象，面对令人沮丧的现实，我们不禁想为贫困的求职者构建起社交关系网，帮助他们就业。即使在哈莱姆中心区等就业群体为数较多的贫民区里，有能力帮助别人获得高薪工作的人也是寥寥无几的，因为获得高薪的群体早就离开贫民区，搬到更好的地方居住了。我们可以把希望寄托于取消居住、上学方面的隔离制度，但这个希望绝非一朝一夕能够实现。最近的研究也表明，这个目标仍是遥不可及的。[45] 那么，可替代的选择是什么呢?

通过青少年暑期项目建立人脉

曾几何时，联邦政府为了打响脱贫战，投入了巨资，为年轻人提供暑期工作机会。"青少年暑期项目"[46] 以预防犯罪为主要目的，旨在防范年轻人在暑期参与街头犯罪、惹是生非。参与青少年暑期项目可以为步入职场做准备，积累经验和技能，但是它并不能丰富履历。在参与者看来，青少年暑期项目提供的工作是“毫无价值的”。没人会把这些工作经验作为入职私营企业的敲门砖。我们对这些工作带来的经验和技能培训并没有给予太多的关注，而这些方面却是人力资本的组成要素。[47] 只要青少年暑期项目的定位是预防犯罪，那么它作为职场准备站的潜力和资源就无法充分地发挥出来。

在许多城市，联邦政府针对青少年暑期项目的拨款已出现大幅削减。[48] 我主张恢复专项资金，促进贫困问题的解决。即使不可能实现，我们也应合理地使用资金。我们应想方设法促成青少年暑期项目与私营企业的无缝衔接。我们该如何做呢？在美国的许多城市里，“商业改进区”纷纷建立起来，旨在改善商业区的周边环境。纽约市有 37 个商业改进区，是纽约市议会于 20 世纪 80 年代初期批准的首批商业改进区。其中规模最大、知名度最高的就是 42 街商业改进区，这里曾经连续多年都是红灯区所在，现在已改造成一大旅游景点。125 街商业改进区的范围从第五大道一直延伸到晨边大道，[49] 改造内容包括用彩色条幅装点街道、赞助音乐活动来吸引人们驻足（花钱消费）、敦促市政府修缮街道和人行道，从而提升区域景观。

商业改进区属于自税区，项目业主被集中划定在面积较小的相邻区域内。在纽约，商业改进区的年度预算从 10 万到 100 万美元以上不等，主要用于聘用保安、区内垃圾清运以及人行道的相关服务。商业改进区衍生出了一个雇主网络，虽然联系松散，但是组织架构已经具备，可以用于现有用途以外的其他目的。能否通过商业改进区，把青少年暑期项目的部分资金用于私营企业呢？联邦政府和市政府的拨款是可以用于学徒培训、临时就业安置，以及私营企业在本地化网络内能提供的其他项目的。另外，通过该项目，参与者不仅能够获得暑期打工收入，而且能够积累有用的人脉，等贫民区的年轻人真正到私营企业求职的时候就可以派上用场了。

雇主联合体

我们该如何做才能帮助巴恩汉堡店的老员工找到好工作呢？通过18个月的跟访，我们发现，利用自己的工作经验去争取美好前途的人寥寥无几。由于人脉在这里并不奏效（与教育欠缺的问题相反，需要依靠其他的政策来解决），我们能提供的帮助并不多。我们不能简单地对他们的交友圈进行改造。

我们应该让雇主参与进来，帮助低薪打工者获得更好的工作。[50]那么该如何做呢？假设，市政府的经济开发部门提供了少量的资金支持，我们可以把内城区里聘用穷忙族的雇主、市中心的企业以及高薪的非营利机构都集合起来。内城区的雇主定期从员工中挑选出可靠的、守时的、勤劳的、积极的员工，纳入专门的“人才库”中，并向提供好工作的雇主进行推荐。进入“人才库”的条件是具备一年的初级岗位工作经验，并获得经理和店主的正式评价。进入“人才库”的打工者即成为备选者，参与竞聘“第一产业”的雇主所提供的职位。刚加入联合体的雇主往往通过推荐好员工的方式给对方雇主留下好印象，从而为自己争取更多机会。

对第一产业的雇主来说，他们是愿意从“人才库”里招聘员工的，并定期与低薪行业的雇主会面，审核应聘资料，跟进聘用员工的工作表现。雇主为了给下一批员工留出底层工作的空位，不得不同意为新员工提供培训或接受教育的机会，帮助他们实现晋升。

我认为，每一批成功入职的新员工都会提升推荐方的名声。此外，他们的工作表现也会消除雇主对内城区打工者的成见和担忧。[51] 随着了解逐步加深，雇主将更愿意聘用少数族裔，尤其是处于困境的黑人男性。同样地，巴恩汉堡店等低薪工作将更吸引打工者，因为这里的工作经验将成为他们获得好工作的敲门砖。

既然美国人偏爱自由的市场，厌恶经济管理，那么为什么雇主们还愿意参与联合招聘呢？在失业率低的地区，雇主能够获得的好处是显而易见的：如果不涨工资，他们很难留住员工；但他们又怕涨工资，因为顾客不接受涨价。[52] 如果雇主用涨工资来换取长期的工作流动（通过联合招聘），那么人员流动率就能下降。

不幸的是，哈莱姆并未出现人员流动率高的弊病。1997 年，全国的失业率达到历史最低点，而贫民区的失业率仍居高不下，而且实际情况比数据更严重。成千上万的哈莱姆居民深感失望，纷纷离开劳动力市场，所以我们的统计数据中减去了这部分人群，不再把他们算作失业群体。

雇主联合招聘的模式如何在失业率较高的社区里实施呢？快餐业市场往往充满激烈的竞争。面对价格和利润的持续压力，快餐业企业无法用高薪来留住员工。[53] 实际上，大部分企业都认为自己提供的岗位是暂时的：他们认为优秀的员工都会离职。巴恩汉堡店的人员流动率仅为行业内的全国平均值的一半（因为其他工作不足以吸引打工者，而且数量有限），但是，再精明的雇主能让员工留下来工作的平均时长也只有 8—10 个月。人员流失是无法逃避的事实。

不断更替的员工令企业经营难以为继。内行员工的突然离职会打乱经营秩序、增加损耗、降低生产率，并令时薪经理头疼不已，因为他们一得到通知就要立刻想办法去找人补位。雇主联合招聘的方式让企业之间为争夺稳定性高的员工而竞争。他们无须支付高薪，代之以推荐员工进入联合招聘人才库的方式，员工从“新人训练营”毕业后就能获得高薪工作，拥有光明的前途。

联合招聘还能为内城区的企业拓宽商业渠道，帮助企业与区外的公司合作，获得新的商机。内城区的企业家往往与富人缺少联系，他们的商机也和员工面临的问题一样，受制于隔离制度。比如，巴恩汉堡店参与了联合招聘，与当地一家医院或者大学开展合作，就有可能开办新的连锁店。要是没有参与联合招聘，这个机会可能就不会出现在贫民区了。[54]

第一产业的经理们也能获得巨大的好处。经联合体推荐的人才都经过了资格审查、考试，通过努力获得了入选资格，所以，第一产业的经理们完全可以放心地聘用他们。备选人的技能也在真实的工作环境里进行过评估和验证。雇主之间的持续联系能够增加推荐的含金量，为经理们提供了一个经济有效的招聘方式，公司不必再为员工培训而付出巨额的投入，雇主也不必在招聘时茫然摸索，对求职者知之甚少。从时间、培训成本、生产率的角度来说，联合招聘能够帮助雇主招聘到曾在合作方企业里工作过的、经过能力检验的新员工。

尽管联合招聘能够让初级岗员工有机会进入更“发达的”企业里工作，但实际上企业参与的积极性并不太高。比如，哈莱姆的老板们就不愿意把最优秀的员工拱手让人。为了消除企业的顾虑，我们也许可以向这些企业一次性支付一笔钱、对企业内部晋升的员工或者推荐到联合招聘合作企业入职的员工给予税收优惠待遇。第一产业的企业如果向新员工提供培训或支持员工深造，也可以获得相应的补助。[55]但是这些建议仅代表了公共资金的少量投入，用于帮助低薪打工者获得更多的机会，实现职业进步。最重要的是，雇主联合招聘模式能够在不增设政府机构、只需提供少量补助的情况下，解决私营企业目前面临的问题。

促进内部流动

雇主联合招聘模式的主要目标就是帮助员工在企业与行业之间寻找向上流动的机会。但是在企业内部也应该为穷忙族提供更多的帮助，尤其是提供新的职业晋升通道。有时候，员工晋升的绊脚石在于受教育程度低或者缺乏专业的培训。比如，巴恩汉堡店的许多员工具有很强的工作能力，但苦于数学水平低，无法胜任复杂的库存管理工作。先进的工会组织为了帮助低薪打工者实现职业进步，积极地与企业管理层开展合作，开发创新性的在职培训项目，为希望获得高薪工作的员工安排学习时间。

为此，科德角医院与医院工作者工会联合推出了“职业阶梯计划”。[56]该工会与医院的管理层通力合作，根据岗位技能要求（和薪资水平）的高低程度，对“各部门”的所有岗位进行规划，并划分为不同的等级。每一级岗位都有明确的任职资格要求。员工可以参加部门内部的调岗培训（比如从一般缝纫室助理岗调为主缝纫室助理岗，或者从手术室保洁员岗调为手术室护士助理岗），也可以调整职业发展方向，到其他的部门任职。

该医院制定了一套在职培训流程，员工经过培训就可以获得资格认定，实现岗位晋升。培训对象为应聘专业技术岗位的员工（比如

CAT 扫描操作员、肿瘤登记员）。应聘者还可以参加打字、输入法、医学术语以及化学、数学基本知识等方面的培训课程，提升应聘高薪岗位的竞争力。该医院会公开发布招聘信息，并对符合要求的应聘者按照资历择优录取。

“职业阶梯计划”为处于医院底层的员工提供了机会——他们的工资并不比巴恩汉堡店的员工高——通过提供培训（与费用高昂、参加不便的在校培训正好相反）、公布岗位技能要求的方式，帮助他们获得晋升。从这方面来说，该项目模式更接近精英管理模式（尽管也有论资排辈的做法），而不是以人情为主的“开放的”市场模式。

“旧金山酒店合作项目”是工会与企业管理层开展创新性合作的又一个典范，旨在为技能水平低的就业者创造向上流动的机会。[57] 该项目于 1994 年启动，由市中心的 12 家酒店与 2 家主要的工会组织签订了集体谈判协议。[58] 1600 多名酒店员工加入劳资联合小组中，不仅解决劳资问题，而且开发培训项目。该合作项目的目的包括提高成员酒店的市场份额、维持并提升岗位及岗位安全等。就本书而言，该项目的重要意义在于提供员工培训与职业发展的新项目。

酒店业具有很高的灵活性。酒店的岗位空缺瞬息万变，老板不得不维持一个庞大的低薪兼职队伍，以便根据实际需要，随时进行人员增减调整。突然解雇的消息往往令就业者备受打击。这类工作需要对员工进行一定的培训，要求高度的一致性，同时也是非常不稳定的。该项目已制定了统一的培训标准，让员工的跳槽更加切实可行，并创立了兼职员工跳槽推荐制度，其前提是参加成员酒店共同开发的培训课程。通过集体参与的方式，该项目帮助员工实现了行业内的跳槽和晋升，而不必一直任职于同一家酒店。

该合作培训课程同时提供中文、西班牙语教材，以便英语水平低的大量移民员工也能够参与。该项目不仅为各酒店培养了新员工，而且给整个行业、工会提供了人才。在职培训课程包括《外语学习：职业英语》《炊事保障、前台接待与工程管理》等，可在所有成员酒店通用。所有课程均以提高核心技能为主，包括沟通能力、批判性思维、问题解决能力、团队合作能力，反映出组织对“卓越绩效”模式的重视，这也是该项目的初衷。

上述的培训课程能够为卫生间保洁、床铺整理等岗位的员工提供毫无语言障碍的技能培训，以及与管理层和技术水平更高的员工接触的机会。底层员工可以借此机会向管理层展示自己的才华，也许以后就有机会被录用。此外，由于该项目采用多方参与的模式，因此，不同酒店的管理者和员工之间可以相互交流，分享光辉事迹，学习新技术，确立“最佳实践经历”，从而促进行业的发展。

威斯康星战略中心率先探索员工培训方面的创新性举措，顺带提高了内部流动的机会。该中心发现，金属贸易行业对熟练工的需求日渐增多，于是成立了威斯康星区域培训合作组织，其成员包括40余家公司、共计约6万名员工。[59] 所有加入该组织的新公司均需遵循一套通用的标准和做法。据威斯康星战略中心主任劳拉·德莱塞和乔尔·罗杰斯介绍，成员公司应：

- 扩大一线员工的培训师队伍
- 按照上述公司制定的标准进行培训
- 把招聘和内部晋升与员工能否达标相挂钩
- 通过联合成立的劳资委员会……管理培训预算[60]

该项目旨在增加公司在培训方面的投入，并购置用于新技能和技术培训的设备，降低技术培训的成本。仅此一项就能增加员工的工资，提高公司的生产率。更重要的是，这些目标的实现要与员工的晋升机会结合起来，公司要对符合条件的员工予以重视，在公司内部及公司之间为他们提供向上流动的机会。由于员工的技能是通用的，适用于任何一家成员公司，因此实现流动的可能性是非常高的。此外，该合作组织本身也是一张关系网，能够提供就业信息，帮助底层员工提高职业地位，获得更好的工作。

上述的所有想法（雇主联合体）和项目（医院的阶梯计划、酒店合作项目以及威斯康星合作组织）的共同之处就是关注员工的长期流动。许多员工都是低薪打工者，和本书中在巴恩汉堡店采访的研究对象干着同样级别的工作。从底层岗位做起并不丢人，关键是要努力奋斗、追求进步。在不同的行业和城市里，流动的模式是各不相同的。但是，只要努力工作，每个人都能获得回报，员工和雇主在前期的投入就会促进职业发展。避免一直受穷的秘诀不是政府补助，而是以创新的方式对员工匹配和晋升的过程进行重构，重用能干的员工，并激励其他人向榜样学习，努力工作。

以处所为出发点的举措

在有些地方，失业问题非常严峻，导致社区居民生活在水深火热之中。只有通过全面的、综合性的措施，促进社区的经济发展、提升社会服务，才能改变这一现状。针对特定的行业、满足特定群体的迫切需求而开发的项目将是欠缺的，因为我们要“解决的”对象是整个社区，涵盖了各种各样的服务，从就业到儿童保育、从医疗到控制犯罪。

福利改革提升了公众对“以处所为出发点的”策略的关注。大量的求职者涌入本已萧条的劳动力市场，社区居民不知道福利到期后会发生什么，不由地生出了一种紧迫感（或者绝望感）。由于本书的主题并不是福利，所以我在此只想弄明白这些项目除了为停领抚养未成年子女家庭援助的母亲提供帮助，还能为穷忙族提供什么帮助。

洛克菲勒基金会与住房与城市发展部、州政府和地方政府以及社区发展组织共同建立了合作关系，旨在对“把内城区居民与职场关联起来的”战略方案进行检验。这几家合作单位选择了 5 个公共住房区作为示范点，设置了大量的职业介绍所，并规定只有业绩优异的人，才能得到奖励；设置就业培训项目，旨在提升工作岗位、维修公共住房；举全市之力，吸引私营企业进驻目标社区；增加社区服务类工作岗位；并对打工者的家庭提供各种帮助（日托服务、医疗和交通）。[61]

政策制定者希望以此证明，饱和模式比联邦政府和州政府（比如发放工资补贴）采用的分散模式更加有效。然而，该项目还具有一个隐性的特点，就是为内城区居民带来了全新的、实实在在的、有帮助的人脉，不仅有助于解决就业问题，还可以提供儿童保育、住房等重要的服务。洛克菲勒基金会和政府领导人均认为，这种综合性的举措将为那些受劳动力市场冷落、希望增加收入的群体带去信心。

新希望工程

密尔沃基市的“新希望工程”就是饱和模式的试点项目，目前已显示出一定的潜力。该项目为失业的成年人提供过渡性的社区服务工作，提供医疗保险资助，为低收入群体提供儿童保育服务，帮助他们获得所得税抵免待遇，以及本身的收入补助，从而帮助打工者脱离贫困线。“新希望工程”的参与者可以获得保障，即“只要你有全职工作且全年上班，那么你的工资加上收入补助一定能达到贫困线以上”。该项目已惠及密尔沃基市中心的 2 个社区，共计 600 人。项目实施 2 年后，56% 的参与者都获得了全职工作：其中 83% 供职于私营企业，其余则从事社区服务工作。12% 在积极地求职。仅有 28% 处于“无业的”状态。该项目的专业评估意见指出，该项目发挥出了些许的作用，不仅鼓励民众脱离对福利救济的依赖，而且为穷忙族解决了许多难题，比如儿童保育和医疗服务。“新希望工程”比许多州政府继福利改革之后冥思苦想出来的方案更有帮助。长期的评估将说明这些帮助能否发挥足够大的作用，从而吸引更多的州“做正确的事情”。[62]

探索计划

位于得克萨斯州的圣安东尼奥是最受推崇的、成功实施社区就业计划的地方。该计划（比如“新希望工程”）取决于雇主、地方政府以及非营利性基金会之间的通力合作。“探索计划”顺应圣安东尼奥市的经济发展而诞生。位于职场两端的工作都出现了增长：技能要求高的高薪工作、技能要求低的低薪工作。两类群体之间的鸿沟也日益加大，导致劳动力市场出现了种族隔离的局面。在凯利空军基地、肉类加工厂、李维斯牛仔裤制造厂里，曾经居于中游的、薪水较高的、技能要求较低的岗位均已消失。据麻省理工学院斯隆管理学院的保罗·奥斯特曼和布伦达·劳奇介绍，当地的领导者对这种现状忧心忡忡：

罗马天主教神父阿尔·约斯特、圣公会牧师威尔·沃特斯均开始注意到（工厂倒闭）对社区的影响。他们注意到，经济压力导致家庭破裂的问题日益严重，包括吸毒、离婚、家庭暴力。在圣安东尼奥的贫困社区里，孩子的期望出现明显的下降，也没有远大的抱负了。[63]

“探索计划”最初源于宗教领导者之间的合作，后来得到进一步发展，把当地的企业、社区大学、教堂及社区中心都吸纳了进来。企业确保提供 650 个时薪高于 7.5 美元的工作岗位；社区大学成为培训、深造的唯一场所；教堂和社区中心提供外展服务，并对潜在的参与者进行筛选。该项目旨在为失业的高中毕业生提供有针对性的培训，以便为他们安排要求更高、工资更高的工作，同时，持续地为他们提供社会帮助（日托服务、咨询服务、医疗援助等），确保他们能够后顾无忧地工作下去。大部分联邦政府项目和州政府项目的覆盖面都不够全面，且都是短期的，而“探索计划”是最全面的项目。参与者一直参与其中，已经坚持了近 2 年（而联邦政府的就业项目往往只维持 4 个月就结束了）。

1993 年至 1995 年，该项目的注册参与人数超过了 800 人。其中大部分人（447 人）要么找到了不错的工作或者参了军，要么开启了学徒生涯，要么完成了专业学习，要么通过了重要的技能考试。

1995年，仍有近200人参与该项目，182人因“负终止”而离开。该项目最初只接收就业困难群体（比如有犯罪前科、是单亲父母的人），却获得了如此显著的成效，的确可圈可点。“探索计划”对参与者及其家庭能够带来积极的影响：

> 参与者的平均时薪增加了1.36—2.42美元，每周的平均工时增加了3.2—6.9小时，保住工作的可能性从0.49提高到了0.74，年收入增加了4923—7457美元。[64]

该项目的目标对象是圣安东尼奥的失业居民，而非穷忙族。但值得注意的是，这两个群体往往是同一群人在不同时期的状态。我初见卡门的时候，她是有工作的，可是半年后她却成为“探索计划”的申请者。对穷忙族和失业者来说，每小时7.5美元的工作算是高薪工作了，这也是该项目的价值所在，在帮助穷忙族方面具有潜力。

“探索计划”最引人注目的地方是经久不衰的存续力、全面的服务（比如教育、职业培训、儿童保育等）以及对参与者带来的好处。该项目的成功实施表明，真正的变革、真正的进步不会是速战速决的。我知道的以工代赈项目里（从河滨郡的增益项目开始），没有一个能比得上“探索计划”。大部分项目都表现平平，许多项目还出现大量的参与人员回归福利受助状态的现象。“探索计划”旨在说明，只要提供适当的培训和真正的机会，哪怕是有一身缺点的人，也能挣到足够的钱来养家糊口。试想一下，“探索计划”与围绕社区提供培训和就业服务的威斯康星合作组织类似，对困于职场底层的穷忙族具有巨大的价值。

最后，以处所为出发点的战略是非常重要的，因为穷忙族并非孤立存在的。他们居住的社区、他们的家都有无业贫民出入其间，也存在所有贫民社区的普遍问题。贫民区居民的家庭幸福与福利受助者的命运紧密相关，因为他们共存于一片天空之下。基于此，就业培训和就业机会也应与社区监管[65]扩展项目挂钩，让昔日的犯罪场所恢复为安全的街道；与低收入购房项目挂钩，提升居住稳定性，增加个人对当地社会稳定的贡献；与加强校园利用挂钩，晚间开放校园，作为社区的活动中心，甚至青少年的午夜篮球场。如果打工者忙碌一天回到家后，处于满目疮痍、破败不堪、危险重重的居住环境中，那么他们将不复拥有希望，不愿对孩子的幸福投资，也无法保留尊严。工作是需要付出的，我们应为大家的生活带来些许的改善，让他们的付出不会白费。以处所为出发点的战略说明，我们提供的帮助应该具有全面性。

幸运的是，洛克菲勒基金会、福特基金会、安妮·E. 凯西基金会、卡耐基基金会、威廉·T. 格兰特基金会、儿童发展基金会等私人基金会，以及全美有色人种协进会、城市联盟、人类发展运动等组织均早已对此有所认识，为社区发展企业提供了帮助。其中许多企业已把就业培训作为下一项重点工作。甚至工会养老基金和投资银行都开始认识到，内城区的社区对挣钱的机会视而不见。迈克尔·波特指出，[66]贫民区往往位于市中心，与昂贵的城市住宅相邻，交通便利，吸引众多的消费者从没有折扣店的地方来到这里消费。联邦政府的授权区项目激励私人投资者重新考虑把资金投入长期不受重视的国内战区，用于那里的房屋修缮、商业及零售业扩张、甚至制造业的发展。在那里，重振哈莱姆中区等地的就业市场的希望开始萌芽，渴望工作的求职者积极行动起来，大家对招聘岗位的需求与日俱增。如波特所说，内城区居民的生活得到持续改善的关键要素就是，通过私人投资、增加私营业工作岗位、促进创业等方式实现社区经济的复苏。此外，我还想补充一点，政府提供有效的、有针对性的支持，对解决穷忙族的问题也能发挥重要的作用。

美国的穷忙族，尤其是居住在哈莱姆中区等地的穷忙族，在政策方面并未提出过多的要求。国会围绕扩大还是取消所得税抵免政策、提高最低工资标准以及（近期的）为贫民儿童提供医疗和保育服务等问题进行了为期数周的争论，除此之外，再无其他举措。有些学者非常关注劳动力市场以外的贫民以及（据称是）底层文化的牺牲者，但在扭转国家关注点方面并无建树。

在美国，穷忙族的数量远高于福利受助群体和参加工作福利计划的群体。联邦政府的福利制度早已成为历史，仍有大量的打工者处于贫困线以下，即使他们全年无休地干着全职工作，也于事无补。的确，穷忙族的数量可能已达到了历史最高，对许多技能水平低、工作经验欠缺的福利受助者来说，这已成为他们的宿命。

全国的穷忙族并不需要改变价值观，也不需要改变工作的尊严感。[67] 他们的生活状况已经充分说明，他们的价值观与主流的中产阶级群体是一致的。可以公平地说，他们比中产阶级更珍视这些观念，因为工作带给他们的内在满足感远低于其他群体。对他们来说，就业既是出于迫不得已，也是因为工作和高薪能为他们带来重要的身份认同感。对于获得好工作的幸运儿来说，工作能带来体面、尊严、高薪，能为孩子提供更好的生活，所以持有这些价值观是顺理成章的。

工作造就尊严。

而对凯莎、贾马尔、卡门等群体来说，在巴恩汉堡店打工既是福也是祸。这类工作能让他们勉强维持生计，获得些许的自由，但也让他们遭受铺天盖地的诋毁，因为低薪的服务工作被视为与印度的低等种姓一样卑微。从某种程度上来看，现实情况的确如此，内城区的打工者在“职业生涯中”自始至终都做着低薪工作。如果这类工作只是职业发展过程中的一站，那么他们的名誉不会受到太大的影响。然而实际上，他们持续承受着污名，因为毫无前途的工作意味着毫无出路的人生，大家就是这样认为的。大量的人群——包括哈莱姆中区的非洲裔、多米尼加裔、波多黎各裔——每天在这类工作岗位上兢兢业业地苦干，并对未来抱有一线希望。这其实体现了他们身上坚韧不拔的品质，同时也说明，主流的职业文化已经渗入了美国人生活的方方面面——包括内城区的贫民区。

这种文化渗透现象是好事，我们需要做的是创造机会，而不是改变文化。只有为穷忙族解决劳动力市场的问题，我们才能解决内城区的难题。如果贫民不能获得工作，尤其是足以维持生计的工作，那么任何说教、教化、惩罚都无法挽救日渐衰败的贫民家庭。只要这个问题得到解决，一切就都迎刃而解了。生机勃勃的家庭、充满活力的孩子、安全的社区都为高薪工作奠定了基础——无论是哈莱姆中区，还是曼哈顿的富人区，都是如此。我们都需要、也渴望得到好工作，这是最宝贵的文化财富，也是跨越了地界的共同理想。

后 记

凯莎的人生

24岁的凯莎·史密斯已经在巴恩汉堡店工作了9年。老板极力推荐她担任时薪经理，她不太情愿，但最终还是同意了。她现在的时薪达到了6美元，而4年前我刚见到她的时候是5美元，现在略有提高。她在内部晋升的道路上迈出了第一步，不再害怕承担更多的责任，但是对职业晋升也没有表现出太多的渴望。她并未被正式任命为经理（因为经理职位要求完成脱产培训）。凯莎和以前一样，做了两份工作。从早晨到午后，她在居住的公共住房区做保洁员，然后从下午到晚上，还要到巴恩汉堡店打工。两份工作令她疲惫不堪，但收入的确令她欣喜。

凯莎的儿子安东尼现在快5岁了，幸运地进入了一家市立日托中心。凯莎总担心儿子会被赶出来，因为自己还领着福利救济。如果真这样，她将陷入困境，因为唯一能帮她照顾孩子的母亲达娜现在已经无力帮忙了。达娜身患癌症，她自己的孩子都无力照顾。这种情况无异于宣判死刑，凯莎希望这一困境出现得越晚越好。为了照顾生病的母亲，凯莎不得不经常请假。

大约 1 年前，凯莎的“编号”出现在公共住房申请者名单的最上面，她终于可以住进自己的房子，多年来的梦想终于实现了。她的新家位于一栋公共住房里，距离母亲家仅一个街区。凯莎有了房子，但因照顾母亲，很少在那儿住。母亲达娜总体感觉良好，但开始出现一些症状，有可能带来严重的后果，凯莎担忧不已。凯莎希望一切都能好起来，万一母亲不能照顾她自己的孩子，更不必说安东尼了，她不知道到时候该如何是好。

幸运的是，巴恩汉堡店的主管是个热心的人，管理方式比较灵活，允许凯莎请假照顾母亲。多年来，只要店里需要凯莎填补空岗、担负管理职责，她都有求必应，因此得到了主管的信任和关心，现在终于派上了用场。这说明，即使在低薪行业里，员工和管理者之间也是可以建立起信任关系的。然而，凯莎的职业发展因家里的变故而中断了。

凯莎得到了朋友娜塔莎和拉托娅的帮助。娜塔莎现在是一位单身母亲，和母亲、继父以及妹妹斯蒂芬妮（也是单身母亲）一起生活。斯蒂芬妮和娜塔莎都在巴恩汉堡店工作。她们的家庭有稳定的经济条件，足以抚养子女，因为大家都有工作，能把收入拿出来补贴家用。斯蒂芬妮和母亲（伊丽莎白）每天一大早就出去工作，白天由娜塔莎在家照看两个婴儿。伊丽莎白结束家政员工作后，于午后下班回家，照顾小孩子。等斯蒂芬妮从巴恩汉堡店下班回家后，就和伊丽莎白一起照顾孩子，而娜塔莎则要去巴恩汉堡店上夜班了。

阿尔文——娜塔莎、斯蒂芬妮和拉托娅的父亲——重操旧业，当上了卡车司机，多年来很少回家的他现在终于和家人团聚了。斯蒂芬妮的孩子的父亲仍和这个家庭有来往，但是没有住在一起；娜塔莎的前男友每周来接孩子，带他出去玩，除此之外他无法提供更多的帮助，因为他还没有找到一份稳定的工作。

凯莎在这样的家庭里并不感到幸福。兄弟姐妹要么年龄很大（长期离家不回），要么很小（无法帮助她），要么参与毒品贩卖（不受家人的欢迎）。

凯莎没有拉托娅、娜塔莎那样的大家庭可以依靠，没有太多的人生选择，所以无法取得进步，只能原地踏步。

拉托娅仍然在我们见面的那家巴恩汉堡店里工作，现在已经是第二副经理了——税后年收入达 1.5 万美元——并将在老板下一家新开的餐馆里担任总经理。届时，她的年收入将接近 3 万美元，实现职业生涯的飞跃。现在的她与我们当初采访的时候相比，已经取得了巨大的进步，并对未来充满希望。她即将和儿子的父亲贾森结婚。贾森是一名技艺娴熟的技工。拉托娅是少数几个幸运儿之一，她已经不再属于本书的研究对象了：不再是穷忙族了。

娜塔莎已成为一名时薪经理。老板告诉她，只要她解决好孩子的托管问题，专心工作，就可以晋升为领薪经理。但这并不会马上实现，因为家里的孩子离不开她，其他人都没办法照顾。对此，娜塔莎并不感到烦闷。她相信，等儿子再长大一些，等伊丽莎白不必再辛苦地做家政员，她一定能重新获得机会的。对拉托娅和娜塔莎来说，孩子和工作占据了她们的全部心思。但是，她们都能维持生活，不必为未知的未来而恐惧，反而充满希望。

凯莎的未来却充满了不确定性。值得称颂的是，她始终坚持不懈地做两份工作，每天工作 12 个小时，努力挣钱养活自己的儿子、母亲以及兄弟姐妹，偶尔为自己添置几件衣服。她努力存钱，得益于所得税抵免政策，每年还能获得一笔额外的收入。虽然金额不大，但聊胜于无，比 4 年前一无所有的生活好多了。凯莎不敢奢望未来有很大的改观，反而总为不好的结果而担心（比如失去母亲）。她仍然将希望寄托于婚姻之上。可是时至今日也没人向她求婚，所以她的梦想一如和前男友分手时一样遥不可及。无论如何，她没有依靠他人太多的帮助，仍然自食其力地生活着。

卡门的人生

1994 年夏天，我们和卡门告别。那时，她已经辍学、辞职，处于怀孕晚期，即将生产。为了维持生计，她的丈夫萨尔瓦多干了两份工作，但依然入不敷出。他们俩的收入不够支付伙食费，于是分头到父母家里蹭饭。父母家就在同一栋公寓楼的走廊另一端。卡门怀孕期间需要定期去医院检查，为了获得医疗补助，她继续领取福利救济。孩子令她感到幸福，但她对自己在经济上对萨尔瓦多的依赖状态感到失意，因为萨尔瓦多不太愿意给她钱。幸运的是，卡门还有四五户父亲的亲戚可以依靠，他们住在华盛顿高地同一栋公寓楼的相邻楼层里。卡门还不至于为生存而担忧。萨尔瓦多不给她钱去付电话费，所以家里的电话被停机了，她就去姑姑家打电话（其他亲戚也是这么做的）。祖母家里居中摆放的电视机也是同样的情况，这里是全家人的儿童保育电话局（卡门希望以后把自己的孩子也放在这里）。

1996 年秋天，一切都变了，情况好转了。卡门的女儿健康、幸福，是个圆乎乎的小婴儿。全家人尽管分散在各地居住，但经济状况都有了起色。1995 年，住在密歇根的姑姑打电话告知，姑父打工的工厂正在招聘，鼓励卡门全家都到西部来工作，工作内容就是把冷冻马铃薯打包后售卖给餐馆和超市，这份工作的时薪高达 14 美元。住在华盛顿高地的姑姑们决定抓住这个机会。其中一位姑姑在此之前一直失业，现在和住在密歇根的姐姐任职于同一家美容院；另一位姑姑在当地一家假日酒店担任前台职员，时薪高达 17 美元。卡门的祖母也搬到了西部，和自己最喜欢的女儿，就是打电话告知招聘信息的姑姑一起生活。祖母最小的女儿不久后也将搬到中西部去。

卡门的父亲也随家人离开纽约，搬到了西部，他在姐姐任职的美容院里做会计，同时还在一家机构里做兼职，帮助顾客填写纳税申报单。但是，父亲对密歇根的生活并不满意，就返回了纽约，在市中心的一家办公楼里担任保安。后来，他辞职了，直到现在也没工作，住在他的母亲位于华盛顿高地的旧公寓里，如卡门所说，整天“无所事事”。

萨尔瓦多一直在曼哈顿上西区一家“爱的药店”工作，已经从理货员晋升为夜班经理，每天从 18：00 工作到次日凌晨 2：00。卡门也回归了职场，在巴恩汉堡店担任经理，一直上早班。在亲戚们纷纷搬到密歇根之后，只能靠他们两人轮流照顾女儿了。他们得到的帮助不多，但是收入都增加了，租得起面积稍大的公寓了。他们放弃了密歇根的高薪工作，对留在纽约居住充满了希望。卡门重拾学业，已经在布朗克斯社区学院读完了 3 个学期，主修计算机技能专业（数据处理）。她依然希望母亲能从多米尼加共和国移民过来，为了早日实现家庭团聚的愿望，她已经申请加入美国国籍。

卡门具有许多的优势。作为教师的女儿，她具备许多文化资本，但是来到美国后，这些资本必须转化为美国文凭。她明白，教育是获得一切的关键，于是经过慎重考虑，她决定去上学，提升自己的技能，为更好的前途铺路。父亲的家人都积极地提供各种重要的资源——照看孩子、提供食物、住处——当她无力而为的时候，这些宝贵的资源发挥了作用，为身为母亲、即将晋升为业务经理的卡门带来了不一样的人生。

贾马尔的人生

在我开展研究期间认识的所有人里，我最关心其中一位重要的“受访者”的现状，他就是贾马尔。也许每个研究者都有自己重点关注的一两位研究对象，贾马尔就是我最关注的人。作为吸毒者的儿子，他生活艰难、家庭不幸，但在我的眼里，他就是英雄。他深深地爱着自己的同居女友凯茜，渴望与自己的女儿相聚，却对未来不抱希望。我不禁为此动容，期盼他能够摆脱低薪工作的困境，离开贫民区。

我们到所有能想到的地方去寻找贾马尔，却一无所获。按照家庭法院（有权决定是否允许他们接回孩子）的规定，他和凯茜搬到了新的公寓里，可那里早已人去楼空了。他曾经工作过的单位都不知道他的去向。曾经监护过他的女儿的寄养机构也不知道他们去哪儿了。当我们最后一次见到他的母亲的时候，她因吸食海洛因而神志不清，现在也离开了公共住房，不知所踪。贾马尔就像内城区的许多黑人一样，消失在了茫茫人海之中。当然，我希望他和凯茜能够离开城市，回到塔拉哈西居住，因为他们曾经表示打算离开恶劣的社区、摆脱贫苦的生活，回到那里生活。可我对他们的现状一无所知。

我所知道的是，贾马尔非常有潜力，能够凭借自己的才能闯出一片天地。他能够在严寒的冬天钻出被窝、乘车上班，就足以说明一切。如果我们能为这样的人提供机会，就必将能从重视职场尊严的内城区文化中受益，哪怕只有一点点。

附　录

附录 I

表 1　按照就业状态分类的社区贫困集中情况：
芝加哥城市与家庭生活调查

就业状态	0%—19% 贫困	20%—30% 贫困	31%—40% 贫困	41% 以上 贫困
在职	63.6%	54.2%	48.8%	32.5%
有工作但未上班	1.7%	1.7%	1.8%	2.2%
求职中	4.7%	6.6%	6.4%	7.8%
居家	18.9%	24.4%	28.3%	37.6%
上学	1.3%	4.9%	5.8%	9.7%
无法工作	2.4%	1.6%	2.1%	2.4%
其他	7.4%	6.6%	6.7%	7.8%

表 2　1996 年美国工薪族的贫困情况，
整年工作的全职穷忙族的百分比

	黑人	拉美裔	白人	全部
男女合计	4.3	8.5	2.3	2.5
18—24 岁	8.2	11.9	5.4	5.6
25—34 岁	5.2	9.1	2.9	3.1
仅男性	3.6	9.9	2.5	2.6
18—24 岁	5.0	12.9	5.3	5.3
25—34 岁	4.3	11.0	3.4	3.5
仅女性	5.0	6.1	1.9	2.3
18—24 岁	10.5	9.4	5.5	6.1
25—34 岁	6.0	5.1	2.0	2.6

兼职、非整年工作的穷忙族的百分比

	黑人	拉美裔	白人	全部
男女合计	27.9	28.3	12.2	14.1
18—24 岁	28.5	29.0	15.8	17.4
25—34 岁	32.6	29.6	16.8	19.1
仅男性	20.9	29.4	12.8	13.9
18—24 岁	21.6	28.7	13.6	14.4
25—34 岁	21.7	28.7	17.3	17.9
仅女性	33.4	27.2	11.8	14.2
18—24 岁	34.5	29.4	18.0	20.3
25—34 岁	40.6	30.4	16.6	19.9

来源：*Poverty in the United States:1996,* Current Population Reports, pp.60-198（人口普查局），表 3。

表 3　位于哈莱姆中区的巴恩汉堡店的员工教育情况

受教育程度	完成 %	在读 %	计划就读 / 攻读学位 %
高中	58 *	26 **	5
技术 / 职业学校	3	5	19
2 年大学	0	4	0
4 年大学	10	5	38

*包括所有高中毕业生、普通高中同等学力持有者、年满 18 岁的高中四年级第 2 学期在读生。

**包括所有 18 岁以下的普通高中生、所有在读普通高中同等学力课程的学生以及非传统的高中生。

表 4　全国快餐业劳动者的受教育程度情况

教育 / 培训内容	已经获得 / 基本获得 %	期望获得 %
完成高中学业	66	29
高中毕业后就读技术 / 职业学校	14	19
2 年大学 : 在读	15	50
2 年大学 : 毕业	4	31
4 年大学 : 在读	21	30
4 年大学 : 毕业	3	45
大学毕业后就读研究生院 / 专业学院	2	31

来源 : Ivan Charner and Bryna Shore Fraser, *Fast Food Jobs* (National Institute for Work and Learning, 1984) p.9, Table 1.3。

表5　巴恩汉堡店员工的生活状况和家庭情况

		种族群体				
生活状况		非洲裔	多米尼加裔	其他拉美裔	其他	行合计
独居	人数	12	0	1	3	16
	行百分比	75.0%	0%	6.3%	18.8%	8.7%
	列百分比	12.2%	0%	3.4%	21.4%	
带孩子的单身母亲		11	1	4	0	16
		68.8%	6.3%	25.0%	0%	8.7%
		11.2%	2.3%	13.8%	0%	
单亲家庭的孩子		22	17	12	3	54
		40.7%	31.5%	22.2%	5.6%	29.3%
		22.4%	39.5%	41.4%	21.4%	
双亲家庭的孩子		7	12	3	2	24
		29.2%	50.0%	12.5%	8.3%	13.0%
		7.1%	27.9%	10.3%	14.3%	
与亲戚生活的孩子		15	4	5	1	25
		60.0%	16.0%	20.0%	4.0%	13.6%
		15.3%	9.3%	17.2%	7.1%	
与配偶和子女生活的成年人		13	4	1	3	21
		61.9%	19.0%	4.8%	14.3%	11.4%
		13.3%	9.3%	3.4%	21.4%	
与室友或其他人生活的成年人		17	4	1	0	22
		77.3%	18.2%	4.5%	0%	12.0%
		17.3%	9.3%	3.4%	0%	
其他		1	1	2	2	6
		16.7%	16.7%	33.3%	33.3%	3.3%
		1.0%	2.3%	6.9%	14.3%	
列合计		98	43	29	14	184
		53.3%	23.4%	15.8%	7.6%	

表 6　按照年龄分类的聘用人数与未聘用人数

年龄	聘用人数	未聘用人数	合计
15—18 岁	13	137	150
	（18.1%）	（39.6%）	
19—22 岁	19	96	115
	（26.4%）	（27.7%）	
23—32 岁	31	85	116
	（43.1%）	（24.6%）	
33 岁以上	9	28	37
	（12.5%）	（8.1%）	
合计	72	346	418

卡方显著性 p=0.001

表 7　所有应聘者曾经的职业

曾经的职业	占应聘者总数的百分比
公共青年项目	31.0%
销售 / 零售	26.9%
其他巴恩汉堡店	24.5%
文员、非政府	24.3%
其他快餐店	19.0%
其他食品服务	15.8%
个人服务	12.0%
交通	11.4%
工厂	11.1%
安全	10.4%
技工	9.8%

（续表）

其他	7.2%
医疗 / 医院	6.7%
教育	5.7%
门卫	4.7%
白领 / 管理 / 专业	2.8%
电信	2.2%
家族企业	2.2%
自主创业	1.3%

附录Ⅱ

对数线性回归因变量：聘用人员方程变量

变量	β	标准误差	wald 检验	自由度	显著性	R	Exp(β)
黑人	-0.9033	0.4060	4.9487	1	0.0261	-0.0876	0.4052
当地人	-1.4152	0.3082	21.0888	1	0.0000	-0.2229	0.2429
年龄	0.0710	0.0221	10.3537	1	0.0013	0.1457	1.0735
美国出生	-0.9382	0.4021	5.4434	1	0.0196	-0.0947	0.3913
高中毕业	0.8129	0.3098	6.8839	1	0.0087	0.1128	2.2543
男性	-0.0900	0.3098	0.0844	1	0.7714	0.0000	0.9139
联系人	1.1584	0.3097	13.9935	1	0.0002	0.1767	3.1849
常量	-1.5101	0.7033	4.6113	1	0.0318		

	卡方值	df	显著性
-2 对数似然值	293.993	410	1.000
模型卡方值	90.093	7	0.0000

聘用人员分类表

		预测值		正确率
		0	1	
观测值	0	138	8	97.69%
	1	49	23	31.94%
				总体 =86.36%

注 释

序

1. 与众所周知的阿比西尼亚浸信会教堂、河滨大教堂，以及住在哈莱姆富人区或每逢礼拜天就从郊区返回市里的众多就业者和非洲裔中产阶级追随的各种教会相比，这些教堂的会众并不算多。
2. 根据 1990 年人口与住房普查数据计算：公用微数据样本 A（PUMS 5% 样本），“家庭中的就业者人数”变量表明，按照公用微数据样本 A（PUMS）定义的家庭户来统计，31% 的家庭户没有就业者，35% 有 1 人，22% 有 2 人，12% 有 3 人及以上。1989 年，总计 69% 的家庭户至少有 1 名就业者。“家庭户”的概念应予以明确的界定。1 个家庭包含 1 名户主（该住所在其名下所有或租赁）、1 名或多名与户主存在生养、婚姻、收养关系的共同居住者。与户主有关系的所有共同居住者都属于家庭成员。出于人口普查的需要，1 户仅能包含 1 个家庭。但是，1 户也可以不包含家庭，因为 1 户里的居住者之间也许不存在上述关系或者 1 户里只有 1 人独居。哈莱姆中区的公用微数据样本 A（PUMS）显示，23% 的人属于“无家庭”户，因此不纳入每户就业者人数的统计范畴。按照人口与住房普查数据，就业者的定义是“年满 16 岁、1 年内工作时长达到 1 周以上的人”。
3. 或者说，这与大部分居住在芝加哥南部最贫困社区里的就业者、求职者、学生又有什么关系呢？威廉·朱利叶斯·威尔逊（William Julius Wilson）的著作 *When Work Disappears:The World of the New Urban Poor*（Knopf, 1996）的主要依据是“城市家庭生活调查”的数据结果。该调查按照社区贫困程度对就业情况开展调查。威尔逊明确指出，随着社区贫困问题日益加剧，就业人数呈现下降的态势。在威尔逊调查过的最贫困社区里，贫困率超过了 40%（“集中贫困”的公认的定义），但是仍有超过半数的居民在工作、求职或上学。参见附录 I 的表 1。

4. 自 1995 年首次采集企业利润数据以来，目前的企业利润率达到了历史最高值。经济分析局的数据显示，1996 年，企业的税前利润率为 11.4%，税后利润率为 7.6%，自 1988 年以来增长了 50% 以上。上一个商业周期的峰值发生于 1988 年，当时的企业税前利润率、税后利润率分别为 7.3%、5.0%。Dean Baker, “Corporate Profit Rates Hit New Peak” (news release, Economic Policy Institute, March 28, 1997); Dean Baker and Lawrence Mishel, “Profits Up, Wages Down: Worker Losses Yield Big Gains for Business” (Economic Policy Institute, 1995)。

5. 近 15 年来，欧洲面对高达两位数的失业率，不得不重新考虑善待就业者、工薪家庭、贫民、老年人、失业人群以及年轻人。这一举措在斯堪的纳维亚、法国等地普遍实施，而在美国从未实施过。为了保证就业者的利益，西欧的共同市场成员国制定了相关法规，规定就业者享有 12 个公共假期、为期 4 周的年假、最多 1 年的病假且病假期间按工资的 60% 支付、最多 18 周的产假且产假期间按工资的 90% 支付、遣散费、16 个月的失业保险金且按工资的 50% 支付。而在美国，就业者享有 8—10 个公共假期，没有关于年假、病假的规定，最多 13 周的产假且产假期间无工资，也没有关于遣散费的规定，6 周的失业保险金且按工资的 50% 支付。参见 Richard B. Freeman, “How Labor Fares in Advanced Economies,” in Richard B. Freeman, ed., *Working Under Different Rules* (Russell Sage Foundation, 1994), table 1.3。在西欧，收入排名后 10% 的男性就业者的收入是全体就业者收入中位数的 68%；在日本，该群体的收入为中位数的 61%；而在美国，该群体的收入为中位数的 38%。德国收入排名后 10% 的就业者的收入是美国同等群体的 2 倍。参见 Richard B. Freeman, “An Apartheid Economy,” *Harvard Business Review* (September-October 1996), pp.114-21。

6. 技能水平较低的就业者的工资出现了剧减，导致全国的收入水平悬殊。参见 Frank Levy and Richard J. Murnane, “U.S. Earnings Levels and Earnings Inequality:

A Review of Recent Trends and Proposed Explanations," *Journal of Economic Literature*, no.3 (1992), pp.1333-81 ; Henry S. Farber, "The Incidence and Costs of Job Loss: 1982-91," *Brookings Papers on Economic Activity: Microeconomics* (1993), pp.73-132 ; U.S. Department of Labor, "Worker Displacement During the Mid-1990s" (News Release 96-446, October 25,1996); Sheldon Danziger and Peter Gottschalk, *America Unequal* (Russell Sage Foundation,1995)。20 世纪 70 年代末，大量的大学毕业生进入劳动力市场，但是到了 80 年代，具有大学文凭的就业者在各个行业仍然供不应求，促进了技能水平高的就业者顺利就业，并获得涨薪（1979 年至 1989 年，收入排名前 90% 的就业者的收入增加了 5%）。1979 年至 1989 年，上过 5 年及以上大学的男性、女性就业者的平均时薪分别增长了大约 11%、19%；上过 4 年大学的男性、女性就业者的时薪分别增长了大约 6%、19%；上过 4 年高中的男性就业者的时薪降低了 5%，而女性增长了大约 3%；上过 1—3 年高中的男性、女性就业者的时薪分别降低了大约 13%、1%。与教育程度低的就业者相比，教育程度较高的就业者每年工作的时间更长、每周工作的时长也更多。这种情况在 20 世纪 80 年代也呈现出增长的态势。1979 年至 1989 年，收入排名后 10% 的就业者时薪降低了 16%，此后趋于平稳。就业者的收入中位数在 1979 年至 1989 年降低了 2%，并且此后持续下降，到 1989 年至 1997 年再次下降 5%。参见 Frank Levy, "Incomes and Income Inequality," and James R. Wetzel, "Labor Force, Unemployment, and Earnings," table 2.6, both in Reynolds Farley, ed., *State of the Union: America in the 1990s*, vol.1 (Russell Sage Foundation, 1995); Alan B. Krueger, "The Truth About Falling Wages," *New York Times*, July 31, 1997, p. A23。

7. Peter T. Kilborn, "Illness Is Turning Into Financial Catastrophe for More of the Uninsured," *New York Times*, August 1,1997, p. A10.

8. 值得注意的是，20 世纪 80 年代，收入不平等问题在制造业领域也非常严峻——装配工、设备操作员等半熟练工的数量减少了 25% 以上，而精密工的数量增加了 17%。参见 Elis Berman, John Bound,and Zvi Griliches,1994, "Changes in the Demand for Skilled Labor within U.S. Manufacturing: Evidence from the

Annual Survey of Manufacturers," *Quarterly Journal of Economics* 109 (May 1995), pp.367-97；Levy, "Incomes and Income Inequality," table 1.3。

9. 经济学家贝内特·哈里森（Bennett Harrison）在其著作 *Lean and Mean: The Changing Landscape of Corporate Power in the Age of Flexibility*（Basic Books，1994）中指出，大部分行业的企业管理方面一直存在一个趋势，即为了谋利而"走歪路"——主要采取压缩劳动力成本的方式进行竞争，而不是改进技术、提高就业者的才能。其后果由底层的就业者承担。减薪问题主要发生于初级岗位，3/4 的大学以下学历的就业者、收入排名后 80% 的男性就业者、低薪的女性就业者以及年轻的就业者在 1979 年至 1993 年均遭受了打击。参见 Lawrence Mishel and Jared Bernstein, *The State of Working America 1994-1995* (Economic Policy Institute, 1994), pp.109-57。

10. 1996 年 10 月，在 16—24 岁且未上学的人群中，有大约 80% 处于劳动力市场中，要么是在职者，要么是求职者。在处于劳动力市场的群体中，大学毕业的男性、女性的失业率分别为 5%、3%；具有高中文凭以下的男性、女性的失业率分别为 22%、29%。参见 U.S. Department of Labor, "College Enrollment and Work Activity of 1996 High School Graduates" (News Release 97-240, July 23, 1997)。

11. 1979 年，高中辍学生占劳动力总数的 20%，他们的时薪按 1993 年美元价计算是 10 美元。到了 1989 年，高中辍学生占劳动力总数的 14%，时薪降低了将近 16%，为 8.45 美元。到了 1993 年，高中辍学生的时薪又降低了 7%，为 7.85 美元。参见 Mishel and Bernstein, *State of Working America 1994-1995*, table 3.18。

12. 大学毕业生在 1995 年的工资比 1979 年增长了大约 2%，而高中毕业生的工资降低了大约 15%。就业者在其他方面也被区别对待，收入悬殊显而易见。1979 年至 1993 年，收入排名前 10% 的就业者的收入略有增加，而排名后 10% 就业者的收入降低了大约 15%。45—54 岁的就业者在 1979 年和 1994 年的收入基本持平，而 16—24 岁的就业者的收入降低了 15% 以上。专业人员在 1983 年至 1995 年的收入增加了大约 7%，而文员、设备操作员、体力劳动者的收入均出现大幅下降。自 1979 年至 20 世纪 90 年代中期，非主管岗、农场工人、私营业就业者的平均周薪降低了 12%，同期，全职男性就业者的周薪中位数降低了 13%。参见 Freeman, “Apartheid Economy” , pp.114-21。

13. *Kids Count* (Annie Casey Foundation,1996)。

14. 美国每天诞生 10680 名新生儿，其中 2556 人生于贫困家庭。参见 Children's Defense Fund, “Every Day in America” (July 1997)。一项研究表明，在 17 个发达国家中，美国的儿童贫困率比排名第二的国家高出了 50%。参见 *Kids Count Data Book*(Annie E. Casey Foundation, 1997), p.17。

15. Frank Levy and Richard Murnane, *Teaching the New Basic Skills* (Free Press,1996).

16. Paul Jargowsky, *Poverty and Place* (Russell Sage Foundation,1997).

17. 凯瑟琳·埃丁（Kathryn Edin）与劳拉·莱恩（Laura Lein）在其著作 *Making Ends Meet: How Single Mothers Survive Welfare and Low-Wage Work*（Russell Sage Foundation，1997）中对单身母亲进行了研究，结果发现，做低薪工作的白人母亲的工资高于技能水平相同的福利受助母亲得到的补助，高出的部分均用在了工作开销上，包括添置衣服、儿童保育和交通费。此外，所有领受福利救济的母亲均有资格申领医疗补助，但近半数的工薪母亲并没有医疗保险。

第 1 章　工作人生

1. Andrew Hacker, *Money: Who Has How Much and Why* (Scribner's, 1997);Katherine Newman, *Declining Fortunes: The Withering of the American Dream* (Basic Books,1993).

第 2 章　隐形贫民

1. Herbert Gans, *The War Against the Poor* (Basic Books,1995), pp.6-7.

2. 在美国内战前，爱尔兰移民同样遭受了带有种族歧视的语言诋毁。有关该问题的最新的、有争议的探讨，参见 Noel Ignatiev, *How the Irish Became White* (Routledge,1995)。

3. 1992 年，非城市贫困率为 16.8%，高于 13.9% 的城市贫困率（人口普查数据）。戴安娜·麦克劳克林（Diane McLaughlin）与劳里·珀曼（Lauri Perman）在其文章 “Returns vs. Endowments in the Earnings Attainment Process for Metropolitan and Nonmetropolitan Men and Women”（*Rural Sociology* 56，1991，pp.339-56）中指出，城市与非城市就业者的平均工资的差异主要在于，非城市就业者把收入用于提升人力资本了（比如技能和教育）。美国农村地区以农业和非耐用品制造业为主，其经济结构的调整、就业率的缓慢增长导致本已地位低微的就业者又遭受降薪的厄运。参见 Daniel Lichter, Gail Johnston, and Diane McLaughlin, “Changing Linkages Between Work and Poverty in Rural America,” *Rural Sociology* 59, no.3 (1994), pp.395-415。
4. 非洲裔美国人在城市里遭受着厌恶和歧视。参见 Marcus E. Jones, *Black Migration in the United States with Emphasis on Selected Central Cities* (Century Twenty One,1980)；Kenneth L. Kusmer, “African Americans in the City Since World War Ⅱ : From the Industrial to the Post-Industrial Era,” *Journal of Urban History* 21, no.4 (May 1995)。
5. Nicholas Lemann, *The Promised Land* (Knopf,1991).
6. 约翰·施瓦茨（John E. Schwarz）与托马斯·沃基（Thomas J. Volgy）在其著作 *The Forgotten Americans*（Norton，1992，p.64）对穷忙族做了定义，即工资低于政府规定的贫困线的 155% 的全职就业者（1989 年有 600 万人）以及工资低于政府规定的贫困线的 155% 的兼职或非整年工作的、希望获得全职工作的就业者（1989 年有 550 万人），还包含生活在这些家庭的人（总计约为 2900 万人）。两位作者用政府规定的贫困线的 155% 作为衡量自给自足的标准。他们对低收入就业者的家庭预算进行了调查，发现他们的收入勉强能维持基本的生活开销。20 世纪 60 年代，政府规定的贫困线被定义为既定规模的家庭里的最低食物支出的 3 倍金额。该定义在当时是合理的，因为食物支出约占家庭平均预算的 1/3。除每年为了应对通货膨胀而进行的微调以外，该公式一直沿用至今，但是食物支出如今只占家庭预算的一小部分（大约 1/6），而住房、医疗等其他生活所需的占比逐渐增加。两位作者就消费模式情况对穷忙族家庭进行了采访，他们指出，收入达到政府规定的贫困线的155%的就业者刚刚达到自给自足的水平。经济学家和社会学家用各种各样的定义来统计穷忙族的数量，但大部分定义都是以政府规定的贫困线为参照的，而不是根据自给自足的实际水平进行调整的。这项工作的难度很大，因为调查数据不够精确，而且就业者的定义是五花八门的。约翰·卡萨达（John D. Kasarda）在其文章"America's Working Poor: 1980-1990"（选自 *America's Working Poor*，University of Notre Dame Press，1995）中将穷忙族定义为"年满16岁、上一年至少工作满27周、每周至少工作满20个小时以及家庭收入低于政府规定的贫困线的群体"。基于该定义，卡萨达统计出1990年的"贫民"就业者人数为375万人，自1980年以来增加了40万人。为了更好地界定劳动力的概念——即更清楚地说明多低的收入会导致贫困——卡萨达还统计了"工资低于贫困线的"就业者的数量，并将这部分群体定义为"年满16岁的全职就业者（每年工作满50周，包括带薪年假，每周工作满35小时）且收入无法令四口之家脱离贫困线的就业者"。卡萨达统计出1990年"工资低于贫困线的"就业者的数量超过1200万人（占全体劳动者的16%），自1980年以来增加了近300万人。按这个定义来计算，穷忙族的人数要高于施瓦茨与沃基的统计数据。

7. 这个问题对于美国国家科学研究委员会贫困与家庭援助专家小组来说具有重要的参考意义。该专家组建议制定新的贫困衡量标准，把贫民的福利救济情况也纳入考虑之中。参见 Constance Citro and Robert Michael, eds., *Measuring Poverty*（National Academy Press, 1995）。

8. 1975年，美国住房与城市发展部颁布了"第8款住房补贴"方案，该方案虽然没有把就业者排除在外，但是因执行不力、资金不足的原因，许多人并未获得补贴。"政府认定"能获得各种援助的家庭是无法享受住房补贴的，包括房租补贴券。为所有符合要求的家庭发放补贴——一般为收入低于某地的收入中位数80%的家庭——会导致联邦政府的此项支出翻倍。政府常常要求地方政府降低收入衡量线，避免发放额超出拨款额。因此，联邦政府的大部分补助只针对"收入极低的"租房者发放。目前，纽约市不发放任何房租补贴券。收入低于39200美元（四口之家）的市民均可排队申请公共住房——排队的名单超过了符合“第8款住房补贴”方案的10万个家庭。参见 New York City Housing Authority; Committee on Ways and Means, U.S. House of Representatives, *1994 Green Book* (U.S. Government Printing Office, 1994), pp.814-15；R. Allen Hays, *The Federal Government and Urban Housing* (SUNY, 1995)；Malcolm Gladwell, "A Precarious Balancing Act, a Smaller Net: As Social Spending Contracts, Many Fall," *Washington Post*, May 25, 1996, p.A1。

9. 直到20世纪80年代中期，领取医疗补助的群体才与抚养未成年子女家庭援助、补充保障收入挂钩。目前，州政府对家庭收入低于联邦政府规定的贫困线的133%的孕妇和幼儿提供援助。尽管许多州都把补助条件的上限提高到了贫困线的185%，并对其他各类“需要医疗援助的”人群提供帮助，但是对成人和儿童的资格要求仍然很严格，援助覆盖率普遍较低。1992年，在19—44岁的、符合政府援助要求的贫民中，仅有38%获得了医疗补助。在19—44岁的、家庭收入处于贫困线100%至133%的贫民中，获得医疗补助的比例降至了1/5以下（17%）。参见 *1994 Green Book*，pp.783-89。

10. 家庭收入不超过贫困线的130%、已清点的流动资产总额不足2000美元且家中无老人或残疾人的群体，是可以领取食品券的。对四口之家来说，补助资格的认定条件是家庭月收入是否达到1555美元。补助金额需要根据家庭的规模和收入来确定。对于四口之家来说，每月补助额最高可达到375美元，在一些州，针对勉强符合资格的家庭，仅发放少量补助。1993年，人均补助额为每月68美元。由于低薪群体实际上都去领取食品券了，所以这部分人群的数量很少，导致人均补助额较高。1989年，美国农业部查明，在领取食品券的群体中，不到2/3的人也领取了补助金。1/10的申领者的家庭收入是高于联邦政府规定的贫困线的。食品券和医疗补助一样，一直和抚养未成年子女家庭援助挂钩，所以不去福利部门申请的人不会知道自己的补助额已经减少了。食品券和抚养未成年子女家庭援助的发放都由同一个福利部门负责。（按照1996年福利改革法的规定，州—联邦政府的抚养未成年子女家庭援助将通过贫困家庭临时救助项目拨款来调整、发放。这将为州政府贯彻法律规定提供更多的自主权，帮助福利受助者摆脱救济依赖，参加就业。）参见 *1994 Green*

Book，pp.757-82。

11. 贫困与家庭援助专家小组作为美国国家科学研究委员会的分支机构，最近对美国的贫困衡量标准进行了评估；参见 Citro and Michael, eds., *Measuring Poverty*。其评估结论是，目前政府制定的贫困衡量标准是需要改进的，原因有两点：一是无法准确地反映出不同群体、不同地域的贫困差异（住房等生活成本方面存在巨大的差异），二是无法准确地反映出长期的发展趋势。专家组认为，目前的衡量标准已经沿用了超过一代人之久，而国家经济和公共政策都已发生了变化。比如，目前的贫困衡量标准对家庭收入的定义是现金总收入，包含现金补助和一部分非现金补助（比如食品券），按照这个标准，依靠公共援助的家庭就会呈现出较高的贫困率，而未领取公共援助的工薪家庭就会呈现出较低的贫困率。目前的衡量标准还忽视了穷忙族在儿童保育方面的开销问题。随着职场母亲的数量逐渐增加，这个问题的重要性也日益突显出来。专家组建议，如果家里没有大人照看孩子，那么育儿开销就应该在一定的限度内从家庭收入中减掉。专家组还提出，全国的贫困标准应根据衣、食、住等方面的成本而浮动。

12. Earl Mellor, "A Profile of the Working Poor" (Report 869, Bureau of Labor Statistics, March 1994), p.1 ; Samantha Quan, "A Profile of the Working Poor,1996" (Report 918, Bureau of Labor Statistics, December 1997), p.1.

13. Steven E. Haugen and Earl F. Mellor, "Estimating the Number of Minimum Wage Workers," research summary, *Monthly Labor Review* 113, no. 1(1990), pp.70-74.

14. 在工资处于最低标准的就业者中，2/3 都是女性，2/3 都是兼职。这是因为女性做兼职的概率更大，兼职就业者沦为最低工资群体的概率几乎是全职就业者的 6 倍。出处同上，p.72。

15. Sar A. Levitan and Isaac Shapiro, *Working but Poor: America's Contradiction* (Johns Hopkins University Press, 1987).

16. 提高最低工资标准能否改善穷忙族的命运，这一点是存在争议的。参见 David E. Card and Alan B. Krueger, *Myth and Measurement: The New Economics of the Minimum Wage* (Princeton University Press, 1993)。他们基于对新泽西州和宾夕法尼

亚州的情况对比，认为略微提高最低工资标准是不会导致裁员的。大卫·纽马克（David Neumark）与威廉·沃斯切（William Wascher）在其著作 *Do Minimum Wages Fight Poverty*（NBER Working Paper 6127，1997）中对上述乐观结论的数据库进行了驳斥。

17. Lawrence Mishel and Jared Bernstein, *The State of Working America 1994-1995* (Economic Policy Institute, 1994).

18. Richard Wertheimer of Child Trends, Inc., "Characteristics of Working Poor Families and Their Children," report to Foundation for Child Development (1996).

19. 有些学者把这些数据与少女未婚先孕问题加以联系，我们应谨慎地对待这个问题。1994 年，仅有 14% 的穷忙族孩子的母亲是未成年少女，大部分孩子的母亲都超过了 25 岁。造成儿童贫困问题的另一个原因就是单亲家庭，因为女性在劳动力市场中的收入远低于男性。然而，1994 年的数据也说明，在 560 万穷忙族孩子中，半数都属于双亲家庭，而且父母中至少有一人在职。

20. Samantha Quan, "A Profile of the Working Poor,1996 " (Report 918, Bureau of Labor Statistics, December 1997), pp.3-4.

21. 比如，自 1979 年以来，整年工作的、年收入较低的、年轻的全职就业者（18—24 岁）的比例一直保持着稳定的增长。1979 年该比例为 23%，到了 1990年，就增加到了 40%。"低收入"的界定是四口之家的贫困水平。参见 U.S. Bureau of the Census, "Workers with Low Earnings: 1964 to 1990."。

22. 1979 年，18% 的 18—24 岁的全职男性就业者及 30% 的同年龄段的女性就业者都属于低薪群体。截至 1990 年，该群体的数据分别增长到了 40%，接近 50%。男性就业者的情况一直比女性好，但发展趋势未必是好的：男性穷忙族的贫困率在 20 世纪 80 年代几乎翻了一番，而女性穷忙族的贫困率仅增长了大约 25%（从 20% 增加到 24%）。出处同上。

23. Mellor, "Profile of the Working Poor," p.2.

24. Ibid.

25. Sheldon Danziger and Peter Gottschalk, *Uneven Tides: Rising Inequality in America* (Russell Sage Foundation, 1993).

26. 工资处于最低标准的就业者的种族构成如下：68% 是白人，16% 是黑人，13% 是拉美裔，3% 是其他群体。Mishel and Bernstein, *State of Working America 1994-1995*。

27. Mellor, "Profile of the Working Poor," p.1。同样，失业的白人的再就业率（1990 年—1991 年为 76.4%）高于非洲裔（66.6%）、拉美裔（64.9%）。Jennifer M. Gardner, "Worker Displacement: A Decade of Change," *Monthly Labor Review*, April 1995,p.49。

28. 这里指的是工作满 27 周的就业者。Mellor, "Profile of the Working Poor," p.8。

29. Ibid.,p.6.

30. 这里的贫困率指的是全职的、整年工作的就业者的贫困率。参见 "Poverty in the United States, 1992," *Current Population Reports*, Series P60-185, Table 14(Bureau of the Census, October 1993)。对于"非整年工作的全职就业者"来说，贫困率的种族差异度有所减少。

31. "制度性种族歧视"在招聘中起着很大的作用。新古典主义经济学家认为，在职场表现出明显的种族主义态度会对公司不利，因此会在市场的影响下逐渐削弱。统计性种族歧视概念诞生于 20 世纪 70 年代初期，存在的时间较长。该术语旨在把故意歧视与合理的商业行为区分开来。统计歧视指的是，雇主抱有种族成见的初衷是判断应聘者的潜力而不是青睐某个群体。雇主认为不同群体的业绩是不一样的，对此，自由派和保守派学者不予苟同。在公司内部，评判员工的业绩和判断种族偏见一样，都非易事。1990 年的综合社会调查（全国民意研究中心，1991 年）显示，超过半数的白人认为黑人更懒惰、更笨。基什曼（Kirschenman）与内克曼（Neckerman）对位于芝加哥内城区的企业的就业情况进行了研究，结果发现，雇主在招聘时会考虑应聘者的种族、社会等级、居住地点。他们不喜欢内城区居民和下层群体。因此，黑人应聘者若想应聘成功，必须扭转雇主的印象，在面试中证明自己不是下层群体或贫民区居民。这一点要通过注意着装、言谈，以及隐瞒居住地址等方式来实现。参见 Joleen Kirschenman and Kathryn M.Neckerman, "'We'd Love to Hire Them, but . . .': The Meaning of Race for Employers," in Christopher Jencks and Paul E.

Peterson, eds., *The Urban Underclass* (Brookings Institution,1991)。另见 Christopher Jencks, *Rethinking Social Policy: Race,Poverty and the Underclass* (Harvard University Press,1992), pp.40-46。劳动力市场的审计研究把具有同等学力和工作经验的、来自不同种族或民族的求职者安排在一起面试，相关内容参见 Michael Fix and Raymond Struyk, *Clear and Convincing Evidence* (Urban Institute Press,1994)；他们发现，同等条件下，非洲裔和拉美裔应聘成功的概率是低于白人的。

32. 一些研究表明，考试分数和教育程度方面的种族差异会导致平均工资出现种族差异。参见 Derek Neal and William Johnson, "The Role of Premarket Factors in Black-White Wage Differences," *Journal of Political Economy*, no.5(October 1996), pp.869-72 ; Frank Levy and Richard Murnane, *The New Basic Skills* (Free Press,1996)。考试分数似乎并不能准确地预示就业前景。

33. Robert B. Reich, *The Work of Nations: Preparing Ourselves for Twenty-first Century Capitalism* (Knopf,1991).

34. Paul Krugman, *The Age of Diminished Expectations: U.S. Economic Policy in the 1990s* (Washington Post Co.,1990).

35. City of New York, Department of City Planning, *Socioeconomic Profiles: A Profile of New York City's Community Districts from the 1980 and 1990 Censuses of Population and Housing* (March 1993).

36. 1990 年的人口普查数据显示，99% 的非洲裔美国居民看不起在国外出生的、自视为非洲裔美国人的大批黑人移民。

37. 毫不意外的是，与全国的快餐业就业者相比，哈莱姆的快餐业就业者中，少数族裔的比例较高。在全国的快餐业就业者中，非白人群体占 23%，而哈莱姆的快餐业就业者基本都是少数族裔，我们从没见到白人。参见 Ivan Charner and Bryna S. Fraser,*Fast Food Jobs* (National Institute for Work and Learning, 1984); Robert W. Van Giezen, "Occupational Wages in the Fast-Food Industry," *Monthly Labor Review*, August 1994, p.24。

38. 20 世纪 80 年代末，在哈莱姆中区以北的华盛顿高地，多米尼加裔占移民人口的 80%。参见 New York City Department of City Planning, *The Newest New Yorkers: An Analysis of Immigration into New York City During the 1820s*(1992)。美国长期干预多米尼加国的事务（比如 20 世纪初，美国在多米尼加共和国建立军政府，统治该国），但是多米尼加移民并不多。直到 1965 年多米尼加起义爆发，美国为了缓解政治紧张关系，开始发放签证，大量的多米尼加人才移民到美国。美国企业在多米尼加主导工业转型，导致该国的失业率居高不下，因此大量的移民源源不断地来到美国。参见 Ramona Hernandez and Silvio Torres-Saillant, "Dominicans in New York: Men, Women, and Future Prospects" (unpublished paper, Center for Dominican Studies, City College of New York, n.d.)；Alejandro Portes and Luis E. Guarnizo, *Tropical Capitalists: U.S.-Bound Immigration and Small Enterprise Development in the Dominican Republic*(Commission for the Study of International Migration and Cooperative Economic Development,1990)。

39. 自 1917 年《琼斯法案》（Jones Act）颁布后，波多黎各人获得了美国公民身份，于是开始移民到美国，虽然数量不多，但仍有相当一部分人。经济大萧条时期至第二次世界大战期间，移民现象有所停滞。战后，波多黎各人开始大量地移民到美国，仅 1946 年就有近 4 万人。波多黎各国内的失业问题——源自美国主导的经济结构改革——价格低廉的航班、不同技术要求的工作（常常由招聘单位推动）吸引波多黎各人来到美国，大部分人都在纽约定居。男性开始在工厂、酒店、餐馆里打工，女性一般做家庭妇女或在制衣厂里做缝纫工。参见 Michael Lapp, "The Migration Division of Puerto Rico and Puerto Ricans in New York City, 1948-1969," in William Pencak, Selma Berrol, and Randall M. Miller,eds., *Immigration to New York* (New York Historical Society, 1991)；Alejandro Portes and Ruben G. Rumbaut, *Immigrant America: A Portrait* (University of California Press,1996),pp.225-29。

40. 国会为了鼓励工业发展，遏制移民出境，出台了税收优惠政策，再加上降薪，使得一些工厂在波多黎各重新开业。

41. Saskia Sassen-Koob, "Changing Composition and Labor Market Location of Hispanic Immigrants in New York City, 1960-1980," in George J. Borjas and Marta Tienda, eds.,

Hispanics in the U.S. Economy (Academic Press,1985).

42. 据纽约城市规划局的一项研究预计，到 2000 年，拉美裔，主要是波多黎各裔和多米尼加裔，将占布朗克斯区总人口的半数以上，而且全市的拉美裔人数将超过非洲裔。参见 David Firestone, "Major Ethnic Changes Underway," *New York Times*, March 29,1995,p.B1。

43. 这些数据源自 Orlando Rodriguez et al., "Nuestra America en Nueva York: The New Immigrant Hispanic Populations in New York City: 1980-90" (summary of a report by the Hispanic Research Center, Fordham University, August 1995)。

44. 约翰妮·博伊斯乔利（Johanne Boisjoly）与格雷格·邓肯（Greg J. Duncan）从研究中发现，拉美裔，尤其是拉美裔移民的学校教育水平较低，基于这个重要的原因，该群体在 1990 年—1991 年经济衰退期间的失业率高于其他群体。参见 Johanne Boisjoly and Greg J. Duncan, "Job Losses Among Hispanics in the Recent Recession," *Monthly Labor Review*, June 1994,pp.16-23。

45. Rodriguez et al., "Nuestra America en Nueva York," p.11.

46. Van Giezen, "Occupational Wages in the Fast Food Industry."

47. 但是，如果我们把种族因素也纳入美国的总体数据中考量，就会发现全国的情况和哈莱姆中区的情况趋于一致。沙内（Charner）与弗雷泽（Bryna S.Fraser）在其著作 *Fast Food Jobs* 中指出，在全国的快餐业黑人就业者中，约有 41% 已满 21 岁。因此，非洲裔快餐业就业者的处境与生活更加困难的哈莱姆居民是一样的，他们"应该"获得更高的工资，可是始终摆脱不了最低工资的处境，虽然已经步入成年，却一直处于收入底层。

48. 关于哈莱姆中区的巴恩汉堡店员工的教育情况数据，参见附录 I 的表 3。

49. 在最高年龄段群体中，45% 是高中毕业生，36% 是高中辍学生，19% 具有高中以上学历。

50. 参见 Klerman and Karoly, "Young Men and the Transition to Stable Employment," *Monthly Labor Review*, August 1994,p.35。根据全国青年纵向调查的数据分析结果，科勒曼与卡洛里估计，在 20 世纪 80 年代初期，青年群体（14—22 岁）中有大约 1/3 是高中辍学生（36.9%）、大约 1/3 是高中毕业生（35.4%）。大

约有 27.7% 的男性青年从高中毕业后继续上大学。沙内与弗雷泽的研究数据表明，全国的快餐业就业者高中毕业后继续深造的概率高于我们在哈莱姆的采访对象。参见 Charner and Fraser, *Fast Food Jobs*,pp.7-11。详细数据参见附录 I 的表 4。

51. 与全国的快餐业就业者的总体期望相比，他们的期望不太高。沙内与弗雷泽在其著作 *Fast Food Jobs* 中指出，在 24 岁及以下的就业者中，有 65% 希望至少读完 4 年大学，获得学位。

52. 在 19—22 岁的就业者中，有 42% 希望上大学，这一数据令人备感欣慰，处于这个年龄段的大部分中产阶级孩子已经进入大学了。在 23 岁以上的就业者中，有 1/3 也打算大上学。

53. 在我们采访的全职就业者中，30% 希望上大学，而兼职采访者中有 50%。

54. 1990 年，16.3% 的就业者的工资仍处于贫困水平，其中女性的比例（23.8%）是男性（11.5%）的 2 倍。在非农行业里，大部分就业者的工资都处于贫困水平（除了杂粮制作岗位，其男女比例大约各占一半），其中女性的数量高于男性。在各个低薪职业里，女性就业者处于贫困水平的比例（表中的第一个百分比数据）通常都高于男性（表中的第二个百分比数据）：儿童保育业的就业者（73.5%、33.5%）、缝纫机操作员（64.5%、32.0%）、服务员（65.9%、41.2%）、杂粮制作工（59.0%、59.8%）、厨师（67.1%、45.6%）、家政员（62.1%、34.5%）、出纳（58.1%、34.9%）、洗衣工（63.8%、33.7%）。参见 Kasarda, "America's Working Poor:1980-1990," table 3.10。自 1979 年以来，具有大学学历的、全职的、全年工作的女性就业者的平均工资有所提高，具有高中学历的、全职的、全年工作的女性就业者的平均工资略有增加，而大学辍学的、全职的、全年工作的女性就业者的平均工资下降了 6%。这些低薪就业者的工资降幅没有男性辍学者的工资降幅大（自 1979 年以来下降了 22%），但是技能水平低的女性就业者的工资远低于男性。参见 Rebecca M. Blank, *It Takes a Nation* (Russell Sage Foundation,1997)，pp.60-64。

55. Charner and Fraser, *Fast Food Jobs*,p.6.

56. 详细数据参见附录 I 的表 5。

57. 半数人没有高中学历。

58. 其中有 59%（其家庭获得了抚养未成年子女家庭援助）是女性。45% 的年龄为 18 岁及以下，33% 处于 19—22 岁。其中大约 1/3 有孩子，12% 抚养着年龄不超过 6 岁的孩子。30% 的家庭获得了补充保障收入。

59. 凯瑟琳·埃丁与劳拉·莱恩在其著作 *Making Ends Meet*（Russell Sage Foundation，1997）中提出了相关的观点。在他们采访的福利受助者中，大部分都具有这些领域的工作经验（平均为 5—6 年）。最终，他们还是无力负担育儿、交通及与工作相关的各种开销（比如添置衣服），只能无奈地“退出”。*Making Ends Meet* 一书提出了一种把工作与福利相结合的模式，即工作—福利—工作的顺序或循环模式。我想提出另一个建议，即工作和福利同时兼顾，主要针对获得抚养未成年子女家庭援助的母亲及其在职的子女。

60. 这些数据再次说明，在内城区的贫民区里，居民的生活条件非常恶劣，易患慢性病（高血压、糖尿病等），并且缺乏医疗服务，因此早逝人群的比例较高。

61. Arline T. Geronimus, John Bound, Timothy A. Waidman, Marianne H. Hillemeir, and Patricia B. Burns, "Excess Mortality among Blacks and Whites in the United States," *New England Journal of Medicine* 335, no.21(November 21,1996),pp.1552-59.

62. 其他的低薪工作也能通过母亲的就业数据反映出来：工厂、个人服务业各占 8%，门卫管理工作约占 6%，包括家政服务。

63. 我们开展此项研究的时候，几乎有 1/5 的母亲处于失业状态（但未领取抚养未成年子女家庭援助）。

64. 毫不奇怪的是，其他地方也出现了增长——1989 年至 1992 年，全国的医院就业率提高了 10%，即新增了 40 万名就业者。参见 Barbara Wootton and Laura T. Ross, "Hospital Staffing Patterns in Urban and Nonurban Areas," *Monthly Labor Review*, March 1995,p.23。

65. 48% 的穷忙族缺少医疗保险。

66. 据美国审计总署 1996 年的一份报告（GAO/HEHS-96-129）*Health Insurance for Children: Private Insurance Coverage Continues to Decline*，在 1994 年，1000 万

儿童没有参保。在至少父母一方有全职稳定工作的儿童中，约有 1/4 未参加商业医疗保险，其中近半数也没有医疗补助或其他公共援助。据美国国家卫生统计中心发布的数据，去年，260 万未参保儿童没有得到必要的医疗服务。参见 Children's Defense Fund news release, "U.S. Government Survey Finds Millions of Uninsured Children Not Getting Necessary Medical Care" (July 17,1997)。1997 年的预算法案出台了一项为期 5 年、金额达 240 亿美元的项目——资金来源主要是联邦政府的烟草税收，由州政府通过拨款予以管控——为未参保的贫民儿童提供医疗服务。如儿童父母的聘用单位不为其员工子女提供医保，而且父母的收入超出了医疗补助的申领标准但又负担不起商业医疗保险，则这部分儿童属于该项目的援助对象（许多州规定，只有家庭收入低于联邦政府规定的贫困线的 200%—250%，其儿童才能享受该项目援助）。州政府可以从以下几类援助中选择一项为未参保儿童提供：标准联邦雇员医疗保险、加入健康维护组织、州雇员标准健康计划、加入州政府的医疗补助项目。预计该项目将为 200 万—500 万名儿童提供医疗援助。无论如何，该项目是自 30 年前医疗补助制度启动以来覆盖范围最广的儿童医疗援助项目。参见 Cindy Mann and Jocelyn Guyer, "Overview of the New Child Health Block Grant," Center on Budget and Policy Priorities (August 6, 1997); Hillary Rodham Clinton, "Our Chance for Healthier Children," *New York Times*, August 5, 1997, p.A15 ; and Douglas J.Besharov, "Beware the Real Agenda," *New York Times*, August 5,1997,p.A15。

67. Peter T. Kilborn, "Illness Is Turning into Financial Catastrophe for More of the Uninsured," *New York Times*, August 1,1997,p.A10.

68. 1996 年，超过 100 万名消费者申请破产，比上一年增加了将近 30%，自 1986 年以来增加了 150%。其中有多少人是因为无力承担医疗费用而破产的，我们无从得知，但是有证据表明，医疗费用过高日益成为破产的主要原因。基尔伯恩（Kilborn）在其著作 *Illness Is Turning into Financial Catastrophe for More of the Uninsured* 中指出，在阿肯色州的小石城，半数的破产申请者都无力支付医疗费用，其中 1/4 不能申请其他的无担保债务。

69. 自 1980 年以来，在低收入城区里，尤其是纽约和芝加哥，哮喘病的发病率、住院率迅速增高。哈莱姆东区的哮喘病死亡率几乎达到全国平均死亡率的 10 倍。参见 Kevin B. Weiss, Peter J. Gergen, and Ellen F. Crain, "Inner-City Asthma: The Epidemiology of an Emerging U.S. Public Health Concern," *Chest* 101/6（June 1992）,p.362-7S。关于风险因素与哮喘病之间的关联，我们知之甚少，但是该病易发于急诊室、医疗机构以外，这说明内城区居民的医疗服务和哮喘病治疗依然是欠缺的。参见 Paul V. Targonski et al., "Trends in Asthma Mortality Among African Americans and Whites in Chicago, 1968 Through 1991," *American Journal of Public Health* 84(November 1994), pp.1830-33；Karen M. Kaplan, "Epidemiology of Deaths from Asthma in Pennsylvania,1978-97," *Public Health Reports* 108, no. 1(January-February 1993),pp.66-69。

70. 非洲裔患糖尿病的概率是美国平均值的 1.6 倍。至少有 200 万非洲裔患有糖尿病，而且常常未经诊治。参见 William Young, "Managing Diabetes," *Los Angeles Sentinel*, April·13,1995,p.A10。

71. 纽约部分地区的婴幼儿死亡率与发展中国家相近。哈莱姆中区的婴幼儿死亡率为 18/1000。此外，18% 的新生儿属于低体重儿，排名全市最高。在华盛顿高地，作为哈莱姆北部的低收入区，约有 13% 的母亲未接受过产前保健，这一数据也居全市最高。该数据为 1989 年数据。参见 Citizens' Committee for Children, *Keeping Track of New York's Children* (1993)。

72. 抚养学龄儿童的职场母亲的比例从 1947 年的 27% 增加到了 1992 年的 76%。她们照顾生病的孩子的能力有所下降。盖洛普的一项调查显示，1/3 的职场母亲均表示，曾因孩子生病，父母一方不得不请假在家照顾孩子，但是雇主不予支付请假期间的工资，平均扣掉了 139 美元。4/5 的职场母亲表示，偶尔会把生病的孩子送到儿童保育中心托管，因为经医生调查证实，这种做法会引起严重的公共健康问题。参见 Joel Dresang, "Dr. Mom Often Picks Between Pay, Sick Kids," *Milwaukee Journal Sentinel*, November 1,1996,p.2。哈佛公共卫生学院的乔迪・海曼（Jody Heymann）、艾莉森・厄尔（Alison Earle）和布赖恩・埃格尔斯顿（Brian Egleston）撰写了 "Patental Availability for the Care of Sick Children"，他们从研究中发现，1985 年至 1990 年，全国有超过 1/3 的家庭每年需要请2周以上的病假，回家照顾生病的孩子或年迈的亲人，在这些家庭中，有28%的母亲的雇主是不提供带薪病假的。这几位研究者还发现，这个问题在贫民母亲的身上更为严重（非贫民在职父母中仅有20%享受不到带薪病假，而穷忙族父母中有38%）。孩子患有哮喘等内城区常见的慢性病的在职母亲比其他的在职母亲享受的带薪病假更少。

73. 该总数包含了以下领域的预算削减：（1）病人每周需要若干小时的居家做饭、清洁服务；（2）个人卫生护理；（3）成人日间护理；（4）长期的居家护理；（5）生活照顾；（6）防止“配偶贫困”而采取的措施；（7）病人出院后的持续护理；（8）对居家护理、个人护理服务的提供者提供补偿。参见 City Comptroller's Office, cited in "Net Loss: Secondary Effects of City Budget Cut Proposals," http://tenant.net/Oversight/Netloss/bctitle.html (June 12,1998)。

74. 无法入住养老院的人可能会大量地涌入医院。纽约市养老院的平均空床率约为3%（床位总量约为42233张），所以仅有1267张空余床位要提供给削减预算而增加的19000名患者。这些患者还会涌入医院，但是住院成本绝不是一笔小数目（预计为3800万美元）。数据源自“Net Loss: Secondary Effects of City Budget Cut Proposals”。

75. City Comptroller's Office, cited in "Net Loss: Secondary Effects of City Budget Cut Proposals."

76. 引自 Kirk Johnson, "Medicine in New York Awaits Big Shift in Role of Government," *New York Times*, August 11,1997,p.A27。

77. 纽约市市长朱利亚尼自上任以来，尝试将11家公立医院中的几家转为私营医院（通过出售或租赁），但遇到了强大的阻力。市政府预计，如果市长的预算方案得到实施，每年医疗领域的工作岗位将减少8000至10000个。自朱利亚尼上任以来，市政府每年直接发放给医院的补贴出现了剧减（从1992年的3亿美元降至目前的3000万美元）。参见 Blaine Harden, "Long Arm of Social Aid Is Shorter, but Still Touches Many," *Washington Post*, May 25, 1997, p.A23; Pamela S. Brier, "At Risk: Health Care for the Poor," *New York Times*, January 18,1997, p.1:23; Elisabeth Rosenthal, "Mayor's Stalled Plans Leave Public Hospitals in Trauma," *New*

York Times, May 24, 1996, p. A1; and Thomas J. Lueck, "Giuliani Fiscal Plan Puts Health Care Jobs at Risk," *New York Times*, February 18,1995, p.A1。

78. 特别参见 Rebecca Blank, "Policy Watch: Proposals for Time-Limited Welfare," *Journal of Economic Perspectives*, 8, no.4(Fall 1994),pp.183-93。

79. 马克·艾伦·休斯（Mark Alan Hughes）明确指出，交通问题阻碍了内城区居民搬离工作机会稀少的中心城市，迁居到郊区工作。参见 Mark Alan Hughes and Julie Sternberg, "The New Metropolitan Reality: Where the Rubber Meets the Road in Antipoverty Policy" (Urban Institute,1992); Mark Alan Hughes, "Over the Horizon: Jobs in the Suburbs of Major Metropolitan Areas" (report to Public/Private Ventures,1993)。根据密尔沃基的就业数据和人口迁移数据，休斯指出，以郡为单位来管理新的福利工作项目，会把城市的劳动力市场割裂开来，导致中心城市的就业者难以前往工作机会更多的郊区。参见 Mark Alan Hughes, "Learning from the Milwaukee Challenge," *Journal of Policy Analysis and Management* 15(Fall 1996),pp.562-71。

80. 1997 年 9 月，联邦政府规定把最低工资提高到 5.15 美元。但其实际价值比 1979 年的最低工资低 14%。参见 Lawrence Mishel, Jared Bernstein, and Edith Rasell, "Who Wins with a Higher Minimum Wage" (briefing paper, Economic Policy Institute,1995)。马萨诸塞州参议员爱德华·肯尼迪、密歇根州众议员大卫·邦宁建议政府到 2002 年通过立法把最低工资标准提高到 7.25 美元，但遭到了保守党的强烈反对。参见 "Work Week," *Wall Street Journal*, August 5,1997,p.A1。

81. 停领福利救济的群体将进入供大于求的劳动力市场。自 1979 年以来，16—35 岁的、具有高中及以下教育程度的女性的时薪发生了剧减。1979 年至 1993 年，26 岁以下的就业者的时薪降低了 15% 以上。高中辍学生的平均时薪低于 5 美元，高中毕业生的平均时薪低于 6.5 美元。26—35 岁的就业群体的时薪发生了以下变化：白人高中辍学生的时薪降低了 12%，为 6.74 美元；白人高中毕业生的时薪降低了 4%，为 8.67 美元；非洲裔辍学生的时薪降低了 19%，为 6.40 美元；非洲裔高中毕业生的时薪降低了 18%，为 7.58 美元；拉美裔女性辍学生的时薪降低了 14%，为 6.11 美元；拉美裔女性高中毕业生的时薪降低了 7%，为 8.31 美元。具有高中及以下教育程度的年轻女性的失业率在工资降幅最大的几个群体中（比如，26—35 岁的非洲裔辍学生的失业率从 1989 年的 22% 提高到了 1993 年的 27%）是最高的。总的来说，具有高中及以下教育程度的年轻男性的工资水平和就业情况均不如女性，尤其是自 1989 年以来。男性的工资一开始较高，但跌幅高于女性（1979 年至 1993 年，16—35 岁的、具有高中及以下教育程度的男性的时薪降低了 20% 以上；16—25 岁的白人辍学生的时薪从 1979 年的 7.53 美元降到了 1993 年 5.70 美元；16—25 岁的非洲裔辍学生的时薪从 1979 年的 7.10 美元降到了 1993 年的 5.21 美元；26—35 岁的非洲裔高中毕业生的时薪从 1979 年的 12.04 美元降到了 1993 年的 8.60 美元，降幅为 29%；工资均按 1993 年美元价值计算）。自 1989 年以来，具有高中及以下教育程度的男性的失业率出现了大幅增长（具有高中以下学历的非洲裔的失业率增长得最多；16—25 岁群体的失业率从 1989 年的 35% 增加到了 1993 年的 42%；26—35 岁群体的失业率从 1989 年的 14% 增加到了 1993 年的 24%）。参见 Jared Bernstein and Lawrence Mishel, *Trends in the Low-Wage Labor Market and Welfare Reform* (Economic Policy Institute,1995)。

82. 特别参见 Michael Hout, “Inequality at the Margins: The Effects of Welfare, the Minimum Wage, and Tax Credits on Low-wage Labor Markets” (Working Paper #111, Russell Sage Foundation, April 1997)。

83. 全国有 125 万名儿童获得了联邦政府的日托补贴。650 万名 13 岁以下的儿童属于福利救济受助家庭，许多母亲符合当地的福利工作项目要求，因此希望获得就业安置，进入已经不堪重负的劳动力市场。在纽约市，不论是穷忙族父母，还是参与工作福利劳动的群体，都迫切地寻找质量较高的日托中心，但日托中心里已经人满为患了。大约有 7.5 万名儿童获得了市政府的日托补贴（其中大约 2 万名儿童的父母参加了工作福利劳动），而这 7.5 万名儿童仅占所有符合收入规定的儿童的 14%（在纽约，30 万名 3—12 岁的儿童获得了公共援助）。纽约市一家知名的儿童保育组织——儿童保育公司指出，福利改革将导致更多的母亲进入就业市场，因此市政府今年应想办法为 35600 名新增的儿童提供日托服务。参见 Joe Sexton, “Day Care Center Fills as Working and Welfare

Parents Compete," *New York Times*, March 24, 1997, p. B1；Editorial Desk, "The Day Care Squeeze," *New York Times*,March 31,1997, p.A14。

84. 1989 年，大多数穷忙族父母（62% 的母亲，64% 的父亲）的时薪低于 5 美元，因此他们需要价格低廉的儿童保育服务。但是穷忙族获得儿童保育补助的概率在各收入层级中是最低的。37% 的无业贫民家庭和中等收入家庭能够直接获得儿童保育补助或税收优惠待遇，而穷忙族家庭中仅有 30% 能够获得。参见 Sandra L. Hofferth, "Caring for Children at the Poverty Line," *Children and Youth Services Review* 17, nos.1-2(1995),pp.61-90。

85. 安妮·E. 凯西基金会提到，穷忙族在儿童保育方面的问题比无业的贫民家庭更严峻："穷忙族的孩子获得的父母陪伴更少，缺少高质量的学前日托服务或其他合适的日托服务……父母无力负担儿童保育服务，导致孩子缺少陪伴的问题更加严重。" Annie E. Casey Foundation, Kids Count(1996)。

86. 按照 1996 年颁布的联邦福利法，各州使用联邦政府资金要受到严格的限制——现在称为"贫困家庭临时救助金"——5 年多来，为许多家庭提供援助。各州也可以实施短期的限制措施。此外，为了确保"贫困家庭临时救助金"发放给符合要求的群体，各州必须在 1997 年保证 25% 的受助者参加工作，在 2002 年保证 50% 的受助者参加工作（规定的特殊情况除外，孩子不满 1 岁的单身父母、符合条件的少数双亲家庭的工作参与率要求更高）。参见 Dan Bloom, *After AFDC, Welfare-to-Work Choices and Challenges for States* (Manpower Demonstration Research Corporation,1997)。

87. Joe Sexton, "Working and Welfare Parents Compete for Daycare Slots," *New York Times*, March 24,1997,p.A12.

88. 保罗·贾戈斯基（Paul Jargowsky）在其文章"Beyond the Street Corner: The Hidden Diversity of High-Poverty Neighborhoods"中对各种人口普查数据进行了审查，旨在说明"严重贫困的"城市社区比公众认知中的更加复杂。研究者通常把人口普查区定义为有 40% 的居民属于贫民的严重贫困地区。贾戈斯基指出，城市里的严重贫困地区的许多居民都属于低薪就业者——与非严重贫困地区的居民相比，他们的工作对技能的要求较低、工作时长较短且工资也较低。

贾戈斯基发现，不论是严重贫困地区还是其他的地区，工资在就业者总收入中的占比几乎是相同的。实际上，在城市里，严重贫困地区的大多数家庭都未获得政府的援助。

89. 目前，在纽约市立大学社区学院里，超过半数的学生的母语都不是英语。参见 Karen W. Arenson, "Untimely Degrees," *New York Times*, March 19,1997,p.B3。

90. 学费等开销增加了，学生的收入却减少了。由于政府拨款越来越有限，纽约市立大学里申请助学金的学生在近 7 年里从 9.8 万人增至 16.8 万人。学生总数约为 20.5 万人。参见 Arenson, "Untimely Degrees," p.B3。学生背负的债务日益增多，这已成为全国的一大趋势。自 1993 年以来，对于政府发放的助学贷款，申请要求更加严格了。肯尼迪政府学院教授托马斯・凯恩表示，由于学费上涨，而且贷款完全替代了政府拨款，所以大学生及其家庭在上学方面的支出也增加了。参见 Halimah Abdullah, "Credit Lures College Students Down Path to Onerous Debt," *New York Times*, August 24,1997,p.A20。

91. 该全日制学费适用于本州的学生。对于在纽约市立大学四年制学院就读的本州学生，全日制学费为每年 3200 美元。参见 Arenson, "Untimely Degrees," p.B3。1980 年至 1995 年，四年制和两年制学院的实际学费分别上涨了 91%、72%，在此期间，在读大学生的比例增加了 1/3。本州学费的大幅度上涨导致高收入年轻人与低收入年轻人的大学入学率出现较大的差距。各州政府每年拨付大约 440 亿美元的财政补助（其中 130 亿美元为联邦政府拨付），其中 90% 以上都用作助学金，旨在全面降低学费。政府专门为低收入年轻人发放的助学金减少了。比如，自 1980 年以来，联邦政府专门为低收入本科生发放的助学金"佩尔助学金"的实际最大值减少了 35%。参见 Thomas J. Kane, "College Costs, Borrowing Constraints and the Timing of College Entry" (NBER Working Paper no. 5146, 1995); Thomas J. Kane, "Beyond Tax Relief: Long-Term Challenges in Financing Higher Education," *National Tax Journal* 50, no.2 (June 1997),pp.335-49。

92. 按照免试入学政策，纽约市的高中毕业生只要平均分达到 70 分就可以进入纽约市立大学的两年制学院就读，平均分达到 80 分就可以进入纽约市立大学的四年制学院。最近出台了新的要求，比如，就读四年制学院的学生如需补习，则不允许继续就读。在免试入学政策实施之初，入学人数从大约 2 万人增至 3.5 万人；少数族裔学生的占比从 9% 提高到了 24%。如果没有这项政策，其中半数的学生都无法就读。对这项政策的批评也一直不断，反对者认为，需要补习的学生过多，会降低纽约市立大学的学术标准，导致教育质量不达标。参见 James Traub, *City on a Hill: Testing the American Dream at City College* (Addison-Wesley,1994)。早期的研究表明，免试入学生的辍学率是非常高的。据大卫·拉文（David E. Lavin）与大卫·海勒加德（David Hyllegard）撰写的 *Changing the Odds: Open Admissions and the Life Chances of the Disadvantaged*（Yale University Press，1997），最近一项研究表明很少有学生能在较短的时间内完成学业，但超过半数的受访学生最终都能获得学士学位，有的人甚至在入学 10 年后才获得学位。该项研究估计，20 世纪 80 年代，大学毕业生得益于免试入学政策，每年的总收入比以前多了 6700 万美元。参见 Karen W. Arenson, "Study Details CUNY Successes from Open-Admissions Policy," *New York Times*, May 7,1996,p.A1。

93. 1993 年，对于一对夫妻加上两个孩子的四口之家来说，贫困线标准为 14654 美元。假设妻子有一份最低工资的工作，每周工作 20 个小时，那么丈夫在缴纳社会保障税后，必须保证周薪达到 232 美元，才能与贫困线持平。在具有高中或同等学力的已婚父亲中，不到 3/4 的父亲的周薪能达到这个数额。1993 年，对于抚养两个孩子的单身母亲来说，贫困线标准为 11642 美元。这意味着单身母亲在缴纳社会保障税后，必须保证周薪达到 252 美元，才能与贫困线持平。在具有高中文凭或同等学力的单身母亲中，不到 30% 的母亲的周薪能达到这个数额。目前，对许多贫民家庭来说，如果得不到公共或个人援助，仅靠一份工作的收入是无法脱离贫困线的。参见 Blank, *It Takes a Nation*, table 2.1; Edin and Lein, *Making Ends Meet*。

94. 移民长期遭受着公众的不满。直到最近，许多经济学家才认可移民现象对于国家经济和公民的积极作用，认为移民对大部分地区的劳动力市场不会构成影响，包括大量移民的聚居区。参见 David Card, "The Impact of the Mariel Boatlift on the Miami Labor Market," *Industrial and Labor Relations Review*

43,no.2(1990),pp.245-57。然而，随着移民群体逐渐转变为技能水平低的就业者，一些经济学家认为移民不仅会导致补充保障收入等公共福利支出增加，而且会为本国技能水平低的就业者带来降薪的压力，从而在一定程度上导致20世纪80年代初期的收入不平等问题进一步加剧。1980年，在高中教育程度以下的就业者中，13%是移民；1990年，该比例升至近25%。参见George J. Borjas, "The Internationalization of the U.S. Labor Market and the Wage Structure," *Economic Policy Review* 1,no.1(January 1995),pp.3-8；George J. Borjas, Richard B. Freeman, and Lawrence F. Katz, "On the Labor Market Impacts of Immigration and Trade," in George J. Borjas and Richard B. Freeman, eds., *Immigration and the Work Force: Economic Consequences for the United States and Source Areas* (University of Chicago Press,1992),pp.213-44；George J. Borjas, "The New Economics of Immigration," Atlantic, November 1996,pp.72-80。

95. 1997年6月，国会批准通过了一项补充性拨款法案，规定各州有权向联邦政府购买食品券，为合法的移民提供食品援助。参见Stacey Dean, "States Now Have the Option to Purchase Food Stamps to Provide Food Assistance to Legal Immigrants" (Center on Budget and Policy Priorities, August 12,1997)。

96.《平衡预算法案》恢复了补充保障收入及其相关的医疗补助金，恢复了1996年8月22日前移民到美国的合法移民的申领资格，并延长了难民和政治避难者享受补充保障收入和医疗补助金的时间，从5年延长至7年。

97. 艾玛·拉撒路基金会是一家致力于帮助合法移民的慈善机构。其创始人乔治·索罗斯指出，合法移民占公共援助受众的6%。参见George Soros, "Legal Immigrants Deserve a Safety Net," *New York Times*, August 22,1997,p.A23。按照新的福利法，合法移民的补助被削减，贡献了40%以上的结余资金。目前，140万名移民已申请美国公民身份，平均等待时间为21个月。

98. 保守派认为，移民们把不"纳税"的长辈也带到美国，因此不应享受纳税人的贡献。此外，博亚斯（Borjas）等经济学家认为，技能水平低的移民的下一代也会是个问题，因为他们也逃不脱技能水平低的状况，最终会拉低劳动力的总体技能水平，虽然他们为企业和富人家庭提供了廉价的劳动，但他们并不像技能水平高的就业者一样纳税。参见 George Borjas, "The Welfare Magnate: For More and More Immigrants, America is Becoming Land of Welfare Opportunities," *National Review* 48，no.4(1996),pp.48-51。

第 3 章 内城区就业

1. "大北部法律项目"与"纽约市住房工程"都是倡导福利权的机构。它们根据帕塔基州长的施政报告以及纽约市社会服务部、劳工数据部的信息，开展了这项分析工作。其分析结果表明，纽约的失业人数为 570100 人，领取抚养未成年子女家庭援助或家庭救济（个案）的成年人有 618628 人，潜在的求职者总数达 120 万人。据劳工部预计，1996 年至 1999 年，每年将提供 242620 个工作岗位。在纽约州，潜在的就业供求差异接近 100 万。仅在纽约市就有 282100 名失业者，442120 名成年人接受公共援助。潜在的求职者人数与劳工部预计的纽约市的 90980 个工作岗位之间相差了 633420 个岗位，超过了全州总数的一半。参见 Greater Upstate Law Project Report, "New York State Employment: Job Seekers, Job Gap" (March 1996); Greater Upstate Law Project Report, "New York State Employment Job Gap, Updated" (June 1996)。
2. 1989 年至 1992 年，纽约市出现了严重的经济衰退，目前，经济发展正在稳步恢复。据城市管理与预算办公室预计，1995 年至 1999 年将净增 9.2 万个薪酬工作岗位。参见"Work to Be Done: Report of the Borough Presidents' Task Force on Education, Employment and Welfare" (August 1995)。
3. 贩毒似乎与女性的关系不大。犯罪通常是男性的专属，而且范围日益扩大。针对年轻人的多项调查表明，城市贫民区的许多年轻人都承认曾参与犯罪。理查德·弗里曼（Richard B. Freeman）在其论文 *Why Do So Many Young American Men Commit Crimes and What Might We Do About It?*（NBER Working Paper 5451,1996）中指出，由于 20 世纪八九十年代的就业市场不景气，近 20 年来，技能水平低的年轻人的犯罪活动增多。
4. 大多数六至八年级的打工学生出身于贫民家庭。参见 D. C. Gottfredson, "Youth

Employment, Crime and Schooling: A Longitudinal Study of a National Sample," *Developmental Psychology* 21,(1985),pp.419-32；以及 Catherine M. Yamoor and Jaylin T. Mortimer, "Age and Gender Differences in the Effects of Employment on Adolescent Achievement and Well-being," *Youth and Society* 22, no.2 (December 1990),pp.225-40。十几岁的青少年打工者也有可能出生于中产阶级家庭。

5. 学者们往往也关注青少年对消费品不断增长的需求，这是他们就业的主要动力。参见 Ellen Greenberger and L. Steinberg, *When Teenagers Work* (Basic Books，1986); Laurence Steinberg, *Beyond the Classroom* (Simon & Schuster,1996)。其部分原因在于，曾经以底层青少年为主的青少年劳动大军的构成情况发生了变化。参见 Joseph F. Kett, *Rites of Passage* (Basic Books,1977)。青少年劳动大军自 20 世纪 50 年代以来迅速壮大，如今也包括了许多中产阶级年轻人，他们把大部分收入都用于购买奢侈品了。比如，斯坦伯格研究发现，在受访的青少年就业者中，仅有 10% 把大部分或全部收入存起来，用于上大学。参见 Steinberg, *Beyond the Classroom*,p.167。他们把大部分收入都用于购买衣服、汽车、音响器材或参加社交活动。这种普遍存在的消费满足感会影响年轻就业群体的整体形象，认为他们工作只是为了物质享乐。

6. 凯瑟琳·埃丁在 4 个城市采访了 214 位领取抚养未成年子女家庭援助的母亲，从中发现，福利受助家庭仅靠政府补助是无法维持生计的，而且，抚养未成年子女家庭援助、食品券和补充保障收入合计占这些母亲的月均收入（刚够维持开销）的 63%。孩子、家人、朋友的资助虽然不多，但也占收入的 7%。参见 Kathryn Edin, "Single Mothers and Child Support: The Possibilities and Limits of Child Support Policy," *Children and Youth Services Review* 17, no.102(1995), pp.203-30。

7. 参见 Marta Tienda and Jennifer Glass, "Household Structure and Labor Force Participation of Black, Hispanic, and White Mothers," *Demography* 22, no.3(1985), pp.381-94。根据 1980 年 CPA 数据的统计分析，廷达与格拉斯发现，大家庭中的成年人的数量和构成情况能够影响他们的就业状况。在大家庭里，照顾孩子等家务可以由多人负责，从而缓解经济困境，提高每户里有收入的成员的占比。

8. 有关在布鲁克林日落公园居住的波多黎各裔家庭的情况，参见 Mercer Sullivan, “Getting Paid”：Youth, Crime, and Work in the Inner City(Cornell University Press,1989)。

9. 移民家庭的幼儿也会被送回“祖国”，由留在原籍国的亲戚抚养长大。参见 Patricia Pessar, “The Role of Households in International Migration and the Case of U.S.-Bound Migration from the Dominican Republic,” *International Migration Review* 16, no.2(1982),pp.342-34。

10. 有关移民居住和家庭协作（及紧张）关系的情况，参见 Sarah J. Mahler, *American Dreaming: Immigrant Life on the Margins* (Princeton University Press,1995)；Sherri Grasmuck and Patricia Pessar, *Between Two Islands: Dominican International Migration* (University of California Press,1991)；Lloyd H. Rogler and Rosemary Santana Cooney, *Puerto Rican Families in New York City: Intergenerational Processes* (Waterfront Press,1984)；Nina Glick Schiller, Linda Basch, and Cristina Szanton Blanc, eds., *Towards a Transnational Perspective on Migration: Race, Class, Ethnicity, and Nationalism Reconsidered* (New York Academy of Sciences,1992)；Alejandro Portes and Ruben G. Rumbaut, *Immigrant America: A Portrait* (University of California Press,1990)；Nancy Foner, ed., *New Immigrants in New York* (Columbia University Press,1987)；Leo R. Chavez, “Coresidence and Resistance: Strategies for Survival Among Undocumented Mexicans and Central Americans in the United States,” *Urban Anthropology* 19, nos.1-2(1990),pp.31-61。

11. 从全国范围来看，有孩子的未婚女性户主的就业率高于已婚女性。参见 Tienda and Glass, “Household Structure and Labor Force Participation of Black, Hispanic, and White Mothers,” p.391。

12. 这种就业动力并不少见。参见 Arlie Hochschild,*The Second Shift: Working Parents and the Revolution at Home* (Viking,1989),pp.128-41。

13. 自 1983 年以来，按照《职业培训伙伴关系法》（JTPA），联邦政府为弱势青年群体提供就业、培训方面的资助。其中最具成效的就是“职业团项目”（Job Corps），该项目持续一年，为年轻人提供住校教育培训，并安置工作。其主要对象为阅读能力达到六年级水平的18岁的男性高中辍学生，为他们提供为期7个月的培训。大部分结业者都能找到工作、参军或继续上学。因此，尽管近期出现一些不太积极的评价，但这个项目基本上是成功的。参见W. Norton Grubb, *Learning to Work: The Case for Reintegrating Job Training and Education* (Russell Sage Foundation,1996),pp.33-34。“职业团项目”的就业成效好于其他的《职业培训伙伴关系法》项目，因为其他的项目在结束后几乎没有帮助参与者成功就业。参见Howard S. Bloom et al., *The National JTPA Study: Title Ⅱ-A Impacts on Earnings and Employment at 18 Months* (Executive Summary) (U.S. Department of Labor,1992); Thomas Smith and Michelle Alberti Gambone, “Effectiveness of Federally Funded Employment Training Strategies for Youth,” in *Dilemmas in Youth Employment Programming: Findings from the Youth Research and Technical Assistance Project* (U.S. Department of Labor,1992)。然而，住校的模式导致“职业团项目”费用昂贵，每位学生需要花费15000美元以上，因此严重地影响了报名人数。参见Sar A. Levitan and Frank Gallo, *A Second Chance: Training for Jobs* (*W. E. Upjohn Institute for Employment Research*,1988)。因此，大多数符合入学条件的青少年都没有参加“职业团项目”或其他类似的长期培训项目。每年，全国有70万名年轻人参加“青少年暑期就业与培训项目”（SYETP），该项目已建立了25年之久，是规模最大的公共招聘机构，为青年提供低薪工作。1993年，克林顿政府希望对该项目进行扩展和提升，但遭到了国会的反对，其主要原因在于该项目提供的工作往往是“没有意义的”。的确，20世纪60年代的暑期是不平静的，该项目被公众视为“救险举措”，因为它能让青少年忙碌起来，远离街头暴动。自那时起，工作的质量、培训和评估方面都得到了提升。1996年夏季，联邦政府向纽约州拨款4300万美元，旨在增加3.8万个短期工作岗位。联邦政府向全国各地发放了6.25亿美元资金，推动该项目的实施，金额是上一年的75%。

目前，全国开展了许多的示范项目，通过课堂教学与实地培训，旨在提升青少年暑期项目。其中有不少项目已经提升了参与者的学习水平。然而，暑期项目工作的设置不够完善，参与者（其中1/3为14、15岁）的工资一般都是最低标准。许多人被安置到政府机构、学校、社区协会里做设备维护、文员等工作，同时参加补习课程。

在通过“青少年暑期就业与培训项目”获得暑期项目工作的年轻人中，有 2/3 觉得还不如不工作。“青少年暑期就业与培训项目”的效果评估暂无定论。虽然年轻人的软技能和职业知识得到了些许提升，但鲜有证据表明他们的就业情况好于未参加者。暑期工作的时间较短，无法证实其能够提升年轻人的就业能力或收入。《职业培训伙伴关系法》按规定向“青少年暑期就业与培训项目”提供资金，目前更赞成全年或依次开展集中培训，而不是仅提供暑期就业岗位。

14. 纽约市市长朱利亚尼强烈支持工作福利制，赞成以次最低工资模式取代工会。近年来，青少年暑期项目的资金遭到了削减。拉里在公园里做的工作将有可能纳入工作福利制岗位，从而导致进入劳动力市场的年轻人难以获得公共部门的初级岗位。

15. Janice Haaken and Joyce Korschgen, “Adolescents and Conceptions of Social Relations in the Workplace,” *Adolescence* 23(1988),pp.1-14。文中指出，来自较高阶层的青少年比底层青少年更了解雇主的工作要求。参见 James E. Rosenbaum, Takehiko Kariya, Rick Settersten, and Tony Maier, “Market and Network Theories of the Transition from High School to Work: Their Application to Industrialized Societies,” *Annual Review of Sociology* 16(1990),pp.263-99。

16. 通过员工的推荐进行招聘，这是服务业和餐饮业的普遍做法。罗杰·瓦尔丁格（Roger Waldinger）对洛杉矶郡城市和郊区的 33 家酒店、餐馆、快餐店进行了研究，并撰写了“Who Makes the Beds? Who Washes the Dishes? Black/Immigrant Competition Reassessed” (University of California Institute of Industrial Relations Working Paper 246, April 1993)。瓦尔丁格研究发现，所有的雇主在招聘初级岗位员工，尤其是后厨员工的时候，都以在职员工的推荐为主。

17. 参见 Mark Granovetter, *Getting a Job* (University of Chicago Press,1995)。格兰诺维特证实了人脉对于专业岗位、技术岗位、管理岗位的就业者具有重要的作用。而我的研究表明，内城区的低薪工作也存在同样的情况。这一点与默瑟·沙利文（Mercer Sullivan）对布鲁克林 3 个社区的犯罪和就业情况的研究结果是一致的。其中有 2 个社区存在犯罪高发、贫困严重的问题。他指出，在这 3 个社区里，青少年求职成功与否的决定因素是人脉，而不是文凭或工作经验。参见 Sullivan, *"Getting Paid": Youth, Crime, and Work in the Inner City*,p.103。少数族裔年轻人因缺乏有效的人脉而面临失业的困境。全国青年纵向调查（16—23岁）专家组于 1981 年、1982 年开展了统计分析，据此哈里·霍尔茨（Harry Holzer）撰写了"Informal Job Search and Black Youth Unemployment"。他提出，非洲裔年轻人通过亲朋好友介绍（而不是通过报纸招聘广告等官方渠道）求职的成功率低于白人，因为他们的人脉不如白人有优势。参见 James H. Johnson, Jr., Elisa Jayne Bienenstock,and Walter C. Farrell, Jr., "Bridging Social Networks and Female Labor Force Participation in a Multi-Ethnic Metropolis" (n.d.),pp.15-19 ; Nan Lin, "Social Resources and Instrumental Action," in Peter V. Marsden and Nan Lin, eds., *Social Structure and Network Analysis* (Sage Publications,1982)。

18. 专注于社交关系分析的学者会把威廉与其母亲之间的关系称为"强关系"，而她也有"弱关系"——与之关系不密切的、不长久的、交往不频繁的人。马克·格兰诺维特对近期跳槽的，从事专业岗、技术岗、管理岗的白人男性就业者进行了研究，并撰写了"The Strength of Weak Ties"。他指出，通过弱关系求职的人的工资更高。总的来说，弱关系比强关系更有利于求职，因为弱关系能够把求职者与社会联系起来，获知新工作、好工作的信息，而强关系提供的信息大多是无用的。但是，这一点是否适用于贫困地区，尚不明确。格兰诺维特在其著作 *Getting a Job* 中指出，如果人脉对招聘信息一无所知，那么不论是强关系还是弱关系，都是无用的。对于初级岗位的求职者来说，在缺乏招聘信息的情况下，熟人的能力不如人脉的规模和丰富性重要。人脉的社会地位和社交活动的丰富性能够帮助求职者获得有用的招聘信息。参见 M. Patricia Fernandez Kelly, "Social and Cultural Capital in the Urban Ghetto: Implications for the Economic Sociology of Immigration," in Alejandro Portes, ed., *The Economic Sociology of Immigration* (Russell Sage Foundation,1995)。

19. 经理们明白，在职员工会对自己推荐入职的新员工负起责任。参见 Waldinger,

"Who Makes the Beds? Who Washes the Dishes? Black/Immigrant Competition Reassessed," p.6。

20. 卡罗尔·斯塔克（Carol Stack）在其著作 *All Our Kin* 中对同样的分歧进行了探讨。互相帮助听起来不错，也能起到积极的作用。不论是向别人借钱还是借给别人钱，人们都很难摆脱社交关系。与人保持距离是有风险的。
21. 比如，雇主几乎从不以年级和考试分数作为衡量应聘者的标准。

第 4 章　起码还在工作

1. 就业群体以外还有一片阴影地带，把求职者与已认命的无业者区分开来，无业者遭受了严重的诋毁。对工作毫无兴趣的人会被排除在道德价值区以外。
2. 在弗雷德里克·泰勒（Frederick Taylor）的科学管理观的影响下，公司普遍采取高效的、降低技能要求的、程序化的工作模式，员工的决策参与权被取消，转由少数经理控制。所有员工的工作表现都会受到监督和评价，他们重复地做着定量的、内容明确的工作，确保产品品质均一。针对这种做法给制造业、文员岗位的员工带来的负面影响，社会批评家多有著述。而快餐业等服务业就业者却要以特定的方式直接面对顾客，即使顾客有错，也要积极地提供服务。前台员工必须以热情的态度示人，不论是否出于真心，都要保持微笑。他们不仅要遵守工作程序，还要注意工作举止和个人表现。企业员工很少能完全遵守这些规定；实际上，员工几乎总是以各种方式逃避要求。优秀的业务经理明白，为了向顾客提供得体的服务，必须对员工的仪表、态度、举止进行管理，这就要求员工在日常工作中不能流露出自我态度和个人想法。罗宾·利德纳（Robin Leidner）在其著作 *Fast Food, Fast Talk: Service Work and the Routinization of Everyday Life*（University of California Press,1990）中对麦当劳店的经理、员工、顾客之间的磋商及其对于职场角色、战略和身份的作用进行了深入的研究。阿莉·霍赫希尔德（Arlie Hochschild）在其著作 *The Managed Heart: Commercialization of Human Feeling*（University of California Press, 1983）中通过对空乘人员和收费员群体进行分析，探讨了"情绪"劳动的本质。空乘人员和收费员都需要在工作中通过深层表现来扭转（处于对立面的）顾客的立场。

3. Leidner, *Fast Food, Fast Talk*.

4. 在劳动力市场严重供不应求的地区——包括20世纪90年代末期中西部的大部分地区——这些工作岗位的工资超过了最低工资标准。

5. 20世纪70年代，内城区的贫困问题尤为严重，其原因就是失业问题加剧和工资降低，这些问题一直持续到现在。除此之外，还有住房和教育政策的原因，以及许多相互依存的经济原因：高薪行业更加青睐教育程度高的就业者；产业结构的大规模调整对东北部、中西部城区带来负面的影响；就业郊区化的程度日益提高，导致就业岗位从市中心转移到了城市边缘地带。参见 William Julius Wilson, *When Work Disappears* (Knopf,1996)。美国内城区的就业基础十分薄弱，导致劳动力市场疲软。只有当贫民区以外的劳动力数量降到足够低的时候，内城区的就业市场才能出现起色。雇主将不得不聘用以前看不上的就业者，重现20世纪80年代的马萨诸塞奇迹。参见 Richard B. Freeman, "Employment and Earnings of Disadvantaged Young Men in a Labor Shortage Economy," and Paul Osterman, "Gains from Growth? The Impact of Full Employment on Poverty in Boston," both in Christopher Jencks and Paul E. Peterson, eds.,*The Urban Underclass* (Brookings Institution,1991)。这些分析结果不仅说明供不应求的劳动力市场能够提升内城区的就业机会，而且说明内城区居民是可以充分抓住这些就业机会的。可惜的是，这样的局面是罕见的、短暂的。这也是提高最低工资标准的众多原因之一。从理论上来说，大幅提高最低工资标准能够促进就业，尤其是年轻人的就业。20世纪30年代末期，政府开始制定最低工资标准，其原因之一就是缓解年轻人在就业方面的激烈竞争。参见 Paul Osterman, *Getting Started* (MIT Press,1980)。奥斯特曼对20世纪70年代的年轻人劳动力市场进行了研究，并认为，尽管最低工资的制定给年轻人的就业带来了些许负面的影响，但并不是年轻人失业问题的主要源头。我们难以得知，快餐店等零售企业在利润已经非常微薄的情况下该如何进一步削减一线员工的数量。此外，仅有15%的最低工资就业者属于青少年；39%是家里唯一有收入的成员。参见 1994 data, U.S. Department of Labor, "Making Work Pay: The Case for Raising the Minimum Wage" (press release, October 2,1995)。20 世纪 80 年代，最低工资的实际价值出现了剧减（其价值降得太低，各州不得不针对最低工资进行立法，保证其高于联邦政府的标准）；这就是导致美国收入链底层的群体，尤其是女性群体的工资不平等问题日益加剧的主要因素。参见 John DiNardo, Nicole M. Fortin, and Thomas Lemieux, "Labor Market Institutions and the Distribution of Wages, 1973-1992: A Semiparametric Approach," *Econometrica* 64，no.5 (September 1996),pp.1001-44。约翰·迪纳尔多（John DiNardo）与托马斯·勒米厄（Thomas Lemieux）在其著作"Diverging Male Wage Inequality in the United States and Canada 1981-1988: Do Institutions Explain the Difference?"中指出，在美国和加拿大，工会的存在和最低工资标准的变化造成了男性就业者的工资出现 2/3 的差距。最低工资标准的最近一次大幅提高（1997 年 9 月达到 5.15 美元）使其购买力得到了提升，但仍比 1979 年的最低工资标准低 14%。最低工资标准的提高能否帮助那些苦于留住优秀员工、平衡高额工资成本的企业降低员工流动率、提高生产率，我们拭目以待。参见 Chris Tilly, *Half a Job: Bad and Good Part-Time Jobs in a Changing Labor Market* (Tempe University Press,1996),p.181。大卫·卡德（David Card）与艾伦·克鲁格（Alan B. Krueger）对 1989 年至 1992 年各州和联邦政府屡次大幅增加最低工资标准的成效进行了研究，并撰写了 *Myth and Measurement: The New Economics of the Minimum Wage*（Princeton University Press，1995）。他们发现，与经济学的标准模式相反，最近的最低工资标准的提高并未降低就业率，有的甚至产生了些许积极的影响。卡德与克鲁格开展了多项实证研究，其中一项与快餐业的就业情况在 1992 年新泽西州提高最低工资标准前后的变化有关。他们对新泽西州及其东邻宾夕法尼亚州的 400 多家餐馆在最低工资标准提高前和提高后的就业情况进行了调查，结果发现，新泽西州的就业情况并未因工资标准的提高而受到负面的影响，反而有所发展。实际上，在新泽西州，那些按照法律规定不得不提高工资的企业的就业增长率高于工资本已高于最低工资标准的企业。卡德与克鲁格指出，最低工资政策并不是以贫民为直接的受益对象（来自非贫民家庭的就业者也在做最低工资的工作），但是挣着最低工资或略高于最低工资标准的就业者大部分都来自收入链底层的家庭。“挣着最低工资的就业者主要是女性（57.9%）、全职就业者（47.2%）及每周工作时长为20—35小时的就业者（33.3%），包括黑人（15%）和拉美裔（13.8%），主要集中于低薪零售业（44.3%）。”参见Lawrence Mishel, Jared Bernstein, and Edith Rasell, “Who Wins with a Higher Minimum Wage” (Economic Policy Institute Briefing Paper,1995）,p.1。

6. 未被聘用的哈莱姆居民持有这种价值观，在一定程度上说明这种想法早已存在——但是他们已经积累了工作经验，因此加剧了这种批评观点。

7. 学者们和批评者们承认，公共事业振兴署作为救助机构，存在许多问题，并未发挥出应有的作用，但他们强调，工作挣钱比直接接受救济具有更大的心理优势。参见E. Wight Bakke, *The Unemployed Worker: A Study of the Task of Making a Living Without a Job* (Yale University Press,1940)。关于罗斯福新政期间公共事业振兴署及其他工作救济项目的发展历程和分析，参见Michael B. Katz, *In the Shadow of the Poorhouse: A Social History of Welfare in America* (Basic Books,1986)；Nancy E. Rose, *Put to Work: Relief Programs in the Great Depression* (Monthly Review Press,1994)。政治作家米基·考斯（Mickey Kaus）针对福利制度的污名及社会对类似公共事业振兴署这类就业项目的需求多有著述。参见Mickey Kaus, *The End of Equality* (Basic Books,1992)。

8. 对有病人的家庭来说，医疗补助项目往往为抚养未成年子女家庭援助的受助者及其孩子提供免费就医、住院及部分处方药，该项目的价值往往超过福利救济金的价值。参见Kathryn Edin and Laura Lein, *Making Ends Meet: How Single Mothers Survive Welfare and Low-Wage Work* (Russell Sage Foundation,1997),p.35；Christopher Jencks and Kathryn Edin, “Do Poor Women Have the Right to Bear Children?” *American Prospect* 20 (Winter 1995),pp.43-52。从全国范围来看，在领取现金补助的母亲中，9/10还领取了食品券，约有1/10住在公共住房里，1/10用领取的补贴租住在私人住宅里，租金为现金收入的30%。参见Committee on Ways and Means, U.S. House of Representatives, *Overview of Entitlement Programs (Green Book)* (U.S. Government Printing Office,1995), table 10-27。

9. 埃丁与莱恩在其著作 *Making Ends Meet* 中记录了这种困境。他们对 4 个城市（芝加哥、波士顿、圣安东尼奥以及南卡罗来纳州的查尔斯顿）的 379 名低收入单身母亲进行了采访，其中半数领取着福利救济金。两位学者问她们，觉得自己必须挣够多少钱，才能摆脱福利救济，靠工作维持生计。答案各不相同，因为每个人要抚养的孩子数量不一样，家人的健康状况和病史也不相同。大约 70% 的受访母亲预计自己需要挣到时薪 8—10 美元才行（但是，放弃福利救济去工作的单身母亲的实际工资比这个数额低得多）。放弃福利救济、参加工作意味着额外的医疗开销（很少有提供低薪工作的雇主为员工提供医疗保险，即使雇主提供，员工的自付额和共付额也是一笔额外的开销）、因上班通勤及往返日托中心而产生的额外的交通费（从郊区通勤上班既浪费时间，又不方便——购买一辆二手车是许多单身母亲的愿望）、更高的住房费用（随着收入增加，补贴性住房的成本也会增加）以及服装支出（取决于工作性质）。埃丁与莱恩根据全国的调查数据来估算相关的费用，并从中发现，参加工作对单身母亲来说意味着一笔巨大的开销——在职的单身母亲每年在医疗、交通、儿童保育、服装方面的支出比领取福利救济的单身母亲多 2800 美元。两位学者还计算了调查样本中的母亲若放弃福利救济去参加工作，需要挣多少工资才能维持同样的生活水平。计算结果与这些母亲自己的预计基本上是一致的：每小时 8—9 美元。但是调查样本中的母亲明白，以自己的技能水平，是不可能找到时薪达 9 美元的工作的。凯瑟琳·马伦·哈里斯（Kathleen Mullan Harris）在其文章“Life After Welfare: Women, Work and Repeat Dependency”中指出，在 20 世纪 80 年代，放弃福利、参加工作的女性的平均时薪按 1991 年的美元价值计算为 6.11 美元。只有技能水平最高的女性才能挣到这么多工资。20 世纪 80 年代，与领取福利救济的单身母亲同等条件的、全年都工作的全职就业者的时薪按 1991 年的美元价值计算才 5.15 美元。参见 Charles Michalopoulos and Irwin Garfinkel, “Reducing Welfare Dependence and Poverty of Single Mothers by Means of Earnings and Child Support: Wishful Thinking and Realistic Possibilities” (Discussion Paper 882-89,Institute for Research on Poverty, University of Wisconsin-Madison,1989)。领取福利救济的单身母亲明白，放弃福利救济、从事低薪工作会令她们的生活更加拮据，但实际情况是，大部分人领取福利救济的时间并不长，这说明她们更愿意工作。埃丁与莱恩从从事低薪工作的单身母亲样本中发现，她们的情况都比较特殊，所以生活成本能够降低，比如孩子已满入学年龄，能够按时得到足额的子女抚养费，得益于社交关系和亲戚的帮助而节省了许多房租、儿童保育费和交通费，自己及其孩子均有全面的医疗保险。其中大部分母亲都曾领取过抚养未成年子女家庭援助。据报道，她们能从工作中获得更多的自尊，并且认为福利救济是不体面的、万不得已的选择，但是，一旦发生危机，这些母亲往往会退出职场，重新靠福利救济生活。全国的数据显示，2/3 的福利救济受助者曾经放弃福利去工作过一段时间，但又在 6 年内离开职场、继续领取救济。参见 Kathleen Mullan Harris and Kathryn Edin, "From Welfare to Work and Back Again" (paper presented at the New School for Social Research conference "After AFDC: Reshaping the Anti-Poverty Agenda," November 16,1996), cited in Edin and Lein, *Making Ends Meet*,p.140。参见 Edin and Lein, *Making Ends Meet*,pp.83-142。

10. 单亲家庭的成员人数，尤其是单身母亲独自抚养青少年的家庭，往往被夸大了。在女性当户主的家庭里，孩子的平均人数不到 2 人。实际上，在领取抚养未成年子女家庭援助的家庭里，近半数只有一个孩子。来自单亲家庭的孩子的比例与日俱增（从 1965 年的 8% 增至 1992 年的 22%），主要是非婚生子导致的。参见 Gary D. Sandefur and Tom Wells, "Trends in AFDC Participation Rates: The Implications for Welfare Reform" (Institute for Research on Poverty Discussion Paper 1116-96, 1996)；June M. Axinn and Amy E. Hirsch, "Welfare and the 'Reform' of Women," *Families in Society* 74, no.9 (November 1993), pp.563-72；Donald J. Hernandez, *America's Children: Resources from Family, Government, and the Economy* (Russell Sage Foundation,1993)。"少女怀孕"——常常与青少年伤风败俗、所谓的"黑人放荡行为"、贫民区贫困问题联系起来——成为 20 世纪 80 年代初的社会弊病的代名词。但是鲜有人注意到，与 20 世纪 50 年代相比，少女怀孕率已有所降低，未婚黑人女性的生育率也已降低，单身白人女性的生育率略有上升。参见 Rebecca M. Blank, *It Takes a Nation: A New Agenda for Fighting*

Poverty (Russell Sage Foundation,1997),p.35。黑人女性的非婚生育比例较高，但是"1980年至1992年，全国的非婚生育率增长了54%，白人女性的非婚生育率增长了94%，而黑人女性仅增长了9%"。参见 William Julius Wilson, *When Work Disappears: The World of the New Urban Poor*, p.87。关于全国对少女怀孕问题的最新探讨及其在社会史中的作用，参见 Kristen Luker, *Dubious Conceptions: The Politics of Teenage Pregnancy* (Harvard University Press,1996)。问题的关键不在于出生率的差异，而是年轻人越来越不想结婚了。在内城区，失业问题是造成年轻人结婚率下降的一个重要的原因。年轻人的不婚现象也波及了收入水平。由于女性，尤其是教育程度高的女性在职场中的地位得到了提升，男性，尤其是技能水平低的男性的工资水平出现了下降，而且社会对于未婚母亲的负面看法逐渐削减，所以已婚母亲的比例逐渐下降。保守派认为，福利补助会导致未婚生育率增高，但尚无充分的科学证据。白人女性群体略微表现出了正相关性，而黑人女性群体几乎未表现出相关性。实际上，与其他工业国家相比，美国单身女性得到的援助是比较少的，但单身母亲的比例和少女怀孕率是相对较高的。美国青少年的非婚生育率自1975年以来几乎翻了一番，但同期的抚养未成年子女家庭援助、食品券和医疗补助的实际价值均有所下降。在领取福利救济的年轻母亲中，抚养幼儿或3个以上孩子的母亲依靠福利救济的时间相对较长。同样，教育程度不高、缺乏近期的工作经验的年轻母亲领取抚养未成年子女家庭援助的时间也高于平均值。一旦找到了工作，超过半数的福利救济受助者都会停领救济，但是有40%的女性会在一年内辞掉工作，再次领取抚养未成年子女家庭援助，其中的原因有很多方面——工资太低、工作条件恶劣、缺乏流动的潜力、技能欠缺、裁员与聘用终止、儿童保育与医疗问题、家庭暴力、住房不稳定。大部分原因都与她们在劳动力市场中的卑微地位有关。教育程度、技能水平、育儿牵绊能够影响女性找到稳定的工作、摆脱福利救济以及结婚成家。

11. 值得注意的是，少女母亲大多来自低收入家庭，在条件恶劣的学校里就读，她们的不幸遭遇至少与她们的贫穷和年龄有关。越来越多的证据表明，少女母亲在就业、工资待遇方面并不比同样出身的单身母亲差。参见 Blank,*It*

Takes a Nation,p.38。阿琳·热罗尼米（Arline Geronimus）与桑德斯·科伦曼（Sanders Korenman）对住在同一个社区的几对姐妹进行了调查，一方在十几岁就生了孩子，另一方在20岁之后才生育。调查结果显示，十几岁就生孩子的一方的收入仅略低于另一方（双方的收入都很低）。实际上，少女母亲的辍学概率略高于生育较晚的姐妹，并且从总体上来说，她们的生活境况并不比晚生育的女性差。参见 Arline Geronimus and Sanders Korenman, "The Socioeconomic Consequences of Teen Childbearing Reconsidered," *Quarterly Journal of Economics* 107(1992),pp.1187-1214；Arline Geronimus and Sanders Korenman, "The Socioeconomic Costs of Teenage Childbearing: Evidence and Interpretation," *Demography* 30，no.2(1993),pp.281-96；Arline T. Geronimus, Sanders Korenman, and Marianne M. Hillemeier, "Does Young Maternal Age Adversely Affect Child Development? Evidence from Cousin Comparisons in the United States," *Population and Development Review* 20，no.3(September 1994),pp.585-611；Saul D. Hoffman, E. Michael Foster, and Frank F. Furstenberg, Jr., "Reevaluating the Costs of Teenage Childbearing," *Demography* 30，no.1(1993),pp.1-13。与同样出身的非少女母亲相比，20岁出头的少女母亲较少工作，主要依赖公共援助，而到了快30岁的时候，工作较多，对公共援助的依赖较少。参见 Blank, "What Are the Causes Behind Declining Marriage Rates and Rising Numbers of Single Mothers?" p.35；V. Joseph Hotz, Susan Williams McElroy, and Seth G. Sanders, "The Costs and Consequences of Teenage Childbearing for Mothers" (Working Paper 95-1,Irving B. Harris Graduate School of Public Policy,1995)。

12. 在黑人家庭里，祖母往往承担着"亲属保姆"的角色，尤其是孙辈的保姆。这个角色颇有威望，兼具道德权威感和困顿生活的无奈感。祖母的作用在黑人家庭里尤为重要，并随着家人的向上流动而逐渐削弱。参见 Elijah Anderson, "The Black Inner City Grandmother: Transition of a Heroic Type?" in Thomas R. Swartz and Kathleen Maas Weigert, eds.,*America's Working Poor* (University of Notre Dame Press,1995),pp.9-43。安德森对内城区的祖母及其子女以及居民进行了采访，从中发现，内城区的经济、社会变革，尤其是街头文化的扩张、强效可卡因的泛滥，导致了肩负保姆责任的、不到40岁的女性逐渐失去了家庭权威，承受着与日俱增的压力。

13. 新出台的福利法对合法移民享受医疗补助、食品券、现金补助和补充保障收入的资格条件做了很大的调整。在1996年8月22日以前领取了补充保障收入的老年合法移民和残障的合法移民可以继续领取，并由社会保障总署根据新的福利法来决定他们能否继续享有领取资格，但大部分人都将失去该资格。在1996年8月22日以后入境美国的合法移民只有成为美国公民后才能领取补充保障收入。但现役军人、退伍军人及其配偶和未成年子女，为了躲避压迫而入境美国不满5年的某些移民，在美国境内具有丰富工作经历的某些合法移民及其部分配偶和子女均属于例外。参见 David Super, “Legal Immigrants’ Eligibility for Welfare, Medicaid, SSI, and Food Stamps Under the New Welfare Law” (Special Report Series, Center on Budget and Policy Priorities, January 21,1997)。据社会保障总署预计，上述调整将使50万名合法移民不能再领取补充保障收入，在1988年财年节省20亿美元以上的支出。参见“Proposals in the President’s FY 1988 Budget Affecting Supplemental Security Income [SSI] Eligibility Rules for Certain Legal Immigrants” (Fact Sheet, Social Security Administration, February 1997)。

14. 埃丁与莱恩的研究表明，现金救助和食品券为依赖福利救济的母亲提供了3/5的生活开销，而工资能为在职的单身母亲提供63%的生活开销。关于这两个单身母亲群体如何通过社会关系、家人、朋友、男朋友和缺失的父亲提供的资助、额外的工作以及私人慈善机构来解决收支差异，参见 Edin and Lein, *Making Ends Meet*,pp.147-91。

15. 然而，职场母亲受到的文化要求是充满矛盾的。1997年秋天，马萨诸塞州发生了轰动一时的“互惠生谋杀案”，一个年轻的外国保姆在担任兼职眼科医生的女主人外出上班期间谋杀了她的婴儿，由此引发了社会对于职场母亲的抨击。该案件反映出职场父母的两难境地——他们既要工作，又要照顾孩子。更多详情，参见 ch.4, “The Problem of the Moral Mother,” in Katherine Newman, *Declining Fortunes: The Withering of the American Dream* (Basic Books,1993)。

16. 工作的文化意义日益增加，对时间紧迫的父母和孩子的生活与期待产生了重要的影响。参见 Arlie Russell Hochschild, *The Time Bind: When Work Becomes Home and Home Becomes Work* (Metropolitan Books,1997)。

第 5 章　低薪群体的教育与技能

1. 关于文献述评，参见 Bassem N. Kablaoui and Albert J. Pautler, Jr., "The Effects of Part-Time Work Experience on High School Students," in Albert J.Pautler, Jr., ed., High School to Employment Transition: Contemporary Issues (Prakken Publications,1994)。几项研究表明，少量的工作经历不会影响升学，反而能促进学业的完成。参见 Ronald D' Amico and Paula Baker, "The Nature and Consequences of High School Employment," in Paula Baker et al., eds., *Pathways to the Future: A Report on the National Longitudinal Surveys of Youth Labor Market Experience in 1982*,vol.4 (Ohio State University, Center for Human Resource Research,1984)。实际上，人们达成了某种程度的共识，即在青少年时期就工作的人以后会挣到更高的工资。然而，大部分研究指出，不论工作能为学生带来什么好处 (比如加强了自力更生的能力，养成了负责任的工作习惯)，如果每周的工作时间超过 15 或 20 小时，就会导致学生学业退步、缺课。
2. 父母对大学的重视是有道理的。如果不上大学，学生的前途就将是暗淡的。Bureau of Labor Statistics,Ronald E. Kutscher, "Projections 2000: Overview and Implications of the Projections to 2000," *Monthly Labor Review*, September 1987,pp.3-9 中预计，职场对具备些许大学知识的就业者的需求将不断增加，而对仅有高中文凭的就业者的需求将有所减少——工作将不再是铁饭碗。前景广阔的稳定工作在逐渐减少，而缺少就业保障的、兼职的、临时的、合同聘任制的工作在逐渐增加。参见 Eileen Appelbaum, "Structural Change and the Growth of Part-Time and Temporary Employment," in Virginia L. du Rivage, ed., *New Policies for the Part-Time and Contingent Workforce* (M. E. Sharpe,1992)；Arne L. Kalleberg and Kathryn Schmidt, "Contingent Employment in Organizations," in Arne L. Kalleberg, David Knoke, Peter V. Marsden,and Joe L. Spaeth, eds., *Organizations in America*

(Sage Publications,1996)。在近期有关劳动力市场的研究中，缺少文凭的年轻就业者被视为囿于短期工作岗位的群体。参见 Paul Osterman, "The Job Market for Adolescents," in David Stern and Dorothy Eichorn, eds., *Adolescence and Work*(Lawrence Erlbaum 1989)。美国并未针对不打算上大学的学生制定明确的政策。参见 Richard H. de Lone, "School-to-Work Transition: Failings, Dilemmas and Policy Options," in Dilemmas in Youth Employment Programming: Findings from the Youth Research and Technical Assistance Project(U.S. Department of Labor, Research and Evaluation Report Series 92-C, vol.1,1992),pp.223-91。比如，《职业培训伙伴关系法》提供的资金旨在帮助弱势青年提升能力、找到工作，其规模是非常有限的，仅能覆盖 5% 的符合条件的年轻人。参见国家就业政策委员会发布的《职业培训伙伴关系法（1987）》（JTPA）。根据 National Center on Education and the Economy, *America's Choice: High skills or Low Wages* (Commission on the Skills of the American Workforce,1990)，在所有发达国家中，美国的"学校—就业"过渡机制是最糟糕的。近年来，不打算上大学的年轻人的技能水平和就业能力得到了社会的关注，因为这不仅是社会问题，也给国家在全球经济发展中的竞争力带来了风险，尤其是私营业。参见 National Commission on Excellence in Education, *A Nation at Risk* (1983)。解决该问题的建议措施包括增加企业在劳动力培训方面的投资，并仿效欧洲的经验，制定全国初级岗位就业者培训制度。1994 年，国会批准通过了《学校—就业机会法》。该法案通过把工作经验与正规教育相结合，提升全国就业者的技能和生产力，推动年轻人的职业发展。各州和地方政府已经启动了相关的项目，通过教育者与雇主之间的合作，统筹协调高中生学习和就业，其中一些项目早在该法案确立前就已经启动了。参见 U.S. Congress, Office of Technology Assessment, *Learning to Work: Making the Transition from School to Work*,OTA-HER-637(Government Printing Office,1995)；Edward Pauly, Hilary Kopp, and Joshua Haimson, *Home-Grown Lessons: Innovative Programs Linking Work and High School* (Manpower Demonstration Research Corporation,1994)；David Stern et al., *School to Work: Research on Programs in the United States*, Stanford Series on Education and Public Policy,no.17(Falmer Press,1995)。

3. 美国劳动力市场的收入分配链在20世纪40年代至60年代是非常稳定的；到了70年代，收入差异逐渐扩大，不再稳定；80年代，这一差异日益拉大，为技能水平低的就业者带来毁灭性的打击。1979年，在工作经验不足10年的男性就业者中，具有大学学历的就业者比具有高中文凭的群体高23%；1989年，具有大学学历的就业者比具有高中文凭的群体高43%。工作经验不足10年的女性就业者也存在同样的情况：1979年，具有大学学历的女性就业者的收入比具有高中文凭的群体高32%，1989年高54%。具有很多年工作经验的就业者群体也有类似的情况。供求关系在一定程度上促进了大学毕业生的收入增加。20世纪80年代，就业市场对大学生的需求增加了，但具有大学学历的就业者的人数却增长缓慢。在过去，北方城市对就业者的教育程度要求较低，现在却发生了巨大的变化。以纽约市为例，1980年至1990年，高中以下学历的就业者的数量降低了26%，而具有大学学历的就业者的数量增加了54%。这意味着在教育水平要求低的行业里减少了13.5万个工作岗位，而对大学文凭有一定要求的行业增加了3万个工作岗位。参见John D. Kasarda, "Industrial Restructuring and the Changing Location of Jobs," in Reynolds Farley, ed., State of the Union: America in the 1990s,vol.1, *Economic Trends* (Russell Sage Foundation,1995),pp.215-67。截至1990年，收入低于四口之家的贫困线标准（12195美元）的、全年都有工作的全职就业者的数量超过了1400万人，占就业者总数的18%。参见U.S.Bureau of the Census, "Workers with Low Earnings:1963 to 1990," *Current Population Reports* P-60，no.178(Government Printing Office,1992)。

4. 参见Amy Saltzman, "Mom, Dad, I Want a Job," U.S. News and World Report 114，no.19(May 17,1993),p.68。根据Laurence Steinberg, *Beyond the Classroom: Why School Reform Has Failed and What Parents Need to Do*, (Simon & Schuster, 1996),pp.164-69，长时间工作的学生与短时间工作或不工作的学生相比，学习成绩较差，对学习不够重视。斯坦伯格指出，打工的学生无法对学习投入足够的精力，长此以往会削弱对教育的重视度。他还指出，挣钱的兴奋感会让学生们陷入不切实际的空想，对教育更加不重视——加班加点工作的学生的

辍学概率高于不工作或者工作时间短的学生。埃伦·格林伯格与劳伦斯·斯坦伯格最先针对年轻人就业的负面影响问题撰写了 *When Teenagers Work: The Psychological and Social Costs of Adolescent Employment*(Basic Books,1986), 对 20 世纪 80 年代初期的大量调查研究结果进行了探讨。社会学家提醒，每周工作时间长达 10、15、20 小时的高中生更易沾染吸毒、酗酒的恶习，违反校规，做出反社会行为。研究者认为，由于青少年的工作往往充满压力，内容枯燥，会导致他们行为偏常、愤世嫉俗、疏于学业、不受父母的管教。最近，关于年轻人就业影响的报道开始关注学生及其工作的特点、因果关系，以及学生的工作量。学者们提到以每周工作 20 小时为界线，超出这个时限，学生的学习就会出现明显的退步。据报道，长时间工作的学生对学习、深造的兴趣都有所降低。

5. 在哈莱姆等地，找到一份课外兼职工作是非常困难的。就业市场不景气，学生们缺乏人脉，而且在雇主看来，他们和众多的弱势青年一样，缺乏工作技能。全国的调查研究一致认为，白人学生的就业概率高于黑人和拉美裔学生。中等收入的学生，尤其是父母一方从事专业性工作的学生，比低收入学生的就业概率更高。黑人男性的求职难度最大，黑人男学生的就业率最低，这个问题会导致严重的后果。有研究表明，缺乏工作经验是造成高中毕业 5 年后的年轻黑人男性比年轻白人男性的工资低的原因之一。
6. 尽管研究结果存在分歧，但有部分研究表明，适度的兼职工作与考试分数等学习成绩之间存在微弱的正关联。
7. 保守派学者认为，他们的“文化特征”是缺乏的，主要原因就是对福利救济的依赖。自由派学者也对文化进行了探讨，但认为文化是面对结构性约束和机会而做出的即时的、动态的反应。以利亚·安德森（Elijah Anderson）在 *Streetwise* 中指出，非法的毒品经济对年轻男性的吸引力日渐增大，这些年轻人认为，留守在社区里的老年居民劝他们找一份体面的工作的传统想法是毫无意义的，最多能在人脉的引荐下找到一份卑微的、毫无前途的服务类工作。威廉·朱利叶斯·威尔逊在其著作 *The Truly Disadvantaged* 中指出，在严重贫困的城区里，不仅失业问题愈加严重，而且存在许多其他的问题，导致这里的年轻人远离主流职场，学校和就业对于他们的意义也和主流群体不一样。在严重贫困的城区里，年轻人的辍学风险是最高的。辍学生通常并不是学校里表现最差的学生。他们主动放弃了教育之路，做出了更有吸引力的消费主义选择。城区的学校里人满为患，用于学生的专项补助款金额仅为郊区学校的一半。没人能阐释教育程度低的长期影响，只有在就业市场上经历失败之后才能切身体会到教育的意义。对于未辍学的年轻人来说，上学往往令他们感到失望。一项对于一家内城区芝加哥学校的研究表明，许多高中四年级学生的职业目标都是可以实现的，只要他们能获得足够的信息、指导和资源，完全可以顺利地进入职场。据报道，学校的辅导老师因没有时间、教材而未能向学生提供有效的就业指导和培训。众所周知，职业指导对于弱势青年来说是非常重要的，因为他们接触不到、也不了解就业市场，但是职业指导工作最不受学校老师的重视。对威尔逊来说，城市失业问题的可行性解决方法是改革学习和就业机制，而不是关注因缺乏教育和就业机会而自暴自弃的行为。

8. 1990 年的人口普查数据显示，在哈莱姆中区年满 25 岁的居民中，56% 都具有高中文凭。

9. 哈莱姆中区的第 5 区学校共有 1.5 万名学生，其中不到 30% 的阅读能力能够达到国家规定的水平。第 5 区共有 13 所学校，其中 5 所都属于纽约州日渐衰落的学校。1997 年初，教育局局长鲁迪·克鲁（Rudy Crew）因哈莱姆中区的教育董事会工作不力而被免职。学生的阅读分数处于 10 年来的最低点，课本内容过时，教材不足。参见 Somini Sengupta, “School Board in Harlem Is Removed,” *New York Times*, February 25, 1997,p.B1；Laura Williams, “Reading Goals to Go in Writing,” *New York Daily News*, January 4,1997,p.5。

10. 1990 年的人口普查数据显示，在哈莱姆中区 16—19 岁的青少年中，20% 都是高中辍学生（16—19 岁的非在校生人数与非毕业生人数的和，再除以 16—19 岁群体的总人数）。其中不到半数的辍学时间不超过 4 年，42% 处于失业状态，14% 不在劳动力市场（既不是高中毕业生、在校生，也没有求职）。参见 *Keeping Track of New York's Children* (Citizens' Committee for Children, New York

City,1993），pp.97、161；New York City Department of Planning, *Persons 16-19 Years, Enrollment, Education and Labor Force Employment*(1992)。

11. 纽约市就业服务人力资源管理局开展的一项研究表明，纽约市初级岗位的女性就业者的平均时薪为 6.5 美元。出纳岗位的平均时薪约为 5 美元。
12. 1982 年，伊万 · 沙内与布赖纳 · 肖 · 弗雷泽对全国近 5000 名快餐业员工进行了调查，并合著了 *Fast Food Jobs*。他们从中发现，对大部分处于学龄的快餐业就业者来说，他们（以及主管、经理）的工作和学习（但是自此之后学校与快餐业雇主之间的联系加强了）之间并不存在相关性。但是，沙内与弗雷泽指出，大部分员工对管理层的评价都是积极的。
13. 学习与工作相结合就是当前的许多“学校—就业”项目广为推崇的“以工促学”模式。参见 U.S.Congress, Office of Technology Assessment, *Learning to Work: Making the Transition from School to Work*,OTA-HER-637(Government Printing Office,1995)，其对在职体验式学习、职场教学和指导给予了重视。
14. 哈里 · 霍尔茨在其著作 *What Employers Want: Job Prospects for Less-Educated Workers* 中指出，目前，中心城市的工作岗位中，仅有不到 10% 要求就业者具备高中文凭即可，但还要具有工作经验。霍尔茨预计，在未来几年里，求职者供大于求的局面将更加严峻。
15. Barbara Garson, *The Electronic Sweatshop: How Computers Are Transforming the Office of the Future into the Factory of the Past* (Simon & Schuster,1988).
16. 参见罗宾 · 利德纳对于在芝加哥一家麦当劳店里操作收银机、在“得来速”窗口工作的挫败感进行的阐述。利德纳对快餐业工作的技能要求和工作强度予以认可。参见 Robin Leidner, *Fast Food, Fast Talk: Service Work and the Routinization of Everyday Life* (University of California Press,1993)。
17. 罗杰 · 瓦尔丁格在其著作 *Still the Promised City?African-American and the New Immigrants in Post-Industrial New York* 中，基于对洛杉矶郡的餐馆进行的采访，证实了雇主喜欢招聘移民的情况（尤其是后厨岗位）；在雇主看来，移民们工作努力，愿意加班，比非移民的流动率低。
18. 不足为奇的是，随着服务业工作岗位数量不断增加，就业竞争更加激烈，雇主与5—10年前相比，对员工的软技能的要求更高了。参见 Philip Moss and Chris Tilly, "Growing Demand for 'Soft' Skills in Four Industries: Evidence from In-Depth Employer Interviews" (Russell Sage Foundation Working Paper 93,1996)。

第6章　瓶颈与晋升

1. 比如，城市贫困与家庭生活研究机构对居住在芝加哥及其周围的179名居民进行了调查，与经理们进行了面对面的采访，他们对自己的招聘方式、对内城区就业者的看法均直言不讳。参见 William Julius Wilson, *When Work Disappears: The World of the New Urban Poor* (Knopf,1996),pp.111-46；参见 Kathleen Kirschenman and Kathryn Neckerman, "We'd Love to Hire Them, But . . .," in Christopher Jencks and Paul E. Peterson, eds., *The Urban Underclass* (Brookings Institution, 1991),p.207。大约75%的雇主对内城区的黑人员工持负面的评价。许多人对内城区员工的特点大加批评。企业代表不仅对内城区就业者的技能水平表示担忧，而且对他们的可靠性、诚信度表示担忧。雇主对黑人男性群体的信任度最低。参见 Harry Holzer, *What Employers Want: Job Prospects for Less-Educated Workers* (Russell Sage Foundation,1996)。他对亚特兰大、波士顿、底特律、洛杉矶等4个城市的大约800名就业者进行了采访，从中发现，受教育程度较低的黑人男性面临的求职难度最大，不仅是因为他们缺乏技能和文凭，而且是因为雇主对他们抱有歧视的态度。
2. 关于内城区公立学校数量减少的根本原因，参见让·安永（Jean Anyon）针对新泽西州纽瓦克学区的政治史研究著作 *Ghetto Schooling: A Political Economy of Urban Educational Reform*（Teachers College Press，1997）。她认为，目前在纽瓦克等城市，只有当教育改革者参与经济机会制度的完善和民主化改良，才能为公立学校带来真正的改变（近期的学校改革均以失败告终）。
3. 许多经济学家认为，自20世纪80年代初以来，美国的就业市场对技能水平的要求已经提高了。我们尚无有关就业技能水平的普查数据，因为技能水平很难用调查数据来衡量。关于职场的技术革新提高了就业技能还是实际上降低了总体技能水平，目前尚存争议。在近几十年间，就业者的技术能力出现了一定的提升；软技能——也被认为有所提升——直到最近才得到重视。参见 Philip Moss and Chris Tilly, "Growing Demand for 'Soft' Skills in Four Industries: Evidence from In-Depth Employer Interviews" (Russell Sage Foundation Working Paper 93，1996)；David R. Howell, "The Skills Myth," *American Prospect*, Summer 1994,pp.81-90；James E. Rosenbaum and Amy Binder, "Do Employers Really Need More Educated Youth?" *Sociology of Education* 70(1997),pp.68-85。不管技能要求如何，学历证书所代表的教育水平始终是非常重要的，能够帮助求职者在竞争中（尤其是在供大于求的劳动力市场上）脱颖而出。雇主会根据文凭来衡量求职者的技能水平以及态度、可靠性、主动性等综合因素。

4. 他们的看法是非常离谱的。近 20 年里，不仅高中辍学生的工资出现了降低的问题，具有高中文凭的就业者同样遭遇了降薪的问题。在近 15 年里，只有具有大学学历的就业者获得了涨薪。参见 Rebecca Blank, *It Takes a Nation: A New Agenda for Fighting Poverty* (Russell Sage Foundation,1997),p.61。
5. 毫不奇怪的是，贫民群体被赶出家门的概率是非贫民群体的 5 倍。28% 的贫民儿童在 5 岁前有过搬家 3 次及以上的经历。有自己的住房的单亲贫民家庭的比例不足 1/5。参见 Maya Federman et al., "What Does It Mean to be Poor in America?" *Monthly Labor Review* 119，no.5(May 1996)，pp.3-18。
6. 保罗·奥斯特曼在其著作 *Getting Started: The Youth Labor Market*(MIT Press,1980) 中指出，提供优厚的待遇、保障和晋升机会的第一产业企业不愿聘用年轻的就业者，但等他们年纪增长之后又愿意聘用他们了。工资和就业机会随着年龄的增长而增加。奥斯特曼还指出，以前的工作经验对后续求职的影响并不大。因此，在第二产业里的就业经验对于应聘第一产业的工作是没有太大的影响的。当然，不是所有人都能公平地得到第一产业或者第二产业的就业机会。在 20 世纪 70 年代，雇主对年轻的就业者的技能要求还不太高（当时，雇主不认为年轻的就业者缺乏技能），但黑人的失业率远高于白人。奥斯特曼的分析表明，随着劳动力市场出现供不应求的情况，年轻的黑人在求职市场上的境况得到了极大的改观。最近，奥斯特曼提出，就业市场从以年轻人为主的第二产业工作逐渐向以成年人为主的高薪工作转变，这一现象得到了众多年轻就业者的关注，尤其是不上大学的就业群体。雇主对技能水平的要求不断提高，令这一问题更加严峻。参见 Paul Osterman and Maria Iannozzi,"Youth Apprenticeships and School-to-Work Transitions: Current Knowledge and Legislative Strategy" (Working Paper no.14,1994)。

7. 参见 Jacob Alex Klerman and Lynn A. Karoly, "Young Men and the Transition to Stable Employment," *Monthly Labor Review*, August 1994,pp.31-48.

8. 全国范围内快餐业就业者的年流动率预计为 300%。据我们最近的一项研究表明，75% 的快餐业就业者的在职时间为半年，53% 为 1 年，25% 为 2 年，12% 为 3 年及以上。伊万 · 沙内与布赖纳 · 弗雷泽对近 5000 名快餐业就业者进行了调查，他们从调查中发现，调查对象的就业时间随年龄而不同：年满 25 岁的就业者的工作时间平均是 16—17 岁群体的 4 倍。

9. 理查德 · 弗里曼在其文章 "Why Do So Many Young American Men Commit Crimes and What Might We Do About It?" "Crime and the Job Market" 中指出，许多技能水平低的男性，尤其是受教育程度较低的年轻黑人男性，为了挣钱铤而走险，从事犯罪活动、触犯法律。近 20 年来，美国的男性服刑人员数量已经达到以前的 3 倍。犯罪案件未出现明显的降低，处于劳动年龄的男性服刑人员的比例却居高不下。截至 1993 年，服刑人员占劳动力总数的 1/50。在黑人男性中，服刑人员占劳动力总数的 9%。如果把教育因素也纳入统计范围，数据将更令人担忧。在 25—34 岁的、高中以下学历的黑人男性中，1/3 都是服刑人员，超过半数在接受刑事司法监管。弗里曼指出，劳动力市场会影响犯罪率，20 世纪 80 年代和 90 年代，劳动力市场不景气，导致技能水平低的男性的犯罪率上升。关于工作岗位减少导致城市年轻男性的犯罪率上升的其他研究的述评，参见 Philip Moss and Christopher Tilly, "Why Black Men Are Doing Worse in the Labor Market: A Review of Supply-Side and Demand-Side Explanations" (Social Science Research Council,1991)。

10. 她勇于打破陈规、为低薪工作而努力奋斗的做法是值得称道的。

11. Arthur Hertzberg, *The Jews in America* (Simon & Schuster,1989).

12. 对于来自贫民家庭或贫民区却努力争取向上流动的人，其周围的人对他们褒贬不一。同样，努力奋斗的人不愿与“不思上进”的亲戚和邻居为伍，有时候甚至表现得目中无人。这种情况是普遍存在的。参见乔伊斯·拉德纳（Joyce A. Ladner）针对20世纪60年代在圣路易斯公共住房和贫民区里长大的黑人少女（其中一些人希望成为中产阶级）开展的人种研究。参见Joyce A. Ladner, *Tomorrow's Tomorrow: The Black Woman* (University of Nebraska Press,1995),pp.136-58。
13. 中产阶级黑人迁离日益衰退的中心城市，这已经成为一个普遍的现象。以利亚·安德森于1975年至1989年对东城的低薪黑人聚居区进行了实地调研，并据此对从事专业工作的黑人搬离城市里的黑人聚居区的现象进行了探讨，参见其著作*Streetwise: Race, Class and Change in an Urban Community* (University of Chicago Press,1990),pp.58-65、159-61。
14. 从事体力劳动的男性对专业人员心存不满，认为他们的工作不能创造出产品，因此不是“真正的”工作。随着子女的职业发展超过了父母，家庭关系日益变得复杂，情感冲突增加，对此，理查德·桑尼特（Richard Sennett）与乔纳森·科布（Jonathan Cobb）进行了调查，参见*The Hidden Inquiries of Class*(Vintage Books,1972)。蓝领父亲面对子女的职业成就会产生复杂的感情，既感到骄傲，也感到自己不称职、被背叛。对此，桑尼特与科布进行了探讨。对这些父亲来说，努力实现向上流动的子女能够体会到父母的牺牲，并心生内疚，这一切都是出于真诚的、不完整的、熟悉的爱。
15. 一般来说，调查对象需要说出3位最熟悉的人，然后介绍他们的就业情况。凯莎想到的是她的朋友而不是亲戚，这说明她的人脉是非常贫乏的。
16. 鲍勃与众多贫民家庭的儿童一样，家庭负担了他们的基本生活开销，但他们还要承受自力更生的压力。
17. 调查数据显示，许多行业的工作不需要大学学历，行业内的大部分企业都要求就业者具有高中文凭，其中不到半数的企业还会查验学历证书（城市里的雇主往往这样做）。对于不需要大学学历的岗位，约有半数的雇主会对应聘者进行技能测试（同样，城市里多采取这种做法，郊区较少），对于初级销售岗和快餐店等服务岗的应聘者进行技能测试的企业较少。芝加哥雇主的招聘做法说明，技能测试的方式也许比面试时的主管评估更加客观：在开展技能测试的企业里，初级岗位的黑人就业者的平均比例高于不开展测试的企业（即使限定了公司规模、职业、黑人在社区里的比例，也是同样的结果）。霍尔茨的研究表明，在开展技能测试的岗位，女性比男性的应聘概率更高，但没有证据表明技能测试有利于男性求职。实际上，根据霍尔茨著作第 84 页的表格，对于需要技能测试的岗位，黑人男性的应聘概率略低于女性。

18. 巴尔汉堡店的一些店主针对没有阅读能力的员工开设了辅导课，这种做法值得称道，但不太可能培养出更多的经理。

第 7 章　家庭价值观

1. Leon Dash, *Rosa Lee: A Mother and Her Family in Urban America* (Basic Books,1996).
2. 罗莎·李有 8 个孩子，其中几个孩子的人生是大相径庭的。丹斯在 *Rosa Lee: A Mother and Her Family in Urban America* 中写到了她的 2 个儿子，他们从未吸毒，也没入狱，一辈子都在工作，养活自己和家人。其中一人在中产阶级社区里买了房子。
3. 根据 1980 年一项针对市区里的圣地亚哥家庭（多米尼加裔）的调查，这些家庭都有亲戚在国外，其中约有 20% 的家庭每月能收到国外亲戚的汇款，月均 100 美元。参见 Sherri Grasmuck and Patricia R. Pessar, *Between Two Islands: Dominican International Migration* (University of California Press,1991)。
4. 我们的确常常忽视城中村里的移民所经历的艰难处境，尤其是大家庭里的成员在长辈的窥视下生活而产生的拘束感。导致前几代的内城区居民迁往郊区生活的一个主要的推动因素就是摆脱长辈的干涉。参见 Herbert J. Gans, *The Urban Villagers: Group and Class in the Life of Italian Americans* (Free Press of Glencoe,1962)；Herbert J. Gans, *Levittowners: Ways of Life and Politics in a New Suburban Community* (Pantheon Books,1967)。

5. 卡罗尔·斯塔克（Carol B.Stack）在其著作 *All Our Kin: Strategies for Survival in a Black Community* 中指出，重视亲情将影响贫民区居民迁往条件更好的社区居住。对此，斯塔克认为部分原因在于，贫民即使有机会离开，也无法确定好运是否会一直相伴。如果他们自信能一直挣到钱，就敢挣脱亲情的束缚，独自打拼。但问题是鲜有人能确保一直挣到钱：失业、离婚……有无数条理由说明好运不常在。而且如果不敢保证资金不断，贫民就会更加谨慎地待在原地，环绕在紧密的亲情纽带里，享受着安全保障。斯塔克认为，维持亲情不只是出于现实的需要，其中还包含着很高的文化价值，视向上流动重于亲情是受人鄙视的。

6. “后现代的”重组家庭，即通过婚姻或其他协约形式组成的家庭。美国的家庭模式日益多样化，任何一种模式都不具有代表性。在美国，只有少数家庭仍维持着夫妻双方共同养育孩子的形式。与单身母亲一起生活的孩子比父亲上班、母亲做家庭主妇的孩子多。参见 Judith Stacey, *In the Name of the Family: Rethinking Family Values in the Postmodern Age* (Beacon Press,1996)。

7. 贫困会给孩子的生活带来直接的或间接的巨大影响。一系列新的研究表明，在单亲家庭里长大的孩子会遭受负面的影响，这种影响不仅来自家庭环境，而且来自低收入。虽然离婚、再婚等家庭破裂的状况会导致孩子出现行为上、心理上的问题，但是这些研究表明，贫穷对孩子的认知能力、学习成绩造成的影响与家庭破裂的影响是一样的。

8. 父母离婚往往给孩子造成伤害。研究表明，单亲家庭的孩子在心理方面比经常吵架的双亲家庭里的孩子更健康。大量的证据表明，和单亲一起生活的孩子基本上不如和双亲生活的孩子幸福（毫无疑问，家庭关系的质量比形式更重要）。离婚会给孩子带来严重的短期影响，但受到长期的心理伤害的孩子并不多。萨拉·麦克拉纳汉（Sara McLanahan）与加里·桑德福尔（Gary Sandefur）对国家调查的统计数据进行了分析，并撰写了 *Growing Up with a Single Parent: What Hurts, What Helps* (Harvard University Press,1994)。其分析表明，在单亲家庭里长大的孩子（包括非婚生子以及在父母离婚后与其中一方生活的孩子）在成年后获得成功的机会较少。低收入在未婚母亲和离婚母亲中非常普遍，她们在离婚时常常收入剧减——目前为止是造成孩子没有建树的最重要的原因。实际上，低收入只是一半的原因。

9. 家庭和睦的孩子，父母离婚后在单亲家庭生活的孩子，父母一方去世后在单亲家庭生活的孩子，以及非婚生的、在单亲家庭生活的孩子，其高中辍学概率分别为13%、31%、15%、37%。家庭和睦的女孩子，父母离婚后在单亲家庭生活的女孩子，父母一方去世后在单亲家庭生活的女孩子，以及非婚生的、在单亲家庭生活的女孩子，其早育概率分别为11%、33%、21%、37%。该数据来自1987年全国家庭与住户调查，群组1，包括20—34岁期间的所有人。该数据按照种族、性别、母亲的受教育程度、父亲的受教育程度、兄弟姐妹的人数、居住地进行了调整。和守寡的母亲一起生活的孩子的情况更好，因为家里不会有父母的争吵，而且守寡的母亲的经济情况好于其他的单身母亲。参见 McLanahan and Sandefur, *Growing Up with a Single Parent: What Hurts, What Helps*,pp.65-68。

10. 更多详情，参见 Kathryn Edin and Laura Lein, *Making Ends Meet* (Russell Sage Foundation,1997)。

11. 当地制造业的严重衰退为小规模的移民企业带来了商机，尤其是低薪的服装分包业。Roger Waldinger, *Through the Eye of the Needle: Immigrants and Enterprises in New York's Garment Trades* (New York University Press,1986)。Grasmuck and Pessar, *Between Two Islands: Dominican International Migration*,pp.162-98。

12. 研究表明，纽约市的几个行业均已迅速地完成了“非形式化”过程，包括建筑业（估计有90%的内部工作都是在未经许可的情况下完成的）与家具、鞋类以及服装业。此外，消费者行业的后台操作分包（美食店、定制服装精品店、宴会承办等）也扩展到了非正规经济领域。萨森-库布（Sassen-Koob）指出，只有认识到工业部门正在进行深刻的调整，其就业安置形式逐渐从正规转向非正规（包括分包、血汗工厂、准备工作），我们才能明白纽约市如何吸纳大量的、来自低薪国家的移民。Saskia Sassen-Koob, 1989, “New York City's Informal Economy,” in Alejandro Portes, Manuel Castells, and Lauren Benton, eds., *The Informal Economy: Studies in Advanced and Less Developed Countries* (Johns

Hopkins University Press,1989),pp.60-77。

13. 1994年，按照纽约市市长朱利亚尼的指示，挤在哈莱姆125街购物区里的1000多个无照经营的沿街摊贩在警方的扫除行动中被驱逐。政府在距此地以南8个街区的空地上为他们开设了露天集市。哈莱姆的部分居民和政要对市长的驱逐令大加指责，而商业与发展集团对此大为赞赏，因为这些不纳税的商贩把商店里的顾客吸引到了路边，影响道路通行、满地乱扔垃圾。许多人认为双方都有道理。在购物区的店主里，半数都是白人；而被赶到指定集市的许多街头商贩都是黑人（其中许多人来自西非）。参见 Jonathan P. Hicks, "Vendors' Ouster and Boycott Divide Harlem," *New York Times*, October 23,1994,p.A1。

14. "贫民区行为"——公然强调性、懒惰、公众饮酒、吸毒、贩毒、犯罪、团伙暴力，等等，该词由威廉·朱利叶斯·威尔逊在其著作 *When Work Disappears: The World of the New Urban Poor* 中提出，指的是一系列的行为——在内城区盛行，在主流社会中也存在——主要源于集中的、持续的失业和贫困问题，以及社会资源和城市服务的不足。威尔逊对芝加哥的贫民进行了调查，从中发现，许多坚持主流规范的居民一方面对做出上述行为的人嗤之以鼻，另一方面又能够中肯地阐述为何在贫困、危险的社区里长大的年轻男性会走入歧途。威尔逊的观点非常明确：贫民区行为产生于边缘化的内城区的机会结构之中。

15. 艾略特·列堡（Elliot Liebow）在其著作 *Tally's Corner*（Little, Brown,1967）中早就针对华盛顿的黑人男性贫民提出了这个观点。没钱的男性逃避家庭责任，因为这也是他们的失败之处，令他们觉得自己缺乏男性的气魄。列堡认为，在这方面来说，街头的男性与主流的中产阶级关于行为得体的观念并无区别。

16. 穷忙族父母很少有时间、精力、金钱去为孩子打造一个有利于茁壮成长的环境。许多研究表明，贫民家庭的孩子在身体发育、认知功能、学习、自尊、社会发展、自控力等方面均落后于家庭条件优越的孩子。的确，贫困问题对小孩子的影响更明显，因为脑细胞发育的关键时期、建立值得信赖的情感关系的关键时期就是在3岁以前。最近的研究表明，家庭环境能够改变家庭收入对于孩子的认知能力的影响，这说明如果与人缺乏交流，并很少利用玩具、书本进行学习，孩子就很难有所建树。这还说明，在童年时期进行干预、改善家庭环境的做法是很有道理的。参见 Judith R. Smith, Jeanne Brooks-Gunn, and Pamela K. Klebanov, "Consequences of Living in Poverty for Young Children's Cognitive and Verbal Ability and Early School Achievement," in Duncan and Brooks-Gunn, eds., *Consequences of Growing Up Poor*,pp.132-89。

17. Katherine Newman, *Falling from Grace: The Experience of Downward Mobility in the American Middle Class* (Free Press,1988).

18. 对 1990 年的死亡证明和人口普查数据进行统计分析后发现，哈莱姆年满 15 岁的男孩活到 65 岁的概率为 37%；女孩遭受暴力的可能性较低，活到 65 岁的概率为 65%。参见 Arline T. Geronimus et al., "Excess Mortality Among Blacks and Whites in the United States," *New England Journal of Medicine* 335，no.21(November 21,1996),pp.1552-58。其中指出，高收入群体和低收入群体在 65 岁以前的死亡率是大不相同的，中心城市的贫民的早逝率更是高得惊人。参见 P. D. Sorlie, E. Backlund, and J. B. Keller, "U.S. Mortality by Economic,Demographic, and Social Characteristics: The National Longitudinal Mortality Study," American Journal of Public Health 85(1995),pp.949-56。

19. Myron Genel, "Socioeconomic Status, Health, and Health Systems," Pediatrics 99(June 1997),pp.888-89; Jonathan S. Feinstein, "The Relationship Between Socioeconomic Status and Health: A Review of the Literature," Milbank Memorial Fund Quarterly 71(1993),pp.279-322.

20. 每年，美国的劳动者发生大约 600 万例工伤、50 万例职业病（比如接触性皮炎、腕管综合征等）。最近，建筑业的工伤率、职业病发病率是最高的，每 100 名全职就业者中有 14.3 人受到影响。其次是制造业，每 100 名全职就业者中有 13.1 人受到影响。劳动者赔偿案例多见于男性就业者，但是人身侵犯多发生在女性就业者的身上，是增长最快的职场危害之一，在医疗行业里最为常见。最新的数据显示，养老院是最危险的工作场所，工伤和职业病发病率达到每 100 人发生 17.8 起。重复性压力会损伤肌肉和肌腱，这曾经是屠夫、超市收银员、装配线工人的常见病，可如今在许多低薪行业中都有发生。在 1995 年报道的职业病中，超过半数都属于机能失调，比如腕管综合征，与反复损伤有关。参见 Pat Swift, “On the Job, It’s Women Who Are Most at Risk,” *Buffalo* (New York) *News*, September 6,1997,p.7C；“Workplace Injury, Illness Rates Drop in 1995,” Workers’ Compensation Executive 7，no.7(April 9,1997)。

21. Richard Lowry et al., “The Effect of Socioeconomic Status on Chronic Disease Risk Behaviors Among U.S. Adolescents,” Journal of the American Medical Association 276，no.10 (September 11,1996),pp.792-97.

22. 贫民孩子看病的次数仅为非贫民孩子的一半。贫民孩子在治疗点等待 1 小时以上才能就医的概率是非贫民孩子的 2 倍。Paul W.Newacheck, Dana C. Hughes, and Jeffrey J. Stoddard, “Children’s Access to Primary Care: Differences by Race, Income, and Insurance Status,” *Pediatrics* 97 (January 1996),pp.26-32，其结论是，低收入儿童获得初级护理保健服务的难度非常大。

23. Arline Geronimus and Sanders Korenman, “The Socioeconomic Consequences of Teenage Childbearing Reconsidered” (Paper no.90-190,Population Studies Center, University of Michigan,1990).

24. 众所周知，30—40 岁的健康的中产阶级女性在生育方面的问题较小。高龄产妇的医疗费用非常高；与年轻的产妇相比，高龄初产妇的早产概率和低体重儿的概率均较高。参见 Kristin Luker, Dubious Conceptions: The Politics of Teenage Pregnancy (Harvard University Press,1996),p.171。

25. 相关的探讨参见 Luker, Dubious Conceptions,pp.134-74。

26. 少女生育现象遭到了自由派和保守派的斥责，被认为是导致社会弊病的原因之一，可是最近的研究表明，早育并不会让本已处于弱势的少女母亲更加悲惨。芝加哥大学经济学家约瑟夫·霍茨（Joseph Hotz）主持开展了一项新的研究，采用了非常严格的研究方法。该研究把少女母亲组与少女时期曾经意外流产、成年后又生育一子的对照组进行了对比，结果发现，少女母亲在成年后和晚生育的母亲在福利救济、收入剧减方面的境遇差不多。

27. 道格拉斯·梅西（Douglass S. Massey）与南希·丹顿（Nancy A. Denton）针对美国的种族隔离制度的历史成因、延续以及其导致的严重的后果著有 *America Apartheid: Segregation and the Making of the Underclass*（Harvard University

Press，1993 年）。其中表明，许多中心城市的贫民区都是面积过大、人员密集、严格隔离的黑人聚居区，就算从一个社区到隔壁社区，一路上都看不到一个白人。作者以芝加哥最贫困的地区作为人种研究证据，认为这些超级隔离区的居民居住在严格受限的社会圈子里，在这个圈子外几乎没有朋友，也很少出远门。以种族、等级来划分隔离区的做法会导致严重的社交孤立问题，对求职者的人脉造成严重的影响——哈里·霍尔茨在其著作 *What Employers Want: Job Prospects for Less-Educated Workers* 中指出，对于要求具备大学学历以下的工作岗位，许多雇主会从现有员工的推荐人中选择；在郊区，要求具备大学学历以下的工作岗位增长得较多——而且会对儿童的生活和成长产生影响。最新的研究对社区收入水平对于贫困儿童与青少年的成长影响进行了调查，结果表明，对父母的教育程度、年龄、种族以及经济状况（采用收入需求比）加以限定之后，住在富人区与儿童的认知能力之间具有正关联。该研究还表明，社区因素会影响儿童的抚养过程。暴力、不确定性、拥挤等问题为贫民区的父母带来的压力更大。

28. 关于对街头尊重文化的起源的探讨，参见 Fox Butterfield, *All God's Children*。他认为，这种文化源于南方白人由来已久的传统，即对不尊重自己的人进行报复性的杀戮。

29. Anderson, *Streetwise*.

30. 比如，在多米尼加社会里，具有白人血统就意味着不属于黑人。参见 José del Castillo and Martin F. Murphy, "Migration, National Identity, and Cultural Policy," *Journal of Ethnic Studies* 15,no.3(1995),pp.49-69。

31. Mary C. Waters, "Ethnic and Racial Identities of Second Generation Black Immigrants in New York City," *International Migration Review* 28,no.4(1996),pp.795-817.

32. 1995 年，哈莱姆第 30 警区的许多警察因涉嫌一桩腐败案而被调查，在该案中，毒贩遭到警察抢劫。30 名警察被判有罪或认罪，罪名包括作伪证、侵犯公民权、偷毒贩的毒品或现金。参见 John Sullivan, "Ex-Sergeant Is Sentenced in Police Corruption Case," *New York Times*, June 17,1997,p.B3。

33. Robin Kelly, "Playing for Keeps: Pleasure and Profit on the Postindustrial Playground"

(unpublished paper; Department of History, New York University).

第 8 章　谁成功？谁淘汰？

1. 最有影响力的保守派作家针对内城区出现错误的职业道德的原因进行了探究，发现其原因不仅在于不完善的福利政策，而且在于从奴隶制和种族歧视的环境中形成的文化模式。作家们把这种阻碍向上流动的文化模式与成功的移民群体的文化价值进行了对比。参见 Thomas Sowell, *Ethnic America* (Basic Books,1981)；Lawrence Mead, *The New Politics of Poverty: The Non-working Poor in America* (HarperCollins,1992)；Lawrence E. Harrison, *Who Prospers? How Cultural Values Shape Economic and Political Success* (Basic Books,1992)。
2. 我们对曾在哈莱姆中区的两家快餐店应聘过的 93 名（总计 346 名）有代表性的受访样本进行了跟访（大约有 100 人得到了聘用）。为了对应聘“成功者”（工资为最低工资标准）和应聘失败者进行公正的比较，我们仅选取工作不足 1 年的时薪员工与应聘失败者进行比较。参访的结果在本章节的表格中进行了加权，得出应聘失败者的准确占比。通过该方法，我们可以对被雇主聘用的群体与被拒绝的群体进行准确的对比。
3. 当年，有些人工作后又失业了。该数字仅代表了应聘巴恩汉堡店未果后 1 年以上仍处于失业状态的群体的比例。
4. 更多详情，参见附录 I 的表 6。这种关系也适用于出生地（美国出生还是国外出生）与性别。
5. 1996 年 7 月，全国的 16—24 岁群体的失业率为 12.6%，与 1995 年持平。16—24 岁的年轻黑人的失业率为 25.4%。自 20 世纪 80 年代末以来，纽约市的年轻人失业率始终高于全国的数据。1993 年，纽约市青少年（16—19 岁）的失业率达到了 40%。
6. 这项发现具有重要的统计意义。鉴于数据收集的形式，我们应对其予以重视。我们向受访者提问：“你是怎么去上班的？”“你住的地方有多远？”答案就不一定是距离了，有些人会以通勤的时间来回答。如果受访者以街区来表示距离，我们就会把它转换成英里。如果受访者以时间来表示距离，我们就会根据他们的住址换算成距离。显然这种方法可能存在谬误。

7. Philip Kasinitz and Jan Rosenberg, "Missing the Connection: Social Isolation and Employment on the Brooklyn Waterfront," *Social Problems* 43, no.2 (May 1989),pp.180-96.
8. Mercer Sullivan, *"Getting Paid": Youth Crime and Work in the Inner City* (Cornell University Press,1989).
9. 参见 Philip Moss and Chris Tilly, "Growing Demand for 'Soft' Skills in Four Industries: Evidence from In-Depth Employer Interviews" (Russell Sage Foundation Working Paper #93,1996)。该著作基于对零售服装店经理的采访——该行业与快餐业一样，重视顾客服务。莫斯与蒂莉发现，近年来，初级销售员岗位的技能要求维持不变或有所下降，雇主对于"软"技能的需求却增加了，尤其是"团队精神、适应力、适度的情绪、外表、着装"。
10. 年满 19 岁的群体在当地的比例降至 70%。
11. 有些雇主对于聘用一群朋友是心存顾虑的，担心他们拉帮结派、偷懒，而不愿努力工作。另一些雇主则认为，和朋友一起共事有助于留住员工继续从事枯燥、讨厌的工作，因为朋友让他们感到愉快。了解到这一点，有助于应聘者决定是否说出自己的人脉。
12. William Julius Wilson, *When Work Disappears: The World of the New Urban Poor* (Knopf,1996)。马克・格兰诺维特（Mark Granovetter）在其著作 *Getting a Job: A Study of Contacts and Careers* 中提出，通过人脉求职也许是最好的选择（比如，比报纸的招聘广告强），但是求职成功与否取决于人脉能够提供的信息。
13. 本土出生的群体与国外出生的群体之间在其他方面也存在很大的差异。国外出生的应聘者更有可能结识巴恩汉堡店打工的"联系人"，与雇主之间的关系纽带更加有效，这一点无疑能帮助他们在求职的竞争中胜出。这说明，国外出生的求职者无须为找到这类工作而担心，除非他们非要出人头地——除非他们认识重要的人物才行。但这还说明，本土出生的少数族裔比较欠缺人脉，导致他们在竞争中处于弱势。

14. 需要注意的是，这些发现与菲利普·卡西尼茨（Philip Kasinitz）的研究结论是一致的，即雇主更青睐西印度群岛人，而不是本土的非洲裔。玛丽·沃特斯（Mary C. Waters）在 *Ethnic and Racial Identities of Second-Generation Black Immigrants in New York City* 中指出，西印度群岛人和海地裔比本土的非洲裔更受雇主的青睐。

15. 贫民、非法移民常常对纽约市和其他美国城市的生活成本做出错误的判断，结果到了美国之后背负一身的债务。

16. 值得注意的是，快餐业的许多求职者、在职者都具有行业内的工作经验。约有 25% 的应聘者具有业内工作经验，大多在其他的巴恩汉堡店工作过。这种经验是有用的：约有半数的应聘成功者都有从业经验。但它不能确保应聘成功：20% 的未获聘用者也具有快餐店工作经验。

17. 关于巴恩汉堡店应聘者以前从事的职业类型，参见附录 I 的表 7。

18. 纽约市的公立高中共有 30 万名学生，其中大约 10% 已满 18 岁。1995 年，入学满 4 年的高中生里，有 48% 按时毕业，18% 辍学，34% 继续就读。1991 年，入学满 4 年的高中生里，有 51% 按时毕业，20.5% 辍学，28.5% 继续就读。

19. 如果限定了性别，这个结论就不适用了，不同年龄段的男性具有同等的就业机会，而年长的女性比年轻女性的就业优势更大。

20. 这个结论需加以注意，因为在我的研究样本中，非本土出生的未获聘用者数量非常少，无法估算其作用。

21. 该类别里还包括仓库工人、送货员、邮递员。

22. 在未被巴恩汉堡店聘用但后来又找到工作的群体中，45% 都是通过人脉求职成功的，15% 通过职业介绍所，25% 通过招聘广告，仅 15% 通过上门求职。

23. 在未被巴恩汉堡店聘用但后来又找到工作的群体中，半数人的居住地距离工作地点至少有 5 英里。20% 的通勤距离为 2—5 英里。这说明，其中 70% 按照我的定义都“不是本地人”。

24. 哈里·霍尔茨对 4 个都市区的雇主进行了调查，他发现，中心城市里的雇主对初级岗位应聘者的学历要求高于郊区的雇主。该调查显示，对于不要求应聘者具备大学学历的工作岗位，城市里有 4.1% 的雇主不要求应聘者具有高中学历、培训、工作经验、推荐人，而郊区有 6.1%。

25. 劳工统计局每月通过“当前人口调查”数据对失业人数和求职人数进行统计。在美国，每约 1600 户中约有 1 户接受普查，对年满 16 岁的户主的就业和求职状况进行调查。按照劳工统计局的定义，“失业者”指的是在最近 4 周内失去工作、积极地求职且具有工作能力的人。“失望的失业者”指的是希望工作、具有工作能力且在近 1 年内但不是近 4 周内求职的人，他们不被算作劳动力，因此也不被计入全国的失业数据中。劳工统计局发布的 *Employment and Earnings* 以调查数据为基础，说明了求职满 27 周的失业者人数、从未工作过的求职者人数、因失望而终止求职的人数，但是调查的结果仍取决于各类人群的定义，其中一些定义于 1994 年做了修订（当时也对调查方法进行了调整）。调查样本的规模达 6 万户，虽然足以说明全国的人口发展趋势，但尚不足以对局部地区的失业人数和求职人数进行估算。

26. 领取福利救济的单身母亲明白，放弃福利救济、从事低薪工作会令她们的生活更加拮据，但实际情况是，大部分人领取福利救济的时间并不长，这说明她们更愿意工作。

27. 该数据随年龄降低而减少。最年轻的求职者期望的时薪为 4.56 美元，而年纪最长的求职者期望的时薪达到 4.71 美元。

28. 值得注意的是，我对于保留工资的探讨并未包含一个群体：完全不打算求职的群体。我的研究对象并不包括这个群体。完全根据样本就业者和求职者来作出概括性结论，这难免有失偏颇，但我的研究可以表明，这个群体在许多方面与非劳动力群体是一样的，区别之处多在于生活状态，而不是人口特征。

29. 威廉·朱利叶斯·威尔逊在其著作 *The Truly Disadvantaged: The Inner City, the Underclass, and Public Policy* 与 *When Work Disappears* 中提出，在贫困严重的社区里居住就会产生这种文化。对于家里没人工作、也不认识就业者的家庭来说，尤为如此。但是，我们不能从社区、住户的人口统计情况中推导出这种“文化”。杰维斯等人非常清楚自己与别人之间的差距，因为他们环顾四周、沿着街区、穿过马路，走进其他聚居区里，所见之处，那里的居民的生活条件明显比自己的优越。他们明白，工作，尤其是好工作能改变自己的处境。然而，明白是一回事，付诸行动又是另一回事。

30. Marta Tienda and Haya Stier, “Joblessness and Shiftlessness: Labor Force Activity in Chicago's Inner City,” in Christopher Jencks and Paul E. Peterson, eds., *The Urban Underclass* (Brookings Institution,1991),pp.135-54.

31. 廷达与斯蒂尔的研究范围大于威尔逊在 *When Work Disappears* 中涉及的严重贫困社区，包括了贫困率高于 20% 的所有社区，而非按照威尔逊等人的界定标准，即贫困率达 40% 的地区才属于集中贫困区。

32. 同年，全国有 21% 的父母属于非劳动力群体。

33. 据作者预计，0.5% 至 6% 的调查对象自愿选择无业，其原因包括“有父母或子女的帮助”“有公共援助”“不想工作”。在不愿工作的调查对象中，9/10 表示自己身体欠佳或者缺乏家庭责任。仅有 1/10 的从未工作过的调查对象表示，无业的原因与家庭、健康、学业无关。

34. Elliot Liebow, *Tally's Corner* (Little, Brown,1967).

35. 目前，零工基本都是男性移民在做，他们往往在城市边缘区的聚集点等待雇主，按天打工，为承包商或房主打黑工。季节性零工和短期工在一些地区比较常见，比如农工、郊区的家政工等，曾经以稳定、全职岗位为主的工作也转为了不可预见的短期工。据凯瑟琳·马斯·维格特估计，25% 至 30% 的民工属于“不确定的”就业者——要么是“自由职业者”，即正规工和黑工都做，要么受雇做家政工、兼职工或临时工。在 1982 年至 1992 年，仅临时工的数量就增长了 250%。20 世纪 70 年代，贸易和服务业的企业率先把高薪的全职岗改制为低薪的兼职岗，工作保障很少，福利微薄，甚至没有。1993 年，超过 2000 万人属于兼职工，几乎是非农业劳动力的 20%。兼职工作的增加是造成收入不平等问题的主要原因。兼职工多为女性，处于黄金年龄期（22—44 岁）的女性的兼职就业率比较稳定（约为 22%），而处于黄金年龄期（22—64 岁）的男性的兼职就业率自 1969 年以来翻了一番，到 1993 年达到 8.1%。这说明“家政”工作岗位数量出现了下降。

36. 我调查对象的观点与威廉·朱利叶斯·威尔逊在其著作 *When Work Disappears* 中引述的芝加哥贫民的观点是一致的，让公众的关注点从内城区的贫困问题转移到了内城区的失业问题。威尔逊的部分数据源自1987年城市贫困与家庭生活调查问卷的回答。该问卷回答与人种研究结论是一致的，说明住在内城区贫民区的黑人是认可美国主流的工作观、福利观、贫困观和自我价值观的。即使是住在极度贫困区里的居民也对主流的社会观念表示认同，即美国遍地都是机会，每个人都能获得成功，有付出就有收获。威尔逊指出，他的研究对象秉持的态度与杂志和电视报道的情况大不相同，媒体报道往往认为贫民区的价值观有损于美国人的个人进取精神和责任感。

37. 20世纪80年代初，领取失业保险的人群的比例出现大幅下降，并保持在较低的水平（是1980年领取失业补偿金的人数的50%，是1990年领取失业补偿金的人数的37%）。其原因包含多方面：领取要求更高了（提高了最低收入线）、人口变化、制造业的衰退、工会组织的衰退。全职就业者获得失业救济的概率是兼职就业者的4倍。第一次世界大战之前，从政治进步主义的高度出现了失业保险政策的呼声。1908年，美国劳工立法协会在制度经济学家约翰·洛克斯·康芒斯的领导下呼吁社会改革，为劳动者提供保障，包括失业保险。1916年，各州民众为争取政府失业补偿而斗争，围绕应该为就业者提供补偿，还是要求雇主杜绝员工失业而争论不休。经济大萧条时期，没有一个州制定失业保险政策。仅有威斯康星、纽约两个州实施了失业补偿方案，先于1935年联邦政府制定的《社会保障法》，该法案规定全国的雇主都要缴纳雇主税。各州的失业保险制度受到好评，因为联邦政府的税收抵免政策适用于各州的失业补偿金税。联邦政府联合州政府制定的失业保险政策旨在为处于失业期间的产业工人提供帮助，在周期性经济衰退期间促进经济复苏和劳动力恢复。多年来，联邦政府和州政府的失业保险政策几经调整——比如，20世纪70年代，政策的覆盖范围进一步扩大，惠及更多类型的就业者——但是其基本要求是恒定的：领取人必须留在劳动力市场中。各州都对基本周期内的最短工作周数和最低收入标准作了规定，排除临时工和短期工，使失业保险政策成为真正意义上的政策。在大部分州，领取人每周领到的补偿金约为提出申请前一年的工资的一半，领取期限按照实际工作的周数进行比例换算，最多不超过半年。各州具体的领取要求不尽相同。

38. 1994 年，四口之家的贫困线标准为 14763 美元。

39. 克林顿总统的首届任期内的劳工部长罗伯特·赖希认为，收入达 2 万—6 万美元的群体属于中产阶级。1993 年，全国有 64% 户的收入为 1.5 万—7.5 万美元。平均每户的收入为 3.4 万美元。中产阶级的普遍定义是非常广的——条件困难的家庭和富人家庭均视自己为中产阶级。随着国家日益走向双层社会，“中产阶级”的概念也变得日益复杂：与其他的工业化国家相比，美国的收入分配更加不平等。20 世纪 80 年代初，最为贫困的、没有工作经验的、受教育程度最低的就业者的实际工资开始降低。到 80 年代末，不仅技能水平低的就业者遇到了降薪的问题，受教育程度和技能水平较高的就业者也遭到了降薪。近 20 年来，美国最富有的前 5% 的家庭的收入实现了增加，而最穷的 2/5 的家庭实际收入降低了 10% 以上。

40. 西欧的大部分国家也面临同样的年轻人失业问题，遭受着严重的后果。据斯德哥尔摩自杀研究中心指出，自杀未遂行为在 10 年来增长了 10 倍。该研究表明，在丹麦、瑞典和芬兰，预计有 5% 的 20 岁以下的年轻人有过自杀未遂的经历，近 20 年来丹麦增长了 500%。

41. 1988 年，联邦政府面向抚养未成年子女家庭援助受助者的培训教育拨款达到了 20 世纪 70 年代以来前所未有的数额。其目的是提升成年受助者的技能，为其进入职场做好准备，从而摆脱对福利救济的依赖，其中半数受助者都没有高中文凭或者普通高中同等学力。国会通过了《家庭援助法案》，涉及一项新方案，即《工作机会与基本技能计划》，能够覆盖 1/3 的体格健全的、未抚养 3 岁以下儿童的福利救济受助者。针对该项目的评价褒贬不一。一些分析家认为，应减少通用教育，着重提升求职能力和基本的工作技能，帮助参与者迅速地加入劳动力大军。另一些人则认为，经过这种培训后即便能找到工作，工资也太低，无法令单亲家庭脱离贫困线。1996 年，联邦政府的福利改革法获得通过，对企业获得联邦政府援助的时间、工作要求均作了限定，联邦政府继续向州政府拨款，用于教育和培训。按照法律规定，该笔资金仅能用于基本技能培训（比如读写能力）、考取普通高中同等学力证书和高中文凭、就业准备、与就业直接相关的培训，但各州可以修改相关条款，把高等教育纳入进来或者延长学业表现优异的女性的受助时间。目前各州正在对先前的方案进行调整。

42. Jennifer Hochschild, *Facing Up to the American Dream: Race, Class, and the Soul of the Nation* (Princeton University Press,1996).

43. 他们特别提到，阿尔·夏普顿牧师及其同事、律师阿尔顿·马多克斯都声称要为哈莱姆的居民代言。

44. 霍赫希尔德在其著作 *Facing Up to the American Dream* 中指出，受教育程度较高的中产阶级黑人群体比底层群体更具有种族分离主义态度，其原因可能就在于不同阶层的日常生活。哈莱姆的快餐业就业者竞争不过白人，不会每天都见到白人，与白人群体也鲜有交往。但是他们的主管很有可能和白人交往、竞争。这也许有助于解释他们身上的种族意识和民族主义观念。

第 9 章　帮助穷忙族

1. 1996 年至 1997 年，最低工资标准的提高让近 1000 万就业者实现了涨薪，其中 71% 是成人，近半数是全职就业者。处于收入链最底层 20% 的家庭因最低工资标准的提高而获得了 35% 的救济金。

2. Survey of the New York State Office of Temporary and Disability Assistance. Reported in Raymond Hernandez, "Most Dropped from Welfare Don't Get Jobs," *New York Times*, March 1998.p.A1。该研究并未涉及地下经济的参与者、离开纽约州的群体以及打黑工的群体，因此低估了求职的数据。但其把"就业者"定义为停领福利救济后 3 个月的收入达 100 美元的人。这个标准设置得过低，会夸大就业群体的规模。

3. 布鲁金斯学会对 23 个市区的数据进行审查后得出的结论是，城市里的福利救济受助群体比非城市地区的更加集中。

4. 其他的公共机构，尤其是州立机构，也采用类似的结构性补贴的方式来鼓励私营企业聘用福利救济受助者等弱势群体，并提供在职培训。一些州把发放给私营企业的补贴纳入新的强制工作计划之中，作为福利改革的一部分。提供补贴的在职培训能够提高福利救济受助者的收入，但是有兴趣参与该项目的企业并不多。

5. 目标工作税收抵免政策于1979年开始实施。按照该政策，对于聘用目标人群的雇主，其员工入职第一年挣到的第一笔6000美元可享受50%的税收抵免，入职第二年挣到的第一笔6000美元可享受25%的税收抵免。1984年，约有56万人按照该政策就业，其中2/3属于弱势青年，1/10属于福利救济受助者。1996年，目标工作税收抵免政策被工作机会税收抵免政策取代，对于聘用目标群体的雇主，其员工入职第一年挣到的第一笔6000美元可享受35%的税收抵免。工作机会税收抵免政策的目标对象包括福利救济受助者、领取食品券的退伍军人、获释重罪犯以及“授权区”里的高危年轻人。卡茨指出，目标工作税收抵免政策会在一定程度上提高弱势青年群体的就业率。他建议开展一个针对低薪劳动者的无条件工资补贴示范项目，以观其效。该项目有望避免因群体分类而招致骂名，提升雇主的利用率。
6. 许多人认为，工资补贴对企业来说是一笔意外之财，尤其是聘用大量低薪就业者的企业。约翰·毕肖普与马克·蒙哥马利最近对3500家企业开展了一项调查，其结果表明，超过70%的税收抵免补贴均发放给了不需要补贴也能获得聘用的员工。
7. 研究表明，雇主往往对工资补贴政策规定的目标群体抱有负面的看法，歧视这些求职者，如应聘者说明自己可以享受补贴，雇主就会减少他们的获聘机会。从全国范围来看，在聘用了符合政策的员工的雇主中，只有不到10%会真正发放这些补贴。
8. Edmund S. Phelps, *Rewarding Work: How to Restore Participation and Self-Support to Free Enterprise* (Harvard University Press,1997).
9. Kathryn Edin and Laura Lein,*Making Ends Meet*(Russell Sage Foundation,1997).
10. 对于一些没有孩子的低收入者，抵免额非常少。
11. 1996年，对于抚养2个及以上孩子的家庭，家庭收入达到8850美元时，最高抵免额为3556美元；收入达到11560美元时，抵免额开始降低；收入达到28495美元时，抵免额为零。对于抚养1个孩子的家庭，最高抵免额为2152

美元（收入为 6300 至 11650 美元）；对于没有孩子的人，最高抵免额为 323 美元（收入为 4200 至 5300 美元）。

12. 1990 年至 1993 年，所得税抵免政策得到了进一步扩展，从成本方面来看，它的规模与联邦政府的食品券是一样的。1998 年，近 2000 万家庭享受到了所得税抵免政策，总额达到 280 亿美元。一些保守派想取消该政策，却没有成功。他们认为，所得税抵免政策虽有助于帮助挣最低工资的全职就业者摆脱贫困线，却不能惠及中等收入的纳税人。最近，针对每个孩子 500 美元的联邦所得税抵免提议，一直争论不休，共和党刚刚作出让步，建议允许缴纳了社保税却未缴纳联邦所得税的低收入家庭把孩子的税收抵免额积攒最多 3 年，用于抵销将来的所得税。众议院最初提出的儿童税收抵免政策仅能覆盖父母的年收入低于 2.3 万美元的 2300 万儿童中不到 4% 的群体。

13. 所得税抵免政策具有很高的错误率和造假率——约为 20%。这个数据在某种程度上夸大了问题的严重性，因为它还包括向错误的对象实施抵免（比如，应提供给孩子的祖父母，却误给了住在同一户内的父母），而不是因计算错误和造假而导致政府额外负担的净额。最近，信息要求的新调整有望降低该政策的错误率。与此同时，申请抵免的计算要求日益复杂，如耶鲁大学税法教授迈克尔·格雷茨（Michael Graetz）指出，穷忙族很少能享受抵免政策。

14. "A Program That Helps the Working Poor Is in Trouble," *New York Times*,July 13,1995,p.C2.

15. 理查德·卡普托（Richard Caputo）也表达了同样的观点，参见 "Patterns of Work and Poverty:Exploratory Profiles of Working-Poor Households," *Families in Society*, October 1991,pp.451-59。

16. 除了工作搬迁，隔离居住制度也为黑人搬到郊区造成了困难。比如，哈里·霍尔茨建议，在底特律等空间严重失衡的地方，隔离居住现象尤为突出。

17. John D. Kasarda, "Industrial Restructuring and the Changing Location of Jobs," in Reynolds Farley, ed., *State of the Union, America in the 1990s*, vol.1,*Economic Trends* (Russell Sage Foundation,1995),PP.215-67.

18. David T. Ellwood, "The Spatial Mismatch Hypothesis: Are There Teenage Jobs Missing

in the Ghetto?" in Richard B. Freeman and Harry J. Holzer, *The Black Youth Employment Crisis* (University of Chicago Press,1986).

19. 理查德·弗里曼采用20世纪80年代以来的当前人口调查与全国青年纵向调查数据，对20世纪80年代居住在劳动力市场供不应求地区的（都市统计区，MSAs）、接受过高中及以下教育的、离开学校的男性青年的失业率、就业—人口比、时薪均进行了分析。1987年，36个都市区的失业率低于4%（加利福尼亚州的安纳海姆-圣塔安那、康涅狄格州的斯坦福、新罕布什尔州的纳舒厄的失业率低于3%）——在具有高中及以下学历的、离开学校的男性黑人青年中，有1/5就居住在这些地区。弗里曼发现，劳动力短缺能够为教育程度低的男性青年提供更多的就业机会，降低失业率，大力提升就业率，尤其是男性黑人的就业率。他还发现，劳动力短缺能够为教育程度低的男性青年带来更高的时薪，尤其是男性黑人。奥斯特曼（Osterman）对波士顿在20世纪80年代的充分就业期内的贫困数据进行了分析，从中发现，马萨诸塞奇迹——延伸到了波士顿的内城区，吸引了大批的少数族裔，包括男性黑人，走进职场——极大地降低了贫困率，尤其是黑人。1980年，波士顿的黑人家庭与非黑人个体的贫困率分别为29.1%、26.5%。到了1988年，该贫困率降至13.4%、5.3%。同期，同一个群体的全国贫困率令人沮丧。1980年，所有中心城市的黑人家庭与非黑人个体的贫困率分别为25.9%、30.8%，到了1987年，该贫困率增至32.3%、31.2%。

20. Mark Alan Hughes, "Employment Decentralization and Accessibility: A Strategy for Stimulating Regional Mobility," *Journal of the American Planning Association* 57, no.3(1991),pp.288-98;Mark Alan Hughes, "Over the Horizon: Jobs in the Suburbs of Major Metropolitan Areas" (Background Paper from Public/Private Ventures, Philadelphia, December 1993).

21. 1976年，法院判令废止公共住房区的隔离居住制度，由此导致芝加哥的公共住房居民遭受普遍的歧视。1981年后，该裁决进一步推进了高特罗计划的实施，并于1997年终止，高特罗计划也可能即将终止。自1977年以来，约有6500个家庭搬离内城区的公共住房，迁到非隔离社区里。研究表明，参与该计划的家庭在工作稳定、教育方面均有提升。

22. James E. Rosenbaum and Susan J. Popkin, "Employment and Earnings of Low-Income Blacks Who Move to Middle-Class Suburbs," in Jencks and Peterson, eds., *Urban Underclass*, pp.342-56; James E. Rosenbaum and Susan J. Popkin, *Economic and Social Impacts of Housing Integration* (Center for Urban Affairs and Policy Research, Northwestern University,1990).

23. 1994 年，联邦政府推出了一项类似高特罗计划的小型计划，即“向机会迁居”计划，旨在帮助 5 个城市的家庭——巴尔的摩、洛杉矶、纽约、芝加哥、波士顿——从贫民区搬到工作岗位更充沛的地区。但是当巴尔的摩的官员着手制订计划，拟将 285 个以非洲裔为主的家庭从市里的公共住房区迁往以白人为主的郊区的时候，郊区的政客却坚决反对，认为该举措会令贫困问题波及中产阶级居住区。围绕这个问题的激烈争议持续不断，导致其他城市的计划也放缓实施。截至 1997 年，巴尔的摩约有 140 个家庭完成了迁居。

24. 亚特兰大、巴尔的摩、芝加哥、底特律、纽约市以及费城 - 卡姆登从近 300 个申请城市中胜出，被选为授权区。部分证据表明，税收优惠政策收到了实效。比如，1997 年初，希尔文学习公司宣布把办公总部（员工人数扩增至 600 人）从马里兰州哥伦比亚郊区迁至巴尔的摩授权区里的一幢造价 3200 万美元的综合楼里。

25. 市政府、州政府、联邦政府向曼哈顿上城的授权区提供了 5.5 亿美元的税收抵免款、拨款、贷款，主要用于创立企业、增加就业岗位、提供工作培训。截至目前，1500 万美元已用于 12 个项目，有望增加 1300 个就业岗位。小规模项目包含以下新业务：一个小企业贷款项目、一家信用联盟、一个老年护理方面的青年实习项目、一家新餐馆。最大的项目是“美国哈莱姆”购物综合体，拟建于 125 街，将包含一家盖普店、一家迪士尼商店。125 街和莱克星顿大道上也在建设颇具郊区风格的帕斯马克超市。该超市聘用授权区里的居民，即可享受工资补贴税收优惠待遇。

26. 有人对授权区的商业氛围表示担忧，认为这里会存在犯罪的危险，而且城市里的运营开销高于郊区。有人指责，由联邦政府住房与城市发展部管理、由市政机构和社区联盟予以实施的授权区项目存在腐败、浪费、欺诈的可能。

27. 限制移民，尤其是技能水平低的移民，也能使劳动力市场出现供不应求的局面。这个问题具有争议性，需要进一步探讨。1997 年夏天，美国国家科学研究委员会发布了关于移民问题的影响的最终报告。其结论是，从总体上来看，移民为国家带来了一定的好处，每年 7 万亿美元的经济收入中，有 10 亿—100 亿美元都源于移民。每名移民一辈子向联邦政府缴纳的平均税额比得到的福利多 10 万美元，而州政府和地方政府平均少收 2.5 万美元的税收。个别地区的情况更糟，尤其是加利福尼亚州、纽约州、佛罗里达州、得克萨斯州的移民聚居区。移民们为经济发展做出了巨大的贡献，因为他们工作努力、按时纳税、消费商品和服务、需求不断增长。在有些地区，移民在公共服务消费方面的水平较高，最近的证据表明，这具有长期贫困的风险。近期的移民来自贫困国家，受教育程度和技能水平均较低，导致受教育程度较低的本土就业者失去了许多就业机会。该报告指出，在近 15 年里，由于移民参与就业竞争，高中学历以下的本土就业者的工资降低了 5%。该报告同时指出，尚无证据表明，从全国范围来看，黑人受到了巨大的冲击。

28. John J. Sweeney, *America Needs a Raise* (Houghton Mifflin,1996).

29. 一项研究表明，“如果今天举行选举”，1/3 未加入工会的私营企业就业者都会投票赞成设立工会。

30. Sandra L. Hoffert, “Caring for Children at the Poverty Line,” *Children and Youth Services Review* 17, nos.1-2(1995),pp.61-90.

31. 安妮 · E. 凯西基金会是扶贫领域最受尊崇的非营利组织。该组织指出，与处于劳动力市场以外的贫民家庭相比，穷忙族在儿童保育方面面临着特别的问题：“穷忙族的孩子缺少父母的陪伴，缺乏高质量的学前日托或者其他适合的日托服务……穷忙族经常不在家，无法给予孩子足够的照顾，令缺少陪伴的问题尤为严重。”

32. 据国家卫生统计中心发布的数据，去年有 260 万名未参保儿童未得到必要的医疗服务。1997 年预算法案出台了一项为期 5 年、金额达 240 亿美元的项目——其资金主要来自联邦政府的烟草税，以州政府拨款的形式予以管控——为未参保的贫民儿童提供医疗服务。对于家庭成员的雇主不提供医疗保险，而且家庭收入超出了医疗补助的申领要求但又负担不起商业医疗保险的家庭，其孩子可以享受该项目援助（大部分州规定，只有家庭收入低于联邦政府规定的贫困线的200%—250%，其儿童才能享受该项目援助）。各州可以从以下几类中自行选择，包括：标准的联邦雇员健康保险金、加入健康维护组织、州雇员标准健康计划、加入州政府的医疗补助项目。预计该项目将为200万—500万名儿童提供医疗援助。无论如何，该项目是自30年前医疗补助制度启动以来覆盖范围最广的儿童医疗援助项目。

33. 赖希（Reich）把目光投向了他所说的“焦虑阶层”，他们的技能水平较低，在全球经济发展中，他们失去了工作，没有工资。赖希在多次演讲、多篇著作中都大力提倡企业公民权、教育和工作培训（尤其是针对不打算上大学的就业者）。罗伯特·赖希在其著作 *The Work of Nations* 中指出，总体的纳税负担（社会保障税、销售税、用户费、财产税以及彩票税）从富人转移到了贫民身上，能够使技能水平较低的就业者的收入得到更多的公共资金——通过增加就业岗位、教育、培训等方式——已经减少了。赖希在其著作中指出，截至20世纪80年代末，联邦政府的基础设施投入仍维持在30年前的水平，国民生产总值增长了144%。实物资本投资，作为联邦政府支出的一部分，从1960年的24%降至1991年的11%。20世纪80年代，联邦政府对中小学教育的投入减少了1/3（由州政府负担）。同期，用于就业者培训的公共资金从132亿美元降至56亿美元，降幅达50%以上。由企业负担的个人培训数据很难测算，但大学毕业生和研究生获得个人培训的概率是高于高中教育程度的就业者的。赖希建议，对于愿意提升员工的技能、为员工提供医疗保障和养老金的企业，应降低其企业所得税。他还是学校—就业计划的坚定支持者。

34. 一些研究者，尤其是保罗·奥斯特曼（Paul Osterman）认为，跳槽——迅速地更换一系列的工作——并不是有责任感的体现。他认为，从依赖别人的学生、年轻员工转变为自力更生的就业者，这个过程充满了坎坷，在相对无序的劳动力市场上，这是很正常的过程。大部分美国青年最终都会走进职场。那么贫困的少数族裔年轻人担心的是什么呢？超过半数的黑人高中毕业生都已经工作了。高中辍学生的失业率"堪称灾难"。超过30%的30岁（黑人）少数族裔男性以及比例更高的、20岁的（少数族裔）女性都有工作，且工作未满1年。上述证据表明，对少数族裔年轻人和其他年轻人来说，进入劳动力市场的过程是充满艰辛的，而且不会随着时间推移而有明显的好转。

35. James E. Rosenbaum and Stephanie Alter Jones, "Improving the School-Work Transition: Lessons from Japan and Their Applicability to American Teachers, Employers and Students" (Working Paper No.20,Center for Urban Affairs and Policy Research, Northwestern University,1994).

36. Carol Kinney, *From a Lower Track School to a Low Status Job? An Ethnographic Study of Two Japanese High Schools* (Ph.D. dissertation, University of Michigan,1994).

37. 越来越多的证据表明，20世纪80年代期间，教育程度较高的就业者与教育程度较低的就业者之间的收入差距明显增大了，人们认为，学校未能满足不打算读大学的学生的教育需求，因此公众开始调整美国的教育制度与职场之间的关系，尤其是针对不打算上大学的就业者。许多分析提出，初级岗位的技能要求已经提高或者将要提高，尤其是与"高效能的"职场改革进行国际竞争的企业。提供高薪岗位的雇主希望聘用基本技能熟练（包括数学能力、问题解决能力、阅读能力、集体协作能力、计算机技能）的新员工，而对仅有高中学历的应聘者不予考虑，认为没有继续深造或培训的高中毕业生会缺乏这些基本技能。

38. Rosenbaum and Jones, "Improving the School-Work Transition," p.11.

39. 威斯康星区域培训合作组织研发了一个创新性项目，旨在把教师和就业连接起来。参与该组织的40家金属加工公司"致力于实现'带老师去工作'，安排密尔沃基公立学校的300名老师担任青年学徒和合作项目的学生。由于雇主积极参与，该项目有望在未来几年内使数百名年轻人参与制造业青年学徒工作"。

40. 引自"Youth Apprenticeship in Consumer Service Management—Executive Summary," available from the McDonald's Corporation Public Information Office, Oak Park, Illinois.

41. 研究表明，雇主主动参与学校—就业项目的进展缓慢，难度较大。一些分析家质疑该项目是否能够吸引足够多的雇主参与，从而确保其成功实施。贝利（Bailey）对雇主的3种参与动机进行了探讨：（1）出于慈善；（2）出于个人利益（良好的公共关系、获得低成本的劳动力、获得未来的就业者）；（3）出于共同的利益（增加行业内或职业内的劳动力储备）。贝利未对3种动机的强度进行分级。他指出，雇主的参与动机较弱，并建议，更多地基于共同的出发点而不是个人出发点，针对行业、职业加强在职教育。他还建议，与发放补贴等以个人利益出发的方式相比，鼓励雇主共同参与是更为有效的措施。

42. James E. Rosenbaum and Amy Binder, "Do Employers Really Need More Educated Youth?" *Sociology of Education* 70 (January 1997),pp.68-85。他们对芝加哥及周边的51家不同企业的经理进行了采访，其中31名经理表示，初级岗位员工需要具备数学（比如算术、分数加法）、英语（比如阅读、拼写）等基本的知识能力。许多经理表示，高级别岗位也需要具备基本的知识能力。之所以对这些能力提出要求，主要是因为技能水平低的员工在工作中的表现不尽如人意。许多经理抱怨，招聘到具备数学、英语技能的高中学历员工是非常困难的。霍尔茨在其著作 *What Employers Want* 中提出，大部分不需要大学学历的工作需要员工具备主要的认知能力，包括阅读、写作、算术、计算机操作等。在中心城市里，对于不需要大学学历的工作岗位，仅有5%—10%对认知能力、工作经验的要求较低。

43. 针对近3000名雇主开展的一项最新的调查显示，71%的企业开展员工培训，但仅有3%的企业提供基本知识技能方面的培训。

44. "Youth Apprenticeship in Consumer Service Management—Executive Summary," p.1.

45. 20世纪70年代，法院判令全国的学校解除隔离制度，但目前的情况却大相径庭。解除隔离制度导致校车订单解除，以及择校运动的出现，自20世纪80年代末开始，全国各地的学校开始恢复隔离，分为中产阶级白人学校、黑人贫民和拉美裔学校。

46. 按照《职业培训伙伴关系法》的规定，青少年暑期培训与教育项目自1982年启动，为高危青年提供暑期工作机会。

47. 大部分的参与者（其中 1/3 为 14、15 岁）在暑期到政府机构、学校、社区协会里工作 1—2 个月，工资为最低工资标准。他们往往一边补课，一边从事设备维护、文员等工作。对于联邦政府的暑期就业项目的成效，目前尚无定论。年轻人的软技能和知识水平略有提升，但鲜有证据表明，参与者在项目结束后的就业竞争力一定高于非参与者。

48. 1992 年，联邦政府向纽约市拨款 5700 万美元，加上该市自筹的 300 万美元，共同用于青少年暑期工作项目，增加了 5 万多个工作岗位。1996 年，联邦政府向纽约市拨款 3500 万美元，加上该市自筹的 200 万美元以及私人资金 10 万美元，共增加了 2.7 万个暑期工作岗位。

49. 125 街商业改进区已经开展了 3 年，目前正在进行扩展规划，计划由曼哈顿上城授权区予以协助。

50. Katherine S. Newman, “Dead End Jobs—a Way Out,” *Brookings Review*,Fall 1995,pp.24-27.

51. 多项研究表明，雇主对非洲裔的负面印象多于其他种族和民族。威尔逊对芝加哥地区的 179 家企业进行了调查，他发现，在许多雇主的印象里，内城区的就业者，尤其是黑人男性就业者，普遍“受教育程度低、工作不稳定、不愿与人合作、不诚实”。该调查结果表明，在黑人员工比例较低的企业里，雇主的成见更大。

52. 在密尔沃基等地，失业率低于 2%，工资的总体涨幅不大，但是许多雇主因员工跳槽而备感失望。

53. 位于郊区的巴恩汉堡店的初级岗位工资高于哈莱姆。这是否说明哈莱姆的店主可以提高员工的工资呢？为了回答这个问题，我们应该对利润率进行仔细研究（包括不同的租金、定价政策等）。

54. 雇主联合体也能够激发少数族裔企业家的公民精神。为了给社区里的居民提供就业机会，他们往往选择在哈莱姆等地开店，而不是低风险地区。他们因无法为员工提供足够的向上流动的机会而备感失意，而参与雇主联合体后，这个问题能得到缓解。

55. 示范项目可以通过各种财政激励政策来吸引两类企业参与其中。

56. 关于该项目的详情，参见“Career Ladder Program,” available from the Hospital Workers Union Local 767,Service Employees International Union,94 Main Street, Hyannis, MA 02601。

57. 12 家高级酒店及 2 家工会参与了该合作项目，共计涉及 90% 的有工会组织的酒店员工，项目参与人员为 5000 人。酒店业是旧金山最大的私营业，也是有工会组织的最大的私营业。

58. 更多详情，参见 Stuart Korshak, “Negotiating Trust in the San Francisco Hotel Industry,” *California Management Review* 38, no.1(1995)。

59. 威斯康星合作组织对“行业战略”进行了调整，把地方 / 区域 / 州政府与某个行业的私营企业联系起来（其定义为面向共同的市场、生产同样的产品、具有相同的基本劳动力、基础设施、技术要求的一批企业）。

60. Laura Dresser and Joel Rogers, “Rebuilding Job Access and Career Advancement in the New Economy” (paper prepared for the “New Employment Policies for the Emerging Post-Industrial Market” conference, sponsored by the W. T. Grant Foundation and Teacher's College Institute on Education and the Economy,1997).

61. Julia Lopez et al., “Connecting Inner City Residents with the World of Work: Pilot Tests of New Approaches” (Discussion Paper, Rockefeller Foundation,1996).

62. “新希望工程”的对照组在就业方面的表现也很不错，说明密尔沃基的就业市场得到了迅速的发展。关于“新希望工程”的影响，仍需做进一步的研究。

63. Paul Osterman and Brenda Lautsch, “Project Quest: A Report to the Ford Foundation” (1996).

64. 同上，p.4。

65. 社区的治安维护和检举措施不仅对已发生的犯罪行为予以制止，而且能在社会机构、普通公民的配合下，解决具体的问题，开展社区日常管理。社区治安维护工作属于介入性警务战略，强调秩序维护。因此，尽管社区治安维护工作与社区之间存在关联和矛盾，但几个大城市均以不同的形式实施了这项战略，具有讽刺意味的是，该战略比传统的“911”警务处理方式更加激进。社区治安维护的确发挥了作用，使犯罪行为有所减少，但是在实施过程中也出现了重大的问题，警官的职权范围需要加以界定和管控。

66. Michael Porter, "The Competitive Advantage of the Inner City," *Harvard Business Review*, May-June 1995,pp.55-71.

67. 许多福利救济受助者也存在同样的情况，他们具有丰富的低薪工作经验，但仅靠巴恩汉堡店的收入，根本无法维持生计，无力抚养孩子。

图书在版编目（CIP）数据

穷忙纽约 /（美）凯瑟琳·纽曼著；黄婷译. -- 北京：中国工人出版社，2021.8
书名原文：No shame in my game: the working poor in the inner city
ISBN 978-7-5008-7613-7

Ⅰ.①穷… Ⅱ.①凯… ②黄… Ⅲ.①城市贫民－研究－美国 Ⅳ.①D771.261

中国版本图书馆CIP数据核字（2021）第204086号

著作权合同登记号：图字 01-2020-7309

穷忙纽约

出版人	王娇萍
责任编辑	邢 璐
责任印制	栾征宇
出版发行	中国工人出版社
地址	北京市东城区鼓楼外大街45号 邮编：100120
网址	http://www.wp-china.com
电话	（010）62005043（总编室） （010）62005039（印制管理中心） （010）62004005（万川文化项目组）
发行热线	（010）82029051 62383056
经销	各地书店
印刷	北京盛通印刷股份有限公司
开本	880毫米×1230毫米 1/32
印张	14
字数	320千字
版次	2022年2月第1版 2023年10月第2次印刷
定价	68.00元